首都师范大学历史学院六十年

首都师范大学史学丛书

# 师友治学闻见录

邹兆辰 著

首都师范大学出版社
CAPITAL NORMAL UNIVERSITY PRESS

**图书在版编目(CIP)数据**

师友治学闻见录/邹兆辰著．—北京：首都师范大学出版社，2015.12
ISBN 978-7-5656-2469-8

Ⅰ.①师…　Ⅱ.①邹…　Ⅲ.①首都师范大学历史学院—教师—访问记
Ⅳ.①K825.46

中国版本图书馆 CIP 数据核字(2015)第 181645 号

SHIYOU ZHIXUE WENJIANLU
**师友治学闻见录**
邹兆辰　著

责任编辑　杨鸿霄　王　静
首都师范大学出版社出版发行
地　　址　北京西三环北路 105 号
邮　　编　100048
电　　话　68418523(总编室)　68982468(发行部)
网　　址　www.cnupn.com.cn
印　　刷　三河市博文印刷有限公司
经　　销　全国新华书店发行
版　　次　2015 年 12 月第 1 版
印　　次　2015 年 12 月第 1 次印刷
开　　本　787mm×1092mm　1/16
印　　张　27.75
字　　数　428 千
定　　价　58.00 元

谨以此书献给
首都师范大学历史学院的创建者、我的老师和同事们，
是他们哺育了我！

# 目录 contents

# 别样的院史

邹兆辰老师虽已退休多年，但一直退而不休，笔耕不辍。最近，他将《师友治学闻见录》一书的书稿寄给我，希望我能写一篇序言。我作为晚辈，本无作序之资格。但此书的成书和出版，多少与我有些关系。更重要的是，此书不仅具有重要的学术价值，还记录了历史学院的发展历程，作为院长，我有责任对其意义略做说明。

首都师范大学的历史学科创建于 1954 年，称历史科，是我校最早创建的系科之一。1955 年建立历史系，2007 年成立历史学院。无论是历史科还是历史系，草创时期的起点都不高，历史科时仅有三名教师，建系初期也仅有一位副教授和八位讲师。就是在这样的基础上，经过四代教师六十多年的持续努力，历史学院办学规模不断发展，办学水平也不断提高，创造了院系发展的一个又一个奇迹。

1979 年，世界史在全校最早招收硕士研究生，1981 年获得硕士学位授予权。1984 年，世界近现代史和中国古代史获得博士学位授予权，这也是我校第一批获得的博士点。1995 年，历史学科被批准为“国家文科基础学科人才培养和科学研究基地”，开始招收非师范专业的本、硕、博连读的基地班本科生。这是我校唯一被教育部批准的本科人才培养和科学研究基地。1999 年，历史学博士后科研流动站建立，这又是我校最早建立的博士后流动站，标志着历史系已成为可以培养从专科、本科、硕士、博士到博士后研究人员的功能齐全的二级办学单位。2003 年，历史系在我校率先获得一级学科博士学位授予权，可以自主设置当时历史学一级学科下所列的八个二级学科博士学位授权点。2007 年，世界史成为我校第一批国家重点学科，这标志着世界史学科的整体水平已经达到国内前列。同年，有着五十多年光荣传统的历史系正式改系建院。2008 年，我指导的博士生游自勇的论文被评选为全国优秀博士学位论文，这又是我校零的突破。2010 年，我主持的“英藏敦煌社会历史文献整理与研究”获得我校同时也是全国第一批面向基础研究的国家社科基金重大招标项目。2011 年，历史学院获得考古学、中国史和世界史三个一级学科博士授权点。2012年，历史学院又被批准设立中国史、世界史和考古学三个博士后流动站。同年，世界史和中国史又同时被批准为北京市一级学科重点学科……

以上所列举的及未列举的历史学院发展的奇迹，有很多对学校而言也是零的突破。所以，历史学院的发展也推动了学校的发展。而今，历史学院已经发展到有五个本科专业，考古学、中国史和世界史三个一级学科的二十几个研究生方向，在校本科生和研究生均达300多人，形成了学士、硕士、博士学位点齐全，有博士后流动站、教育部文科人才培养基地的功能齐全的二级办学单位。

在首都师大，历史学院是唯一拥有国家文科人才培养基地、三个一级学科博士点授权点、三个博士后流动站、全国优秀博士学位论文、国家名师和北京市高等教育经典教材的院系(六个"唯一")。在最近结束的教育部学科评估中，我院的世界史学科和兄弟院校的世界史学科并列第三名。这不仅是我校所有参加评估的学科取得的最好的排名，在全国历史学科中也处于前列。

除了作为国家重点学科的世界史学科，我院的整体实力在全国也处于前列。据武汉大学中国科学评价研究中心发布的"2014—2015年中国历史学类专业大学竞争力排行榜"，我院在全国各大学历史院系的排名中名列第三。据2015年4月1日由中国人民大学人文社会科学学术成果评价研究中心联合书报资料中心研制的2014年度"复印报刊资料"转载学术论文指数排名及研究报告，我院在"高等院校二级院所分学科排名"中的两项具体指标，即"转载量排名"和"综合指数排名"，都取得了位列第六名的好成绩；而据2014年5月中国校友会网公布的《2014中国大学学科专业评价报告》，我院三个一级学科的总体实力位居全国历史院系的并列第7名。这些评价结果充分说明我院近年来在学科专业建设上取得的成绩已得到专业的高校评价体系和社会的广泛认可。

吃水不忘掘井人。历史学院能有今天，成为青年教师充分施展才干的广阔平台，成为国内外莘莘学子向往的求学之地，成为在国内外都具有重要影响力的教学和科研重镇，是我院四代教师辛勤耕耘的结果。作为历史学院的后来人，决不能数典忘祖，应该铭记每一位为历史学院的发展做出贡献的师生。邹老师的书稿，以个人闻见的方式，记录了历史学院四代教师的治学足迹，可以说是历史学院发展的缩影，是别样的院史。所以，这部书应该成为历史学院每个师生的必读书。

邹老师的这部书稿，是经杨朝晖相告我才得知的。对邹老师的工作，杨朝晖十分敬佩，也很感动，她在校庆时自己复印了其中的部分内容，散发给回校的同学。杨朝晖和邹老师对母校的拳拳之心，深深地感动了我。我当即向邹老师询问此事，并鼓励他用此书稿申请学院的出版资助。由于学院的出版经费有限，对离退休教师著作的出版资助一直比较慎重。但因邹老师的书稿具有弘扬学院传统的重要意义，所以学院的学术委员会一致同意资助此书的出版。我想，以后如有同类著述，不管其著作权是属于在职教师还是离退休教师甚至是学生，学院都会积极资助出版。

最近几年，我的心中其实一直是悲凉的。不少教过我的老师相继辞世，包括戚国淦先生和我的导师宁可先生等学院的创建者。其他教过我的老师，多已步履蹒跚、老态龙钟，不复当年模样，有的甚至因老年失忆已经不认识我了。虽然我们知道岁月的流逝是无情的，新老交替也是不可避免的。但目睹师长日渐凋零，心中还是不免戚然，“木叶落，长年悲，斯之谓矣”。然而，当我翻看邹老师的这部书稿时，心中充满感动和温暖，这是一部历史学院历代教师不断进取、奋发有为的历史，是一座丰富的宝藏。像邹老师这样，通过点点滴滴的记录，把历代教师奋斗的足迹展现给后人，历史学院历代教师的业绩及其精神就会和历史学院一起永存！我希望以后能有更多的青年教师和学生加入到记录历史学院历史的行列中来，这是属于我们自己的口述史学。一些老教师年事已高，这项工作应抓紧进行。

邹老师撰写这部书稿，是出于对历史学院的感恩，即报答哺育了他的母校。杨朝晖自费复印邹老师的书稿分发给同学，也是出于对母校的感恩之心。是的，我们这些历史学院培养的学子，会永远对母校充满感恩之心。宁可先生和我们不同，他不是我们学校培养的，他的母校是北大，但他对历史学院也同样充满感恩之心。在 1999 年出版的《宁可史学论集》“后记”中，他是这样说的：“我开始从事史学工作，就一直在首都师范大学历史系(原北京师范学院历史系)，迄今已有 45 年。我要感谢首都师范大学历史系对我的培养和扶持，也感谢它支持了这部文集的出版。”一个历史学院的创建者，却认为历史学院“培养和扶持”了他，发人深思！宁可先生对历史学院的感恩并没有停留在口头上。2008 年，他独自出资 50 万元设立“成庆华宁可奖学金”，鼓励首都师范大学历史学院的年轻学子积极从事中国古代史研究，这 50 万元是当时他一生的积蓄。宁可先生的事例告诉我们，所有历史学院的教师，不管来自哪里，都会在其中得到滋养，都应该对学院抱有一份感恩之心。不懂得感恩的人恐不会走得太远！

邹老师的书稿还是学院文化建设的组成部分。学院文化是学院建设的重要组成部分，从某种意义上说，学院文化的建设比我在前面提到的各种指标的突破还重要。没有独特学院文化的院系，虽然可能辉煌一时，但终究不能成为有特色的高水平的院系。这也是我多年致力于学院文化建设的原因。学院文化建设是一项系统工程，简而言之就是要形成一种独有的精神特质，营造一种特殊而浓郁的氛围。我们的院训“敬畏学术，追求卓越”，就是这种精神特质和特殊氛围的标志性符号。除了确定院训，我们近年所做的整理院史、出版在职教师论著目录等工作都属于学院文化建设。像邹老师这样以访谈、文章、书评等不同的方式反映我院历代教师所走过的学术道路、所取得的学术成果以及对学科发展的回顾与展望，当然也属于学院文化建设。在学院文化建设中，学院教师的故事应该是其中的重要内容。可以说，没有故事的院系也不能成为有特色的高水平的院系。邹老师的书稿给我们讲述了很多历史学院教师的故事。而即将出版的《永远的怀念——宁可先生追思集》则收集了很多有关宁可先生的故事。这两部书开了个头，希望以后能看到更多有关历史学院师生的故事。故事分为文字流传和口耳相传两种形态或形式。希望每一个首都师大历史学人都能不断添加历史学院的故事，当然更希望我们的师生不断创造新的故事。故事越多，我们的学院文化积淀也就越深，学院也就能越办越好！

无论是记述和传说历史学院的故事，还是创造历史学院的新故事，我都愿意为之鼓瑟吹笙。

以上聊缀数言，匪敢称序，权当“鼓吹”云尔！

郝春文

2015 年 6 月 15 日于首都师大

# 自　序

奉献给读者的这本书，是我在首都师范大学历史学院学习和工作五十多年来对我的老师和同辈师友进行学术考察的一个记录。

我是 1958 年考入北京师范学院(首都师范大学的前身)历史系的。那时的北京师范学院是为了培养中学教师而设立的，历史系从培养专科生到培养本科生只有三年的时间，我当时是第四届本科生。系里当时没有研究生，教授和副教授也很少，但开创历史系的几位中年骨干教师，如成庆华、戚国淦、谢承仁、齐世荣、宁可等先生，都是出身于名牌大学，他们有志于把历史系办成一流的大学历史系，他们坚持教学与科研并重的方针，重视青年人才的培养。这样，历史系在“文化大革命”后重新招生，并很快就有了新的发展。20 世纪 80 年代以后，历史系招收了硕士生、博士生，建立了博士后流动站，并且形成了中国古代社会经济史、英国都铎王朝史、现代国际关系史等有特色的专业。以后，敦煌学研究、全球史研究、近代社会文化史的研究也先后崛起，在国内学术界有相当大的影响。如今的首都师范大学历史学院(2008 年，历史系正式改系建院)已经成为全国历史院系中实力较强的单位之一。我从 1980 年起在历史系工作，亲历并见证了它三十多年来的学术发展历程。

我的专业是史学理论与史学史，在职期间主要讲授史学概论课。退休之后的十几年来，我对当代中国史学家的成长之路较为关注，先后访谈过几十位在当代中国史学界中较有影响的史学家，写过一些关于当代史家的学术道路的文章。除在刊物上发表访谈文章和书评之外，还出版了两本访谈文集(《变革时代的学问人生》《为了史学的繁荣》)，在学术界反响不错。我发现不论是史学大家还是普通的史学工作者，他们的成长之路都有些共同的地方。人们对于学术大家都比较关注，而对于一般的史学工作者则往往容易忽视。其实，中国的史学大厦是靠着广大的治史者共同来支撑的。我的研究对象除了史学界一些知名学者外，也把视线关注到本单位，注意到我的老师和同事们。

我的这本《师友治学闻见录》，首先记录了我的几位老师的人生与治学经历。田农、戚国淦、谢承仁、齐世荣、田培栋、宁可等先生，在历史系的初创时期就在系里工作，早年他们受过良好的史学教育，在历史系里形成了自己的学术专长，他们在学术上的辛勤探索对弟子们有很强的示范作用。因而，记录他们的人生与治学经历是本书的重点之一。

在几十年的工作中，戚国淦、谢承伯、齐世荣、宁可等先生先后培养出自己的优秀弟子，并使他们成为历史系教学与科研的骨干。杨生民、徐蓝、刘新成、叶小兵、郝春文、郗志群、邓京力和他们的弟子杨朝晖等老师在教学和科研上的成果也是本书关注的重点之一。

20 世纪 60 年代起，李淑兰、蒋福亚、阎守诚、何平、魏光奇、梁景和、李华瑞、晏绍祥、江湄等老师先后从全国各名牌大学汇入到历史系的教师队伍，这对系里教学、科研力量的壮大起到了重要作用。

除了几位我的老师以外，本书介绍的其他各位老师都是我的同事。孔子说："三人行，必有我师焉。"不论他们的年岁是比我大还是比我小，他们在自己的学术领域里做出的成绩都是值得我学习的。

自 1958 年考入历史系近六十年来，我有幸接触到历史学院这些为历史学的学术发展做出过自己贡献的学者，深感受益匪浅，他们所走过的学术道路，对于我，对于历史学院的后来者，都将起到重要的启示作用。如今，我所考察过的这些学者有的已经过世，有的已经退休，有的已经调离，但他们在首师大历史学院留下的足迹却被我记录了下来。

本书以访谈、文章、书评不同的方式反映首师大历史学院二十余位治史学者的学术道路、学术成果以及对学科发展的回顾与展望。由于个人能力及接触历史学院教师的范围所限，本书对于历史学院今天的学术成就的反映并不是很全面。考虑到我已经从历史学院退休了 15 年，对那之后历史学院的学术成就的了解十分有限，我希望能有其他老师继续来做这项工作，特别是把历史学院自 21 世纪以来的最新学术成就反映出来，这对于外界了解首师大历史学院将是非常有益的。

邹兆辰

2015 年 5 月 1 日于首都师大

# 田　农

田农，1904 年生，河北遵化人。1928 年毕业于燕京大学，先后在北京和天津的中等学校和北京大学文学院、中国大学历史系、国立长白师范学院历史系任教。1930—1934 年，田农先生曾在哈佛燕京学社引得编纂处任编辑，这段时间也是他在学术活动方面最活跃的时期。1930 年，他翻译的《日本之文明》出版；1933 年，他编辑出版了《西洋史表解》；1934 年，他参与编辑的《明代八十九种名人传记综合引得》(3 册)出版。新中国成立以后，他先后在北京师范大学附属中学、河北师范学院历史系任教，并曾在《历史教学》刊物上发表一系列有关世界史教学的文章。1955 年，田农先生被调入新成立的北京师范学院历史系，任副教授、教授，世界古代史教研室的主任，主要讲授世界古代史、世界中世纪史。

# 对田农先老的印象

按：田农先生是我认识的老师中最年长的一位，他和他的老伴儿待我就像自己的孩子。此文写于2011年春，是为了纪念两位老人，曾在首都师范大学离退休处的《秋韵》刊物上发表。原题《忆田老》，收入本书有修改。

又到了清明时节。在北京香山脚下的万安公墓中，埋葬着李大钊等革命烈士，也埋葬着诸多的文化名人，整个公墓充满着浓厚的历史和文化气息。就在国学大师启功先生的墓碑不远处，安葬着田农夫妇。2002年5月，田农先生以98岁的高龄仙逝，埋葬在这里；2010年4月，他的老伴儿鄂师母也以94岁高龄平静地随他而去。2010年5月9日，家属将两位老人合葬于此，我和陈曦文、那雅静老师也随同家属们一起悼念这两位慈祥的老人。

田老夫妇是河北遵化蒙古族人。田老早年的情况我不太清楚，但我知道他1928年毕业于燕京大学，曾受过很多名师的指点，其中对他影响最大的就是留美归国的历史学家洪业。洪业早年毕业于哥伦比亚大学，随著名史学家鲁宾孙攻读硕士学位后，又攻读过博士学位。1923年应司徒雷登之聘来到教会办的燕京大学任教。洪业是位中西兼通的学者，30岁担任燕京大学的教务长，他多年的留美经历自然会对燕京大学的发展带来重要的影响。田农先生就是在这样的环境下完成了他的大学学业的。他对洪业先生十分敬佩，洪先生对他也很赏识。洪先生后来一直住在美国。1996年，我在琉璃厂看到一本美国学者陈毓贤根据她几年的访谈写成的《洪业传》，从与田先生的交往中，我知道它的价值，赶紧买了一本给田先生送去。他非常高兴，一直把这本书放在床头。

燕京大学毕业后的田农先生先后在北京和天津的中等学校和北京大学文学

院、中国大学历史系、国立长白师范学院历史系任教。为了生活，他常常同时受聘于几个学校。1930—1934 年，田农先生曾在哈佛燕京学社引得编纂处任编辑，这段时间也是他在学术活动方面最活跃的时期。1930 年，他翻译的《日本之文明》出版了；1933 年，他编辑出版了《西洋史表解》；1934 年，他参与编辑的《明代八十九种名人传记综合引得》(3 册)出版。20 世纪 30 年代，中国的大学还没有自己的世界史教材，教学用的多是翻译外国人的西洋史。为了使读者了解西洋史，他用表格的形式简明地概述了西洋史的内容。史学家陈垣先生为此书写了序，雷海宗先生曾在 1934 年的《清华大学学报》上发表过书评。应该说，这是一本中国人自己编的较有影响力的世界史著作。

新中国成立以后，田农先生先后在北京师范大学附属中学、河北师范学院历史系任教员、教授，并曾在《历史教学》刊物上发表一系列有关世界史教学的文章。1955 年，他被调入新成立的北京师范学院历史系任副教授、教授，世界古代史教研室的主任，主要讲授世界古代史、世界中世纪史。

在学生时代，我除了听田先生讲课以外，未和先生有任何接触。1958 年，我刚刚考入北京师范学院历史系，为我们班讲授世界古代史课程的正是田农先生。但是那个时代，学生的心理状态和整个社会氛围一样，非常的浮躁。今天在学校大炼钢铁，明天到生产队去收获粮食，后天就要着急如何搞科研了。谁还能坐下来安心听课呢？而且，田先生讲的又是埃及古王国、巴比伦、赫梯、亚述等我们十分陌生又很枯燥的内容！还有一件对师生都有很大影响的事：刚入学不久，我们看到学校的校刊头版登着一篇文章《拔掉田农这面资产阶级的白旗》，可能是高年级同学写的，同学们议论纷纷，不知内幕如何。在这种情况下，同学们听田先生的课不可能不存戒心。但不论听得懂还是听不懂，在我们班没有出现过任何对田先生无礼的言语或举动。

我和田先生真正有交往是在 1980 年我从昌平马池口中学调回北京师范学院历史系以后。当时，我家住在东城鼓楼东的琉璃寺胡同，田先生家由西四北小七条迁到厂桥爱民街。所以，田先生家是我骑车回家可以经过之处，历史系有事要找田先生，往往找我去办。于是，我就成了田先生家的常客，也就开始对田先生的性格、为人等有所了解。

一接触到田老，才感觉到他对人态度十分谦和、平易近人，没有一点学者的架子。田先生早年毕业于美国人创办的燕京大学，不了解的人会觉得这人一定洋味十足，架子很大。但是，我见到的田先生却是一个非常亲切、非常温和的老人，从语言到衣着，和普通的北京老人没有什么区别。尤其是田先生在西四北小七条那大杂院住的时候，那个家就是一间普通的平房，面积稍大一些，但是没有一件像样的家具，东西很多、也很杂乱。不过来到田先生的家，就像在北京胡同里的邻居家串门一样，心态平和，说的也都是家常话。

后来我才了解到，田先生家人口多，夫人鄂师母在胡同里做街道工作，五个子女都要靠田先生的工资抚养，住房非常拥挤，家里生活也比较困难。改革开放后情况才逐步好转。后来，他的三女儿因为在工作中做出了突出贡献，单位奖励她一套普通二居室，她把两位老人接过来，于是田先生就住到了爱民街的小区。住房情况有了好转，家庭生活状况也得到了改善。但是，田家仍然保持着困难时期的传统。直到2002年田先生去世以前，田家有一条不成文的规定，过年过节全家人从来不一起到外边去吃饭。田先生去世安葬的那一天，事情办完了，鄂师母说，田先生以98岁高龄安详去世，这是“喜丧”，全家破例到外面吃饭。那次去的是平安里的柳泉居，我们系里的几位老师也被邀去。2010年5月，送走鄂师母后，田家子女们商议再次到外面吃饭，这次去的是北京师范大学对面的同春园。陈曦文、那雅静和我被邀为座上宾。这时候，田家的子女们早都事业有成，各有各的家庭，并且也都到了退休的年龄。

田先生的子女之所以都事业有成，与田先生早年对子女教育的重视有着直接的关系。田先生的家庭虽然只靠他一人的工资来支撑，但在20世纪五六十年代他却把五个孩子都培养成了大学生。长子田大申读的是北京钢铁学院，毕业后留校任教；长女田大榉读的是北京外贸学院德语系，毕业后在外贸部工作；老三田大准是二女儿，读的是清华大学无线电系，毕业后在机械部自动化研究所工作；老四田大齐读的是北京工业大学建筑专业，毕业后在中石油工作；老五田大年读的是北京师范学院体育系，毕业后在西城体委工作。如今，他们也都成了爷爷、奶奶，整个田家有三十多口人。

退休在家的田老可以说是一位真正的“胸怀天下”的老人。他是中国民主同盟的盟员，曾经和吴晗先生在一起讨论过问题。几十年来，在政治上他始终与中国共产党保持一致，拥护党和国家的各项政策。我到他家去的时候，经常看到他在读《人民日报》。因此，我们的谈话也常常是世界大事、国家大事、学校大事。尽管已经退了休，可他还是心系国家。他由衷地赞扬改革开放以来国家所取得的巨大成就，对于社会上的那些不正之风、官员中的贪污腐败现象更是深恶痛绝，然而他对自己的福利待遇却从来不发半句牢骚。每次我去送点这种那种的福利，他总是非常感慨地说，自己没给国家、单位干活，但国家、单位还总是给他发这发那，心里总有些不安的感觉。田老所说的这些，是非常真诚的，他不是那种言不由衷的人。其实，他也不是没有给学校干活。在他已经八十高龄以后，历史系世界史专业研究生的“世界史工具书介绍”这门课就是田老在家里给上的。刘新成校长读研究生时，也是田老给上的这门课。

作为一个从旧社会过来的知识分子，他热爱新中国、热爱改革开放以来的新社会。他继承了中国历代贤人身上的那种传统美德，虽然不是干部，但用“克己奉公”来形容他的生活态度也是非常合适的。田老在生活上力求节俭，不求舒适，更不求时尚。自己天天睡的那张床，床板都已经“千疮百孔”了，他也不让换。后来，三女儿的单位知道了，派工人师傅来给修好了，从此他才得以安然入眠。田老对于住房问题的态度更是值得人们敬重。田老夫妇晚年的住房是女儿提供的，那就是一套普通的两居室。老夫妇南北各住一间，中间只是一个过厅，能够放一张饭桌，再就是其他的杂物。老人生病期间，儿女轮流到这里陪住，只能在过厅中临时拉一张床。按照田老的资历，早就应该得到学校分配的住房，但是田老就是不申请。他不但自己不申请，也不让孩子们去学校谈房子的事。听孩子们说，有一次他的女婿背着田老来到学校，向学校谈了家里住房的困难。那时候，学校还是有福利分房的条件的。后来，田老知道了这件事非常生气，他跟他的孩子们宣布：以后谁也不准再到学校谈房子问题，谁要去跟谁没完！

田老自己不向单位伸手，不提出任何个人的要求，但却总是想着给单位贡献自己的力量。就在田老去世后，田老的老伴儿根据田老的嘱托，把一部分历史教学、科研可以使用的书籍捐赠给历史系。我就曾在资料室看到田老用过的那本用红笔画得密密麻麻的周一良、吴于廑编的《世界通史》教材。田老在职时工资不是很高，那时也没有多少科研费，但田老一旦得到一点稿费、补助，就要到书店去转转，买上几本书作为纪念。我在整理他遗留的书籍时，见到他在书后面夹着的纸条，纸上用小字写着某年某月某日，得到某单位寄的一笔钱，特买此书作为纪念。例如：1993 年 5 月，年近九旬的田老在他的新《现代汉语词典》后面贴条写道：

今年四月间审阅博士生毕业论文一份，给我酬劳费人民币三十元，五一节学校又给我送来人民币五十元。今天用这种额外收入的一部分，亲自到王府井新华书店购得这本新近发售的《现代汉语词典》，以表达我一点点喜爱工具书的情绪。

田 农

1993 年 5 月 21 日

2010 年，师母也去世了，子女们在彻底整理田老的遗物时就想起了这些书。在同春园用餐的时候，他们就说过请系里来人看一下，哪些书可以捐赠给系里的资料室，哪些书可以送给个人。我和陈曦文老师先后到田家去过，把那些书大体上分了类。历史专业的书，特别是世界史专业的书很多，虽然不是那种珍贵的外文资料，但是对于教学、科研还是有用的；至于文艺作品和其他杂书就可以送给个人了。大准和大齐对我说："我们家人都不是搞文科的，你们拿去还是可以有用的。特别是你，父亲在世时对你最好，还是你先挑吧！"的确是这样，田老在世时，就把他在 1933 年编辑、亲自珍藏了六十多年的《西洋史表解》送给了我，这是中国人自己编写的最早的世界史著作之一，从史学史的角度看价值珍贵。鄂师母也是如此。田老在世时我常去他家；田老去世后，我也去看过她。每次去，她必问我母亲的身体情况，并拿出子女们孝敬她的食品来招待我。因此，我对这两位老人怀有深厚的感情。这次，我选择了《四世同堂》《张中行作品集》等书装了一纸箱拿了回来。其他更多的历史专业书以及一些手稿，就由系里派人取了回来。历史系的有关同志打印了一张简单的收条，盖了一个章，由我寄给了田大准。

办完了这件事，我的眼睛有些湿润。几十年来，田老对历史系、对历史系的师生是多么有感情啊！每年春节，包括戚国淦先生在内的世界古代史的教师都要到田老家聚会，可见这位德高望重的忠厚长者在大家心目中的地位。现在老人走了，但他的书却永远留在了历史系，继续对历史系的教学和科研发挥长久的作用。我想：什么叫“鞠躬尽瘁，死而后已”呢？田老不正给我们做出了榜样吗？而我们，应该如何回报田老对我们的厚爱呢？作为一个曾经受过他教育的学生，一个曾经受过田老夫妇关爱过的晚辈，我想我永远不会忘记这两位忠厚慈祥的老人，要像他们那样做人、做事，就是我对二老最好的回报！

清明已到，万安公墓春意盎然。让我们乘着春风送去最衷心的祝愿：田老夫妇，你们安息吧！

# 读田农编著《西洋史表解》之后

按：本文写于2014年。1997年，田农先生把他珍藏64年的旧作《西洋史表解》送给了我，我也将其作为珍本收藏起来，当时并未细读。近日，翻出这本已经发黄的旧书，仔细阅读一下，才感受到田先生当年写作此书的良苦用心。

1997年12月26日这一天，我又去田先生家看他。这一年，香港回归祖国，老人家显得十分兴奋。他拿出从书柜里放着的一本已经发黄的书送给我。这正是我曾和他提到过的那本《西洋史表解》。扉页上写着“六十年前拙作　请邹兆辰同志指正　九十三岁田农　1997年12月26日”。书虽然不是很厚，但感觉沉甸甸的。日前我读一些介绍我国学者写的世界史方面的著作、教材书目时，知道有田农先生的这本书，我曾和他提到，于是他把自己珍藏了几十年的唯一一本《西洋史表解》找出来，送给了我。

《西洋史表解》出版于1933年。那时，田先生还是一个不到30岁的青年。他是1928年从燕京大学历史系毕业的，毕业以后在北京和天津的一些大中学校任教，1930年，在哈佛燕京学社引得编纂处任编辑。引得编纂处是编纂各种工具书的单位，田农先生在这里上班，只能利用工余时间进行自己的著述活动，但他的学术活动却很活跃。1930年，他翻译的《日本之文明》出版了；接着就编纂了《西洋史表解》。对于《西洋史表解》，他在其中的《编辑大意》中说：“本表编制，约费数年工余时间。”那就是指1930—1933年这几年。

当时中国大学里还没有世界史的教材，仅有的一些中文的书籍多为西洋史、欧洲史方面的著作或译作。例如，北京大学陈衡哲的《西洋史》，何炳松编译的《中古欧洲史》《近世欧洲史》等，更多的都是外文书。对于中国学生和读者来说，能够读到一本中国人编写的简明的世界史或欧洲史著作是很困难的。有限的中文世界史书籍，也多是以政治变迁、战争事迹为中心，而且分章分节地述说，不便于读者了解一个时期的整个的社会状况，特别是社会经济方面的情况。因此，田农先生立志编写一本新的世界史的读物。他说："历来史学记载，多系偏重帝王年代，政治变迁，战争事迹，而且分章分节，割裂破碎，欲知整个社会之概况，常苦无从参考。本表即注重社会经济、科学等发展，以及一切运动所有的社会背景与影响，参考中外书九十余种编纂而成。以期一览即得，事半功倍。"(《编辑大意》)

当时的学术界对世界的关注是以欧洲为中心的，田先生此书也是如此。他的书之所以称为"西洋史表解"，就是不涉及东方情况。美洲虽属西洋，但自美国独立以后，它的历史具有单独性质，所以也不在关注的范围内。从时间范围来看，《西洋史表解》上起古埃及(公元前 4500 年)，下至第一次世界大战之前。一战及战后的情况材料太多、太复杂，需要另编一本战后西洋史表解。他在《编辑大意》中说明："本表范围，上自埃及(公元前 4500 年)，下迄欧战(公元后 1914 年)，纯载西洋史事。至于欧战以后，因需统计材料太多，一俟编整竣事，拟另出《欧战后西洋史表解》一册，详列欧战背景与影响以及战后一切重要史迹。本表既系纯载西洋史实，对于东洋当然从略，只载其与西洋大势有关者。美洲普通固亦列入西洋，然自合众国独立以后至欧战以前，多少总具单独性质，故本表对之亦从东洋例。"

对于用"表"的形式叙述历史，此书得到了陈垣先生的肯定。他在书中的《陈序》中说："表之于史，为用甚大。昔司马迁仿古谱牒，撰为十表。刘知几《表历篇》甚诋之，至谓'得之不为益，失之不为损，用使读者缄而不视'。其《杂说篇》则又盛称之，谓'使读者阅文便睹，举目可详'。抑何其言之矛盾也？自《新唐书》以来，无史无表；其以前无表之史，万斯同且遍补焉。撰史如此，治史何独不然？杜预之《春秋释例》，司马光之《通鉴目录》，所以治《春秋》《通鉴》也。顾栋高之《春秋大事表》，沈炳震之《二十一史四谱》，亦所以治《春秋》《二十一史》也。治本国史如此，治外国史何独不然？"这里，陈垣先生高度肯定了用表的形式来撰史。他看到了田农先生的这本《西洋史表解》，认为田农讲授西洋史多年，以自己的经验所得，撰《西洋史表解》一巨册，“此杜氏顾氏治《春秋》法也，教者学者得此，诚刘知几所谓‘阅文便睹，举目可详’者也”。

《西洋史表解》全书，共有二十一个表。它们是：（上古史表）埃及、巴比仑及亚叙、希伯来、腓尼基、波斯、古爱琴、古希腊、古罗马；（中古史表）蛮族入寇时代、封建时代、近代列国的成立、中古的文化；（近世史表）文艺复兴、近世初期的列国新形势、宗教革命、地理的大发见及殖民地的竞争、三十年战争后的列强政局、一七八九年的法国大革命、自拿破仑至梅特涅、一八四八年后的欧洲、欧洲与世界。

我浏览全书后，觉得此书有如下特点：

第一，用表的形式叙述欧洲六千多年来的史事，具有较大的灵活性，可以包容较多的历史事实。田先生所编写的这种“表”，不同于一般的所谓大事年表，即按照年代顺序来排列各国的历史事实；也不同于一些教师为了给学生复习之用所编的突出重点、便于记忆的“历史表解”。他虽然是根据诸多第二手的历史著作编写的历史著述，但通过作者的裁剪编排，构成了一种新的历史叙述模式，读者能够通过此书对于西方历史上的重大事件、社会历史问题、各类历史人物、各项科技文化成果等等有一个概括的了解。虽然它不像普通历史著作那样，可以通过史料的征引和详尽的叙述使读者对历史事实能有深入的了解，但起码可以为这种深入的了解提供一种线索。

第二，通过“表解”形式撰述历史，有助于理清复杂的历史背景、历史过程，可以达到条分缕析、层次分明的目的。例如，该书的第十八个表——1789 年的法国大革命是一个很复杂的历史过程，为了叙述得清楚，这一表又分为六个子表：(1)大革命的背景；(2)大革命之史的分期一：国民会议时代(1789 年 5 月至 1791 年 9 月)；(3)大革命之史的分期二：立法会议时代(1791 年 10 月 1 日至 1792 年 9 月 21 日)；(4)大革命之史的分期三：宪法会议时代(1792 年 9 月 25 日至 1795 年 10 月 26 日)；(5)大革命之史的分期四：执政府时代(1795 年 10 月 26 日至 1799 年 11 月 9 日)；(6)大革命的成功与失败。在每一个子表下面又有若干个小的子表。如在大革命的背景一表中，就包括：①社会经济上的不平等；②政治的弊端；③民权自由思想之发达；④国家财政的困难。在表①社会经济上的不平等下，又有几个小表：A. 权族与农民人数及产资的比较；B. 贵族所享的特权；C. 僧侣所享之特权；D. 农民的困苦。而在这些小表下，又分有 a、b、c、d 若干项目。这样，把整个法国大革命时期的各项内容都包含起来，确实达到了层次分明的效果。

第三，该书虽然是表的形式，文字比较简要，但是叙述很生动。每个子表的下面，都有许多注释，通过这些注释可以交代更多的历史内容。就 1789 年的法国大革命这一表来说，在各个子表下面总共有 43 个注释。每一个注释内容长短不等，是对表中内容的具体说明。比如，说到 1789 年 7 月 14 日的群众暴动，表中文字说：七月十四日晨，群众先攻残废院，夺取了十二尊大炮及三万两千支枪及相当数量的火药，然后向巴士底狱而去。市政厅闻讯，两次派代表去见巴士底炮台司令，要求将炮台交给保卫团，至下午三时仍不得要领。卫兵开枪射击，群众死约百人。在这里，作者加注释说：巴士底狱的守卫队只有一百一十四人，中有八十四人是领年金者，三十瑞士人。民众从住在该地的人民得知保皇党的阴谋家在利用该炮台，在十二、十三日晚间，从兵工厂运去许多的弹药。

在 20 世纪的 30 年代，中国读者的世界史知识是很缺乏的，特别是对几千年的西洋历史能够有一个较为系统的了解是很不容易的。田农先生的《西洋史表解》提供了一种纲要性地了解外国历史的途径，它既可以作为学校的教材，也可以作为读者自学的读本，的确可以达到“一览即得，事半功倍”的效果。这在那个时代来说，确实是做了一件很有意义的事情。

# 戚国淦

戚国淦，1918年生，贵州修文人。1946年燕京大学历史系毕业，曾任教于北京市第三中学，新中国成立后任北京教师进修学院历史组组长。1954年北京师范学院初建，受命筹办历史科和建系工作，历任科主任、系副主任，讲师、副教授、教授。1983年任世界中世纪史博士生导师，兼任中国社会科学院世界历史研究所研究员。1984—1999年任中国世界古代中世纪史研究会理事长。毕生从事世界中世纪史教学和研究工作。1961年参编我国第一部多卷本《世界通史》，曾任《中国大百科全书·外国历史》(分卷)欧洲史组副主编，《外国历史大事集》《外国历史名人传》(中古部分)主编。承担国家“七五”项目“英国都铎王朝研究”，该成果编入《撷英集》出版。翻译《查理大帝传》和《法兰克人史》等外国史学名著，被中国翻译家协会评为资深翻译家。

访谈

# 与戚国淦先生谈人生与治学

按：此文写于2008年。戚先生的九十华诞到来前夕，我对戚先生进行了访谈，他的老伴儿寿先生也在场。此文发表在《首都师范大学学报》2008年第3期“纪念戚先生九十周年华诞”的专栏上。原题为《灌园育人，开拓世界中世纪史研究新领域——访戚国淦教授》。收入本书，有修改。

## 一

**问：**戚先生、寿先生您二老好！我刚刚看到商务印书馆出版的戚先生的文集《灌园集》，这是对您几十年来的学术活动的最好的总结。您从事世界中世纪史的教学、研究和人才培养工作，已经硕果累累，马上就要进入90高寿了。我想，在这一时刻和您一起回顾您在史学园地里走过的道路，应该对年轻一代的学人有很多有益的启示。正好寿先生也在这里，您二位相敬如宾，是生活上的伴侣，也是事业上的同行，《法兰克人史》就是您二位共同翻译完成的，所以也请寿先生来帮助回忆一下往事。

**戚、寿：**欢迎你来访谈。以前也有老师或学生来访谈过，许多事情都说过，那些资料你可以参考；另外我们也尽量向你提供一些新的情况。

**问：**我想向您提的第一个问题是：您是在解放前在中国的大学里读的书，但是在新中国成立以后您却一直在从事着世界史、特别是世界中世纪史的研究，并且在很长的时间内担任中国世界古代中世纪史研究会的理事长，这肯定与您自身的条件、特别是早期受教育的经历有关系。您能给我们回忆一些情况吗？

**戚**：说到早期教育，这和我的家庭身世有关系。我的原籍是贵州省修文县，1918年6月生于热河承德，可以说出身于书香门第、仕宦人家。我的先祖戚继美是明代著名的抗倭将领戚继光的胞弟。

**问**：戚继光是山东人啊！您的原籍为什么是贵州呢？

**戚**：由于先祖戚继美随兄作战立下了战功，奉命统军驻守贵州，此后他即落户于此。

我的祖父戚朝卿，是光绪朝癸未科进士，曾任北洋军阀政府热河道道尹等要职，所以我就出生在承德。我的母亲姓缪，其家族就是著名的江苏江阴缪氏，近代著名学者缪荃孙是我母亲的同族。出生在这样的一个家庭里，所以开蒙甚早。从小受到母亲的熏陶，4岁时即跟从母亲读唐诗，我还背过不少的诗。当时家中藏书很多，上学后回到家里对家里的藏书多有涉猎。小时候的这种自由阅读使我打下了比较好的国学根基，所以在中学的时候我的兴趣就是念中国古典文学。到高中时就立志考北大。我为什么考北大呢？就是因为北大当时有“五马三沈”，五位姓马的和三位姓沈的名教授轮流在北大教课，我想到那儿入中国文学系。

北大一下子就考上了。可是呢，我那中文的考分太低了，考了57分。分数低的原因是小时候我不太会写白话文，我们老师提倡写古文，所以我的文言文不错，英文也不错，考了87。考上了我就去报中文系啦，中文系说：你不够分。哎呀，我认为这是奇耻大辱啊。那时候年轻呀，18岁嘛，我转过身来就报了西语系，马上就被录取了。但我向往中国古典文学的心一点也没死。我就随便乱看书，也不怎么念西洋文学，挑有兴趣的，就念了念莎士比亚。对那时候人民的生活、社会风情总会涉猎一点儿，这样也就对伊丽莎白时期有了偏爱。后来教中世纪史这么多年，在我印象中最精彩的就是中世纪晚期，因为它跟近代接轨，而且现在这段历史被近代给“吞并”了。英国史上这两个时代的交叉就是都铎王朝。当时的教学计划是世界中世纪史讲154课时，中世纪晚期的英国也没多少课时，应该讲4课时，比现在肯定多一点(但是我因为对这段比较偏爱，自己这方面知道得多，就难免按照自己的兴趣多加材料，课时就得膨胀，我大概讲到8课时)。此外，我对法文还特别用心，我想要是出国留学到美国去啊，英文不算外国语，你还得学两种外国语。

后来抗战开始，我因当时有病没跟着到西南联大去，就考到燕京大学了。这次到燕京可跟上次不一样了，一个是学校制度不同，美国式的学校跟赶羊似的，你非得好好念书不可；另一个是自己的自觉性加强了，深深后悔在北大浪费了一年时间，所以我这年开始用功了。当时历史系可以和哈佛互换学生，我希望能够由燕京把我送到哈佛去。但同时我也没有放弃学习古典文学，当时中文系有两个名教师，我也跟着他们念古典文学。

**问：**有一位是不是您在《灌园集》里提到的顾随先生？

**戚：**是的。1938 年秋天，我们几个通过大一国文课免读测试的学生，经老同学的指点，选修了顾随先生的“词选习作”课。顾先生是著名的词曲家，来燕大授课已经十几年了，很受同学们的欢迎。当时我们听课的人都是初学者，先生上课旁征博引，妙语如珠，而学生如入宝山，目迷五色，未必真能探得瑰宝。

**问：**从您在《灌园集》中所选的那些词来看，您一定是学得比较好的。

**戚：**在燕京大学念到三年半了，赶上太平洋战争爆发。这时我还没毕业，就出来当中学教员了。1945 年抗战胜利以后，燕大复学，这样我又重新念了一年。当时我年纪已经大了，当了好几年老师了，可不能像小同学那样随便念书了，我就挑了几门课，其中就有邓之诚先生的“明清史”，还有齐思和先生的“世界史”。这样我就在 1946 年才真正领到了燕京大学的文学学士文凭。

**问：**那您这大学阶段一共多少年啊？

**戚：**是由 1936 年到 1946 年，十年磨一剑啊！

**问：**那就相当于今天大学本科到博士毕业，而且还包括教育实习。

**戚：**这个过程长点当然也有好处，念的学校多，见的老师多，岁数大点就比小孩知道用功，也多思考点吧。所以这样我就不是专跟着老师一门一门听课、搞作业、写笔记了。我到处浏览，看人家研究生念什么课，我就从图书馆借研究生的书翻一翻、看一看，自己眼界也高一点。选课时，别的系好的课，我也选点儿。燕京大学的教学计划也有点特别，文科的学生得念一门理科的课，你还得念几门法学院的课。我就去念点对自己有用的课，比如比较政府的课，我可以知道英国政府是什么样子。我觉得我念的课比较多、比较杂，而且自己的兴趣还能够保持一部分，这对我后来的研究工作是有用处的。

**问**：听说您当年考燕京大学是以第一名的成绩被录取的，而且在那里师从了几位名师。是这样吗？

**戚**：我考燕京大学时是以第一名被录取的，我还是先入的外国文学系，后转历史学系，师从过邓之诚、洪业、齐思和、翁独健等名家，系统研习中外历史。这段时间的学习，为我日后从事历史教学和研究打下了坚实的基础，并受到科学方法的训练。毕业时，因学习成绩优异还获得了"金钥匙奖"。

**问**："金钥匙奖"是个什么性质的奖项呢？

**戚**："金钥匙奖"是美国 PTP 学会所设的奖项，授予优秀的大学毕业生。

**问**：听说您二位都是齐思和先生的弟子，寿先生还是齐先生的研究生，那也是在燕京大学吗？

**寿**：我是 1949 年燕京大学西语系毕业后，考入历史系当研究生，师从齐思和先生的。

**问**：您这次入燕京大学以后，为什么转到历史系呢？这一选择对您来说是非常重要的啊！

**戚**：燕京大学历史系名教授多，在国内外负有盛名，学习好的学生可以保送美国哈佛大学深造。所以我就转入历史系，从此一辈子就钻故纸堆了。

## 二

**问**：在北京师范学院建校之初，您是负责历史系的筹建工作的，您那时的辛勤有效的工作为日后历史系的发展打下了很好的基础。您可以给我们回顾一下当时的情况吗？

**戚**：我是 1952 年调到北京教师进修学院的，我是历史组的组长。1953 年，接受筹备建立北京师范学院的任务，我们教研组筹备历史系，我是组长。当时推荐我来做这个工作与翁独健先生有关，他是我大学的老师，当时担任北京市文教局的局长。组里只有两个成员，一个是成庆华先生，是我在北大的同届同学，另外一个就是宁可。他们两个人是搞中国史的，这就不能没有搞世界史的呀，作为这个组的负责人，我就得管点世界史，所以说我的专业的确定，大概从这时候已经差不多了。我们这个教研组就是后来北京师范学院历史系、也就是今天首都师范大学历史系最初的基础。

当时我们都很年轻。1953 年的时候我 35 岁，成先生 38 岁，宁先生 25 岁。我们三个人都念过北大，见过点世面，知道人家名牌大学是怎么回事。所以我们在最初接受这任务的时候就想了好多的事，觉得关键的就是师资问题。首先一步就要去访贤，让教育局给我们开一个名单，哪个中学的教师有点儿名，我们就到那儿听课。这个工作就做了差不多两个学期，所以我们就说我们是三架自行车跑遍了北京的各个中学。我们有一个共识：找基础比较好、年纪不太大的教师。我们听了好几十位老师的课，有些是教学技巧不错的，但我们想必须功底也要好，要看看他是什么大学毕业的，所以我们也得了解他们在大学念书的情况，有没有什么成果出来。我们之所以要找年轻的，一个是接受能力强，另外也考虑能多干些年。我们就按照这标准选了十来个，去找北京市教育局要，最后我们就凑成了八个人。我们平常说唱戏有八员上将，我说我们历史系有八员大将，齐世荣先生还经常引用我这句话呢！我们这八个人哪，没有老的，而且基本上是北大的，齐世荣先生是清华的。1955 年从东北师大调来了滕净东先生，他是老党员，我跟校领导说我就是一个教员材料，不是系领导的材料，请求让滕先生当这个系主任。不过可能因为我做的工作大家都说好，考虑各种影响，学校不让我辞，同意滕先生当正主任，让我继续当副主任，一直就到了 65 岁才退下来。

**问**：您的贡献除了在建系时期做了这些工作以外，更重要的是后来建立了英国史研究室，为日后历史系在都铎王朝史的研究方面取得突出成绩创造了条件。您是否回忆一下建立这个研究室的过程？

**戚**：我最早提出这个想法是在 1958 年“大跃进”时期，那时人人都敢想敢说，我也敢想，我说咱们成立一个英国史研究室，而有关方面也同意了，但那时哪儿能成立得了啊！20 年后的 1978 年，我又再度提出这个问题，这时我已经 60 岁了，按说应该退休了，可学校还是打算让我再干些年。于是这 1958 年不成的事 1978 年就成了。学校批准让我招研究生，另外成立英国史研究室。当时我就想，不可能搞英国的通史，都铎王朝这一段年头比较短，100 年多一点，从 1485 年到1603年。再一点是这段时间内容最丰富，讲资本主义萌芽、讲原始积累都要讲都铎史，讲君主专制也得讲都铎史。所以我说这里面题目就非常多，有研究的东西。当时人呢，就我一个。我想我要凭我自己带出学生来，让学生给我做助手，然后我们滚雪球，越滚越大。也就是把培养研究生的过程跟自己的研究、跟学科的发展结合起来，制订一个长远点的计划，有一个合理的布局。当时我设想，我这是一个小的园地，很小，但是我如果把树栽成一圈，得挖很多很多的树坑，然后一棵苗、一棵苗往里搁，早晚也能长起来，像一个花园似的。所以我就要求我的学生来了以后，按照我的规划里头所提的小范围、小领域各自去占，也就像我说的挖了那么多树坑，你蹦哪个坑都行。你比如说，政治制度、政府改革这方面的问题由我的大弟子郭方研究，还有议会这样的老题目、老热门是刘新成搞的，到现在还没研究过的枢秘院制度，我把它交给赵秀荣了，她要到人大的博士后流动站去做这个题目。宗教、教会方面，刘城写的是清教，王家凤和赵秀荣写的是亨利八世的宗教改革。经济方面的题目就多了，商业、手工业、农业等。这方面有我的老同事陈曦文加盟，她就和王乃耀搞起了这些。外交是最难的题目了，一直耽误了很多年都没有人搞，我都七十好几快退休的时候了，夏继果才完成这个问题。现在领域又有了扩展，像江立华研究了都铎王朝的人口问题。另外还有一些历史人物评传，例如由赵文洪、左群、夏继果分别完成的亨利七世、托马斯·克伦威尔、威廉·塞西尔的评传，也都是都铎史的重要课题。

另外，我这个“都铎园地”里的学生，只有一个不是搞都铎史的，就是王华，他写了一个人物，就是约克王朝很出色的爱德华四世。这是我特意让他写的。因为都铎王朝是接替了爱德华四世然后统一起来的，要溯源一下研究他是可以的。这样呢，人家渐渐也就知道了，说要到戚先生那去呀，就是研究英国都铎王朝。来的人呢，当然得接受我们这一套的计划，在这个轨道上运行，当然他们也都还心甘情愿，觉得都铎史很有研究价值。

**问：**听说我们系在掌握都铎王朝资料方面是全国最丰富的地方，像我们这样的学校能做到这一点肯定是不容易的。您是怎么抓的呢？

**戚：**我抓资料建设这一点还是可以说一说的。当年没有外汇呀，那怎么办呢？我想咱们可以复印去。1978年我招了第一批三个学生，我让他们到各地图书馆去，把别的图书馆馆藏的有关东西都复印来。这一点我要感谢当时的一位校领导，他特别批给我一万块钱，那会儿一万块钱是很顶事的。不过我们还是很节约的，水平不够的还不许印，结果才花了五千块钱就印了五六百本书。这样我们就变成了全中国收藏都铎史图书最阔的单位了。我的学生要是出去开会，都带点钱去给我复印回书来。以后渐渐地我们小有名气了，也有点外汇了，就来了不少原版书了。我还有一条增加复印资料来源的路：我的学生谁要是写论文需要新书而能印到的话，不用他们自己出钱，我们研究室给出；但是有一条，用完了毕业时可不许带走，这样，一个学生又给我们增加了几十本图书资料。所以，到现在咱们还有这么一种声望：收藏都铎史书最多的地方是首都师大历史系的英国史研究室。

**问：**您这样抓住一个重点问题，从小到大，发展开去，最后形成了一个都铎史的研究中心。这应该说是一个成功的经验吧？

**戚：**要研究世界史这样一门大的学问，目前我看我这个办法可能是行之有效的。就是得做比较细一点的分工，几个人合起来，攻克一个题目。我现在回想自己走的这条路，虽然也是摸着石头过河，但是反正走得还比较准。全国闻名的老师那倒还有很多，但一个研究点这样子受重视的，恐怕没有几个吧？这点，我和武汉大学的吴于廑教授是两个典型，我是集中搞一个题目，吴先生那是一个世纪全面开花，你搞日本也行，搞拉丁美洲也行。

**问：**我们继续回顾您的都铎王朝英国史研究。钱乘旦先生在他的《中国的英国史研究》一文中特别指出您在都铎王朝史研究方面的重要贡献，说您在改革开放之初就发表了《介绍英国历史学家乔·鲁·埃尔顿》一文，倡导开展对英国都铎王朝史的研究。您以前好像也谈过，对于都铎王朝历史的研究，其意义不在于您本人写了多少篇这方面的论文，主要在于您发现了这个问题的重要性，并且推动了国内学者对这个问题的研究。

**戚：**是这样的。我曾经对来访问我的历史系同学说过：不在于我写多少都铎史的文章，而在于我发现了一个叫埃尔顿的人，大概中国人就我一人先发现的。当时他还没有现在这么大名气呢，今天他在英国那儿都是新一代的祖师了。我注意到英国学者重视这个问题是在“文革”期间，那时通过非常有限的渠道，注意到

70 年代“修正史学”在英国悄然兴起，他们对 16、17 世纪的英国史进行了全新的解释或“修正”，把 20 世纪 40 年代即已出现的“都铎王朝研究热潮”推向一个新的高峰。我注意到英国出现的这一动向，也看到了都铎史研究的重要意义。因为，都铎王朝的英国正处于从封建社会向资本主义社会过渡的时期，其时代无论经济还是政治，无论社会生活还是思想文化，都在发生着深刻的变化，深入研究这一时代，不仅可以洞察英国资本主义的起源，而且可以通过对世界上第一个资本主义国家的剖析，探索从封建制度向资本主义制度过渡的普遍规律。

十一届三中全会后，我们也有了开展世界史研究的条件。1980 年，中国英国史学会召开成立大会，我就向会议提交了《介绍英国历史学家乔·鲁·埃尔顿》一文，向史学界介绍这位英国修正史学的代表人物，呼吁重视都铎史研究。在此之前我已阅读了埃尔顿的大部分代表作，较充分地了解了他的主要学术观点和重大理论突破。

**问：**关于英国的修正史学我们还是比较陌生的，您能再说两句吗？

**戚：**“修正”一词是从英文 revision 翻译过来的，意思是对传统史学加以修正。埃尔顿是此说的首倡者，大批学者闻风而动，遂出现了英国修正史学派。

我觉得埃尔顿治史的特点，首先是他不为成说所囿，敢于背离传统准则，对历史事件和人物重新评价；其次是他不满足于现有材料，对前人未曾涉及的档案文献进行发掘，从而取得新的论据。我还认为在埃尔顿的全部观点中有两点尤其值得注意：一是他的“都铎政府革命说”；一是他对历史人物托马斯·克伦威尔的评价。

**问：**从英国史研究室成立以来，您所领导的学术团队确实取得了很大的成绩。1994 年首都师范大学出版社出版的《撷英集——英国都铎史研究》是研究室最早的集体成果吧？以后，每个人都有自己的学术专著或重要论文问世，您可以介绍一些吗？

**戚：**由于种种客观原因，我们的计划没能全部如期如愿实现，但十多年来，我们这个团队一直在为这一计划勤勤恳恳、脚踏实地地工作着，取得了不少成果，已发表专著、译作及论文数十种，对于 16 世纪英国农业技术革命与农业生产提高、圈地运动的性质、毛纺手工业生产方式的变迁、商业发展及其对社会的影响、社会各阶层的重构与兴衰、宗教改革的前因后果，、政府机构改革的评价、议会演变与专制主义以及本时期重要历史人物的评价等问题都有细密深入的研究，并提出了独到见解。这些研究工作不仅填补了国内的空白，有的还达到了国际水平。

《撷英集——英国都铎史研究》确实是我们研究室最早的集体成果；个人的成果，比如郭方的《英国都铎王朝王权的转变》、刘新成的《英国都铎王朝议会研究》、刘城的《英国中世纪教会研究》、陈曦文的《英国16世纪经济变革与政策研究》、王乃耀的《英国都铎时期经济研究》、夏继果的《伊丽莎白时期外交政策》等，都是这方面的成果。其中很多成果，都在市级的社会科学优秀成果评奖中获奖。

**问**：这里面最有影响的成果您可以举个例子吗？

**戚**：我觉得这些年轻人在研究中都是极其勤奋刻苦的，他们的成果填补了各自领域的空白，是难分轩轾的。

**问**：您在英国都铎王朝史的研究中，除了组织力量分头攻关以外，还十分注意在研究方法上的革新。您自己身体力行，除了运用传统的史学研究方法以外，还探索进行比较研究。您在1987年在南京举行的英国史国际学术讨论会上提交了《十六世纪中英政治制度比较》一文，受到到会学者高度重视；1987年第4期的《历史研究》发表了您的这篇文章，在学术界反响也很好。您当时为什么要写这样一篇比较研究的文章呢？

**戚**：16世纪的英国都铎王朝与中国明朝中后期的嘉靖、隆庆、万历三朝大体处于同一时期。虽然时代相同，但两国的发展却走的是不同道路，通过比较看出16世纪以来世界局势渐趋西强东弱的历史原因。比如在英国的都铎时代和中国明朝的“嘉隆万”时期均出现了资本主义萌芽，但都铎王朝的商品经济和资本主义手工业发展的程度明显高于明朝，在以乡绅为主体的新兴阶级的支持下，都铎诸王建立了“新君主制”，刷新政治，改组机构，奉行有利于资本主义发展的政策，使英国国势蒸蒸日上；而明朝廷则依赖的是代表没落地主阶级的臣僚官吏，沿袭旧制，外禁海运，内征苛税，嘉靖以后，国君更是“享国日久，不视朝，深居西苑，专意斋醮”，以至国运中衰，江河日下。

**问**：我觉得像您这样学贯中西的学者才能这样高屋建瓴地对东西方两个具有

代表性的社会进行比较。您本身对中国史籍比较熟悉，对明朝“嘉隆万”时期社会发展的趋势，可以信手拈来一些材料加以说明；另一方面您又掌握了大量都铎王朝的史料，特别是能够运用很多外文资料，有人统计您这篇文章所引英文书籍就达 40 多种。这是您能够进行比较研究的优势吧？

**戚：**进行比较研究就要掌握被比较的两方面的资料，才能深入地进行研究。我们掌握明朝的历史资料比较容易，但关于都铎王朝的资料开始掌握得也不太多。20 世纪 80 年代，我们的博士郭方毕业后分配到社科院，他去英国访问带回四五十本都铎史方面的英文版新书。我听到这个消息非常高兴，就让我的助手们赶快复印过来。在这以后一年多的时间里，我也抓紧时间，全部阅读了这批新书，并且还作了札记。由于掌握了这些资料，所以为我进行 16 世纪中英政治制度的比较创造了条件。你说的文章引用英文书籍四十多种，应该说是差不多的。

**问：**我最近也重读了一下这篇文章，我觉得熟悉材料固然是您的长处，但是您的文章不仅仅是排列史料、比较现象，您在文章中运用了马克思主义的理论，分析了这两个社会的经济关系和阶级结构的变化，以此来说明中英两国政治制度的异同，这也是文章的一个特点吧？

**戚：**我在文章中说明了 16 世纪中英两国政治制度有一些共同之处，也存在许多差异。共同之点在于两国都实行专制君主制度，差异之处是由于它们处于不同的历史条件之下和建立在不同的经济基础之上。都铎王朝统治时期，英国社会的资本主义关系已有较快的成长，阶级结构也有明显的变化。我在文章中提到了马克思的分析，也引用了长期研究伊丽莎白一朝历史的英国学者尼尔的类似见解。尼尔认为，这个时代是一个“平衡时代”，“保守因素”和“新力量”互相抵消。他所说的“保守因素”就是指旧贵族，而“新力量”则是指新兴资产阶级和具有资产阶级倾向的新贵族和乡绅。都铎王朝的君主由于得到这两种力量的支持，才得以进行专制统治，可以说是一种新的君主制度。但是，在明朝的“嘉隆万”时期，虽然有资本主义的萌芽，但是在政治舞台上却看不到新人的踪迹，封建地主阶级依旧占据统治地位。所以，同样是在专制王权的统治下，英国的资本主义因素受到扶植而迅速成长，英国在近代化的道路上一步步地前进；而明朝的资本主义萌芽受到摧残，明朝在通往近代化的道路上是停步不前的。所以，这里面正是马克思主义的基础与上层建筑相互作用的原则在起着决定作用。

## 三

**问**：除了都铎王朝的历史研究之外，您对于中国的世界史研究做出的另一个重大的贡献就是翻译了一些重要的西方史学名著，还为一些名著的翻译作序，使读者能够了解这些著作的价值。您是否可以介绍一下这方面的情况？

**戚**：这说来话长。早在我读大学之初，就曾希望有一天我们自己也能拥有一套像“洛布丛书”或“人人丛书”那样的古典丛书。后来自己学会翻译，更希望能够参加这项艰巨的工作。新中国成立之初，几位世界史前辈大师齐思和、翁独健、杨人楩等商讨世界史建设问题，谈到了名著翻译的事，我当时也在一旁。老师们当场吩咐我要承担一些翻译任务。他们的期许使我终生难忘。不久，商务印书馆制定12年出版规划，我从选题中选定了中世纪早期的两部名著，就是《查理大帝传》和《法兰克人史》。第一本是我自己完成的，第二本是我和寿先生共同完成的。到“文革”开始之前，两本书的译稿都已经脱稿，但没有及时交出版社。“文革”开始后，我家曾遭抄家之难，家中很多珍贵的东西我听任其损坏，但唯独对这两部译稿我悉心保护，幸得保全。所以，《法兰克人史》能够列入“汉译世界学术名著丛书”第一辑中。《查理大帝传》在该丛书问世前，已经以单行本出版，后来又在丛书的第三辑中重印了。

**问**：像这样的古典名著翻译本身就是很困难的事了，但同时为了让中国读者更好地了解这些著作，您还特别下功夫来写译序，这工作是不是比翻译本身还要难呢？

**戚**：我是比较重视写序的，在这两部译著出版时我都写了较详细的序。因为一篇好的序言不仅可以向读者指出阅读原著的门径，而且可以给初学者以学习方法的训练。1980年我在《法兰克人史》的译序中，首先对作者都尔主教格雷戈里做了详细介绍，指出其出入宫廷，结识朝中显贵，出席宗教会议，故能掌握第一手翔实材料，写出那个时代唯一的一部史书。然后对于法兰克国家政府官制、王位继承及宗教争端等等进行概括说明，以便读者理解。格雷戈里撰写该书时着重落笔于政治和宗教事务，对于社会经济仅偶尔涉及，我就在他书的字里行间中细心搜捡，提炼出许多这方面的材料，如马尔克土地制度的破坏、大土地占有制度的发展、封建社会两个基本阶级的形成、被统治者反抗统治者的斗争，等等，这样就把法兰克国家早期封建化的图景勾画出来了。此外，我还用一定篇幅介绍本书在记载历史方面的特点，比如指出该书在宗教迷信活动方面的记载占了相当多的篇幅，对这时的崇拜偶像、信奉奇迹等迷信活动也有很多记载。

《查理大帝传》的译序写于 1978 年。序中指出原书作者艾因哈德系查理大帝文学侍从，深受查理的宠信，在查理身边参与机要。该书写成后，获得很高声誉。艾因哈德刻意模仿古典著作，尽力摆脱宗教迷信的影响，为查理的一生写出比较真实的记录。序中还指出书中虽有许多溢美的地方，但仍不失为这一时期最重要的史料。除了介绍作者之外，我在序中也对传主本人的历史功绩做了评价，指出他在其统治的四十六年间，进行了五十多次战争，建立起囊括西欧大部分地区的庞大帝国，自己加上“罗马人皇帝”的冠冕。但是，就在查理统治时期，法兰克封建制度终于建立起来了，他的全部政策代表了新兴的封建地主阶级的利益。

**问**：这样看来，写一篇译序比写一篇论文的作用更要大。从《灌园集》中看，《盎格鲁-撒克逊编年史》《佛罗伦萨史》《英吉利教会史》《女王伊丽莎白一世传》《罗马帝国衰亡史》《神圣罗马帝国》等著名的西方史学著作都是您作的序？

**戚**：《人民日报》1995 年 10 月 16 日发表了一篇题为《英华缀出一座“世界精神公园”》的文章，介绍了商务印书馆编辑出版的“汉译世界学术名著丛书”，其中也提到了我，说我“大半辈子的心血倾注于丛书”，这虽然有些过誉，但是我可以自称是这座“世界精神公园”忠诚的义务“灌园叟”，我对这项工作是情有独钟的。记得是“文革”风雨过后的一天，商务印书馆历史编辑室的两位同志来到我家，征求出版这套丛书的意见。我听了之后非常高兴，积极赞成，并且表示愿意全力支持丛书的出版。我这是一项非常郑重的承诺。二十年来，我曾不断参加丛书历史门类选题规划、投稿、撰写译序、代审稿件以及查阅史料等活动，可以说乐此不疲。我自己在“文革”前翻译了两部书，在学术界春光大好之际，我本应再多翻译几种，可惜由于本职工作沉重，建立了研究室，招收了研究生，社会活动也很多；再加上年事日高，健康下降，因此对于半生钟爱的事业，就难以继续下去了。

不过我并没有忘情于这套丛书。我为《法兰克人史》写的序言得到了友人的好评，不久又传来上级领导关于写好译序的指示。这样有一些属于我的专业范围而又缺少译序的译稿，编辑便嘱我代写一篇。就这样在十年之内写了七八篇，也就是你说的这几部书。但是，为名著撰序并不是一件容易的事情。必须细读原著，掌握要点，抓住精髓，同时还要广泛收集有关的历史背景和作者生平的资料，还要了解后世对于该书的评论，然后才能形成自己对书的评价，写成一篇有助于读者理解的序言。如今，我已经年届耄耋，二十年来对这部丛书的关情不减，但是近几年来年事日长，已经是心余力绌了。

**问：**我看有些译序您不仅仅是介绍作者、说明历史背景和该书出版后的影响，您还在有的地方进行了评价，或者提出自己的见解。

**戚：**是这样的。比如《佛罗伦萨史》作者是意大利文艺复兴时期的思想家马基雅维利，他在历史上是一个最有争议的人物，我在序言中为他正了名。我强调在他的思想中占主导地位的是爱国主义，他的写作目的和毕生为之奋斗的理想就是实现意大利的统一和富强。我们看到，14世纪以来关于佛罗伦萨城市共和国的历史著作出现多部，唯有马基雅维利这部独享盛名，原因就在于作者写作时灌注了饱满的爱国热情，因此全书视角新颖，分析精当，语言生动活泼。至于他推崇强权，鼓吹暴力，宣扬为实现统一目的可以不择手段等观点，这是他同时代的思想家们“独立地研究政治的主张”“政治的理论观念摆脱了道德”主张的反映，不是他一个人的主张。至于“马基雅维利主义”的恶名，那是后人给他加上去的，他本人无须为此负责。

**问：**我看到您强调马基雅维利是文艺复兴时期的一位巨人，他的《佛罗伦萨史》是人文主义历史学的巨著。这就是您对他的“正名”吧？

**戚：**我再说说比德的《英吉利教会史》吧！这是唯一一部记录5世纪中叶到8世纪中叶盎格鲁-撒克逊人历史的著作，具有极高的史料价值。但是由于当时时局混乱，教派纷争，比德身为修士，用大量笔墨描述教士行迹与宗教派争，所以，这部书会令人感到扑朔迷离，难得要领。所以我在为它作序时，就详细地介绍了古代不列颠的政事民情以及各个教派的来龙云脉，提示读者注意书中有关社会统治的一些情况。对于比德本人，我一方面肯定他严谨的治史态度，把书中大部分内容"评为信史"；但我也指出了西方学者对比德的书称许有加而批判不足，特别是比德不惜笔墨，宣扬圣徒显灵、救灾、治病的"奇迹"等内容，使得这部巨著玉石混杂。不过，比德长期以来受到英国人的尊敬，被称为"英国历史之父"，美国史学家汤普森认为，"这是蛮族时期写出的一部最伟大的著作"。我也认同这点，指出这种评价对其人其书来说都是当之无愧的。

**问**：在您作序的译著中有您最熟悉的有关都铎王朝的书，像尼尔的《女王伊丽莎白一世传》，您写起序来应该是得心应手吧？

**戚**：我为尼尔的《女王伊丽莎白一世传》中译本作序是在1989年，那时我研究英国都铎史已经十多年了，对有关英国16世纪社会、经济、政治、文化变革的各家学说都很了解，在这个基础上也形成了自己的见解，因此作序时首先能够勾勒出英国从封建社会向资本主义社会过渡阶段的社会图景，进一步剖析女王所面临的政治、宗教、王位继承等各种危机的性质，借以说明女王客观上推动了社会发展的历史作用，最后批评尼尔和其他史家对女王的评价，并从中得出符合历史唯物主义的结论。我提出尼尔这部书是值得向中国读者介绍的一本名著，因为它以知识读物形式问世，但所依靠的材料丰富坚实，铺叙生动，文字流畅，可使读者获得阅读的享受。我说希望这部雅俗共赏的名著中译本问世能够为处于危机之中的世界历史学科增加一分活力。因为那时在市场经济大潮中，"史学危机"的观点盛行一时，所以我感到严肃史学如能够与大众文化相结合，那就不失为摆脱"史学危机"的一条途径。

**问**：吉本的《罗马帝国衰亡史》是一部影响非常大的史学名著，我们在讲"史学概论"课时也提到了它，原来这部书的中译本也是戚先生作的序，是一篇"洋洋万言"的文章。您在序中对该书所引起的争议进行了分析？

**戚**：吉本的《罗马帝国衰亡史》当然是一部声誉卓著的史学名作了，所以我为它作序时下了很大功夫。首先要介绍吉本这个人，对他的身世和撰写过程、全书的结构设计、取材、观点都有详细介绍。确实如你所说，我还用较大篇幅列举了该书问世以来对它的毁誉臧否的各种评价，包括探究评价者的立场和出发点，同时也要分析这些评价本身的价值。对该书之所以引起争议我也发表了自己的看法。我认为这在于吉本对基督教是持批判态度的，但正是这束照耀全书的理性主义之光，穿透了时间和宗教偏见的浓雾，使人们能够看清罗马千年的真实图景，一切尊重科学的有识之士都因此受到启发而赞许该书。

**问：**还有一部英国人布赖斯写的《神圣罗马帝国》，这书我就很不熟悉了，您在这篇序中主要谈的什么问题呢？

**戚：**写这篇序是在1992年6月。对于《神圣罗马帝国》一书，人们有许多疑问。一是一个英国人为什么要写一部以德意志为中心的巨著？二是一个25岁的青年人为参加一次有奖征文而写的长篇论文为什么能在西方史学史上占据如此重要的位置？三是苏联以“历史唯物主义者”自居的史学家及受其影响的一些我国学者长期以来对这样一部在西方享有盛誉的史书仅以“宣扬历史唯心主义”一句话来做结论，是否过于简单？为解决这些疑惑，我参酌众书，最后提出了自己的看法。我认为，在布赖斯著述的时代，德意志正处于统一前夕，普奥两国为争夺统一领导权而剑拔弩张，两国历史学家亦不甘寂寞，笔枪舌剑，夸说本国在德意志历史上的作用，争以其道易天下。而欧洲其他国家对走向统一的德国则心怀戒惧，惶悚不安。在这种情况下，身为英国人的布赖斯超脱于普奥两国学者的争论之外，从一个全新的角度考察德国的历史，认为神圣罗马帝国的历史并不是曾经包括在其版图之内的德意志和意大利的历史，而是一个过时的宗教信仰与历史传统相糅合的产物。而狂妄自大的帝国皇帝穷兵黩武，四面扩张并未给帝国带来任何荣耀，只落得“既非神圣，也非罗马，更非帝国”。我觉得布赖斯此书不惟观点新颖独特，而且表达了人们憎恶侵略和战争的心声，并向争夺霸权的德意志统治者们发出了殷鉴不远的告诫。因而，此书除具备材料丰富、论证有力等一般史学著作的特点外，更有一定政治影响。唯其如此，此书及其作者才一举成名。西方史学家把这本书吹捧为“论述精辟的不朽之作”“全世界研究者了解中世纪欧洲的理念与实践的一部指导著作”，未免评价有些过当，而苏联史学家对之不屑一顾的态度也背离了实事求是的原则。

**问：**这样看来，您为一些西方史学名著写译序，其作用不仅仅是介绍这部书，这些序实际上也是有关西方史学史的论文，它们的学术价值是很大的。我还在网上注意到，您不仅为这些西方史学名著写序，一些中国学者研究世界中世纪史的著作，不论是不是您的学生，您也热心地给他们的著作写序。我看到有一位女学者已经80岁了，把她一生研究中世纪史的文章出版了，好像叫《世界中世纪史散论》，网上有一篇她儿子写的文章，说他母亲的文集是请“我国世界中世纪史学的泰斗”戚国淦先生写的序。这篇序《灌园集》上怎么没有？

**寿**：你说的是厦门大学的陈兆璋先生吧？那是最近的事。因为写该序时，《灌园集》已交稿多年，因此该序未能收入。

**问**：戚先生曾经说过，在历史系建系初期，按年龄算您属第七；如今五十年过去，您已经是全系最年长的教师了。人生就是这样。在即将进入九十年的人生历程时，您对事业、对人生有什么感悟，可以和我们说说吗？

**戚**：这个问题说来话长，我想从60岁到80岁整寿年所写的自勉词中抽出几句作为回答。

《临江仙》六十自述(1978年戊午元旦)：“……已分披离霜后草，何期重沐春风。须将微意答天公。黄昏犹未晚，珍重夕阳红。”(花甲不退休，便立志一搏)

《临江仙》七十自述 (1988年)：“曩时不信夕阳晚，如今落日衔山。征人犹未卸征鞍。路程还甚远，老骥也加鞭……”(局面已打开，成果尚不多，须再加一把力)

《水调歌头》(1998年戊寅，届满八旬，行将退休)“……交而立，逢盛世，发豪情。厕身讲席，书城四拥事勤耕。试辟撷英园地，植出盈门桃李，原不为微名。一笑辞专业，无悔面余生。”

以上这些就算是我的人生感悟吧！

# 漫道先生专外史　诗文翰墨也风流

按：此文是为祝贺戚国淦先生九十华诞而作。曾发表在《首都师范大学学报》2008 年第 3 期。

“漫道先生专外史，诗文翰墨也风流”，这是戚先生于 1999 年写的《学会怀旧》中的诗句，用来赞誉著名世界史学家吴于廑、孙秉莹等先生学兼中外、雅善诗词。其实，戚先生自己何尝不是这样的一位学者呢？

戚先生曾经说，他的人生应该包括三个方面：第一方面是史学工作者，他说他不仅可以教世界史，中国史也学得不错；第二方面是翻译家；第三方面就是诗人了。对于前两方面，学界内外都有共识，但对第三方面，人们却不太了解。近日，读了商务印书馆出版的戚国淦先生的《灌园集》中的“读史杂咏”，我才对此了解一二。戚先生还对我说，他是个“未名诗人”。我在请教他“未名诗人”的含义时，他说：“我说我是‘未名诗人’，其含义有两个方面：一方面我确实从小就喜欢读诗、背诗，从我四岁时起，母亲就开始教我背唐诗了，上大学以后又修学了诗词的课，从此我就没有断过诗词的写作，无论是在什么样的社会环境下，写诗词都是我生活中的一部分。如果从 1938 年我的词课开笔习作算起，到今天已经快七十年了，比我搞历史的时间要长。但是，我虽然写了近七十年的诗词，但是却始终未曾出名，所以我宁愿称自己是‘未名诗人’。从另一个方面来说，我学写诗词是在燕京大学，我练习写诗词也是从 1938 年到 1941 年在燕京大学读书时开始的，我的《燕园杂咏》就是记述我在未名湖畔的读书生活的，这段经历在我的诗词作品中占了很大一部分。这也是我称自己为‘未名诗人’的道理。”

时隔 70 年后，戚先生仍然记得在燕京大学跟顾随先生上“词选习作”课的情景。顾先生是著名的词曲家，在燕大授课已经近十年了，深受学生的欢迎。戚先生就从这门课中产生了作词的兴趣，培养了作词的能力。1939 年，词选课考试，当时是限时限韵的考试。他被指定作《临江仙》，得韵“年”字。他写的是：“几日客中秋尽也，流光换尽华年。罗衫不耐晚风寒。天心云色淡，篱畔菊花残。连夜织成归去梦，愁多更怕凭栏。天涯望断路漫漫。几只归雁影，越过万重山。”这就是当年戚先生交出的答卷。

戚先生读书在未名湖畔，当年的词作也就反映了他当年的读书生活。在一首《临江仙》中，他写道：“昨夜西风吹落叶，园中顿觉清疏。晓来红日映浮图。天边飞鸟影，尽入未名湖。如此河山如此日，安能尽付唏嘘。劝君更莫叹穷途。林中朝试剑，灯下夜攻书。”这就是写当年他在燕京大学读书时的心境的。过了两年，太平洋战争爆发，差一年就毕业了，时局所迫，他只得离校。1942 年秋的某一天，他从学校门口经过，见景伤情，也写了一首《临江仙》：1941 年冬仓皇辞校，翌年秋重过西门，感而赋此。“辛苦三年郊上路，重来不尽凄清。朱门剥落更长扃。远山青未改，放眼泪无名。记得楼前桃李艳，如今谁惜残英。山禽也自感孤零。相逢如解语，诉我别来情。”

新中国成立以后，戚先生满怀激情地投入了新中国的文化建设，他的词作意境也发生了根本的变革。他的一首《清平乐・武汉长江大桥》中写道：“波光澹淡，倒映衡阳雁。浩渺吸吞湘与汉，携去河川千万。洪流冲破巫峰，惊涛激荡天风。堪佩神工妙手，横江桥架长龙。”他在这时期也有感情非常细腻的爱情诗。比如，1960 年在给下放劳动的爱人寿先生寄了一个年历卡，附了一首《菩萨蛮》：“素裳仙子凌波去，梦魂萦绕河南路。遥寄一枝春，为君志岁辰。耕耘须着力，冷暖宜留意。岁暮又花开，花开君便回。”

在戚先生的词作中，有些是翻译外国诗人的诗，写成词的形式，还有一些是读史杂咏，把外国的一些历史事件、历史人物写成词的形式，配在外国史的通俗演义前面，言简意赅地表现出事件或人物的特点，把诗词的写作和世界历史结合起来。这样可以超越古代词人只写风花雪月、离情别绪的模式，给传统的诗词增添了新的内容。

早在戚先生修学词作课时，他就曾忽发奇想，将英国诗人雪莱的一首《挽歌》

译成《菩萨蛮》交给老师批阅。词中写道："野风狂吼音凄绝，欲言怆楚歌频咽。竟夜怒云堆，惊涛空泪垂。枯枝伤力竭，溟海接深穴。大地尽悲声，人间错已成。"老师肯定了他的想法，并把稿子上的"堆"字改成了"稠"字，"垂"字改为"流"字。以后，戚先生不断写这样的词，直到 90 年代。比如《浣溪沙·查理大帝》："查理兵威镇半欧，西罗故地一朝收，教堂加冕服诸侯。朝聘宴筵夸国势，奖文兴学倡风流，蛮族大帝也无俦。"由于他对英国都铎王朝的女王伊丽莎白一世比较赞赏，所以也写了一首《鹧鸪天·伊丽莎白一世》："大位初登事事艰，君王惕励辅臣贤。威权重振至尊令，除弊施恩万众安。倡实业，造新船，纵横捭阖列强间。海峡一战摧顽敌，英国从兹握海权。"这首词不仅概述了女王伊丽莎白一世的业绩，也体现了词人对这个人物的评价，真是一首典型的咏史纪人词。

戚先生不仅写了诸多的历史人物，也写了自己对人生经历的回顾，特别是到六十岁以后，这种回顾就比较多了。比如，他在六十岁时写了一首《临江仙·六十自述》(1978 年戊午元旦)："六十年华东逝水，忽焉便自成翁。旧时才气半销镕。漫夸书卷富，转叹腹笥空。已分披离霜后草，何期重沐春风。须将微意答天公。黄昏犹未晚，珍重夕阳红。"已经六十岁了，本来是到了退休的年龄，但是遇到了粉碎"四人帮"后的大好形势，他深深感到"黄昏犹未晚"，还要有所作为，他不但没有退休，而且还带研究生、组织英国史的研究队伍。

1988 年，戚先生整七十岁。这时候，世界中世纪史的学科队伍已经逐渐形成，有了一些初步的成果，局面已经打开，但还不能满足，不能停步，要向培养博士研究生的高层次迈进，必须要再接再厉。于是，他写了《临江仙·七十自述》："曩时不信夕阳晚，如今落日衔山。征人犹未卸征鞍。路程还远甚，老骥也加鞭。求得英才称弟子，同心共筑芳园。行看幼木欲参天。但期佳士众，那更惜余年。"

1998 年，届满八旬，行将退休，他对自己一生的历程进行了回首。这就是《水调歌头·1998 年戊寅届满八旬行将退休》："戊午吾初降，甲第尚峥嵘。髫龄能诵诗句，亲长诩儿聪。喜领戊寅榜首，更获师尊期许，有志续传经。扰攘遭时乱，坎坷愧无成。交而立，逢盛世，发豪情。厕身讲席，书城四拥事勤耕。试辟撷英园地，植出盈门桃李，原不为微名。一笑辞专业，无悔面余生。"这首词道出了他一生的经历和感悟。正是以自己的深厚才学和不倦的耕耘，他在历史系开辟了研究英国都铎王朝史的专业方向，为世界中世纪史专业培育了诸多的优秀人才。戚先生的人生，是一个“灌园人”的一生，是一个“植出盈门桃李”的人生。

祝愿戚先生健康长寿，新作迭出！

# 谢承仁

谢承仁，1924 年生，湖北松滋人。1950 年毕业于北京大学史学系，任教于北京市第一中学。1954 年调北京师范学院历史系工作，任讲师、副教授、教授、研究生导师，中国近现代史教研室主任。曾协助吴晗主编《中国历史常识》。主要著作有《戚继光》《李自成新传》《中国传统思想文化渊源》等。整理古籍《庚辛奉天书简集》《杨守敬集》(主编)。享受国务院特殊津贴。1993 年获曾宪梓教育基金会高等师范院校教师二等奖。《杨守敬集》于 1987 年获北京市哲学社会科学优秀成果一等奖。2004 年，将个人珍藏的一千多件清代档案资料捐赠给国家清史编纂委员会。

访谈

# 与谢承仁先生谈人生道路

按：此文写于2004年。这一年是谢先生八十周岁诞辰和从教五十周年，我用了四个半天和他聊他的经历、治学道路。然后整理成文，在《历史教学问题》2004年第6期发表。原题为《育人务须有情　治学贵在求真——访谢承仁教授》。收入本书，有修改。

## 一片赤诚：从小学生教到研究生

**问**：谢先生，2004年是首都师范大学五十周年校庆，您是历史系最初的创建者之一，所以您在高校从教也是整五十年了，今年又欣逢您的八十华诞。同时，人民出版社近日又出版了您的大作《中国传统思想文化渊源》，真是可喜可贺。我们知道，在1954年之前您就从事教育工作了，那是在什么情况下做的教师工作呢？

**谢**：我今天走上教师之路已经几十年了。在我青年的时候也没有明确的思想将来一定要当教师，但是从我开始读书的时候起，有几件事情使我记忆犹新，现在想起来对我后来当教师起了一定的影响。

我从5岁起在私塾中接受启蒙教育，学了《诗经》等古代典籍。那时候当然不懂，但是后来搞历史，反过头来看，背了那些东西还是很有好处的。当时有一位私塾先生教我，我问先生："尧舜是什么呀？"先生回答我："尧舜，圣人也。"可是我还是不懂。这件事对我后来当教师有一点启示：就是说你不能用学生不懂的东西去解释他们不明白的问题。这等于给了我一把从事教学工作的钥匙。

7岁时我进了湖南澧县弘毅小学。语文、数学、美术等课都要学习。有一位语文老师教学方法很特别，他让学生把自己不认识的字写在自己的石板上，然后让学生们来看、来认，都不认识的字他再教。这个方法很好，对我以后从事教学工作很有启发。

我真正开始从事教学工作是在高中毕业以后。那是在1945年，我从四川长寿县国立十二中毕业。毕业时由于成绩优秀，学校保送我上大学。我本想接受保送去上学，但是听到有人说你要是真考大学不一定考得上，我就决心不接受保送，来年去考大学。我当时并没有明确的志向，只是因为我的高祖是松滋县有名的人物，写过不少东西，我受到家庭的影响，就是要一步一步地上学，上好的高中，好的大学。在我准备考大学的时候，有人介绍我到离重庆不远的长寿县县立中心小学去代课，这样我就开始走上了教师工作的岗位。虽然是临时性的工作，但我还是什么课都教，语文、美术都教过。我喜欢这些学生，和学生的关系很好。但是这个小学教师的经历太短。刚上了两个月课，我老家的伯父病逝了，我必须辞职回家去奔丧。我买了船票，去重庆，再转宜昌。那一天，天不亮我就去码头上船。但在岸边发现了我教的那些小学生。我问他们为什么到这来，他们说是家长让他们来的。我一看，家长们果然就在岸边看着我们。学生们依依不舍，哭个不停，看到这种景象我也哭了起来。船走了，学生们还是不肯离去。当地产橘子，他们就从岸边往船上扔橘子。船工们看到这个情景也十分感动。这事是不是触动了我日后当教师的情怀我不敢说，但是当时的场景却一直印在我的脑海里。以后就再没有见过这些孩子。

我在松滋家里办完了丧事，离1946年暑期的高考还有一定时间。这时候，松滋县有一个街河市中学（今松滋三中）缺英语教师，校长让我给代一段时间的课。那时候我的英语口语不是很好，但高中时我们很多的课程都是用英语教的，我读了不少英语书，莎士比亚的一些作品我能够背诵。我把故事背给学生，然后再翻成中文，学生们很感兴趣。我在这段时间里，对学生非常诚恳、非常爱护，教学也比较认真。到了暑假，我就要去上海考大学了。1946年6月的一天，我离开家乡起程上路。这时，上一年离开长寿县的景象又出现了。学生们成群结队地跟着我走，一边走一边哭，一直走了一二十里路。这个场景让我非常感动。

80年代初期我回松滋老家，有一天在散步的时候，有一个拉板车的中年人从我身边经过，他回过头来问我："您是不是姓谢?"我说："是啊!"他说："我是您的学生。"原来他就是我在1946年上半年教过的中学生。晚上，我请他来家吃饭、叙谈。他说了一句令我非常吃惊的话："您教过的学生都是反革命!"后来我再一想，那时候能够上初中的学生，家里一定是比较有钱的，成分自然也比较复杂，所以到"文化大革命"时受到冲击也是自然的。但我后来得知这个班学生的命运也并不是都很差，起码有两个在北京工作的松滋学生就不差，一个曾担任国家教委主管中小学基础教育的副主任，另一个在北京建工学院当教授。1946年的这段短暂的教学经历，使我对青少年的教育更增添了感情。

**问**：您是北京大学史学系毕业的高才生，当时的学生把您这班的戴逸、田余庆、袁良义和您称为"四小金刚"。您还记得当年您是怎样考上北京大学的吗?

**谢**：1946年夏天，我从家乡出发到上海去考大学，那时候各大学不是统一考试，我就先后考了六个大学，前五所学校都录取了，而且是正取，只有北京大学是试读。当时我考虑再三，最后还是决定去北京大学。因为当时北京的文化环境吸引着我，民风很淳朴，人们生活安详，文化气氛浓。当时北京大学校长是胡适，郑天挺是秘书长兼历史系主任。我在那里试读，不知道将来有没有学籍，于是就给郑天挺先生写了封信询问。郑先生回答我，只要考试及格就会转为正式生。不久北京就发生了"沈崇事件"，整个学校闹翻了。当时，我也参加了游行示威运动，但是功课我全部都及格了。

**问**：在北大的几年中给您留下最深印象的事情是什么?

**谢**：在北京大学读书期间，有一件事给我留下了深刻印象。1949年北平解放后就要准备建立新中国了，当时的大学生也都积极参加准备活动。当时北京大学学生会主席、全国学联主席谢邦定找到我。因为我是学历史的，他就让我参加整理全国学联的有关学生运动的材料。从五四运动、"一二·九"运动直到1949年，有大批的关于学生运动的文献资料保存在全国学联那里，各地的宣言、通电等等非常多。我就参加了资料的整理工作。由于我参加了这项整理资料的工作，后来学联又准备搞一个全国学生运动史展览，是准备给来参加开国大典的外宾看的。要用英、俄、法、中几种文字搞，所以展览也有外语系的学生参加，我是总编辑。我记得展览中有一个“五四人物”版，为了搜集资料，我专门去了五四运动时天津学生领袖刘清扬的家。新中国成立的时候，苏联派来了文化代表团，团长是法捷耶夫和西蒙诺夫，他们来参观了这个展览，当时我们国家的许多领导人也来看了展览。这件工作，使我作为一个大学生受到很大的锻炼。

**问：**您在北京大学毕业时北京师范学院还没有成立，那时您是在男一中(北京市第一中学前身)工作，这段经历对您的教师生涯有什么影响?

**谢：**我是1950年毕业的，因为在我北大毕业之前，已经开始文学和史学的写作了。解放前我发表的主要是文学作品，如戏剧评论；解放后我已经开始写一些史学文章。当时《大公报》的史学周刊是郑天挺先生当主编。我记得我写了一篇《论皇陵碑》的长篇文章，投给《大公报》。后来，郑先生通过他的助手杨翼骧先生告诉我，说文章太长，不适宜在报纸发表，这样我才明白应该如何给报纸写文章。郑天挺先生对我的帮助是令我终生难忘的。除了喜欢写文章外，我还喜欢给青少年讲课、讲故事。在1949年以前，也就是我还在读大学的时候，就已经在男一中兼课了。1951年我正式调到了男一中，开始了中学教师的工作。

我热爱青少年，也热爱中学教师的工作。我是凭着对学生的热爱和对工作的诚信开始我的工作的。在正式做教师以前，我就从各个方面受到了启发，我知道搞教学就要让学生学得主动，要让学生动脑筋，和教师一起思考，一起深入问题，逐渐了解事情的本质。我一看到这些孩子，就想起我离开长寿县小学和街河市中学时的情景。他们一边哭一边走，跟着我走了一二十里路。这种真挚的情感触动了我的心灵，天下的孩子都是一样的纯朴、可爱，我就是抱着这样一种感情来对待我面前的学生的。

一中的学生很喜欢上我的课。每当上课以后都有一些学生围着我问这问那，这样就促使我主动地给他们讲故事。《1645年江阴人民守城的故事》就是当时给学生讲的故事。后来我把它整理出来，交给了中国青年出版社，出版了小册子。为了让更多的学生喜欢历史，我还写一些文章，如《怎样学习历史》《怎样记忆年代》等，还写了一些历史故事寄给《中国青年》《中学生》《中国少年报》发表，也有的寄给中央人民广播电台广播。我写的两篇文章被选入了小学教材，是一个当小学教师的学生告诉我的。他说，他讲这两篇文章特别有激情，我也很高兴。这项为青少年普及历史常识的工作我一直很重视，后来到师范学院后我也在做，例如协助吴晗先生编写《中国历史常识》，就是这类性质的工作。虽然是普及历史知识的工作，但是我觉得很有意义。

在一中工作期间，我和同学们建立了深厚的感情，我调离一中以后也一直和他们保持联系。每年春节他们都会来看我。包括许嘉璐先生在内的这一班学生，许多人都在事业上取得了很大的成就。2004 年的春节，我还参加了他们的聚会，我已经八十岁了，而他们也都是双鬓斑白的老人了。

**问：**您从到北京师范学院历史系从教以来，为学生们讲授了中国近代史，还讲授了中国近代思想史和中国古代思想史，您的研究生的培养方向也是中国近代思想史，您为什么要把思想史作为您的教学重点呢？

**谢：**思想史能够反映时代的方向，反映时代的情趣。不同的人有不同的思想，这里不是说人们日常生活的思想状况，主要是作为一种思想形态，如文章、著作所反映出来的比较成熟的东西，如政治思想、民主思想、爱国思想、经济思想、哲学思想，等等。不同的时代都存在着不同的思想论争，比如先进思想和保守思想的斗争就是经常存在的。只不过这种思想斗争不是那种真枪真炮的战争。孟子和荀子都是儒家，但是他们的思想观点就有不同。胡适在他那个时代，同许多人都有不同思想观点的论战，但是他们在私下又是好朋友。毛泽东和蒋介石在政治上是对立的，但是他们在思想领域里也都包含或运用了一些儒家的东西。

我在教学中主要考虑历史系的学生应该有广阔的视野，有丰富的知识，并且有分析问题和解决问题的能力。他们要能够适应社会的需求，具有较强的适应力。学习思想史可以训练他们的思维和工作能力，能够从事教学，能够从事科研，也可以从事其他工作。现在社会对人才的需求面很广，但不论从事什么工作，都要有思维能力和工作能力。所以，我是着重培养学生的能力。他们大学或研究生毕业后，能够当教师，也可以写文章，搞科研，当编辑，当记者，搞政治工作或者其他文化工作。现在我的学生分布在各条战线，事实上也不可能每个毕业生都去搞历史。我以前曾经正式向教务处提出过我这方面的建议，现在也觉得我的这个想法符合今天社会对于人才培养的要求。

## 一丝不苟：治学就要严谨

**问**：您在首都师大的五十年里，培育了一代又一代的青年学生，不论是本科生、夜大生，还是研究生，许多青年学生都是受到了您的培育从而走上了治学道路的。每一个上过您的课的学生，都会钦佩您的学识渊博，每一个受过您科研指导的学生都会感到终身受益。在来师院以后，您在担任许多课程的情况下，还在从事科研工作，请您谈谈这方面的情况。

**谢**：到师院来不久我就参加了一项带科研性的工作，这项工作虽然最后没有结果，但是对我的锻炼很大，可以说是一次科研的实践。1954 年，中苏两国酝酿合作编辑出版《中国历史大图谱》，当时苏联派来了历史学家尼基甫洛夫，中国方面由文化部副部长郑振铎负责，文字负责人是王崇武，配图负责人是沈从文，出版负责人是金灿然。王崇武先生推荐我参加这项工作，这使我深深地感受到老一代人对青年人的信任和培养。这项工作由于是国家的任务，所以得到了各方面的大力支持。需要去故宫拍摄三大殿的照片，故宫就暂停游人参观让我们去拍摄。我们对故宫中收藏的大量文物珍品进行拍照，然后写出说明文字，成为连贯的中国历史，然后再翻译成俄文。在这个过程中，我有机会看到了故宫中的许多文物精品，如著名的《清明上河图》等。这项工作还没有结束，王崇武先生就病逝了，我们都感到悲痛和惋惜。1958 年的一天，郑振铎先生要外出访问，临出国前在他地安门的家中请我们参加这项工作的人吃饭。他的家是个很普通的院子，但是室内陈设和布置十分雅致。郑振铎先生很高兴，我们祝他一路平安，吃完饭后大家一起合影留念。但是郑振铎先生所乘坐的苏联飞机在途中失事，机上人员全部罹难。没想到那一次我们在他家吃饭，竟成了“最后的晚餐”。

两位先生去世以后，事情就搁浅下来。以后中苏关系破裂，这部书也就不能再搞了。书虽然没有搞成，但我参加了这项工作，对我的锻炼非常大。国家花了很多钱，使我第一次接触到如此多的资料，这也启示我从事科研工作一定要从掌握资料开始。

**问**：这件事情没有完成是很遗憾，否则也是一个展示中华民族历史与文化的很好的机会。搜集资料确实是史学工作的重要前提，您能说一下后来您在资料搜集整理方面做了什么事吗？

**谢**：那就要说到我的那本《庚辛奉天书简集》了。我从北京大学毕业以后，经常在工作之余到琉璃厂旧书店去转。1953 年我在琉璃厂买到一麻袋资料，其中有一包材料，里面有八本用丝绵纸装订的册子，上面粘贴着一封封的信，信册的封皮上题有《军书旁午集》卷一、二、三、四，《军书卷后集》卷一、二，《良朋共话》等名称，一本未标名称，册子上标有“华甫氏题”“订于奉化县署”等字样。有的上面还注明装订年月。“奉化”又名“梨树”，在今吉林省。我查了《奉天通志》《奉化县志》《辽阳县志》等资料：得知华甫氏名鲜俊英，字华甫，顺天府密云县人，回族，光绪二十六年(1900 年)署奉天省昌图府奉化县知县，以后还代理过辽阳州知州，做过彰武、铁岭等县知县。册子里所装订的三百几十封信，包括从庚子年(1900 年)到乙巳年(1905 年)，前后共六年，其中绝大部分信是写在庚子、辛丑(1901 年)这两年。与华甫氏通信的人主要是他的亲戚、朋友，其中一些是当地有势力的人物，有的还是吉林、奉天省的地方官员。尽管这些信纯属私人信件，但从信件中反映的是义和团运动时沙俄入侵后所引起的东北地方政治形势的变化、官场动态以及当地人民的抗俄活动，所以具有十分珍贵的史料价值。比如盛京将军增祺，在俄军侵略沈阳时如何事先闻风而逃，以后又如何返回沈阳，一出一入的狼狈情况。这些材料是正史《增祺传》无法看到的。又比如，盛京副都统晋昌是一个坚决支持义和团并积极主张抗俄斗争的人，他在这一时期表现得十分英勇，但是正史中却没有他的传，幸而在这本书信集中保留了不少有关他的材料，可以了解他在这一时期的事迹。

1959 年，我利用课余时间，在这三百几十封信中，挑选了 122 封具有一定史料价值的信，细心加以整理，删去了套语、贺词、请托等内容，订正了一些显而易见的错误，进行了分段、标点，按年、月先后进行了编纂，加上了必要的注释，对无日期的信件进行了考证，最后汇编为一册，定名为《庚辛奉天书简集》。1960 年交中华书局，准备出版。但后来书没有出版，稿子也不知下落，幸而这份书信集的原件还在我的手里，即使在“文化大革命”的情况下也没有受到查抄。1983 年，我又再次对这个书信集进行整理、注释、校对，一共花费了半年多的时间。比起原来的那份稿子，增加了考证、注释，另外还增加了原件照片和附录，删去了一些不太重要的内容。1986 年这样一个小册子才得以出版，前后花费的时间已经有 27 年了。

**问：**从 50 年代到 80 年代，您的科研方向好像比较关注明史，您的《戚继光》和《李自成新传》都是反映明中后期历史的著作。您当时为什么要确定这个方向呢？

**谢：**《戚继光》写于 1958 年。当时是上海人民出版社的“中国历史人物丛书”中的一本。我写这本书时也是十分重视史料的运用的。虽然书是写给一般读者看的，但它是严格运用史料写成的。戚继光是一个武将，他的功绩是在南方抗击倭寇，在北方守卫长城。我除了写他的事迹以外，更着重写了他的战略思想。他抗击倭寇，是采取主动进攻的战略，根据南方水军的特点，创造了“鸳鸯阵”，其军事思想具有前瞻性。北边是守卫边防，但他的防御不是被动的，是积极主动的防御，以战斗来抵御。

《李自成新传》的写作和吴晗先生有关系。吴晗先生对明史很有研究，他在 40 年代就开始写《朱元璋传》，后来他还在中央党校开了明史讲座。但他的研究主要在明朝中期以前，讲课也只讲到中期。后来，出版社约他写一部比较简明的明史，他由于工作忙，就希望我和他合作写作明末农民起义部分。“文化大革命”前已经开始了资料的搜集和写作，但由于“文革”的原因写作中断。粉碎“四人帮”以后，我重新整理和补充资料，经过五年的写作，1981 年完成了书稿，交给了上海人民出版社。1982 年，我又去陕北进行了一次考察，核对了一些事实，对原稿又进行了一些补充和修改，最后于 1986 年出版。我写这两本书，都得到指导我从事科研工作的老师——郑天挺先生的支持。可惜他未能看到我的《李自成新传》的出版。

**问：**您这部《李自成新传》的特点主要表现在什么地方？

**谢：**《李自成新传》在学术上的主要特点是我打破了过去学术著作的写法，即要有严密细致的史料考证，但又要能使一般读者特别是大学生们读起来感到流畅，所以我的考证一般都不放在正文里面而是放在注释里。所以，这本书最大的价值在注释里面。总的来看，这本书注释的字数比正文还要多。一般读者看正文就可以了，而专门的研究者就需要看注释。这部书运用了大量的史料，直接或间接地运用了上千种资料，所以它的材料是十分丰富的。另一方面，书中接受了一些前人的观点，但是也纠正了一些前人的观点，包括纠正了一些著名学者的错误。凡是我接受前人观点的地方，就一律要指名说出，而纠正别人的观点就不一定都点名。也有的地方点了名，是由于他的影响太大，如对姚雪垠的某些错误我就明确地指出了。比如，李自成曾在川东和鄂西地区进行过处境很困苦的坚守，姚雪垠在书中说这个事实是不可靠的，主要是从时间上、地点上说是不可能的。我认为姚雪垠这个说法是不对的，有很多史料证明李自成曾经在这里进行过坚守。我写了一篇很长的注，有一万多字专门来驳他。他认为李自成曾被困在巴西的说法是不对的，因为古代巴西郡不在夔门以东一带。我认为这里是姚雪垠错了，因为这里所说的巴西不是指巴西郡，而是指巴东郡以西，这种简称是当时人的习惯说法，我举了许多当时人的提法证明了我这个判断。他说李自成被困的时间也是错的，因为《怀陵流寇始终录》一书是没有年代的，证明不了这个事。我认为这部书虽然没有明确的年代，但是它一共十八卷，崇祯年间共十七年，最后一年因为事情太多分了两卷。所以可以据此推论，事情发生在崇祯哪一年，就列在这书的哪一卷。所以，从时间上来看刚好也是吻合的。

**问：**《杨守敬集》是您花费了十多年心血完成的一项规模巨大的古籍整理工程，我记得这项工程从 1985 年已经开始启动，到 1997 年才全部出齐，其中经过了许多艰难曲折，当初您为什么要承接这项任务呢?

**谢：**80 年代初，在中联部工作的老一辈革命家李一氓同志兼任国务院古籍整理领导小组组长，他在与湖北省领导谈话的时候说：张居正和杨守敬是你们湖北历史上的两个重要人物，他们的著作应该尽快组织人来整理。当时湖北省的领导很重视他的意见，把任务交给了湖北人民出版社。出版社来北京找到了我。我对于杨守敬有多少著作，他的著作都流散在哪里也不清楚，对于这项任务我也感到没把握。但是，当时湖北人民出版社负责这个事情的编辑王永瑞是我的老同学，他一再鼓动我接这个事情。最后，我还是把这件事接了下来。李一氓同志在中联部接见了我们，鼓励我们一定要尽快整理完成。

但是整理《杨守敬集》确实是一项十分巨大的工程。杨守敬是一位在学术上有多方面成就，又在国内外有重大影响的学者。他是清末民初人，一生埋头学问，数十年如一日，著述有几十种。他是个历史地理学家，又是版本目录学家、金石学家、书法家、藏书家。他在这些学科领域内都有很大贡献。比如他的《历代舆地图》就有 34 册 1928 幅地图，完全是凭个人之力完成的，是研究我国地理沿革的第一部图册。他的《水经注疏》更是我国舆地学发展史上的名著。近代学者罗振玉把他的舆地学上的成就与王念孙、段玉裁的小学和李善兰的算学并称为清代“三绝”。他的著作大部分在他生前已由他个人筹资雕版刊印，但自他 1915 年去世后，再没有人对他的著作进行过全面、系统地整理。他的著述分散在国内外各地的图书馆，都没有进行过标点、核对，很不利于学者们利用。所以，这次对杨守敬著作的整理，是对他一生的学术成就的全面总结，也是对这一宝贵的文化遗产的全面清理。我们组织了校内外的专家学者对他的四十多部重要著作分别进行标点、核校、考订和注释，共出版了 13 卷。

总之，这部书的完成，功劳是大家的，我只是集中了大家的力量，没有辜负李一氓同志的重托。在这个过程中，我尽了自己最大的力量，我也曾住过两次院，幸好有热心的学生来照顾我，使我能够把这十三卷的工程搞完。我还想了各种办法，克服了出版中的障碍，尽量地缩短出书的期限，最后用了九年半时间，在 1997 年全部出齐。第一卷出版以后，该书就获得了北京市哲学社会科学优秀成果奖一等奖。

## 老骥伏枥：对国家的特殊贡献

**问：**最近您有两件事情引起了大家的特别关注，也是令人高兴的事情。一件是您的新著《中华传统思想文化渊源》出版，另一件是您将您个人保存的一千多件重要的清代档案资料捐献给了国家。请谈一下，您是在什么情况下完成这部新著的？

**谢：**完成这本书是我近些年来最大的心愿，因为我的眼睛不好，已经无法再进行阅读和写作了，完成了这部书我就没有什么遗憾了。我从接受启蒙教育开始，就接受了中国传统文化的熏陶，背过许多古典文献，很多东西一直在我的脑子里盘旋，但是一直没有机会对它们系统地加以整理。我在系里工作的那些年，就在系里开设了“中国近代思想史”这门选修课，研究生培养也是在中国近代思想史方面。研究近代思想史就要对中国思想文化的源头有所研究，所以我也给学生讲过古代思想史的课。几年前，系里让我给学生开一门中国传统文化的课程，在准备这个课的过程中，我对于中国传统文化起源方面的一些重要问题重新进行思考和梳理，用比较简明通俗的语言进行讲述，使一般大学生都能够明白。

在多次讲课的过程中，我对中国思想文化的渊源问题就产生了很多自己的思考，并产生了把整个中国思想文化的发展进行一次总的梳理的想法。于是，就开始写作这本中华传统思想文化渊源。中华文化博大精深，不能每一方面都做具体论述，我就采取抓住重点的方法。这个重点就是中华文化在历史的每一个阶段是怎样自我完善的，特别是在和异质文化的接触中怎样发展、壮大，以至成为世界上唯一的几千年未曾中断的辉煌文明。我是采取纵向分析的方法，既重视对思想文化内容的介绍，也注重对这些内容的分析，用这种夹叙夹议的方法可能更便于读者理解。我从远古一直讲到五四运动。对中国文化发展过程中的一系列重要问题都进行了介绍和分析，其中对于儒家的起源、形成与发展，佛教、道教与玄学、经学的关系，儒、释、道三教的鼎立，新儒学的兴起及发展，近代中国思想文化的争鸣等问题都进行了重点的论述，并且阐述了自己的见解。

**问**：许嘉璐先生看了您的书稿，他是在工作非常繁忙的情况下读的，甚至在他出差的时候也带着书稿，以便抓紧时间阅读。他在该书的序言中说：您这部书“现在出版正是时候，它将使更多的人知其事，明其理，如果能由此而引起人们的讨论和争辩则更好。这将有利于振兴中华民族伟大文化”。对于他的论述您以为如何?

**谢**：我同意许先生的看法。我们到底应该怎样判断中华文化所面临的形势，对于有些人极力推行的“文化一体化”的问题应该怎样来对待？他提出关键在于“文化的自觉”。我认为他提得很好，就是要使越来越多的人懂得文化的产生、演变、发展的规律，明了自己文化的优点、缺点和来龙去脉。我想，我这部书能够对这方面的教育发挥一些作用，我就感到十分欣慰了。

**问**：最近，您把您个人保存的一批清代档案资料捐献给了国家清史编纂委员会，今年 7 月 24 日在人民大会堂举行了非常隆重的捐赠仪式。许嘉璐副委员长、国家清史纂修领导小组的负责人、国家清史编纂委员会的主任、副主任、中国人民大学的领导都出席了仪式，媒体和网上对此事都进行了报道，说这是国家清史编纂委员会接受的数量最大、历史价值最高的一批捐赠。但是您对此事却比较低调，不太谈及此事，能否谈一下这个事情？

**谢：**没有想到这件事搞得那么隆重。那一天，他们接我到人民大会堂的海南厅，许嘉璐先生就坐在我的旁边。许嘉璐先生讲了话。他说盛世修史是中华民族的优良传统，清史修纂对建设新时期新阶段社会主义文化意义重大。国家清史纂修领导小组副组长朱佳木讲了话，他强调捐赠资料对于调动社会力量支持清史修纂意义重大。人大的副校长强调一定要提供较好的条件来保存这批珍贵档案。然后，戴逸先生给我颁发了捐赠证书。

1953 年前后我在琉璃厂自费购得一麻袋资料，就是前面所说的发现那些信件的同一批材料，价格大约相当于当时四个月的工资。在这以后的五十余年里，不论我处于什么情况，包括“文化大革命”的特殊情况，我都是精心保存着这些资料。这些资料的保存，和前面所说的《庚辛奉天书简集》的资料保存是一样的，都是经过了很大的风险才得以保存到今天。现在国家决定启动清史修纂工程，这是学术界的一大盛事，也是国家的一大盛事。我年岁已大，不能亲自参与其事，捐出这些资料为修清史所用，我觉得正是这些资料的最好的归宿。这些资料一共 1280 件，对清末政治、军事、经济、文化研究是有重要价值的。

**问：**十分感谢您用了四个半天的时间来回忆过去的这些事情，这些事情反映了一位知识分子一生艰辛的工作和奋斗的历程，反映了您作为一个教师对教书育人事业的真挚热爱，也反映了一个历史学家对于探索历史真相的无比执着的精神。每一个受过您教育指导的学生都会感到终身受益，哪怕这些学生今天已经双鬓斑白。正如许嘉璐先生为你题诗所云：“扬杯共忆少年时，鬓白无人叹暮迟；最是同门欣悦事，依然矍铄吾恩师！”

# 一位让学生终身受益的老师

按：此文写于2005年，首都师范大学有关部门要编写一本反映本校教师师德风采的书，我承担了撰写谢先生的任务。此文发表于首都师范大学出版社2007年出版的《师德风采录——首都师大人情真意切话师德》一书中。

2004年春节，来自全国各地的二十几位年逾古稀的白发老人聚会在北京的一个庄严的会议厅，为他们高中时的班主任——谢承仁先生祝贺八十寿辰。这是北京一中1954年的高中毕业生，在毕业半个世纪以后的又一次聚会。这些老学生在半个世纪的风雨历程中，努力学习，奋勇拼搏，成为国家各条战线上的骨干人才，在各自的工作岗位上做出了自己的贡献。如今他们大都已经从工作岗位上退休，有的还在发挥余热，有的在家含饴弄孙。但是，他们依然忘不了自己的老班主任。今天，他们看到他们的老师依然身体健康，精神矍铄，感到十分兴奋。这班同学的代表，现任全国人大常委会副委员长的许嘉璐同志当即献诗一首：“扬杯共忆少年时，鬓白无人叹暮迟；最是同门欣悦事，依然矍铄吾恩师！”

为什么谢先生给这些老人们留下了如此深刻的印象？这要追溯到50多年前谢先生初当老师的时候。

谢先生担任这个班的班主任，是在20世纪50年代初，那时候谢先生刚刚从北京大学历史系毕业。本来，他毕业以后是分配在一个中央级的干部培训学校，职务是研究员。那里待遇很好，也与他北京大学历史系高才生的身份很相称。但是，由于他在上大学时就在北京一中代课，对基础教育很有感情，愿意到中学来当历史老师。经过一番努力，他实现了自己的愿望，终于成为一名中学教师。

谢先生之所以愿意和孩子打交道，这可能与他在中学时期的经历有关。他开始从事教学工作是在高中毕业的时候。1945 年他从四川长寿县国立十二中毕业，因为毕业时成绩优秀，学校保送他上大学。他本想接受保送，但听到有人说他要是真考大学不一定能考得上，他就要自己争一口气，不接受保送，来年去考大学。正当他准备考大学的时候，有人介绍他到离重庆不远的长寿县县立中心小学去代课，他去了。虽然只是临时性的工作，什么课都要教，但他教得很认真，和学生的关系很好，周末他也常和孩子们一起玩。

有一天他正在学校里和孩子们玩，有一个男孩子痛哭着来校找谢先生。谢先生问他怎么了？孩子指着头上的包说他爸爸打他了，因为他爸爸责怪他学习成绩不好，他很委屈，就来找老师诉说。这位年轻的老师一边抚摸着孩子的头一边想，孔夫子说要“因材施教”，对这样的孩子恐怕也要有特殊的方法。他就对孩子说：“你知道什么叫‘打’吗？铁匠要给人做一把刀，就要打铁；渔夫要得到鱼，就要在河里打渔；人们要开门上的锁，就要打一把钥匙。这都是‘打’啊！中国有句俗话叫‘不打不成材’，你爸爸打你是要让你长大能够成材啊！你回去和你爸爸说，自己学习不好，是自己不努力，爸爸应该打，但是以后不要这样用力打啊！”孩子不哭了，回家果然向家长承认了错误，并且说出了老师讲的一番话。他的爸爸大为吃惊，孩子怎么会说这样的话。当他得知这些话是学校那位年轻的代课老师讲的，立即来到学校，向谢先生表示感谢，并表示打孩子不对。这个事情虽小，但在这个县立小学的家长中立即传开了，家长们对这位代课老师产生了一种格外的尊敬。

但是刚上了两个月的课，谢先生老家的伯父病逝了，他必须辞职回家去奔丧。他买了船票，去重庆，再转宜昌。那一天，天不亮就去码头上船，但他在岸边发现了他教的那些小学生。他问孩子们：“你们怎么到这来了？”孩子们说是家长让他们来的。他抬头一看，家长们果然就在岸边看着他们。学生们依依不舍，哭个不停，看到这种景象，年轻的老师也哭了起来。船走了，学生们还是不肯离去。当地产橘子，他们就在岸边一边追，一边往船上扔橘子。船工们看到这个情景也十分感动。几十年后，这件事情依然留在谢先生的印象里。他曾回忆说：“这事是不是触动了我日后当教师的情怀我不敢说，但是当时的场景却一直印在我的脑海里。”

当时，还有一件事也给谢先生留下了深刻印象。他在湖北松滋家里办完了丧事，离1946年暑期的高考还有一段时间。松滋县有一个街河市中学(今松滋三中)缺一名英语教师。这年春天，校长来到谢先生家想让他去学校给代一段时间的英语课。那时候高中的很多课程都是用英文教的，谢先生又读了不少英语书，莎士比亚的一些作品他都能够背诵，这样他就接受了聘任。但是这几个月的课上得并不顺利，而且发生了一件让他终生难忘的事情。

他教的是初中英语课，校长只给了他一本教材，此外什么参考资料也没有。他没有别的办法，只有下功夫熟悉这个课本，到了差不多一本书都能背下来的程度。但是面对这些年龄和他相仿的初中生，上起课来并不轻松，有些学生对这位年轻的代课老师持怀疑态度。几周以后发生了一件麻烦事：一天要上课了，但谢先生上课用的课本却突然找不到了，这真让他感到手足无措。上课时间到了，他像往常一样去上课，他没有课本，完全凭自己的记忆来讲课，依然十分镇静。一周一周过去了，他都是凭记忆来给学生上课，但学生并没有发现他讲的与课本有什么差别。6月份到了，他要启程去上海考试了。在上最后一节课时，他把他所讲的课给学生做了总结，哪些单词在课本哪一页他都交代得很清楚。下课了，有一个学生带着十分羞愧的表情来找谢先生。学生说："对不起老师，您丢的课本是我拿走了。"原来这个学生是想给年轻的代课老师找点麻烦，搞了这样一个恶作剧。面对这样的学生，谢先生没有发火，他对那学生说："你不用难过，你把书拿走给我找了麻烦，但是你也成全了我，让我上课不要依赖课本。"代了几个月的课，谢先生与这些中学生建立了深厚的感情，以至他们舍不得让这位老师离开。所以当他离开家乡，起程的时候，上一年他离开长寿县时的景象又出现了。这次不是坐船而是步行离家，所以学生们就成群结队地跟着他走，一边走一边哭，谢先生怎么劝学生也不肯回去。就这样一边哭一边走，竟一直走了一二十里路。这个场景让谢先生非常感动，终生难忘。

在街河市中学代课时发生的这件事，对谢先生以后一生的教学都产生了影响，几十年来无论是给中学生、大学生、研究生或者是成人教育的学生上课，他从来不看教案或教材，完全是在课前准备好以后上课时凭自己的记忆来讲。他把要讲的东西融化在自己的头脑中，讲出来逻辑清晰，语言连贯，并且能够关注到学生的反应。在大学上课时，有许多大段史料要抄给学生，他也是课前背下来，没看过教案。他的这种上课“本领”，让听他课的学生无不钦佩。

也许就是由于青年时期的经历使谢先生深深爱上了教师的工作。来到北京一中以后，他就把全部精力倾注到教育教学之中。他热爱青少年，也热爱中学教师的工作。他曾说过：“我是凭着对学生的热爱和对工作的诚信开始我的工作的，我要扎扎实实地为孩子们做一点实事。在正式做教师以前，我就从各个方面受到了启发，我知道搞教学就要让学生学得主动，要让学生动脑筋，和教师一起思考，一起深入到问题中来，逐渐了解事情的本质。我一看到这些学生，就想起我离开长寿县小学和街河市中学时的情景。他们一边哭一边走，跟着我走了一二十里路。这种真挚的情感触动了我的心灵，天下的孩子都是一样的纯朴、可爱，我就是抱着这样一种感情来对待我面前的学生的。”

北京一中的学生很喜欢上谢先生的课。每当上课时都有一些学生围着他问这问那。他就想，与其这样被动地给学生回答问题，何不主动地给他们讲故事呢。于是，谢先生就开始讲了起来。《1645 年江阴人民守城的故事》就是当时给学生讲的故事，后来他把它整理出来，交给中国青年出版社出版了。为了让更多的学生喜欢历史，谢先生写了一些文章，如《怎样学习历史》《怎样记忆年代》等，还写了一些历史故事寄给《中国青年》《中学生》《中国少年报》发表，也有的寄给中央人民广播电台广播。他写的两篇文章后来被选入了小学教材。这是一个当了小学教师的学生告诉他的。那位学生说，他讲这两篇文章时特别有激情，因为这些文章是他的老师写的。这件事也激发了谢先生为青少年编写历史读物的热情，即使到了北京师范学院工作，他也继续做这件事。除了自己给学生讲历史故事以外，他还请社会上的著名学者来和学生见面，激发学生的求知欲望和上进心。他请过周建人先生来给学生讲鲁迅，请过裴文中先生来给学生讲“北京人”的发现，请过郑天挺先生来给学生讲为什么要学历史。谢先生教高中历史课，还担任一个班的班主任。这个班的学生对于他们高中时代的生活留有深刻的印象。

许嘉璐先生对于五十多年前的高中生活曾经有过这样的回忆：

“我们上高中时，(谢)先生刚从北大历史系毕业不久。第一堂历史课讲的是什么早已忘记，但先生厚厚的眼镜片、平整的灰色中山装、系得整整齐齐的衣扣，却牢牢地记住了。（即使是炎热的夏天，先生也总是穿长袖衬衣，领扣、袖扣全部系上）上他的课是要集中注意力的：虽然他并不幽默，但语言简练，逻辑性强，不重复，无赘语；瓶子底般的眼镜片后面一双炯炯有神的眼睛时时环视着整个教室，不容你走神；他从不看课本或教案，但是语言连贯，一气呵成，一'灌'就是一堂课。现在细细回味，我后来从事古代汉语教学和研究，历史知识的底子，还是因为上他的课不敢懈怠才积累下来的。”

“谢先生对学生既放手，又关心，那时候的高中生自制能力也强，什么活动都是班干部和同学们商量、策划、准备，他只是从旁协助，予以鼓励。如此宽松，于是人人自愿参与，装饰教室、编练节目、筹备游行、上街宣传、组织联欢，我们班成为全校最活跃的集体。”

除了许嘉璐先生后来成为著名学者、国家领导人以外，在这个集体中还出现了很多的著名学者和国家各项事业的骨干人才，但是他们在他们的中学老师面前，仍然谦虚地执弟子礼。可见，谢先生在他们心目中的威望。

20世纪50年代初，北京市政府决定建立北京师范学院，调谢承仁先生到新成立的这所师范学院历史系任教。此前他也为市政府举办的中学教师培训班教过课，校址就在北京东郊。那是个荒乱的临时校址，他一面在那里上课一面还兼着一中的课，需要两边跑。1955年以后，历史系开始招收本科生。谢先生以高度的工作热情投入系里的工作。这时的工作任务十分繁重，他给本科、专科的学生上课，还要做指导青年教师的工作，有时候还给新入学的学生做报告，进行专业思想教育。这时他的社会活动也比较多，担任了北京市教育工会的委员，经常要去参加工会组织的活动。他还积极从事向青少年普及历史知识的工作，协助当时的北京市副市长、著名历史学家吴晗先生编写《中国历史常识》。他担任中国古代史部分的主编，他要负责设计问题，然后去做约稿、审稿、改稿的工作。由于他在北京师范学院建院初期工作业绩卓著，1956年被评为北京市劳动模范，1956年、1957年都参加了国庆节的观礼。

随着教学工作要求的日益提高，历史系本科生开始开设选修课，谢先生是最早给学生开出选修课的少数教师之一。60年代初，谢先生就给学生开出了“中国近代思想史”课。当时没有教材，也没有参考资料，教学内容主要靠抄笔记。先生一抄就是一黑板，但是他手里却没有材料，因为材料都记在他的脑子里。下课以后，他还要检查学生的笔记，看他们是否能记得下来。有一个 1958 级的同学清楚地记得：谢先生给开出的参考书目中有一些是英文的，但是这些学生都是从小学俄语的，所以抄下的英文十分不规范。谢先生把笔记收去后，给学生用红钢笔把这些不规范的“英文”全给改过来。这些红钢笔字使这些学生非常震惊，他们不知自己何年何月才能读英文书，但是老师如此认真地批改这些笔记，需要花费多么大的精力啊！在 60 年代最初的几年，教学工作十分繁重，谢先生一面上课，一面搞科研，同时还要花很大精力指导刚刚留校的青年教师。但谢先生与其他几位教师的教学得到系里师生的一致认可，教师中传言历史系有“四大台柱”①，他就是“四大台柱”之一。

“文化大革命”前，当时的北京师院还没有招收研究生的制度，但从那时起他已经在青年教师和本科毕业生中物色人才，加以重点培养。当时的大学生由于受到整个社会形势的影响，劳动和运动严重冲击了教学，使学生没有学到应有的知识，更缺乏科学研究的基本素质，毕业前根本没有写过毕业论文。但是，谢先生认为这不是学生本身的过错，只要耐心地加以培养，他们仍然可以成为在学术上有用的人才。当时，有的学生已经毕业走上了工作岗位，有的甚至在远郊区的农村中学工作。谢先生非常关心这些学生的工作和生活，经常和这些学生保持联系，在家里给他们讲述各种文史知识和治学之道。“文化大革命”之前，他组织了几位青年教师和毕业生承担了一项“辛亥革命大事日记”的科研项目，任务分配下去，每个参加者负责一个省或几个省的史料搜集任务。有的年轻人担心自己学识不够，平时工作又繁重，完不成任务，谢先生就耐心加以引导，跟他说：“你现在确实没有基础，工作又多；但不要着急，每天你只需用二三十分钟的时间来读有关的书，然后抄一段史料，这样积累十年，你就会成为一个辛亥革命研究的专家。”他耐心地看他们抄写的卡片，指正他们存在的问题。但“文化大革命”的到来，使这项工作停止了，但他在培养青年方面所花费的努力，却潜移默化地在他们身上起到了作用。

---

① 指当时历史系的四位讲师：戚国淦、谢承仁、齐世荣、宁可。

“文化大革命”以后，历史系的教学工作逐渐恢复正常。谢先生担任中国近代史教研室主任，除本人承担教学任务之外，还要抓教研室的人才培养工作，同时也开始招收中国近代思想史专业的研究生。谢先生在北京大学历史系读书的时候，曾经受到过郑天挺等著名学者的指点，很早就开始写论文、发表文章，并且形成了严密的逻辑思维和语言表述能力，在史实、史料考证方面尤见功力。谢先生对年轻人在科研方面的要求，也是以“严”字著称。他对年轻人写出的东西，总要严格地进行“把关”，从不会放过一点疏漏。拿来年轻人写的东西，他首先要看整篇文章的立意是否能够站得住脚；其次要看文章各部分的逻辑是否严谨，是否有冲突、薄弱、重复之处；再看文章所引用的史料或事例是否得当；最后要审查每一句话的用词、用字是否规范、得当，有无语句不通、不准确或可能引起误解的现象，甚至文章的标点符号运用是否规范也在严格审查之列。当时，没有一个人写的东西可以在先生那里一次通过，不管是谁写的东西，总是要反复进行修改，甚至是完全重写。一篇文章修改三五次、七八次是常见的，有时甚至是十几次。有的时候先生要亲自进行修改。文稿上一行行的红字，不知渗透着先生多少的心血。这样，当某人的最终成果完成以后，再和第一稿比较一下，可能都不会相信是同一个人写的。

谢先生在教学上的严格态度是普遍的、一贯的，不会因人而异。在谢先生招收的研究生中，有一位是毕业于北京某名牌大学历史系，又是身居台湾的某著名史学家的孙女。她在笔试通过后进行面试前做了充分的准备，用来应对谢先生可能提出的问题。但是，谢先生对这位名门之后却没有提问什么有关史学方面的问题。谢先生问：“你知道我在科研中对学生的要求很严吗?”这位学生说：“知道，‘严师出高徒’嘛。”谢先生又问：“我不仅要求严格，而且会发脾气，在生气时说话很粗鲁，你能够承受吗?”这位学生说“可以”。因为她想谢先生作为一个学者，是不可能说什么“粗鲁”话让她不能接受的。就这样，三年的研究生生活快要过去了，完成论文的时候到了。她第一次交来论文的初稿，先生给否定了，她只好拿回重写。第二次又交来，先生又给提出了很多问题，让她拿回去修改。当她满怀信心地第三次把论文交来时，没想到先生又提出了很多问题。开始她还拿着本子记，后来问题越提越多，心里逐渐觉得承受不了了，她开始抽噎，眼泪马上就要流出来。谢先生亲切地对她说，如果你要想哭，干脆就哭出来，不要憋着。当时她果然“哇”的一声哭了出来。她不好意思地说：“我太软弱了。”谢先生说：“你并不软弱，但是有点‘健忘’。你还记得三年前你面试时我对你说的话吗？那时，我对你说，我不但要求很严，而且爱发脾气，说话很‘粗鲁’。但是，现在我并没有发脾气，你还是思想准备不够。”这个研究生平静下来，决心继续按照先生的意思进行修改，在一周内完成。后来，她的论文通过了，参加答辩的成员有些是著名学者，也给了很高的评价。她的论文后来在《北京师范学院学报》上发表。

通过科研活动培养人才是谢先生提高年轻人科研能力的重要途径。他知道，只有让年轻人挑重担子，才能使他们很快成长起来。从 1984 年开始，谢先生接受了一项国家级的古籍整理任务，是整理我国清末民初时期重要学者杨守敬的遗作，出版一部大型的《杨守敬集》。杨守敬是著名的历史地理学家、古文字学家、版本目录学家、书法家，遗作非常多。整理他的著作难度很大，需要有很高的学术修养。谢先生邀集了国内很多高校、图书馆和研究单位的学者参加这项工作，他们很多是年事很高的老一辈学者。经过对全部遗作的分析，准备分为十多卷出版。当时担任国务院古籍整理小组组长的李一氓同志对这项工程十分重视，要求能够尽快完成并出版。显然，尽快出版第一卷是这项工程的重要任务。为了培养年轻人，谢先生把第一卷的整理任务全部交给本系的青年教师来完成，由他亲自指导、把关。经过几年时间的努力，《杨守敬集》第一卷终于在 1988 年出版了。此书出版后影响很大，反响很好，第一卷出版后即获得了北京市哲学社会科学优秀成果奖一等奖。参加这卷书稿整理工作的郗志群、陈建堂等青年教师也在工作中成长起来，日后都成为杨守敬研究方面的专门人才，在以后十年的研究工程中发挥了重要的作用。

进入晚年以后，谢先生身体较弱，视力下降，严重地影响了他的阅读和写作。他承担着繁重的科研任务，还要带研究生，但是当系里的教学工作需要时，无论是本科生的课还是夜大生的课，他都毫不犹豫地给予支持。20 世纪 80 年代初期，系里招收了几届夜大的学生，这些学生来自各单位，年岁大，人数多，学习积极性高，对教学的要求也高，甚至要求系里有影响的教授来给他们上课。面对这种情况，系里想请谢先生来给夜大学生上“明清史”。谢先生在明清史方面有许多研究，如戚继光、李自成研究等方面都很有成绩，但讲明清史的基础课却不是他的工作范围。为了满足这些学生的需求，谢先生欣然同意给他们上课。每次上课，从晚上 6 点到 9 点，一百多人的课堂座无虚席。为了保证上好课，他在上课前从不忙于吃饭，而是在那里静坐沉思。系里负责夜大教学的同志，每次课前去接他，都看到他在那里静坐，想着上课的内容。上课时，还是老习惯，从不拿讲稿。那时候，晚上有时停电，但停电从不影响他讲课，只是不能写板书。教室里一片漆黑，全班同学在摇曳的烛光下听课，更加聚精会神，没有一个退席。虽然是给夜大学生上课，但先生从来不马虎。他不会晚上一分钟，也不会早下一分钟。每当他结束讲课时，你看一看表，正好 9 点。学生们无不为老先生的敬业精神所感动。这些夜大的学生，有一些在毕业后还与谢先生保持联系。他们觉得谢先生的教学对他们提高知识水平有很大帮助，他们各自在自己的工作岗位上做出了成绩，有的工作非常出色，常常来向老师做“汇报”。

80 年代末期，本科生的选修课较少，系里希望谢先生能给学生开一门中国古代传统思想文化课。谢先生在中国古代传统思想文化方面有很好的修养，早在他读公立小学前，就跟着塾师读过四书五经，很多内容至今能够背诵。但要开出一门课程来，却还要重新准备。从这时开始，他就凭着微弱的视力，一个问题一个问题地准备，很快开出了中国古代传统思想文化课，学生们选课非常踊跃，普遍感到收获很大。通过讲课，谢先生对于中国传统思想文化的发展有了自己系统的见解，也积累了相当多的资料和讲稿，并一直想把它们整理出来。谢先生的这些努力没有白费。进入 21 世纪以后，谢先生凭着微弱的视力，抓紧时间把这些积累的东西进一步加以整理和提高，形成完整的论著。他请学生帮助他录入打印，于 2004 年完成了 60 万字的书稿——《中华传统思想文化渊源》，当年由人民出版社出版。他终于完成了自己多年的愿望，这也成为他对自己 80 大寿的最好纪念。

在 80 岁高龄时，他依然思维敏捷，精神矍铄，保持着很强的记忆力。但是由于眼睛的关系，他已经不能再看东西了。除了经常帮助年轻人以外，他还能为科研工作干点什么实际的事情呢？他想到自己还保留着一大袋清代的历史档案，共有一千多件。这些资料是他在 50 年代初期用自己的工资在琉璃厂旧书店买的，但是对于今天研究清史还有重要的参考价值。于是，他决定把这些档案无偿地捐献给国家清史编纂委员会。2004 年 8 月，在人民大会堂举行了隆重的捐赠仪式，国家清史编写领导小组和清史编纂委员会的领导和许多专家学者到场向谢先生表示敬意，媒体也做了报道。国家清史编纂委员会向他颁发了证书，并高度赞扬他对国家学术事业的无私奉献精神。但谢先生却表示自己只是为国家的学术事业做了一点一个知识分子应该做的事情。

回顾谢先生的一生，他的确毫无保留地把自己的全部智慧和力量都贡献给了国家的教育事业和学术事业，他在培养人、教育人方面不遗余力，不知疲倦，愿意倾其所有。但是他却很低调、淡然地看待自己的一生。他反复强调自己只是一个脚踏实地的理想主义者，并没有远大的设计和目标，也没有想到会写那么多书。他只是一步一步往前走，自幼研习的那些古代经典中的思想和做人的原则一直回旋在他的脑海里。他只是想为阐扬中华民族优秀的思想文化、继承中华民族高尚的道德情操，扎扎实实地做一点实际的工作而已。但是，他的这种精神不知道感染了多少后来者，他们有的已经年过古稀，有的还正在读书、攻读学位。凡是受到过他指导、帮助的人，往往会感到自己在谢先生那里得到了很多可以终身受益的东西。

# 齐世荣

齐世荣，河北南皮人。1926年10月生于江苏连云港。1945年考入燕京大学历史系，1947年转入清华大学历史系，1949年大学毕业后在北京育英中学工作。1954年调至北京师范学院（今首都师范大学前身）历史系任教。曾任首都师范大学历史系主任、首都师范大学校长及名誉校长、国务院学位委员会历史学科评议组评审专家、国务院哲学社会科学规划办公室评审专家、中国史学会副会长等职，1991年起享受国务院特殊津贴。现任首都师范大学历史系教授、博士生导师。主编《世界史》（6卷，与吴于廑合作）、《精粹世界史》（20卷）、《20世纪的历史巨变》（与廖学盛合作）、“强国兴衰史丛书”、《绥靖政策研究》《15世纪以来世界九强的历史演变》《世界五千年纪事本末》等。

**访谈**

# 与齐世荣先生谈世界史的治学之路

按：此文写于2006年。这次访谈是对齐先生的第二次访谈，谈的内容比较深入。2006年正是齐先生的八十华诞，此文发表在当年的《首都师范大学学报》第5期"纪念齐世荣先生诞生八十周年"的专栏中。原题为《为推进中国的世界史教学与研究尽心竭力——访齐世荣教授》。

**问**：齐先生，记得是在2002年的8月间，我曾对您进行过一次访谈，主要谈到您从事世界史特别是世界现代史教学与研究的经历。当时，您的史学文集还没有出版，您的一些文章还没有看到，我们提的问题也不够全面。近几年，您又有许多新的史学活动和新的史学成果，同时您又提出了一些新的思想、新的见解，所以希望再和您就有关问题谈一次。

**齐**：可以。不知你又发现了一些什么新的问题?

## 一、我的老师和太老师

**问**：我首先想问的也许不是新问题，就是师承关系问题，但还是要从这里开始。您曾多次谈到您的老师对您的影响，说您的老师大都是学贯中西，成就卓著，还有几位堪称一代宗师。由于您受过名师指点，见过世面，知道学问的门径，可以以大师为榜样去引导下一代。我想这一点很重要，您可以具体地谈一下他们对您的影响吗?

**齐**：我的许多位老师确实都是学贯中西的学者。我是1945年在成都考入燕京大学历史系的，1946 年回到北京。当时，齐思和先生讲两门课，一门是战国史，一门是西洋现代史，我都听了。这就是一中一西，一古一今。这两门课都引起了我的兴趣。另一位是翁独健先生，他是元史专家，但还开一门远东史的课，我听过这门课。我在燕京大学读了两年。1947 年我上大三的时候，转入清华大学历史系，又读了两年。在清华对我影响最大的有雷海宗、邵循正、周一良等先生。雷先生在中国史方面教中国通史、商周史、秦汉史，在外国史方面教西洋近古史、西洋文化史。我听邵循正先生讲的是中国近代史，但他对西方的学术也非常熟悉，特别专长于中国近代史中的外交史部分。我听周一良先生讲的日本史，但他本来是研究魏晋南北朝史的，十分有成就，也是中西兼通的。至于当时最有名望的陈寅恪先生就更不用说了。

我在清华毕业时写的论文与戊戌变法有关，我想一定是邵循正先生指导我，但是系主任雷海宗先生却指定我跟刘崇鋐先生去做。刘先生当时在清华是教英国史、美国史、西洋近代史的，并不教中国史。后来，我听雷先生告诉我，刘崇鋐先生对戊戌变法是有专门研究的。这就说明，当时清华的学风是讲求中西会通的，有的不仅会通中外，而且兼通古今。我受他们的影响，在读大学时就对中国史、外国史都有兴趣，这种学风使我终身受益。在这种学术的大背景下，我在年轻的时候就觉得，研究历史虽然最后要给自己确定一个范围，但是不能在这个范围之外，对其他的东西都不知道，或知道得很少。研究中国史的人，必须懂得一些外国史；研究外国史的，必须懂得一些中国史。眼界宽，思维广，才能有更高的成就。当然，我距离这个标准，还差得很远，但是这种学术追求却是从那时就形成了，我也这样要求我的学生，希望他们向太老师学习，取法乎上。

**问**：这些老师自身的素质和他们的学术追求对您产生了很大影响，您是否可以再具体地谈一下，比如说雷海宗先生对您有哪些影响？

**齐**：我在 1947 年秋天从燕京大学转到清华大学的时候，见到的第一位老师就是慕名已久的雷海宗先生。他当时是系主任，新生选课完毕以后，要由他来签字。他给我的第一印象就是对学生很亲切，没有架子。在这两年里我听了雷先生几门课，给我印象最深的是西洋近古史和西洋文化史这两门。他的学问渊博，贯通古今中西，但是讲起课来井井有条，总是围绕中心题目加以发挥，并且能够深入浅出，能强烈地吸引学生的注意力。他讲课的某些内容在时隔五十多年之后，我还能够记得很清楚。记得他在西洋近古史课上讲到宗教改革，他先从基督教在中古欧洲的巨大作用说起。他说，一个人从生到死要经过“七礼”或者叫“七圣事”，婴儿一出生，要受洗礼；长大成人以后，结婚时要由教士主持婚礼；临终时，要由教士将油膏涂在病人身上，就是敷油礼，等等。他这样一讲，立刻引起学生们的兴趣。然后他再讲教会的腐败，并很自然地引出路德的宗教改革。记得他在讲《堂·吉诃德》这部名著的重大意义时，说了一句“它使全欧洲在一阵大笑中结束了骑士文学”的话，给学生留下了深刻印象。

雷先生上西洋文化史的课完全采用“讨论班”的方式。每次都由一个学生做读书报告，书的内容事先是由先生指定的，报告完以后大家讨论，雷先生随时插话，最后他来做总结。我还记得第一次是由一位同学做关于汤因比的《历史研究》的报告。当时这部名著的索姆维尔缩写本 1946 年刚刚在牛津大学出版，我们在 1948 年就读到了它。由此可见雷先生上课是很具前沿性的。我还记得我是在第二次课做的报告，我读的是《墨西哥征服史》和《秘鲁征服史》两部书。我从图书馆把书借出来，开始觉得篇幅太大，生字也很多，但老师既然已经指定，我就硬着头皮看下去，看了几章以后倒觉得很有兴趣，两部书终于读完了。这样，不但历史知识有所丰富，英语阅读能力也有所提高。至今我仍觉得雷先生主持的西洋文化史的讨论班很能调动学生的积极性，能培养学生的独立思考能力，是我在四年大学期间，受益最大的几门课之一。

雷先生不仅教学十分认真，而且还关心学生、爱护学生，特别鼓励他们的进步。记得有这样一件小事：1951 年我在《光明日报》上发表过一篇小文章，谈在世界史教学中贯彻爱国主义教育的问题。没想到在一次返校时见到雷先生时他说：“你在《光明日报》上发表的那篇文章写得不错，看得出是用了一番工夫的。”听了老师这几句话，我既惭愧，又感动。惭愧的是这篇小文章实在没有什么新意；感动的是老师对于学生的一点成绩也要加以鼓励。我确实没有想到雷先生对我这篇习作会给以注意。我现在也教了几十年书，因此我想明白了，当年我这篇习作之所以引起先生的注意，并不是因为它有什么新意，而是体现了老师对于他所培养过的学生的一种期待。

我受雷先生的影响，一是他的博学，他的知识贯穿中外古今，这一点我非常佩服。二是他有考据的基本功夫，但不论是讲课还是写文章，他都不限于考据。他有明确的观点，从不搞烦琐的考据。他不限于考据，也不止于考据。清华学派的学者都有这个特点，他们都有考据的功夫，但写出来的东西都是分析某一个问题。比如，雷先生对武王伐纣发生在哪一年有考证，其考证至今还受到一些学者的推崇。但他讲课不限于引证，有独立见解，分析问题非常透彻。清华大学的刘崇鋐先生曾经跟我说过，要我多听雷先生讲课，因为他讲课有哲学味道，刘先生却自谦说他讲课做不到这一点。确实，雷先生对上下古今都有自己的看法，从不人云亦云。当然，他的分析我们也不一定都同意。

在燕京大学时对我影响最大的就是齐思和先生，他的学问贯通中西古今，我听过他讲战国史和西洋现代史，这就包括了古今中外，有这种学问的人不多。我追随他们的路子，但是达不到他们的境界。比如"东方历史学术文库"这套书，是包括古今中外的内容的，现在我担任主编，每当讨论书稿时，即使不属于我的专业范围，有时我也可以提出一些意见。我觉得这就是在上大学时，这些老师给我的影响。

**问：**那么后来在60年代您组织几位老师翻译斯宾格勒的《西方的没落》，是不是也是受雷海宗先生的影响呢？

**齐：**我在上大学时跟雷先生读过《西方的没落》，但是只读了一部分。在20世纪60年代，上级要求学术界批判在西方有影响的著作，让自己挑，经过上面认可就可以翻译。斯宾格勒的书名振一时，很多人知道有这么一本书，但很少有人读完它，因为从内容到表达方式都特别晦涩，很难读。他爱杜撰概念，又很博学。我们没有全部翻译，只翻译了一半。我们选择第二卷，即和历史、政治有关的这一卷，把第一卷的序言也翻译了。第一卷讲数学、建筑等部分，没敢翻译。这部书讲的是"文化形态史观"，说世界上文化有很多种，都有生有死，不分优劣，这很迷惑人。斯宾格勒在中国对"战国策派"影响最大，雷海宗先生就太相信斯宾格勒这套体系，让我感到难以理解。

我们在翻译这部书时困难很大，进展很慢。书里所有的注释都是我做的。现在看起来都觉得奇怪，当时在图书馆是怎样把这些资料找出来，又是怎样把它们一一注出来的。其实就是因为当时年轻，只有三十几岁，精力旺盛，正是研究学问的好时候。现在这部书还是有人看。在“文革”以后，商务印书馆再版了三次，也都卖完了。

**问**：是不是可以这样说，由于雷海宗先生的学识渊博、中西贯通，对于您后来在史学研究的追求上起了很大的作用，但是在解释历史的历史观方面您还是有自己的见解的？

**齐**：雷先生对我的影响主要是学贯中西的学风和他在学术上勇于创新的精神，而不是他提倡的文化形态史观，我对文化形态史观是持批判态度的。有人说斯宾格勒是反对西方中心论的，这不对。他表面上反对西方中心论，但骨子里还是坚持西方中心论。他认为八种文化里面七种都已经死亡了，只有西方文化还有生命力，这不是西方中心论吗？在西方文化里，他又挑出德意志民族，说德意志民族有一种宿命，实际上是说德意志民族是最优秀的。英国史学家汤因比受斯宾格勒的影响很大，多卷本的《历史研究》在历史哲学体系上与斯宾格勒是一样的。英国史学家巴勒克拉夫对汤因比此书的评价可以说一针见血。他说，因为汤因比最早发动了对欧洲中心论的猛烈批判，因而具有解放的作用，这才是他名满天下的原因。同时巴勒克拉夫还指出，他的全部历史观充满了他所攻击的那种欧洲中心论的异端邪说。我觉得巴勒克拉夫的这种批判用在斯宾格勒身上也是可以的。斯宾格勒的观点是极端的唯心论，他说自己的方法是直觉的，每一种文化都有一种灵魂，彼此互不理解，那问题是你怎么都能理解呢？但是，不论斯宾格勒也好，汤因比也好，至少他们从表面上承认世界历史是多种文化的生长和衰亡的历史。斯宾格勒还说他的著作不承认古典文化或西方文化比印度文化、巴比伦文化、中国文化、埃及文化、墨西哥文化等占有任何优越地位；汤因比也说各种文明在价值上是相等的。虽然他们在思想深处仍然是“西欧中心论”者，但他们能够把西方文化与其他文化相提并论，这也在一定意义上是对“西欧中心论”的突破，在世界史的编纂学上还有一定的进步意义。

说到这里我还想说一下，今天有些青年好骛新奇，看到一种新学说、新理论，就以为旧学说、旧理论一文不值了，可以抛弃了。有人甚至认为马克思主义产生于19世纪，已经过时了。这种不加分析地盲目地“喜新厌旧”是十分错误的。

其实，在人文社会科学领域里，新学说、新理论有时胜过旧学说、旧理论；有时反倒不如旧学说、旧理论，只是昙花一现，很快就被人忘了；有时新旧可以并存，并无代替的关系。钱钟书先生谈过这个问题。所以，我们在看到一种新学说、新理论、新学科的时候，正如对待一切事物一样，要采取分析的态度，认真研究它的内容，不要盲从。我这样要求自己，也这样要求我的学生。我今年已经80岁了，越来越相信对任何事物都要采取分析的态度。

这里我还想跟你多说几句。雷海宗、齐思和、周一良等这样一批学者，给了我这样一种训练，就是要多知、多学，这样就不会盲从。眼界宽，思路才能广。现在为什么有些青年会好骛新奇呢？就是由于他们学得少、见得少，所以一见到新奇的东西就都信了，对别的东西就认为都不对。而我们由于受了他们这一辈学者的训练，所以就不会盲从。比如说后现代主义的问题，西方在20世纪六七十年代曾风行一时，到80年代高潮就已经过去了。传入中国以后，对文学、艺术、哲学等都有很大影响。但它在历史学方面的基本观点是错误的。它走了极端，认为客观历史根本是没有的。一个“文本”出来以后，谁都可以解释。有人对后现代主义十分推崇，但我认为“文本”是不能随意解释的。一个很复杂的东西，是可以有多种的解释，但最根本的东西你不能改。比如，二次大战德国战败了，签署了投降书，这是一个文本。但无论你怎么解释，德国也是战败了，你不能解释成德国打胜了。当然，对投降的原因你可以做多方面的分析。但这个“文本”是投降书，你怎么分析也不能说德国打胜了。再有，后现代主义反对因果律，反对大历史，反对搞宏观的历史，在一些小问题上大做文章。过去学术界忽视微观史学，现在强调它固然也有作用，但反对大历史也不行。我的意思就是说，受了雷、齐、周等老一辈学者的教导，不会盲目地跟着别人跑。现在有的青年人，跟着人家跑，什么都瞧不起了，其实你所崇拜的东西，在西方早过时了。当然，这是一种潮流，这种学风扭转起来也很难。

说到我自己，从青年到现在，一直把马克思主义作为研究历史的指导原则。但马克思主义不是一个封闭的体系，我们应该像马克思主义创始人那样及时吸收、消化各种新理论、新方法。当马克思主义刚刚传入中国不久，还是一个新理论的时候，郭沫若就根据这新理论，利用出土不久的甲骨文材料，使用王国维的

“二重证据法”，写出了在中国史学史上具有重大意义的《中国古代社会研究》，这是一个把新理论、新材料和新方法三者结合利用的成功范例，值得后人好好学习。我是研究世界现代史的，常看西方学者的著作，对他们某些具体的论点，如果认为可取，则予以适当吸收，但从不全盘肯定。

**问：**有时候在听您谈到您的老师的时候还谈到“太老师”，那是指谁呢？

**齐：**我在燕京大学读书时，我的老师有齐思和、翁独健先生，太老师有邓之诚先生；在清华大学读书时，老师有刘崇鋐、雷海宗、邵循正、孙毓棠、周一良先生，太老师有陈寅恪先生。邓之诚和陈寅恪两位先生，我虽直接听过他们的课，但不敢自居弟子之列，因为我的许多位老师都是邓、陈二位的学生，所以我尊称这二老为我的“太老师”。

## 二、关于世界史的思考

**问：**这次访谈想重点向您请教一下关于世界史的问题。在一般人看来，所谓世界史，就是中国以外的国家、地区的历史；或者是把世界各个国家、民族、地区的历史总和在一起就是世界史。但读您的文章感到，原来世界史是有它确定的含义的。是不是这样？

**齐：**世界史是历史学中的一门新兴的分支学科，所以迄今为止人们对于它的研究对象、方法、范围、意义等，只是进行了一些初步的探讨。当前不少历史学家都认为，世界史有它独特的研究对象和限定的内容。首先，就是要排除一种十分容易产生的误解，就是把世界史当作国别史、地区史的总和或是集成的看法。如果把世界史当作一门囊括一切国家、民族和地区的历史，那么它所包含的内容势必十分庞杂，难免成为一口什么都可以装进去的“大麻袋”。这种界限含混不清的“世界史”，实在不能成为一门科学。即使写出来，也一定杂乱无章，令人“只见树木，不见森林”。巴勒克拉夫说：世界史不仅是它的各个部分的总和；如果将它分割再分割，就会改变其性质，正像水一旦分解成它的化学成分，就不再成其为水，而变成了氢和氧一样。美国的斯塔夫里阿诺斯也说：世界史不是也不能仅仅是国别史或地区史的总和。我国已故历史学家吴于廑先生对世界史学科作为历史学的一个专门分支的研究对象和内容有过精辟的论述，后面我将详细对你说。

**问**：这就是说对于这个问题中外一些史学家已经有所认识，并且在实践中已经在一定程度上改变了传统的历史编撰方法？

**齐**：是这样，但这是一个很长的认识和实践的过程。如果向上追溯可以说到18世纪。因为，从15、16世纪以来，世界发生了重大的历史变化。新航路的发现以及由它直接诱发的商业革命和西欧诸国的海外殖民扩张，对于西欧国家的资本主义工业化起了催化的作用，资本主义工业创造了世界市场，从而首次开创了世界历史，消灭了以往自然形成的闭关自守状态。这样，历史学家也开始自觉地意识到需要撰写世界历史了。法国启蒙思想家伏尔泰的《论各民族的风俗与精神》一书，现在译名叫“风俗论”，在1757年问世，就是具有近代意义的第一部世界通史。该书在纵的方面，从伏尔泰认为最远古的中国讲起；在横的方面，也不再局限于欧洲一洲的狭隘范围，把亚、非、美几大洲的历史都包括在内了。当然，这只是一种初步的尝试。

**问**：19世纪德国史学家兰克也编撰了世界史，这是不是这种潮流的继续呢？

**齐**：这不一样。因为到19世纪，民族国家纷纷兴起，于是撰写民族国家的历史便成为一时的风尚。这种以民族主义为特征的历史学一直盛行到第一次世界大战，甚至直到第二次世界大战后才逐渐消退。当然这期间也有一些世界史的著作，其中以兰克编撰的《世界史》最具代表性。这部《世界史》规模很大，在兰克生前只完成了7卷，其余部分是他的弟子们续完的。但是，他的这部书把创造了优秀文化的许多东方民族排斥于历史主流之外，实际上只是古希腊、古罗马和中世纪西欧的历史。这是一部典型的以西欧为中心的世界史，反映了欧洲资本主义列强在19世纪主宰世界的经济和政治地位。继承兰克学派的英国历史学家阿克顿也主张撰写世界史，他还说，所谓世界史，按照他的理解，它不同于一切国家的历史组合，不是脆弱的拼凑，而是一个连续的发展过程。他的话有一定的合理性，但是他所说的连续的发展过程，实质上指的是西欧的进步过程。由他倡导编撰的《剑桥近代史》就体现了这种思想，它仍然是一部以西欧历史为中心的世界史汇编。

**问**：那就是说这种状况只有到了20世纪以后才有所改变？

**齐**：是在20世纪，准确地说是在第二次世界大战以后。因为二战以后，欧洲的地位显著降低，以欧洲为中心的世界史编撰体系开始受到严重的挑战。而世界在政治、经济、文化各方面日益密切联系成为一个整体，世界史的编撰到这时才成为时代的迫切需要。原来那种以西欧为中心的历史编撰体系，不仅受到第三世界学者的谴责，也受到来自西方学者内部的批评。

这里我仅举两个例子来说明。一个是一位西德的历史学家泽贝尔教授在美国历史协会1950年的年会上曾经这样表示："我们必须重新评价我们的课程，重新组织我们的教学大纲，并且必要的话，重写我们的教科书，以便我们对待的是世界上一切伟大的民族，而不单单是西欧的那些民族。"再一个例子是美国历史学家麦克尼尔的看法也很有意义。他说："当美国人到处与其他民族的人们日益密切、日益持续不断地相互作用时，了解那些与我们共占地球表面的其他民族的重要性，是不言自明的。对其他民族的人们盲无所知，将付出越来越高昂的代价。"当然还有很多来自西方学者内部的批评，这里我仅举这样两个例子来说明，他们讲的还是相当深刻的。

在具体的史书编撰上也有一些成绩。在两次世界大战之间就已经出版了一些世界通史，其中有一些是卷帙浩繁的"巨著"，我就不一一列举了。但我要说一本中国读者都很熟悉的书，那就是由非职业历史学家威尔斯个人撰写的《世界史纲》。他认为，过去欧洲历史学者严重地贬低了亚洲中央高地、波斯、印度和中国等文化在人类这出戏剧里所分担的部分，他决心在他的著作中把世界作为一个整体来对待，不再局限于西方世界。此书出版后风行一时，很受一般读者欢迎，虽然专业历史学家看不起它。从五六十年代到今天，各国学者集体编著的大部头多卷本的世界通史已经不少了，这里有苏联编的，也有西方学者编的，内容都很丰富，可以作为参考书来查阅。但由于出自众人之手，缺乏严密的体系，使人感到有些杂乱无章。个人编写的在这方面就好一些，例如斯塔夫里阿诺斯的《全球通史：1500年以前的世界》《全球通史：1500年以后的世界》《自古以来人类的命脉·新世界史》，还有麦克尼尔的《西方的兴起：人类社会史》《世界史》，等等。以个人之力来编写世界通史，由于知识不足可能出现一些史实错误，但是能够自成体系，前后一贯，给读者清晰的印象。

**问**：中国的历史学家是不是也有这样的世界史的观念呢？

**齐**：有啊！你应该知道复旦大学的周谷城先生，他的《世界通史》就强调世界通史并非国别史之总和，他主张把世界历史作为一个整体来研究，重视世界各地之间的相互关系，并反对把欧洲作为世界历史的中心。这些观点对于我国世界史学科的建设是具有开拓意义的。以后，在世界通史方面，周一良、吴于廑先生主编的四卷本《世界通史》于 1962 年出版，这是中华人民共和国成立以来第一部综合性的世界历史著作。这部书遵循马克思主义基本原理，比较系统地叙述了整个世界从人类起源到第一次世界大战结束的历史，体现了中国学者在当时对于世界史的认识和研究的水平。但是，限于当时的历史条件，这部书没有现代部分，并且在体系上也没有彻底摆脱苏联科学院主编的《世界通史》的影响。

对于世界历史体系问题认识最深刻的是吴于廑先生。在改革开放的新形势下，吴于廑先生对世界史体系问题进行了深入的探讨。他认为世界史不是一门中国域外史，也不是包容一切国家、地区历史的总汇。他根据马克思、恩格斯的观点明确指出：世界历史是历史学的一门重要分支学科，内容为对人类历史自原始、孤立、分散的人群发展为世界成一密切联系整体的过程进行系统探讨和阐述。也就是说，世界史要探讨和说明的主题应当是“历史怎样发展为世界的历史”，即人类历史由原始的彼此闭塞的人群的历史发展为世界的历史，其自身是一个历史过程。吴于廑先生根据他的这个观点为《中国大百科全书·外国历史》撰写了“世界历史”这一个概括性很强的总条目，此外还连续写了 4 篇互相关联的重要论文，对这个问题的认识有了更具体的说明。吴先生对于世界史学科的认知对象和主题所做的这种说明，对于我们编撰新的世界历史著作具有非常重要的指导意义。

**问**：后来国家教委委托吴先生和您共同主编的六卷本《世界史》是不是就体现了吴先生的认识呢？

**齐**：这部书是国家教委在 1987 年委托我们主持编写的。各分卷的主编都是那一领域很有成就的学者，如古代史编的主编是刘家和、王敦书、朱寰、马克垚，近代史编的主编是刘祚昌、王觉非，现代史编的主编是我和彭树智。这部书体现了我国学者新的研究成果，涉及经济、政治、文化、社会诸多方面，较以前的教材包括了更多、更广泛的内容，同时在体系、分期、中国在世界中的地位等一些问题上都有新的见解。这部教材的总序用的是吴于廑先生为《中国大百科全书》撰写的“世界历史”条目。他在这里特别强调世界历史的纵向发展和横向发展，这里说的纵向发展，是指人类物质生产史上不同生产方式的演变和由此引起的不同社会形态的更迭；所谓世界历史的横向发展，是指历史由各地区的相互闭塞到逐步开放，由彼此分散到逐步联系密切，终于发展成为整体的世界历史这一客观过程。

**问**：据我所知，您现在正在主编一部四卷本的《世界史》，这部书与以前的六卷本《世界史》有何关系呢？

**齐**：从指导思想上，仍然是以马克思主义为指导原则，力图从纵向发展与横向发展说明历史如何发展为全世界的历史。纵向与横向又是互相影响的。纵向发展所达到的水平和阶段，规定了横向发展的规模和广度。横向发展一方面受纵向发展的制约，反过来又对纵向发展产生促进和深化的影响。在历史向资本主义过渡的时代，横向发展对纵向发展的反作用表现得尤其明显。四卷本的一个特点是它的作者主要是四五十岁的中年学者，他们许多人是六卷本作者的学生，但都有自己的钻研成果。他们在某些问题上研究得很深很专，并敢于提出自己的见解。改革开放以后出国的机会很多，这些中青年学者有的出国多次，可谓见多识广，书中都有他们钻研的成果，写的内容新，有学术水平。不过作为一部教材，它的效果怎样，还要在实践中检验。而六卷本的各卷主编、作者大都是我们这一辈人。这套书对“周吴本”有继承，也有发展。

**问**：您在您主编的《世界史·现代史编》的前言中说：“在一定意义上可以说世界史就是现代史；反过来又可以说现代史就是世界史。”您可以解释一下这个观点的含义吗？

**齐**：这里我觉得首先要对“现代”的概念有一个明确的认识。世界史可以按通史来写，即从远古写到今天，当然也可以分阶段来写，如世界古代史、世界近代史、世界现代史。这里要讨论的是“现代”指的是人类历史的哪一段？再有就是这个阶段有没有区别于其他阶段的显著特点？如果有的话，那么以这个阶段为研究对象的学科就应该成立，否则就没有研究的必要。

我觉得，从生活在 21 世纪的人来看，“现代”指的是大约从 20 世纪初到今天这一段时间。20 世纪是人类历史的一个特殊阶段，这个阶段的主要特征是世界在政治、经济、文化各个方面联系成为一个息息相关而又充满矛盾的整体，或者概括地说就是人类历史的趋向全球化。

在政治上，世界正在走向多极化。今天，任何一个大国，要想独霸世界都是办不到的。这里我想起英国著名历史学家卡尔说过的一句话，他说只有在今天，才第一次有可能想象一个完整的世界，这个世界是由名副其实地充分进入历史范畴的各国人民组成的。他说这话的时候是 20 世纪的 60 年代，今天更是如此了。在经济方面，生产和资本国际化、一体化、集团化的趋势日益加强，任何一个国家都要依靠国际市场，闭关自守是死路一条。在文化方面，各国之间文化交流的规模和速度都达到了惊人的程度，增进了互相之间的了解。不同体系的意识形态也互相渗透，互相斗争，但总的趋势是人们越来越认识到意识形态的分歧不应该影响国家之间的和平共处。

这样，我们可以看到 20 世纪的确是人类历史的一个相对独立的阶段，有自己的显著特点。因此，我们就应当建立一门以这个阶段为特殊研究对象的学科，即世界现代史。前面我们已经谈到，全球化萌芽于 15、16 世纪，但最终形成在 20 世纪，我就是从这个意义上来说，世界史就是现代史。但反过来，现代史又只有用全球化的眼光才能认清它的特质，所以在这个意义上说，现代史就是世界史。

## 三、世界现代史研究的突破点

**问**：您是搞世界现代史研究的，在现代史的领域里您又特别关注现代国际关系史的研究，特别是两次世界大战之间的国际关系。您为什么要选择这个时期作为研究的重点呢？

**齐**：现代国际关系主要是指 20 世纪以来的国际关系。严格意义上的国际关系是从资本主义时代开始的，在此以前还谈不到全球性的国际关系。20 世纪以来，国家、民族之间的交往日益频繁、日益密切，而且情况异常复杂，它包括政治、经济、文化各个方面，它的内容比传统的外交史要广泛。要提高现代国际关系史的研究水平，就要把国际关系中的政治、经济、文化各种因素综合起来进行考察，找出它们之间的相互关系和影响。在20世纪的历史进程中，两次世界大战是对整个国际关系的格局影响最大的因素，在这方面我国学者的研究还是很不够的，所以我们的学科队伍把这段时间作为重点的研究对象是很必要的。

**问：**我发现从20世纪70年代末到21世纪初的二十多年的时间里，您写的一系列学术文章都是围绕30年代英法等国的绥靖政策的。80年代，您的文章重点研究对德国的绥靖政策，代表性文章就是《历史研究》1984年第2期发表的《三十年代英国的重整军备与绥靖外交》；到90年代，您的文章深入到英国对意大利的绥靖政策的研究，代表性文章是2002年《历史研究》第1期发表的《论1936年7月至1938年11月英国对意大利的外交政策》。我觉得这两篇文章反映了中国学者对绥靖政策研究的水平。不过我想先问您当初为什么要选择绥靖政策研究作为整个国际关系史研究的突破口呢？

**齐：**这个问题很好，值得我们来回顾一下。研究绥靖政策是有它的意义的。1938年，英、法、德、意四国在德国的慕尼黑签订了肢解捷克斯洛伐克的《慕尼黑协定》，这是英、法对德国的侵略野心实行纵容政策的顶点，这个政策最后导致了很耻辱的后果。所以，"绥靖"一词，就成为令一些西方人厌恶的字眼。但是，西方的史学家们自40年代以来就开始研究绥靖政策，几十年来出版了大量的专著和论文，可以说研究的劲头长盛不衰，甚至可以说成了西方史学界的一个研究"热门"。我们分析西方学者之所以如此关注对绥靖政策的研究主要有两方面的原因：一方面是一些学者企图通过总结30年代绥靖外交的历史教训，为现实的国际斗争服务。那些在"冷战"激烈时期出版的一些著作，很多是在总结30年代对德实行绥靖政策的教训，认为不能再犯过去的错误，必须对苏联采取强硬态度。另一方面，这些学者也是为英、法开脱战争的责任，替绥靖政策"洗刷"污点。

**问：**绥靖政策已经造成了那样明显的后果，怎么能够开脱呢？

**齐：**这些学者可以为这个政策的制定者找到各种可以辩解的理由，而且他们所用的材料也是不断翻新的。四五十年代，有关绥靖政策的书已经出版不少了；1967 年，英国把档案的保密期从 50 年缩短为 30 年，所以西方学者可以看到很多过去看不到的材料，这样又出版了许多专著和论文。他们的论著材料有所更新，论点也不是全无新意，但总起来说不外乎那样几种观点。

他们各种解释的核心观点是“维护和平”，无论是“正统派”还是“修正派”，持这种观点的最多。他们认为，英国首相张伯伦等所以推行绥靖政策，是企图通过让步来维持和平，他们实行这种政策是希望能缔造一个对全体人类更安全和更幸福的世界。另一种说法是强调英、法军事力量软弱，不能不对德妥协，绥靖是唯一的出路。第三种说法，认为当时“舆论反战”，就是说英、法在第一次世界大战中伤亡惨重，因而人心厌战，和平主义盛行，所以英、法政府只得采取绥靖政策。再有的学者从经济方面来探讨绥靖政策，认为经济因素至关重要，他们认为经济绥靖是 1937—1939 年间英国政策的核心。当然，也有少数西方学者能够正视历史事实，用大量的材料证明保守党的外交政策的动机就是维持英国统治阶级的特权地位，使之免受布尔什维主义和苏联的威胁，这种观点在一定程度上打中了绥靖主义分子的要害。也有些学者的观点很荒谬，比如，有人认为绥靖政策是为了弥补《凡尔赛条约》对德国的不公正待遇而制定的，好像英国的政策就是一种“赎罪”。还有人把张伯伦、达拉第等打扮成天真无邪的好人，他们幻想希特勒会遵守自己签订的条约，所以是误信了敌人。

总之，西方学者的解释五花八门，但目的始终如一，就是为绥靖政策开脱历史罪责。不过这个任务实在太难了，他们感觉各种解释都不够完满，有人甚至主张以后不要用“绥靖”这个词了。

**问：**您认为我们中国学者研究这个问题是否有有利条件呢？

**齐：**我们中国人不处于这个事件的旋涡之中，我们可以比较超脱、比较客观公正地看待这个问题。当然西方学者的研究不仅给我们提供了大量的资料，他们对某些问题的解释也是值得参考的。所以，我觉得作为马克思主义学者，我们应该首先抓住两个问题开展研究。第一，要深入研究英、法垄断资本和德国垄断资本之间，特别是英、德垄断资本之间的既互相勾结又互相竞争的情况。这不是说外交史的研究不重要，而是说首先要搞清楚外交斗争的深刻的经济背景。西方学者能写出《经济绥靖》这样的著作，我们应该写出水平更高的著作。其次，要深入研究绥靖外交与英、法内政的关系，把对外政策和对内政策对立起来是根本错误的。把反苏反共当作绥靖政策的唯一成因，是有片面性的；但如果根本否认或轻视这一因素，那就不仅是片面性的问题，而且是原则性的错误。在这方面，我们还有很多事情可以做，并不是一切问题都研究透了。比如，英、法军事集团对于绥靖政策的态度，就很有研究的必要。所以，我觉得中国学者应该能够对绥靖政策形成的原因做出科学的、符合历史真相的解释。

**问**：这就是促使您致力于绥靖政策研究的重要原因吧！在 80 年代初，您在揭示绥靖政策的真相和实质的问题上，发表了一系列很有分量的文章，除了前面提到的《三十年代英国的重整军备与绥靖外交》外，《慕尼黑危机的真相不容歪曲》《论 1939 年 3 月英国对波兰保证的原因及其破产》《论“不干涉”政策的创始者及其动机》等文章都是材料丰富而且具有很强的说服力。我注意到您写这些文章，除了利用了大量西方学者的研究成果外，很多材料引自 DBFP，即《英国外交政策文件汇编 1919—1939 年》，也就是利用了大量的第一手材料。能够进行这项研究是否和我们系里有这套资料有关？

**齐**：材料当然是重要的因素，无论是研究中国史还是研究外国史，都不能做无米之炊，这是一样的道理。研究 30 年代的绥靖政策，不仅要看英国的档案材料，也要看德国的档案材料。我们这里，不仅能够利用《英国外交政策文件汇编 1919—1939 年》，而且可以看到《德国外交政策文件汇编 1918—1945 年》，这就为我们研究这段历史创造了条件。此外，我们在 80 年代研究这个问题的时候，就能看到西方学者六七十年代的最新研究成果，这个条件在一般高校中是没有的。我想，这也是我们学校在这方面能够出成果的一个原因。1998 年，首都师大出版社出版了我主编的《绥靖政策研究》，就反映了我们这个学科在绥靖政策研究上所取得的成果。这些成果，受到了学术界的关注。

**问**：在对绥靖政策的研究中，学者们主要的关注点集中在英、法对德国的绥靖，在对意大利的政策方面注意得比较少。在您的研究中，《意埃战争与英国的双重政策》和《论 1936 年 7 月至 1938 年 11 月英国对意大利的外交政策》这两篇长文都是讨论英国对意大利的外交政策的。这方面是不是绥靖政策研究的薄弱点呢?

**齐:** 是这样的。

**问:** 在国际关系史的研究中，大家一定会注意到您在80年代写的两篇关于中国抗日战争的文章。其中一篇是您在参加第16届国际历史科学大会时提交的文章《论中国抗日战争在第二次世界大战中的地位和作用》，还有一篇是发表在1987年第4期《世界历史》上的《中国抗日战争与国际关系(1931—1945)》。这两篇文章是中国学者自己谈中国抗日战争的历史地位的，那么您的观点能够得到国外学者特别是日本学者的认同吗?

**齐:** 对于中国抗日战争在第二次世界大战中的地位和作用的问题，是一个很值得深入研究的重大课题。但是，长期以来外国史学家对中国抗战的地位和作用往往是估计不足的，甚至是有意贬低的。所以，我写这些文章的目的在于说明历史的真相。我的文章，不仅是利用中国的材料，也利用了战后日本、英国、美国、苏联等国的文献资料和最新研究成果写成的。我的文章主要说明中国战场在几个方面的重要作用，比如使苏联避免两线作战，推迟德、意、日三国同盟的形成，减轻英法在远东受到的军事压力，推迟太平洋战争的爆发，以致牵制日本百万大军，使之不能全力进行太平洋战争等方面，都有积极的作用。中国人民艰苦卓绝的八年抗战为最终战胜法西斯集团做出了不可磨灭的贡献，这个贡献是不能贬低的，我所论说的也都是有事实根据的。这篇文章获得了参加第16届国际历史科学大会各国学者的重视和好评。日本茨城大学的伊集院立教授在日本《历史学研究》上发表文章，评论说:"这个报告是把中国历史中的抗日战争放到世界历史中而作的分析。它把中国人民对于欧洲、东亚及美洲大陆的国际反法西斯战线所做的贡献及所占的地位进行了冷静的分析论述。这一分析，给予人们深刻的印象。"还有一位日本立命馆大学的名誉教授池田诚在他的《抗日战争与中国民众》一书中对我的论点做了详细的介绍，认为这是中国学者有代表性的看法。

我那另一篇文章是参加1987年在日本京都、东京两地举行的"卢沟桥事变50周年中日学术讨论会"时提交的文章，这篇文章也受到了与会的日本学者的赞赏。比如专门研究中国现代史的日本茨城大学教授石岛纪之评论说:"该报告对美、英等国以及苏联对中日战争所采取的态度进行了精确的分析，明确了中国抗战在国际关系中的地位，把抗日战争看作中国全民族的抗战，这些都给人留下深刻印象。”

**问**：我还想和您谈一下中国学者治世界史的问题。您曾经批评过那种认为中国人研究外国史，材料掌握不如对方多，很难达到高水平的观点。您认为从“旁观者清”的角度说，这恰恰是中国学者具有的优势。您本人去美国做学术交流，讲的就是世界史问题，周一良先生对您这一点很称赞，是这样吗？

**齐**：事情是这样。1982 年我去美国讲学，在纽约州立大学布法罗分校谈了我的两篇纯粹是世界史的文章：《论“不干涉”政策的创始者及其动机》和《论 1939 年英国对波兰保证的原因及其破产》。后来周一良先生知道了，很是高兴，专门给我来信说：“你这次堂而皇之，正经八百地对外国人讲世界史问题，亮出我们的观点和水平，在某种意义上，与打球同样是为国争光也，可贺可贺!”当然，周先生是过奖了。他是我的老师，对他的学生爱护备至，稍有成绩就给予肯定。

但是话说回来，中国学者研究世界史有时候比西方学者更能看到事情的本质。从 20 世纪 80 年代以来，我一直在研究第二次世界大战中的绥靖政策问题。我觉得英法的绥靖政策是导致第二次世界大战的一个重要原因。研究第二次世界大战，这是必须要研究的问题。但多数的西方学者老是给这件事翻案，就是不承认英法对法西斯国家的纵容是二战爆发的重要原因。这也说明政治意识形态对历史学家的影响太厉害。即使铁案如山，他们也还是要挖空心思做各种巧妙的解释，说在当时只能这样做，没有别的办法，并不是他们想牺牲谁。我的研究就是跟他们针锋相对，还历史真相。他们的研究很细致，不断地从各方面找材料，辩解越来越精巧。但我对他们的东西也都掌握，对这个问题研究也比较深入。比如英国对意大利的绥靖政策的研究，国际、国内的文章都比较少。我在《历史研究》上发表的《论英国对意大利的外交政策》就是谈的这个问题。我不认为中国人研究世界史达不到高水平；更不认为非得在材料上掌握得和所研究的国家的学者一样多才能达到高水平。事实上，外国学者研究中国史，在材料上能超过我们的极为罕见，但他们的见解还是值得我们参考的。“不识庐山真面目，只缘身在此山中。”这两句诗也可用于研究历史。有时，本国人对本国历史的某些特点反而不如外国人看得清楚。“当局者迷，旁观者清。”西方也有类似“旁观者清”的说法：

The spectator sees most of the game。

## 四、从杨贵妃入道说到考据方法

**问**：我记得您在给本科生和研究生讲"史学方法论"的课程时非常重视中国传统的治学方法，包括版本学、目录学、校勘学、考据学等方面的知识，您把这些看成历史研究的基本方法，讲得比较详细。但是在公开发表的文章中只看到您的《杨妃入道之年考读后》一篇，它的副标题是"兼论考据在史学研究中的作用和地位"。这篇文章发表在1989年的《北京师范学院学报》上。在那时，西方各种新史学方法已经纷纷传入，形成了一股潮流，您却大讲考据的作用，大讲陈寅恪和陈垣两位先生这方面的成就，所以格外引人关注。那么"杨妃入道之年考"究竟是讲的什么问题呢？

**齐**：你注意到这篇文章很好，因为对于搞史学理论和方法的人不能不重视考据的作用，我在课堂上讲这方面的问题是很多的。这个问题本身并不大，是一个很具体的考证问题，但是从中折射出来的两位大师的学识水平和考据方法却很值得重视，所以我写了这篇文章。

"杨妃入道之年"考证的由来是清人朱彝尊在《曝书亭集》卷五五中"书杨太真外传后"条中讲的话。他断定杨贵妃入道之年在开元二十五年(737年)正月二日，入宫时犹为处子。这话表明什么意思呢？人们都知道，杨贵妃本来是唐玄宗的儿子寿王的妃子。唐玄宗宠爱的武惠妃死后，后宫没有如意的人，于是杨妃衣道士服被玄宗召见，以后受到唐玄宗宠爱，就是杨贵妃。朱彝尊断定，杨妃受册为寿王妃是在开元二十三年(735年)十二月二十四日，而到开元二十五年正月二日她就被玄宗召见入宫。他根据《开元礼》的说法，认为杨妃正式被寿王"迎亲、同牢"尚需时日，所以她被玄宗召入宫时还是个处女。朱彝尊的目的主要是想为唐玄宗夺儿媳为妃的行为辩解，似乎从道德上说尚可以原谅。

20世纪40年代陈寅恪和陈垣两位先生一个在北方，一个在南方，却不约而同地发表了关于杨妃入道之年的考证文章，而且他们得出了同样的结论。他们考证的结论是，杨妃入道之年，不是朱彝尊所说的开元二十五年正月二日，而是开元二十九年(741 年)正月二日。这个研究的意义不在于考证出的时间相差了四年，而主要在于考证的方法。

**问：**两位陈先生在考证方法上与朱彝尊有什么不同之处，对于我们今天研究历史有什么启示呢？

**齐：**这就是我在文章中所着重讲的问题。首先，就是搜集证据要广，不能以孤证立说。这一点虽然说是考据学的常识，但是真正做到并不容易，朱彝尊之所以出错就在这里。他根据《旧唐书·杨贵妃传》的记载，说玄宗的武惠妃死于开元二十四年(736 年)，当时后宫没有称玄宗意的人，所以在开元二十五年度杨妃为女道士。具体时间是正月二日，因为这一天是玄宗的母亲窦后的忌辰。两位陈先生认为，虽然有新旧唐书《杨贵妃传》的记载，但是说武惠妃死于开元二十四年是不对的。他们列举了七条史料，证明武氏死于开元二十五年十二月七日。这七条材料，包括《旧唐书·玄宗纪》《新唐书·玄宗纪》《旧唐书·贞顺皇后武氏传》《旧唐书·寿王传》，此外还有《唐会要》《资治通鉴》《大唐新语》。

**问：**那就是说，同一部《旧唐书》对同一件事情的记载也是不同的，光看《杨贵妃传》是不行的，要和《玄宗纪》对照。

**齐：**朱彝尊的错就出在这里。那么多地方都记载武氏死于开元二十五年，而他仅用了《旧唐书·杨贵妃传》的说法，虽然这个说法被《新唐书·杨贵妃传》所沿用，但仍是孤证。陈寅恪先生批评朱彝尊“致误之由，在不加详考”；陈垣先生说：“读书不统观首尾，不可妄下批评。”朱氏的错正在于他不“统观首尾”。他要证明杨贵妃入道是在开元二十五年正月二日，所以必须要证明武氏死于开元二十四年。

再一点需注意的就是要参用正史、杂史多种史料。朱彝尊在这个问题上只重视正史而忽视了杂史的记载，也是出错的原因之一。例如，北宋乐史撰《太真外传》记载：开元二十八年(740 年)十月，玄宗幸温泉宫，使高力士取(杨妃)于寿邸，度为女道士，住内太真宫。这个记载《旧唐书·玄宗纪》中没有，朱彝尊认为是“传闻之谬”，不予理会。但两位陈先生根据正史和杂史等记载，做了综合分析，认为杨妃在开元二十八年十月被玄宗取于寿邸，但和度为女道士未必是同时。因为度杨妃为道士，明确是为了纪念窦太后的忌辰，即正月二日。所以，他们推论杨氏为玄宗所选取，是在开元二十八年十月，而正式发布敕文度杨妃为女道士，应该是开元二十九年正月二日。

最后我要说的是考据者要具有通识，这一点是非常重要的。我觉得朱彝尊在考据时之所以出错，两位陈先生的考据之所以高明，很重要的一点是在于有没有通识。朱彝尊虽然知道杨妃是玄宗夺自寿王邸，但还有“为尊者讳”的思想在作怪，他要为玄宗辩护，硬要说明杨妃虽然受册为寿王妃，但还没有迎亲、同牢，所以入宫时是开元二十五年，当时还是处子。所以他的这种考据其实是很荒唐的。陈寅恪先生认为，在关于男女的礼法方面，唐宋两代的社会风气是不同的。李唐一代，皇室也不重闺门礼法。比如，唐太宗纳元吉妃，即以弟妇为妃；武则天本是太宗的才人，但高宗拜为昭仪，即以父妃为后；所以唐玄宗夺儿媳为己有，这也不是了不起的大事。由此可以看出，了解唐宋之后社会风习、伦理道德的变化，是治史者应有的通识。这一点对于考证这个问题是非常重要的。

## 五、世界史研究的功能

**问：**我看到您在 2004 年发表了一篇文章《创新是国家兴旺发达的不竭动力——历史考察》，当时没有怎么注意，也不太了解您写这篇文章的意义。2006 年年初国家召开的全国科技大会上，胡锦涛总书记提出党中央、国务院做出了建设创新型国家的战略决策。现在，再回过头来看您的文章就很有意义了。您这篇文章是对近代欧美主要资本主义国家的兴起和发展进行了深入的历史考察得出的认识吧？

**齐：**是这样的。我们纵观 15 世纪以来世界主要资本主义国家，在它们的兴盛时期都是重视创新的，不是墨守成规、因循守旧的。党的十六大报告讲得很好：创新是一个民族进步的灵魂，是一个国家兴旺发达的不竭动力，也是一个政党永葆生机的源泉。这里，首先要重视科技创新的问题，因为科技创新是奠定国家兴盛的经济基础的重要因素。比如，英国的技师瓦特 1763 年改进了铁匠纽可门的蒸汽机的动力装置，造成了可以连续运动的蒸汽机。以后瓦特得到了波尔顿的经费赞助，继续进行研究，终于在 1782 年制成了复动式蒸汽机，完成了蒸汽机的发明和改造过程。从此，波尔顿就从一个制造纽扣的商人一变成为蒸汽机的第一个制造家，他们就是最早的一批工业资本家。这是技师和制造家的结合，没有这种结合，科学和技术结合的产物就不可能大规模地在工业中推广。19 世纪三四十年代，英国的机器制造业实现了机械化，使英国成为第一个实现工业革命的国家。而工业化的实现，就使英国的经济繁荣起来，在世界上处于领先地位。由于它的雄厚的经济基础，使英国得以称霸 19 世纪。

美国后来居上。从 19 世纪末一直到今天，美国始终是世界上第一号经济强国，这和它的高度发达的科学技术有很大关系。以物理学、化学和医学这三项诺贝尔奖来说，从 1910 年到今天，美国共获奖 212 次，英、德、法三国共获奖 171 次，美国一国的获奖数超过了三国的总和。更值得注意的是，20 世纪 90 年代，美国率先走上信息经济的道路，它非常重视以信息技术为核心的高新技术的开发和利用。2000 年，美国研发开支达到 2640 亿美元，占了世界研发总开支的 45％。科技的研发又大大提高了美国的劳动生产率，它的劳动生产率的提高有一半以上归功于信息技术产业。

**问：**您认为在“科学技术是第一生产力”这个命题中，“科学”的概念是单指自然科学还是也包括社会科学在内呢？

**齐：**我认为应当包括社会科学在内。因为社会科学领域的正确与错误、成功与失败，和自然科学一样与生产力的发展有很大关系。比如，20 世纪 50 年代初作为一个学者的马寅初先生提倡节制生育，当时不但没有采纳他的建议，反而批判他是新马尔萨斯人口论的代表者，结果后来中国多了几亿人口，不但给经济带来了极大压力，也影响到人口素质。这不是很好的例子吗？

除了科学技术创新以外，还有思想理论创新和制度创新的问题，我这里就不谈了。总之你可以看出来，一个国家、一个民族，当其兴盛的时候，都是富于创新精神，生气勃勃的；但其走向衰落时，就丧失了进取精神，变得死气沉沉。英国就是一个很好的例子。它是第一个实现工业化的国家，曾经走在世界前列，但到第二次工业革命的时候，陆续出现了一些新兴的工业部门，如化工等，而英国资本家不愿意放弃在煤炭、纺织等传统工业方面的利益，不去投资新兴工业，只靠对传统工业增加投资、扩大劳动力和产量的办法来促进经济增长，很少进行技术改革，这样就逐渐落后于美国和德国。对于英国的工厂主满足于昔日“世界工厂”的地位，骄傲自大、不思进取这一点，恩格斯曾给予过尖锐的批评。历史证明，一个国家不论曾经多么强大，当它变得狂妄自大，丧失创新进取精神以后，就必然要走下坡路。

**问：**您说的这一点很重要，假如不是对近代以来各强国的兴衰过程做历史的考察，是很难看出这一点的。从您 2003 年为中央领导同志讲解《15 世纪以来世界主要国家发展历史考察》是否可以看出历史学的功能确实还是很大的，包括它可以为现在的领导者治理国家提供咨询服务，也就是为政治服务。

**齐：**史学与政治不可能没有关系，任何一个历史学家总是一个历史阶段的一定政治环境下的人，他会自觉不自觉地受到政治的影响。马克思主义史学家当然要为人类走向社会主义、共产主义这个最大的政治服务，这不是一句空话。对于中国现在的马克思主义史学家，最大的政治就是为建设中国特色社会主义服务，我们要为这个最大的政治，根据史学本身的特点去服务，而不是把每一篇文章去和每一项现行政策去对号。

就世界史来说，如何去为中国特色社会主义服务呢？我想从这样几方面来看。

第一，学习世界史，可以了解今天开放世界的历史根源，加深对改革开放重要性的认识。改革开放现在是我们国家的一项基本国策了，但是从世界近现代历史可以看到，世界各个强国的兴起，都是得力于对外开放的。葡萄牙、西班牙的兴起，受惠于最先探索世界的新航路。继起的荷兰是一个海外贸易十分发达的商业资本主义国家。而英国在 19 世纪 50—70 年代不仅是世界第一工业大国，还是世界第一贸易大国。日本在明治维新以后，大力推行“文明开化”政策，学习和引进西方的文化、科技、先进的教育，通过全方位的改革走上了资本主义的发展道路。事实证明，我国改革开放的基本国策是非常正确的，成绩是伟大的。

第二，学习世界史，可以总结世界各国发展的历史经验，作为建设中国特色社会主义的借鉴。从人类历史上看，任何一个民族、一个国家，都需要学习别的民族、别的国家的长处。在近现代，后起国家在实行工业化的过程中，凡是成功的，都借鉴了先进国家工业化的经验，学习了它们的科学技术和各方面的典章制度，等等。日本就是一个典型的例子。第二次世界大战以后，日本虽为战败国，但它的经济很快恢复起来并迅速发展，原因之一就是实行了“技术吸收性”战略，及时引进外国先进技术，然后加以改造，使之日本化，起到了后来居上的作用。日本在掌握国外现代新技术的过程中，大约节省了三分之二的时间和十分之九的研究费用。我仅举这一个例子，就可以说明学习世界史确实可以使我们了解各国发展的经验，作为我们自己的借鉴。

第三，学习世界史，可以通晓人类社会发展的规律，坚定走建设中国特色社会主义道路的信心。作为一个唯物主义者，应该能够在错综复杂、千变万化的历史现象中看清主流，认识到人类从远古到现在是朝着进步的方向，由低级到高级发展的。在 90 年代初发生了举世震惊的东欧剧变和苏联解体，如果我们真正了解世界历史，能够把握世界历史和社会进步的规律，就不会因此丧失信心。因为历史上任何一种新生产方式都是经过许许多多的失败、错误和反复才确立起来的。

**问：**我看到您发表的文章中有的谈到对当代资本主义和社会主义的认识，现在谈这个问题的学者好像已经不多了。您还是坚持认为资本主义的固有矛盾依然存在，社会主义制度最终要代替资本主义制度是历史的必然。对当代青年来说，这个问题是非常重要的，您可以谈谈您的基本观点吗？

**齐：**我确实多次谈到过这个问题。社会主义制度代替资本主义制度，不是以一种剥削制度代替另一种剥削制度，而是要从根本上消灭剥削制度，这是十分困难的事情，需要很长的时间。第二次世界大战后，资本主义经过不断的自我调整，生产力至今还在发展，因此在相当长的时间内，资本主义是会存在下去的。但这并不等于说，资本主义生产方式就已经克服了它的根本矛盾，可以“万古长青”了。远的不说，仅在 20 世纪，世界资本主义体系就经历过四次严重的政治经济危机。第一次是第一次世界大战和俄国十月革命的胜利。布尔什维克利用帝国主义战争的有利时机夺取了政权，建立了世界上第一个社会主义国家。第二次是 1929—1933 年遍及资本主义世界的经济危机，这场危机的规模之大、持续时间之长和对资本主义经济打击之强烈，都是前所未有的。第三次是第二次世界大战和战后欧亚一系列人民民主国家的出现。苏联和世界人民的力量在战争中壮大起来，战后出现了一系列人民民主国家，社会主义越出一国范围。德、意、日三个法西斯国家灭亡，英、法沦为二等国家，只有美国一国成为超级大国。第四次大约是和第三次同时发生的，存在了数百年之久的世界殖民体系终于在二战后土崩瓦解。第三世界兴起，帝国主义力量受到削弱。

资本主义的辩护士会说，你所说的上面这些危机已成历史陈迹，现在有了“新经济”，资本主义体系，至少在美国，再不会出现危机了。“新经济”难道真是一副能够确保资本主义稳如泰山的灵丹妙药吗？我觉得并不那么简单，以高新技术及其产业为基础和支撑的“新经济”能够推动经济的增长，却不能消灭衰退的根源，正如蒸汽机、铁路、电报、电话以及汽车的发明未能阻止周期性的危机爆发一样。以上论述，绝不是说资本主义经济已经失灵了，只是说资本主义固有的基本矛盾仍然存在，有效需求不足仍然是“新经济”的主要问题，资本主义周期性危机仍将不可完全避免。资本主义虽然还会通过自我调节存在很长时期，但绝非万古长青。

所以还是我前面说的，我们通过学习世界史，可以了解人类历史自古至今的发展过程及其规律，从而看清人类的光明前途，坚定我们建设中国特色社会主义事业的信心。

**问：**在您主编的《15 世纪以来世界九强的历史演变》一书中，您亲自写了苏联这一章。这本书虽然不是学术专著，但是没有对这些国家的历史进行过深入研究的学者是写不出来的。您过去一直研究苏联的历史，到 90 年代还写过关于俄国十月革命和国际共产主义运动方面的文章，这些就是总结苏联的历史演变的基础。我看您在这一章中专门谈到苏联兴亡的历史经验教训，这是不是您自己的看法？

**齐：**苏联作为第一个社会主义国家，曾经在世界劳动人民中享有很高的威望，也曾经使那些反共的敌人感到畏惧，但是它存在了 74 年就灭亡了，这是为什么？我觉得要总结苏联兴亡的历史经验教训，需要积累大量的材料，需要用马克思主义学说进行深刻的分析，还需要在新的社会主义实践中反思既往的历史，这需要由很多人经过长期的研究才能得出比较令人满意的说明。我在书里确实也提出了自己的看法，这只是供大家研究这个问题做参考。我首先是从发展生产力的角度来谈这个问题的。我们从邓小平所提出的社会主义初级阶段的理论来看苏联，对于研究它的历史也有所启示：帝俄时代的经济发展程度虽然比旧中国要高得多，但帝俄也不过是一个具有资本主义中等发展水平的国家，它的社会主义阶段绝不可能在短短几十年内就可以走完。而苏联的领导人不顾自己生产力的实际发展水平，侈谈“向共产主义过渡”，给苏联的经济建设带来了重大的损失。其次，我谈到社会主义制度建立以后，必须不断改革才能继续发展。斯大林时期，苏联成为一个社会主义强国，但斯大林沉醉于胜利之中而日益骄傲自满，把他在执政时期形成的苏联社会主义模式绝对化、神圣化，当有人建议改革的时候，他不仅坚决拒绝，而且对建议改革者予以严厉惩处。以后的领导人企图改革，但是都没有跳出原来模式的大框架。到了戈尔巴乔夫的改革，则背叛了社会主义道路，导致了资本主义复辟的结果。再次，我认为在不发达国家建设社会主义，必须学习和借鉴资本主义，为此就要对外开放。另外，必须发展社会主义民主，充分发挥人民群众的政治积极性。苏联在斯大林时期，民主就日益削弱，集中日益加强，实行领袖个人的集权专断。以后的领导人也是唯我独尊，独断专行。这种高度集权的体制，严重挫伤了人民群众的政治积极性。没有了社会主义民主，社会主义制度也就不存在了。最后，加强和改进党的建设，始终保持党的先进性，是关系到社会主义事业兴衰成败的头等大事，在这方面苏联也是有着极其深刻的教训的。

我觉得，苏联存在的74年间，既有成功的经验，也有失败的教训，后人只要能够认真分析对待，就能从中获得有益的启发。苏联的解体，只是社会主义的一种已经僵化的模式的失败，并非社会主义制度的失败。这一点也是必须认识清楚的。

## 六、该罢休时不罢休

**问：**您曾经多次赞扬老一辈学者不知老之将至，“该罢休时不罢休”的勤奋治学精神，如已故的白寿彝先生、周一良先生、吴于廑先生和健在的何兹全先生、季羡林先生等。您特别称赞白先生说的“我觉得自己70岁才开始做学问”这句话，他终于在90岁高龄时完成了他自己主持的多卷本《中国通史》的工作，而这件事是他从70岁开始做的。现在，您也跨入了80岁的门槛，您至今不但没有停止学术研究工作，而且成果非常丰硕。听说您在2005年就有许多成果问世，还有些即将问世。这些我还没有看到，可以说一说您已经完成的成果和将要做的事情吗？

**齐：**最近几年，我主编了一本《20世纪的历史巨变》（另一主编是廖学盛），参加编写的约有20位同志，历时七八年，才于2005年10月出版。本书已列入“国家社科基金成果文库”。还主编了一本《15世纪以来世界九强的历史演变》，于2005年8月出版，其中苏联一章约7万字，是我写的。另有一套多卷本的“强国兴衰史丛书”，已出西班牙、葡萄牙、英国、法国、德国、日本、美国几种，也是我主编的，于2005年5月出版。最大的一本是《世界五千年纪事本末》，约200万字，共收1100个词条，历时10年才完成。我担任主编，另有三位副主编，人民出版社2005年10月出版。4卷本《世界史》是教育部委托我主编的高校教材，也将在今年下半年出版。

我今年已经80岁了，精力日衰。许多朋友关心我，说不要再写了，保重身体要紧。我也很想“封笔”，但一想到几位老师80岁以后还在著述，就觉得惭愧。书恐怕写不动了，但还有三四篇国际关系史方面的文章，如1939年1月到1940年的英意关系、慕尼黑会议后至二战爆发的英法关系等，材料已经基本上搜集好了。这几个问题国内无人写过，国外学者写得也很少，我还想把它们写出来，可能还需要用两年到四年的时间吧！

**问：**从您完成的这些工作来看，如果用“老骥伏枥，志在千里”这句话形容您现在的精神状态应该说是很合适的。您从教五十多年来，一直在为推进中国的世界史教学与研究工作尽心竭力，并且取得了非常丰硕的成果。很难想象一位年届八旬的老人还能做这么多工作，即使是中青年的学者也应该向您学习。祝愿您在80岁以后，为中国的世界史研究做出更多新贡献，同时祝您健康长寿！谢谢！

# 史学工作者应有的史料意识

## ——读齐世荣先生关于史料问题的系列文章

按：此文写于 2013 年。读了齐先生近年发表的几篇关于史料问题的文章，获益很大，撰写此文在当年北京师范大学举办的史学理论与史学史研讨会上宣读，后在《首都师范大学学报》2014 年第 5 期发表。

齐世荣先生是中西史学贯通的学者。很多人知道他是一位从事世界史教学与研究的学者，实际上他中国史学的素养也十分深厚，这与他的师承关系是分不开的。他 1945—1949 年先后就读于燕京大学和清华大学，亲炙邓之诚、陈寅恪、刘崇鋐、雷海宗、齐思和、翁独健、邵循正、孙毓棠、吴晗、周一良等一代名流教授的熏陶指点，在治史的原则和方法上受过严格的训练，打下了坚实的基础。在几十年的教学、科研和人才培养方面，他坚持马克思主义理论的指导，坚持对本专业领域重大问题的探讨，同时他还特别重视史学方法论的教育。在给本科生、研究生讲授世界现代史、国际关系史的同时，还经常讲授史学方法论课，长期积累了史学方法方面最重要的基本知识，让学生把根底扎牢，使学生们受益匪浅。

近年来，齐世荣先生连续发表了一系列关于史料方面的文章①，体现了这位

---

① 这些文章包括：《谈小说的史料价值》(《首都师范大学学报》2010 年第 5 期)；《谈日记的史料价值》，(《首都师范大学学报》，2011 年第 6 期)；《谈回忆录类私人文件的史料价值》(《史学理论与史学史学刊》2011 年卷)；《谈私人信函的史料价值》(《首都师范大学学报》2012 年第 5 期)；《略说文字史料的两类：官府文书和私家记载》(《历史教学问题》2013 年第 2 期)。另外，《继承与创新》(《史学史研究》2013 年第 2 期)也涉及相关的问题。这些文章结集成《史料五讲》，由首都师范大学出版社 2014 年 6 月出版。

年逾八旬的老一辈学者的广博的学识和开阔的视野，以学贯中西的通识努力倡导开拓史料的范围，体现了他对深化中国史学研究所具有的远见卓识。纵观齐先生新发表的这一系列文章，联系到他1989年发表的《杨妃入道之年考读后——兼论考据在史学研究中的作用和地位》，1989年发表的《加强合作，促进共同繁荣——评〈民国档案〉进入新的一年》与2001年发表的《合之则两美，离之则两伤——试论当代人写当代史与后代人写前代史》①等文章，都在不同角度谈到史料搜集和史料考据。这些涉及史料问题的系列论述，提醒史学工作者要增强史料意识，把那些具有史料价值而又可能被忽视的材料充分利用起来，以扩充史料的范围，加深对历史问题的研究。这些论述鲜明地体现了齐先生的史学思想，对于史学研究的深化具有重要意义。

## 一、史学工作者必须重视史料

齐先生在他关于史料、档案、考据等问题的一系列文章中，多次强调史学工作者必须重视广泛地搜集可靠的史料，以作为史学研究的基础。作为一个马克思主义史学家，他注意到马克思、恩格斯关于学术研究必须充分地掌握历史资料的相关论述，并以此来教育年轻学子。如马克思所说："研究必须充分地占有材料，分析它的各种发展形式，探寻这些形式的内在联系。"②齐先生号召青年学子应该向马克思学习。因为马克思的《资本论》在当时是最新最革命的学说，但又是以最朴实的材料为基础写成的。如马克思自己所说："我的《资本论》一书引起了特别大的愤恨，因为书中引用了许多官方材料来评述资本主义制度，而迄今为止还没有一个学者能从这些材料中找到一个错误。"③因为在他的著作中，观点与材料融为一体，达到了高度的统一。齐先生赞扬马克思、恩格斯在他们的著作中对史料

---

① 《杨妃入道之年考读后——兼论考据在史学研究中的作用和地位》，原载《北京师范学院学报》1989年第5期；《加强合作，促进共同繁荣——评〈民国档案〉进入新的一年》，原载《民国档案》1989年第1期；《合之则两美，离之则两伤——试论当代人写当代史与后代人写前代史》，原载《史学理论研究》2001年第2期。三文均见人民出版社2002年出版的《齐世荣史学文集》。

② 《马克思恩格斯选集》(第2卷)，人民出版社，1995年，第111页。

③ 《马克思恩格斯选集》(第22卷)，人民出版社，1965年，第165页。

的高度重视。例如，马克思写《资本论》第 1 卷第 8 章《工作日》，大量利用了英国《工厂视察员报告》《童工调查委员会报告》等材料；恩格斯为了说明英国工人阶级的状况，除亲自调查外，还广泛使用了各种官方文件和资料。

前辈历史学家关于史料问题的论述，更是齐先生长期关注的重要方面，也是常常被引用来教育青年的。如郭沫若所说："无论做任何研究，材料的鉴别是最必要的基础阶段。材料不够固然大成问题，而材料的真伪或时代性如未规定清楚，那比缺乏材料还要更加危险。"①陈寅恪关于新材料的学术价值的观点也是他经常引用的话。陈寅恪说："一时代的学术，必有其新材料与新问题。取用此材料，以研求问题，则为此时代学术之新潮流。"②

为了说明史料对于史学研究的重要性，他曾举例说明。如现代史的研究，在很长时间内受到轻视，其中一个重要原因就是研究者看不到原始材料。他还指出：我国关于中国封建社会始于何时的问题，所以长期争论不休的一个原因，就是古代材料太少，以很少的材料立说，都显得证据不足，又都有一定道理。因此，各执己见，难有共识。

## 二、对待两类文字史料的态度

和大多数史学家对待史料的认识一样，齐先生认为史料包括文字史料、实物遗迹和口头传说三大类，而文字史料是数量最多、包罗方面最广和内容最丰富的，因此治史者应该高度重视和充分利用。

对于文字史料的分类，各家说法不一。《隋书·经籍志》分史料为 13 类，《四库全书总目提要》把史部书增为 15 类，各派史家还有种种不同的分类方法。齐先生认为，不论把文字史料分为多少种，但概括起来不外乎官府文书和私家记载两大类。随着历史学的演变和发展，治史者的研究范围越来越广，从传统的政治史拓展到经济史、社会史、文化史、思想史、宗教史等，使得官书与私记的内容越

① 郭沫若：《十批判书》，人民出版社，1976 年，第 1 页。

② 卞僧慧纂：《陈寅恪先生年谱长编(初稿)》，中华书局，2010 年，第 362—364 页。

来越丰富，所以文字史料的类别已经远远超过古人的界定。按照当代中外史学发展的情况，他对两大类别的史料做了如下的划分：

官书：国家档案、起居注、日历、实录、正史、诏令、谕旨、奏议、政书、方略、法规、则例、公报、调查报告、会议记录、备忘录、公约、条约、协定、官方统计等。

私记：杂史、野史、回忆录、自传、自订年谱、日记、书信、墓志、家谱、族谱、杂志报纸、契约、佛藏、道藏、语录、笔记、地理书、游记、农书、医书、文艺作品(文集、诗集、词曲、歌谣、小说)等。

如何看待官府文书和私家记载两类史料对于史学研究的作用，是史著产生以来历代史家津津乐道的一个话题，不同的历史家由于个人治学的经历、习惯的不同，思维方法的不同，对待各类史料的态度也有所不同。这些不同本是一般学人不太容易发现、分辨的问题，而齐先生在《略说文字史料的两类：官府文书和私家记载》一文中，从对大量事实的精研中，梳理出三种对待上述两类史料不同的态度：

第一派：扬官书而贬私记。

这派学者多认为，官府文书比私家记载更为真实可信。例如，清人万斯同说他自少时就“默识暗诵”列朝实录，“未敢有一言一事之遗也”。待其“长游四方”，经常“就故家长老求遗书，考问往事，旁及郡志邑乘、杂家志传之文，靡不网罗参伍，而要以实录为指归”。①

近人邓之诚著有《中华两千年史》，他认为：“正史据官书，其出入微；野史据所闻，其出入大。正史讳尊亲，野史挟恩怨。讳尊亲，不过有书有不书；挟恩怨则无所不至矣。故取材野史，务虚审慎，否则必至以伪为真，甚至以真为伪。”②

第二派：扬私记而贬官书。

这派学者认为私记较官书更为真实可信。如梁启超认为：“所谓别史、杂史、

① 方苞：《望溪先生文集》(卷十二)，《万季野墓表》。
② 邓之诚：《中华二千年史·叙录》(卷一)，中华书局，1954年，第5页。

杂传、杂记之属，其价值实与正史无异，而时复过之”，比如，陈寿的《三国志·诸葛亮传》记诸葛亮南征的事“仅得二十字耶”，而常璩的《华阳国志》则有七百余字。我们要想知道该战役的情况，还是要依靠非正史的《华阳国志》。由此可见，正史如果当作史料来读，它的价值“与一不知谁何之人所作半通不通之笔记，亦可作等夷视也”。①

鲁迅也认为“野史和杂记”比“正史”更可信一些。因为正史“涂饰太厚，废话太多”，很不容易察出底细来。而看野史和杂记，更容易了然，“因为他们究竟不必太摆史官的架子”。②

翦伯赞明确指出：“就史部诸书而论，则正史上的史料，较之正史以外之诸史，如别史、杂史等中的史料，其可靠性更小。”③

第三派：认为官书与私记各有短长，应当并重而不可偏废。

齐先生从古代到近代列举了一系列持这种态度的史家。刘知几在《史通》中，把全部史籍分作“正史”与“杂述”两大类。他首重“正史”，在《古今正史》中，勾勒了中国史学的发展大势，从《尚书》到隋唐诸史，都予以说明。但是刘知几在对“正史”的叙述中也有批判，对杂史也不轻视，认为“偏记小说，自成一家”，能与正史参行。清人王鸣盛也认为官方文书与私人记载互有短长。他主张“读史宜专心正史”，但是他并不轻视小说。他说：“大约实录与小说，互有短长，去取之际，贵考核斟酌，不可偏执”；“采小说未必皆非，依《实录》未必皆是”。④

近代学者也有多人持这种态度，齐先生举蔡元培、陈寅恪、傅斯年、顾颉刚的观点为例。例如，蔡元培说：“官府文书和私家记载在史料的价值上各有短长，合综起来各有独到处，分开来便各不可尽信。大约官府的记载失之于讳，私人的记载失之于诬。”他还强调：“官文和私记‘合之则两美，离之则两伤’呢！”⑤傅斯年对这个问题的论述又更进一步了。他分析说：“官家记载和私家记载的互有短

---

① 梁启超：《中国历史研究法》，东方出版社，1996年，第56—57页。

② 鲁迅：《华盖集·忽然想到》，载《鲁迅全集》（第三卷），人民出版社，2005年，第17页。

③ 翦伯赞：《史料与史学》，北京出版社，2005年，第22页。

④ 王鸣盛：《十七史商榷》（卷九十三），凤凰出版社，2008年，第677页。

⑤ 蔡元培：《明清史料首本第一本序》，载中央研究院历史语言研究所编：《明清史料》甲编上，北京图书馆出版社，2008年，第2—3页。

长处，也是不能一概而论的。大约官书的记载关于年月、官职、地理等等，有簿可查有籍可录者，每校私记为确实；而私家记载对于一件事的来源去脉，以及‘内幕’，有些能说官书所不能说，或不敢说的。当然，这也不能成为定例，有时官书对于年月的记载也很会出错，私书说的‘内幕’更每每是胡说的。”“论到官家记载之讳，则一切官修之史皆是好例，所修的本朝史尤其是好例……论到私家记载之诬，则一切小说稗史不厌其例。”①

齐先生本人对于两类文字史料的态度基本是赞同第三派的。他认为：“各种类型史料都有长处，也有短处，把它们综合起来，互相参照，研究的成果就有可能接近历史的真相。”②在他看来，第三派的主张，是使用史料比较妥当的办法，第一派、第二派的主张亦有可取之处。如万斯同、邓之诚重视实录、正史这类官书，有正确的一面。因为官府的载籍一直是历史文献的主体，比较系统地汇集了大量的史料。如《清实录》有 4363 卷，二十四史有 3249 卷，它们包括的内容都非常丰富，不仅包括政治，也涉及经济、文化、宗教等方面。无论从数量上还是从质量上看，零星的私记都比不上官书。国外也是如此，例如英国国家档案局的书架超过 100 英里，同盟国 1945 年虏获德国外交部 1880—1936 年的档案有 400 吨重。同时，齐先生认为鲁迅、翦伯赞肯定野史、杂史的价值，如不太摆史官的架子，所记较正史为真切，敢于披露史实的真相等等，都是对的。

## 三、私人文件的史料价值不容忽视

### 1. 回忆录

齐先生在《谈回忆录类私人文件的史料价值》一文中说：回忆录包括自传、自述（自叙）、自订年谱，是同一性质而各有特色的私人文件，具有直接史料的价值。回忆录大致可分两种，一种以个人为线索，多涉作者所处的时代；另一种主要谈个人，旁及所处的时代。这两种史料都有“知人论世”的史料价值，治史者应

① 傅斯年：《史学方法导论》，载《傅斯年全集》第二卷，湖南教育出版社，2003 年，第 335—337 页。

② 齐世荣：《略说文字史料的两类：官府文书和私家记载》，《历史教学问题》，2013 年第 2 期。

该很好地运用，但这类史料也有它的缺陷和局限性。他对这类史料进行了分析：

第一类回忆录以个人为线索，多涉及时代各个方面的情况。

一些回忆录载有政治方面的可用资料：如陈寅恪的《寒柳堂纪梦未定稿》和《读吴其昌撰梁启超传书后》中，对于戊戌变法的研究，特别是了解光绪皇帝对变法的态度以及陈寅恪的祖父陈宝箴和父亲陈三立在湖南推行新政的作为有参考价值。《杜鲁门回忆录》涉及1945年美军向日本广岛、长崎投掷原子弹的情况。爱伦堡的《人·岁月·生活》涉及很多二战前后的欧洲情况，如对1938年《慕尼黑协定》签订后法国社会的反应有生动的记载。

有一些回忆录涉及政治的某一个方面，如贪污的黑幕。他列举了清人张集馨的《道咸宦海见闻录》中，有关于外官"馈赠"京官与封疆大吏贪污的情况。汪辉祖的《病榻梦痕录》说他在四十岁的时候(乾隆三十五年，即1770年)，就有商人从福建、广东等地携回"洋钱"的情况，可供经济史研究参考。一些回忆录不仅可以反映经济问题，还有一些关于社会、文化方面的记载。如北宋人孟元老著名的《东京梦华录》、南宋人吴自牧的《梦粱录》。

第二类回忆录主要是谈个人往事，但也可旁及所处时代的情形。

如司马迁的《太史公自序》开创了"自序"的体例，也是一种回忆录。《自序》说明了他的家世和学术继承关系，叙述了他秉承父亲遗命修史的经过，特别是遭受了腐刑的奇耻大辱之后仍能坚持修史的情形。蔡元培的《自写年谱》，涉及蔡元培整顿北京大学的经过和他所实行的原则，能很好地体现他的教育思想。胡适的《四十自述》和《胡适口述自传》是了解胡适其人的重要史料。杨树达的《积微翁回忆录》反映了这位著名的语言文字学家的读书、研究和与学者交往的情况，也大量记述了他的治学过程和心得以及治学方法的问题。

齐先生还列举了几位学者和老革命家在新中国成立以后写的回忆录。如吕思勉的《三反及思想改造学习总结》(1952年)和钱基博的《自我检讨书》(1952年)都是大学教授谈新中国成立初期的知识分子思想改造运动的回忆。季羡林的《留德十年》，生动地记录了他1935—1945年留学德国的经历，其中提到德国教授献身教育和科学事业的精神十分感人。韦君宜的《思痛录》涉及"大跃进"和"文化大革命"，以及粉碎"四人帮"后为受到"文革"迫害的人平反的情形。曾志的《一个革命的幸存者——曾志回忆实录》，是一位1926年入党的老党员抱病口述的一生的战斗经历，有的内容涉及井冈山时期与毛泽东的关系，是十分珍贵的资料。

齐先生也分析了回忆录的缺陷和局限性。他指出：(1)事后追忆以前的事情，特别是年代久远之后，不可避免地会有错误。人们的回忆录，不可能是对回忆对象的准确无误地再现，错误是常有的事。(2)回忆录总是经过筛选的、残缺不全的。比如说，有些重要政治人物的回忆录内容十分贫乏，对于他们亲自参与的一些重大政治事件，可能只字不提，以免对自己不利。(3)回忆录不单是对过去的追忆，也掺杂了作者在写回忆录时的看法、思想、感情，既有过去的成分，也有现在的成分。(4)回忆录有相当强的主观性。因为写回忆录必然依据作者个人的主观印象和感受。(5)有些回忆录有扬己贬人的缺点。这里的“己”和“人”，不仅是个体，也包括己方和对方的党派、团体、民族、国家等。

尽管回忆录有这些缺陷和局限性，但也不可全盘否定它的史料价值。对回忆录之类的作品，全信不可；全不信也不可，无论如何其中还是有不少东西是可以作为史料使用的。

**2. 日记**

齐世荣先生在《谈日记的史料价值》中说：日记按照年月日记录作者的亲身经历和见闻，以及作者对人对事的看法，历来被认为具有直接史料的价值，是治史者必须参考的。他指出：由于日记是写给自己看的，故能比较真实地反映作者的个性。日记谈到的作者所处时代的政治、经济、社会、文化等方面的情况，也可以与官书和其他私人文件相互参照比较。

(1)政治人物的日记

齐先生列举了《翁同龢日记》《郭嵩焘日记》《齐亚诺日记》《和平大使：阿贝农勋爵日记》和赵烈文的《能静居日记》，这些都是很有影响的大部头日记。

《翁同龢日记》起于1857年，迄于1904年，长达47年，反映了咸丰和光绪年间的很多历史事实，也反映了作者在这时期的思想与活动。例如，翁同龢在戊戌变法过程中的作用，在中日甲午战争中的活动等都有清楚的反映，具有重要的史料价值。《郭嵩焘日记》长达37年，由于郭嵩焘是清朝同治、光绪年间洋务派中最有见解的一个人，所以顽固昏庸的士大夫强烈反对他的主张，甚至诋毁他的人格。《齐亚诺日记》是意大利墨索里尼政府的外交大臣齐亚诺的日记。他所留下的两本日记反映了1937—1943年墨索里尼政府在内政、外交方面的一些不为人知的材料。《和平大使：阿贝农勋爵日记》是1925年英、法、德、意等国签订《洛迦诺公约》时的英国驻德国大使阿贝农勋爵写的日记。当时英国是促成公约签订的重要国家，而阿贝农本人有公约的“教父”之称，了解很多英国要签订条约的真实目的。因此，他的这份日记具有重要的史料价值。《能静居日记》的作者赵烈文是清代一个小官，只做到知州，但是他是曾国藩十分信任的幕僚，他记录咸丰到光绪年间31年的日记64册，内容非常丰富。由于他先后任曾国藩、曾国荃的幕僚，所以知道许多湘军的内幕情况。

(2)文人学者的日记

《越缦堂日记》的作者李慈铭是一个文人学者，他的日记始于1854年，止于1894年，前后40年。日记的内容包罗甚广，“上自朝章，中至学问，下迄相骂”①。日记还保留不少社会经济的史料，比如具体记录了当时京官与外官互相勾结和京官的享乐生活。由于日记这方面的内容十分丰富，学者张德昌利用《越缦堂日记》写了一本《清季一个京官的生活》，还整理了咸丰、光绪年间银钱、物价、工资方面的资料。罗曼·罗兰的《莫斯科日记》是这位著名法国作家1935年应高尔基之邀去苏联访问近一个月所写下的日记。这是一种集中一段时间，又集中于一个主题的日记，所记就是他的苏联见闻。陈白尘的《牛棚日记》记于1966—1972年，这正是“文化大革命”中广大干部和知识分子受到迫害的年代。他的日记是那个年代里，文联各协会的知识分子遭受迫害的一份令人悲愤的记录。《朱自清日记》是朱自清先生从1924年到1948年前后二十余年的日记。他的日记完全是供自己看的，所以内容真实可信。由于不准备发表，所以日记更直率地记录了对许多人和事的看法，记录了他本人内心真实的感情活动。记者威廉·L. 夏依勒的《柏林日记》，是这位美国著名记者1935年前往柏林时的见闻，内容十分丰富，记述了希特勒和纳粹党发动第二次世界大战的过程和二战初期的战争

① 鲁迅：《华盖集续编·马上日记》，载《鲁迅全集》(第三卷)，人民出版社，2005年，第326页。

情况。

齐先生指出，日记确实是一种有价值的史料，但使用日记时必须参照、对比其他各种史料，分析综合，方可得出比较正确的历史认识。同时，一些有名的日记中也有糟粕，比如在日记中恶语伤人，这样就容易“流于诬妄”。因此，在使用中一定要慎重。

**3. 私人信函**

齐先生在《谈私人信函的史料价值》一文中，列举了一些政治人物和文化人物的私人信函的史料价值，认为这些私人信函是治史者应该利用的一种史料。他指出：在私人信函（公牍除外）中，写信人所谈自己的境遇、思想、心情等等以及对人对事的看法，往往是在公开的文字中看不到的，故在相当程度上能透露历史的真相。有关论学的内容，有些是在已发表的著作中没有谈到或谈得不充分的，也可以作为公开著作的补充。

《曾国藩关于会剿金陵事致弟曾国荃书》反映了清军在攻克太平天国的天京前夕，曾国藩、曾国荃两兄弟对于要不要让李鸿章的淮军来会剿的问题的心理状态，也从一个侧面反映了湘军与淮军上层的矛盾，具有史料价值。郭嵩焘 1875 年 9 月受命为使英大臣后的几封私人信函，如行前致两江总督沈葆桢函，抵伦敦以后致李鸿章函、致朱克敬函，都论及他个人对赴英使命的感受、对英国社会制度的认识、对于开展洋务必要性的深刻认识、朝廷对开展洋务的重重阻挠，以及对国家前途的深刻忧虑等。

国外重要人物的书信中也可以找到对于研究世界史有价值的史料，齐先生列举的张伯伦的书信就是很好的例子。尼维尔·张伯伦在 1937 年 5 月至 1940 年 5 月担任英国首相。张伯伦亲自掌握外交政策，在二战爆发前，他极力推行绥靖政策，企图以牺牲别国的利益来满足德意等国的要求，以换取英德的和解。他对他的政策非常自信，这在齐先生所选择的张伯伦致其妹艾达的信中有清楚的反映。到二战爆发，他的政策破产时，他仍然执迷不悟，这在他临死前数日给美国参议员约瑟夫·鲍尔的私人信件中有清楚的反映。

许多文化人物的私人信函则体现出特殊的学术价值。齐先生指出：司马迁的《报任安书》有很高的史料价值。通过这封信，我们可以知道汉武帝的专制淫威、汉代法律的残酷，更可了解司马迁受到腐刑的奇耻大辱后所以隐忍苟活的原因。《嵇康与山巨源绝交书》反映了魏晋之际在思想上的斗争(自然与名教)和政治上的斗争(曹氏与司马氏)，是有价值的史料。顾炎武在书信中谈到了著述的标准问题，他对学术著作要求很严，主张"采铜于山"，不能买旧钱以充铸，只有"采山之铜"才真正是学术精品。

有的学者在公开的文章中对某人是一种评价，在给私人的书信中则又是一种评价，而后一种评价往往是作者真实的想法。齐先生举出王国维给罗振玉的书信中就反映出王国维对另一学者沈曾植的真实评价，从中也反映出王国维自负的一面。胡适论当代学人的书信，从中可以看出他的为人：表面看给人的印象谦和有礼，对前辈学者、同辈学者都是十分称赞的；但他骨子里是十分骄傲的，对他同辈的一些人十分轻视，而这些话却只能在给人的信函中吐露自己的真实思想。如1950年5月29日胡适致杨联陞的信，说明他对冯友兰的《中国哲学史》的评价很低，暴露出他作为一个学者的狂妄自大的一面。

**4. 小说**

齐先生在《谈小说的史料价值》①一文中论述了利用小说深化史学研究的意义，并从几个方面举例说明小说的史料价值。

小说能够在一定程度上反映出一定时代的历史面貌，历来受到重视。恩格斯指出："他(指巴尔扎克)在《人间喜剧》里给我们提供了一部法国'社会'，特别是巴黎'上流社会'的卓越的现实主义的历史，他用编年体的方式几乎逐年地把上层资产阶级在1816—1848年这一时期对贵族社会日甚一日的冲击描写出来……围绕着这幅中心图画，他汇集了法国社会的全部历史。"②梁启超指出："须知作小说者无论骋其冥想至何等程度，而一涉笔叙事，总不能脱离其所处之环境，不知不觉，遂将当时社会背景写出一部分以供后世史家之取材。"③陈寅恪认为："有些小说中所叙之人与事，未必实有，但此类事，在当时条件下，则诚有之。"④

---

① 齐世荣：《谈小说的史料价值》，《首都师范大学学报》，2010年第5期。

② 《马克思恩格斯选集》(第4卷)，人民出版社，1995年，第683—684页。

③ 梁启超：《中国历史研究法》，东方出版社，1996年，第60—61页。

④ 胡守为主编：《陈寅恪与二十世纪中国学术》，浙江人民出版社，2000年，第157页。

为具体说明小说如何反映历史，并可以作为史料使用，齐先生列举了五个方面。

(1)反映一个历史时期的社会全貌或某一部分(道德标准、风气习惯等)

仍以法国小说家巴尔扎克的《人间喜剧》为例，他在这个标题下写了91部小说，被称为“社会百科全书”。它展示了19世纪前半叶，特别是复辟王朝时期的整个法国社会。齐先生列举了《人间喜剧》中的《贝姨》《欧也妮·葛朗台》《纽沁根银行》《古物陈列室》《高老头》《夏倍上校》等作品中的人物形象，说明了巴尔扎克所要达到的目的，非常生动、形象、感人。

(2)典型环境中的典型人物

以吴敬梓的《儒林外史》为例，说明该书刻画了范进这样一个力图通过科举考试向上爬的典型人物，说明中国明清两朝封建统治者实行以八股取士的科举制度，把读书和升官发财直接联系起来，因此读书人醉心举业，认为“人生世上，除了这事，就没有第二件可以出头”。

(3)折射出真实的历史事件

有些小说的内容能够隐讳地折射出当时确曾发生过的历史事件，有一定参考价值。从李复言的《续玄怪录》中可以看到唐宪宗被弑一事。陈寅恪在《顺宗实录与续玄怪录》一文中指出，永贞内禅和宪宗被弑是晚唐的两大事变，是阉党之深讳大忌，所以韩愈撰写的《顺宗实录》中对此事不能不有所避讳，而李复言的《续玄怪录》才可知宪宗被弑一事的真相。

陶渊明的短篇小说《桃花源记》寓言的性质十分明显。但陈寅恪认为，《桃花源记》既是寓意之文，也是纪实之文。在他的《桃花源记旁证》一文中指出，西晋末年戎狄盗贼并起，中原避难之人民有的远离本土迁至他乡，有的纠合宗族乡党，屯聚坞堡，据险自守，以避戎狄盗寇之难。蒲松龄的《聊斋志异》内容虽然多是鬼狐故事，但也有的地方假借谈鬼说狐反映清军入关后在山东屠杀人民的历史事实，牟润孙在《〈聊斋志异〉所记清兵在山东的屠杀》一文中有详细的论证。

(4)觇人情而征人心

有的小说，对于特定社会环境下的特定人群的心态描写得十分生动。如清人夏敬渠所著《野叟曝言》，对于当时“理学家”的心理有所反映。而《聊斋志异》中，对秀才入闱心态的生动描写是深刻入微的。如在“王子安”条中，写一个困于场屋的东昌名士王子安，入闱后期望甚切，他的心态变化有“七似”，极其生动。

(5)提供具体细节

齐先生认为，小说能够提供许多正史中没有的细节，对于深入了解历史，特别是社会经济史，是十分有用的。他说巴尔扎克在《人间喜剧》中，不但写人，也写物，就是写出人物和他们思想的物质表现，总之是“人和生活”，比如财产、房屋、家具、器皿以及衣服等等。这样用“物”来衬托人，使人物的形象更加饱满和生动。例如，《古物陈列室》这部小说里，对德·埃斯格里尼翁侯爵公馆的描写十分精彩，小说用客厅的陈旧摆设，衬托出一群男女没落贵族荣华不再的凄凉晚景，物与人浑然一体，堪称刻画入微的佳作。

## 四、史料的扩张与史料的应用

从齐先生近年来所撰写的一系列文章来看，他是特别重视史料的扩张的。他赞同傅斯年在《历史语言研究所工作旨趣》中的说法：“凡一种学问能扩张他所研究的材料便进步，不能的便退步。”①傅斯年还说，“能利用各地各时的直接史料，大如地方志，小如私人的日记，远如石器时代的发掘，近如某个洋行的贸易册，去把史事无论巨者或细者，单者或综合者，条理出来，是科学的本事。”②傅斯年回顾过去中国的历史学，认为“在中国史学的盛时，材料用得还是广的，地方上求材料，刻文上抄材料，档库中出材料，传说中辨材料”③。他赞赏司马迁、欧阳修、司马光对待史料的态度，慨叹地说“到了现在，不特不能去扩张材料，去学曹操设‘发冢校尉’，求出一部古史于地下遗物，就是‘自然’送给我们的出土的物事，以及敦煌石藏、内阁档案，还由它毁坏了好多，剩下的流传海外，京师图书馆所存摩尼经典等良籍，还复任其搁置，一面则谈整理国故者人多如鲫，这样焉能进步？”④

① 傅斯年：《傅斯年全集》(第三卷)，湖南教育出版社，2003年，第6页。
② 傅斯年：《傅斯年全集》(第三卷)，湖南教育出版社，2003年，第5页。
③ 傅斯年：《傅斯年全集》(第三卷)，湖南教育出版社，2003年，第6—7页。
④ 傅斯年：《傅斯年全集》(第三卷)，湖南教育出版社，2003年，第7页。

齐先生认为，西方史学的发展趋势也证明了史料的扩充确实有助于史学的进步。19世纪末，历史学界出现了一种广泛的信念，认为历史学的选材必须扩大，对社会、经济文化的作用应给予更多的重视。相应地，人们要求历史学应该更密切地与各类社会科学相联系。他认为："从世界范围看，史学研究的领域正在不断扩大，我们理应发掘并利用各种性质的史料。在开拓了新的研究领域以后，过去从不看作史料的东西，也就有了价值。例如，我国笔记小说中有一类侈谈因果报应，这些迷信内容原无史料价值。但如果我们要研究心态史，便可利用这些废料，看出一定时期一定阶层的心态。"①

扩充史料的范围固然是重要的，但是，"扩大了史料范围以后，还要精于鉴别，取舍得当，方能收到综合运用的功效，这就有赖于史学工作者的眼光和素养了"。这个"精于鉴别"的工作就是考据。齐先生认为："考据作为治史的一种工具，过去有用，今天还有用。""考据的作用，概括说来，就是为史学研究提供可靠的材料。"考证究竟包括哪些内容，很难界说。大体讲来，从文字的校勘和训诂、版本的比较和鉴别，到史料真伪、可信程度的分析、史料内容的诠释、具体史实的考证，都属于考据学的范围。通过这一系列的工作，便能为进一步的研究打下扎实的基础。②

对于如何进行考证的问题，齐先生在《杨妃入道之年考读后——兼论考据在史学研究中的作用和地位》一文中曾经做过专门的论述。他在文章中提出四个原则和陈寅恪、陈垣两个范例，值得我们深入领会。

第一，广搜证据。

他认为，在考据中，广集证据，是为了进行归纳。使用归纳法，一般说来，搜集的材料越丰富，则归纳的结果也越可靠。援庵先生经常讲，搞材料要做到"竭泽而渔"，便是这个道理。按照这个道理，研究问题时不能以孤证立说，不能胡乱抽出一些个别事实或玩弄一些实例，因为这是站不住脚的，没有任何意义

---

① 齐世荣：《杨妃入道之年考读后——兼论考据在史学研究中的作用和地位》，《齐世荣史学文集》，人民出版社，2002年，第383页。

② 齐世荣：《杨妃入道之年考读后——兼论考据在史学研究中的作用和地位》，《齐世荣史学文集》，人民出版社，2002年，第389页。

的。他批评清代学者朱彝尊在《曝书亭集》卷五五“书杨太真外传后”一条，断言杨妃入道之年在开元二十五年(737 年)正月二日，入宫时犹为处子。20 世纪 40 年代，陈寅恪、陈垣二位先生也都考证过杨妃入道之年，两人不谋而合，得出相同结论，即杨妃入道之年在开元二十九年(741 年)正月二日。杨妃入道究竟在哪一年以及是否以处子入宫这个问题本身并不重要，但两位大师考证同一事实并得出同一结论这一点是很有意义的。两位学者比朱彝尊高明之处，首先就在于使用材料的广泛性，或者说读书时是否做到了“统观首尾”。朱彝尊得出的结论，只根据《旧唐书·杨贵妃传》和《新唐书·杨贵妃传》的说法。而《新唐书》是沿袭《旧唐书》的，所以这也是一个孤证。陈寅恪和陈垣他们所用的材料则广泛得多，他们引用的材料有七条，包括《旧唐书·玄宗纪》《新唐书·玄宗纪》《旧唐书·贞顺皇后武氏传》《旧唐书·寿王传》《唐会要·皇后门》等，于是两位陈先生得出与朱彝尊不同的结论。

第二，正史、杂史多种史料参用。

两位陈先生比朱彝尊高明之处还在于能够正史与杂史并用。他们不仅用了两唐书的材料，也运用了宋人乐史的《太真外传》的材料，因为他们认为乐史生于北宋初年，“其言当有所据”。而朱彝尊不相信杂史所记，认为乐史的《太真外传》是“传闻之谬”，所以他所得出的结论也是错误的。

第三，利用习见的材料。

齐先生认为：“高水平的考据，在于能利用世人习见的文献和普通的版本，看出一般人见不到的问题，得出精确的结论。而且，许多习见的材料之所以能够流传既久且广，正是由于它们具有高度的学术价值，故应予以重视。靠孤本秘籍，以偏僻的史料或字句的比勘立论，不仅不算功夫，甚至相当危险，因为这有陷于孤证的可能。”①

第四，考据应具通识。

齐先生认为：“第一流的考据必须以通识为基础。朱氏考杨妃入道之期之所

---

① 齐世荣：《杨妃入道之年考读后——兼论考据在史学研究中的作用和地位》，《齐世荣史学文集》，人民出版社，2002 年，第 384 页。

以错误，两位陈先生之所以正确，原因之一在于有无通识。”①他指出，朱彝尊之所以错误，其中一个原因在于他虽然知道杨妃夺自寿邸，但由于“为尊者讳”的思想作祟，硬要考证杨氏虽已受册为寿王妃，但尚未迎亲、同牢，故入宫时犹为处子，大概是想借此说明玄宗的行为尚有可谅之处。他站在卫道的立场去弥缝玄宗的丑行，用宋以后的眼光去观察唐代史事，自然不免做出十分荒唐的考证。但陈寅恪认为：“考吾国社会风习，如关于男女礼法等问题，唐宋两代实有不同。”②也就是说，李唐一代，皇室也不重视闺门礼法，太宗以弟妇(李元吉妃)为妃，高宗以父妃(武则天)为后，玄宗则夺儿媳(杨贵妃)为己有，这在唐朝并不看作什么了不起的大事情，治史者应该有这样的通识。

什么是通识？齐先生认为，培养通识，应该学习和掌握马克思主义，用历史唯物主义来研究历史。“有了这样的思想武装后，再来考证历史问题，就能由小见大，由具体看一般，由现象到本质，使考证服务于总的研究目标。”③

齐先生在《杨妃入道之年考读后——兼论考据在史学研究中的作用和地位》一文在批评清人朱彝尊对杨妃入道之年考证的谬误中，他着重运用陈垣、陈寅恪两位先生对同一问题的考证结论，从而阐明了两位陈先生的学识渊博与考证方法之精良，以及他们所具有的通识。在《略说文字史料的两类：官府文书和私家记载》一文中，对陈垣、陈寅恪两位先生对史料的认识与运用问题用一节篇幅来加以论述，进一步彰显两位大家在考证方面的卓越成就。

陈垣先生运用史料的情况。

(1)陈垣著作中使用的史料非常丰富。他一再强调，搜集材料应力求完备，常以“竭泽而渔”作比喻。他的名著《元西域人华化考》引证各类文献多达二百一二十种，所用材料以诗文集和金石录为主，其中元明人文集约百种。(2)陈垣一生重点研究宗教史，主要研究宗教和政治、社会的关系、研究宗教的盛衰变化的情况，而不谈教义。因此，他研究宗教史不仅利用教会典籍，而且利用教外典籍。

---

① 齐世荣：《史料五讲》，首都师范大学出版社，2014 年，第 206—207 页。

② 陈寅恪：《元白诗笺证稿》，第 52 页。

③ 齐世荣：《杨妃入道之年考读后——兼论考据在史学研究中的作用和地位》，《齐世荣史学文集》，人民出版社，2002 年，第 388 页。

(3)陈垣虽然广采各种类型的私家记载，但是对于官方文书也很重视。撰写《元也里可温教考》，充分利用了《元史》的材料；研究明清之际的天主教史，也参考了清廷档案。他还向学生强调清初诸帝的朱批谕旨的史料价值。(4)陈垣善于利用历史上的工具书。如他很重视《册府元龟》，认为它材料丰富，自上古到五代，按人事人物，分门编纂，凡一千一百余门，概括全部十七史。所用之书，都是北宋前古本，可以校史，也可以补史。他曾用《册府元龟》《通典》补足流失八百年的《魏书》的缺页。(5)史料愈近愈繁，应该进行分类研究。他认为，道光以来的一切档案、碑传、文集、笔记、报章、杂志，皆为史料。如此搜集颇不容易。宜分类研究，收缩范围，按外交、政治、教育、学术、文学、美术、宗教思想、社会经济、商工业等，逐类研究，较有把握。这些意见，是很有见地的。

陈寅恪先生利用史料的情况。

(1)陈寅恪先生治史在史料方面的原则，一是尽可能扩充领域，二是取材详备，宁详勿略。他主张，历史研究，资料范围尽可能扩大，结论则要尽可能缩小，考证要求合实际。他赞赏《建炎以来系年要录》喜聚异同，取材详备。对导源于佛徒的“合本子注”的宋人长编考异法，陈寅恪也十分欣赏。(2)陈寅恪著作中使用的史料极为丰富，在利用私人记载这类史料时，“以诗证史”和“以小说证史”尤具特色。他开设“元白诗证史”课，要以“元白诗证史，用这个方法成一家之言”。在晚年耗尽心血完成巨著《柳如是别传》，共引用约六百种材料，包括正史、野史、年谱、志书、笔记小说和诗词戏曲文集，更把以诗文证史的方法发挥得淋漓尽致。(3)陈寅恪熟悉佛藏、道藏，长于从中搜集材料，与教外文籍结合，用以研究宗教与政治、社会、文化思想、文学等方面的关系。(4)陈寅恪对官书和私人记载是同等重视的。例如，他极力主张买下明清内阁大库档案，认为这些档案具有第一等原料的性质。他还参加了明清史料编刊委员会的工作，称“此残篇故纸，盖三百年前废兴得失关键之所在”。对于常见的传统史料他也十分重视。(5)陈寅恪主张尽可能扩充史料的领域，必然也很重视新史料的发现。例如他很重视敦煌学的材料，在理论上说明这些材料的重要性，同时身体力行，利用敦煌文献撰写文章。

齐先生总结陈垣、陈寅恪二人使用史料的原则和具体办法是：官书与私记并重、兼采，根据研究问题的需要，用当所用。他们都不专门研究经济史，故著作中涉及的经济史料很少。

齐先生有关史料问题的一系列文章提出了当今史学工作者应该具有的史料意识，同时也表现了他个人在驾驭史料方面的功力。他不仅能以广阔的视野来寻求史料、运用史料，从而做到旁征博引，而且把对史料的这种运用提高到史学方法论的层次上，体现为一种史料学思想。认真总结这些史料学思想，对于深化史学研究无疑是很有价值的。他所主张的官方文书和私家记载应该同样重视的原则，以及他所列举的那些可能被人们忽视的私人史料价值都给人以极大启发，特别是他所提出的考证方法和所推荐的运用史料的两位典范，今天仍然是值得治史者认真学习的。

# 田培栋

田培栋，1927 年生，陕西富平县人。1954 年毕业于西北大学，同年分配到北京师范学院历史系，现任首都师范大学历史学院教授，兼任南京郑和研究会特约研究员、中国明史学会理事。长期从事中国古代史特别是明清史的教学与研究，在陕西历史的研究方面有突出贡献。主要著作有《陕西商帮》《陕西社会经济史》(即《陕西通史》第 11 册经济卷)《明清时代陕西社会经济史》《明代社会经济史研究》《明史披拣集》等。

# 田培栋先生的“陕西情结”

按：此文写于2010年，因见到田先生的巨著《陕西社会经济史》，有感而发，撰写此文，曾发表于《秋韵》2010年第3期。

田培栋先生是陕西富平县人，1954年西北大学历史系毕业后，分配到刚刚建立的北京师范学院历史系。对于田培栋先生的到来，当时的系主任戚国淦先生曾有一段回忆：“作为系负责人，我接待了这第一位前来报到的青年教师。他质朴的外表和坦诚的谈吐给我留下深刻的印象。”来系以后，田先生被分配到成庆华先生负责的中国古代史教研室，担当起中国古代史的教学任务。

在中国古代史的教学之外，田先生把自己的全部精力投入到明清史的研究之中。在三年困难时期，许多人都把自己有限的工资用来购买营养品，但是田先生却拿出相当于一个助教两个月的工资的钱买了一套《明经世文编》，为从事明史研究进行资料的建设。在浩如烟海的明清史资料中，他特别关注陕西的历史资料，他继承了老一代历史学家的治学方法，日积月累地发现史料、积累史料，仅涉及陕西历史的资料卡片就写了三千多张。这是他从事历史研究的最有价值的财富，即使在“史无前例”的混乱年月，他想法子把这些资料转移走，以使它们能避免劫难保存下来。改革开放后，这些资料为他的科研工作发挥了巨大的作用。他的学术研究方向是明史，特别是明代的社会经济史。他对于明代社会经济史中很多有争议的重要问题发表过自己的见解，并在社科院经济研究所和历史研究所联合编写的《中国经济通史》明朝经济卷中，担任了重要的撰写任务。他关于明代社会经济史的一系列重要论述，集中在2002年北京燕山出版社出版的《明代社会经济史研究》一书中。但是在各种学术活动中，最让他魂牵梦绕的是想写一部《陕西社会经济史》来“作为对陕西父老乡亲和生我养我的这块伟大黄土地的回报”，并希望能够对陕西省的经济建设提供一些有益的参考。

位于西安的西北大学给田先生留下了终生难忘的印象。他在1950年进入该校历史系，系领导决定把这个班作为一个重点的试验班。当时，正值著名马克思主义历史学家侯外庐先生主持校政。侯先生虽然工作繁重，但是对于这个班的中国史教学非常重视，他担任了中国史阶段教学的总结任务，三次给同学上总结课。同时，他晚上还经常到班里的自习室来，给同学进行辅导。侯先生和蔼可亲，平易近人，有问必答，一谈就是两个小时，使大家学到了很多课堂上或书本上学不到的东西。此外，历史系的许兴凯、陈直、陈登原、史念海、林伦彦、冉昭德等教授对学生的多方面的培养，也给学生打下了良好的基础。田先生回忆说：“回想在西北大学的这段幸福生活，尤其是侯校长与众多老师对我班的谆谆教诲及精心培养，印象特深，师恩广深，戴天履地，永难忘怀。”

还是在西北大学读书的时候，他就几次见到过在陕西地方有很高声望的老前辈，他们多次叮嘱正在发奋读书的田培栋，希望他毕业以后好好研究陕西历史，写一部地方史，为桑梓做一件有意义的事。毕业几十年来，老师的重托一直铭刻在田先生的头脑里。这些年，书虽然没有写成，但是资料却已经为写书打好了基础，只要任务确定下来他就可以动笔。1982年春天，他重返自己的故乡，在西安特意拜访了陕西社科院院长刘端棻先生。刘先生是田先生当年在西北大学学习时的老师，师生见面备感亲切。刘先生与他畅谈了陕西社会科学发展的情况，再三强调研究陕西地方史的重要性和现实意义。在征求了田先生的意见以后，刘先生委托他写一部《陕西社会经济史》，田先生大胆地接受了任务。为此，他特意在西安停留了一个多月，还在关中地区走访了七八个县，用以搜集资料。在陕西文管会见到了负责人贺梓成先生，贺老师正是他上中学时的历史老师。他向田先生提供了解放后陕西各县出土的《陕西历代碑刻汇编稿》(内部资料)，从中发现很多新材料，对田先生完成《陕西社会经济史》有很大的帮助。贺先生还给他推荐了几位熟悉陕西地方掌故的老前辈，让他进行采访，使他获得很多文字史料中很难见到的东西。

从20世纪80年代开始，田先生已经在陕西社会经济史的研究方面进行了辛勤的耕耘。他先后撰写了《陕西通史·经济卷》《陕西商帮》《明清时代陕西社会经济史》等著作，并且在学术界获得了较好的评价。但田先生仍然有些不满足，因为这些成果多是单项研究，有些零碎，还不是一部系统的陕西社会经济史。于是，要完成一部内容更加充实的、汇集前期各项研究成果的《陕西社会经济史》就成了他最大的愿望。

1988年田先生退休了，由于摆脱了教学的任务，时间更加富裕，能够更好地搜集大量有关陕西经济史的材料，从而完成这部书的写作任务。但是，退休后科研工作可以继续干，而学术著作的出版却很困难，于是这项工作就搁置了起来。一年又一年过去了，直到2002年的春节以后，陕西来了几位非常热衷于地方事业的老同志来看他。谈起这部书，老同志们鼓励他继续干，争取在有生之年完成这部书，作为一部地方史籍留给陕西人民。2002年3月开始，已经75岁高龄的田先生开始动笔修改他的这部著作，不仅对原稿的体例做了较大的调整，还补充了一些新的材料，增加了不少的章节。到2004年的12月，全书脱稿，总共六十余万字。

这是一部从先秦写到明清时期的省区社会经济史的著作，它在史料占有、综合分析、比较评价以及总结历史经验教训等方面，都是经过深思熟虑、精雕细琢的。这样一部深入全面的社会经济史著作，填补了陕西地方史的空白。中国社会科学院历史所的明清史专家、陕西籍著名学者刘重日先生评价说："田培栋先生的《陕西社会经济史》，经先生四十余年埋头搜集，夜以继日求索，是呕心沥血的结晶。全书结构有序，论述充分，论证不乏见地，应该说是陕西区域史研究少见的开拓之作，对陕西史的进一步深入研究是个有力的推动，对陕西各方面的建设具有重要的历史参考价值。"该书于2007年3月，由三秦出版社出版。这一年正是田培栋先生八十大寿，该书的出版正是对先生八十大寿的最好的祝贺。该书出版后，获得了学术界的好评，责任编辑葛荣伟荣获全国古籍出版社联合会主办的2007年度优秀古籍图书二等奖。

几十年来，田培栋先生对陕西历史的研究获得了丰富的成果，也受到了陕西学术界的高度重视。2009年12月15日，首届陕西商帮与中国市场经济萌芽高峰理论研讨会在西安举行。这次研讨会是由陕西省委宣传部、陕西省商务厅指导，由西北大学、省社科联、省社科院、省文史馆主办的一次高层次的陕西商帮研讨会。二百多名理论界、经济界、文化界的专家、学者和商界精英参加了研讨会。82岁高龄的田培栋先生作为陕西商帮研究的先行者，被特别邀请参加了这次研讨会，受到高规格的接待和到会者的热情欢迎。田培栋先生的陕西商帮研究和整个陕西社会经济史的研究受到学者们的高度重视，他几十年来对陕西地方史的热情投入也得到了家乡亲人的高度认同。他被视为陕西商帮研究的"泰斗"，不仅在研讨会上发了言，还代表与会学者向明珠集团董事长李继和颁发陕商投资开发创新园区奖牌。正是：

八十三年桑梓情，回报故乡养育恩；

家乡研究称泰斗，经济创新作用深。

虽然已经八十多岁高龄，但田培栋先生在学术上的耕耘并没有止息，他还在继续向着学术研究的新高度攀登。近日，他的另一部新著《明史新探》也已经完稿，正在等待出版。我们祝田培栋先生健康长寿，预祝他在学术研究中继续取得丰硕成果！

# 耄耋之年的明史研究

按：听说田先生关于明史研究的新著将在2016年出版，这一年他已经是88岁高龄的老人了。明史的研究是他一生中用功最勤的专业，联想到以前他所出版并赠我的有关明史的专著，不禁为这位不知疲倦的史学老人对学术的执着而感动。撰此短文，以示敬意。

田培栋先生是1950年走进大学之门的。他当时在西北大学历史系学习，听过侯外庐先生讲授的“有关中国封建社会发展的规律”的专题报告，又选修了许兴凯教授讲授的“中国经济史”，这样对中国古代史特别是经济史产生了兴趣。1955年毕业来到了北京师范学院历史系，分配到中国古代史教研室。当时的教研室主任成庆华先生对这位年轻人十分重视，安排他明清史这一段的教学工作。这一年，他还旁听了向达教授给中国科学院历史研究所的青年同志讲授的“史学概论”课。向达先生是一位学识十分渊博的学者，讲述十分深入、透彻，尤其是对明清档案和地方志讲述得特别详细，使他感到明清经济史的材料非常丰富，很有搞头，从此立志钻研明史，特别是经济史。在三年困难时期，他购买了大部头的《明经世文编》，为从事明史研究进行资料的建设。

正当田先生要在明史的教学与研究事业上大干一番的时候，政治运动的到来打乱了他的正常生活秩序。下厂、下乡，劳动锻炼，他所经受的磨难比一般老师还要多，什么时候才能坐下来安安静静地读书搞学问呢？党的十一届三中全会以后，学校开始复课，他也有条件从事自己所追求多年的学术研究了。多年来他所积累的材料，所思考的问题，促使他赶紧补上二十多年来所失去的时光，开始在报刊上发表文章，迅速进入恢复不久的史学研究领域。

在新时期的条件下刚刚工作了十年，1988年田先生就开始了退休的生活。退休是对每一个知识分子的新考验，如何度过自己退休后的晚年生活呢？田先生说："我这个人过不惯清静闲暇、悠然自得的退休生活。但愿生活过得充实点，争取时间，在自己的专业上多做些有益的工作。说起来我的抱负十分具体，并无奢望，只想利用残年，把以前的旧作进行整理和补充，搞两本历史专著，尽到一个知识分子的责任。"

退休以后，任务马上下来了。1989年，中国商业史学会决定编写一部《中国十大商帮》，田先生承担了陕西商帮的撰写任务。1993年，该书由黄山书社出版。香港中华书局决定扩大篇幅，搞一套"中国十大商帮"丛书，田先生仍然负责写陕西商帮，自成一册。1995年，陕西省政府策划出版一套《陕西通史》，田先生担任经济卷的撰稿人，从西周开始写到清末。该书于1998年由陕西师范大学出版社出版。1999年以后，田先生又担任了九卷本《中国经济通史》的编写任务，在明代经济卷中负责写明代的官府手工业、明代商业的繁荣与兴盛、明代的交通三章，共17万字。2000年，该书由经济日报出版社出版。

在完成这几项大的写作任务以后，田先生立即转移到出版自己所钟爱的明史研究方面的著作来，争取早日出版专著。他需要修改自己的旧作并新写一些配套的文章。非常重视学术研究质量的田先生认识到，要补充完善旧作，必须补充新的材料，新的材料哪里来，要到典籍中去搜寻。为此，他下大力气重读《明经世文编》和《国朝典汇》两部巨著，从中摘录了大量的有用资料，特别是经济方面的史料，用来补充到自己的旧作之中。1999年，他的《陕西社会经济史》一书获得了北京市社会科学理论著作出版资金的资助，第二年首都师范大学出版社出版了这一书，实现了他十年来出版自己的明清史专著的愿望。

多年来，田先生对明史关注最多的是社会经济史方面的问题，积累了很多资料，也写了不少文章，他准备把自己这方面的研究成果集中起来，写一部明代的社会经济史。在这个领域存在不少争议，许多学者包括一些著名学者都写过文章，要想在这些问题上超越前人，提出自己的新看法就要花大力气，搜集新的材料，写出新的观点。本着这一目的，他在很多长期争论的疑难问题上投入精力，写出了《论明初土地数额的考察》《明代人口变化考实》《论明代长工的地位》等重要文章。明朝中期以后，中国的商品经济和资本主义萌芽得不到迅速发展，这是明史研究中的一个大疑点，很多中外学者都对此做了探讨。田先生也写了一系列文章，如《明代国家政权对社会经济发展的作用》《明代前期海外贸易研究》《明代后期海外贸易研究》等。有关郑和下西洋的问题，也是田先生很感兴趣的问题，在该书里对郑和下西洋取宝的事实、下西洋终止的原因、郑和晚年的遭遇都有所研究。对于在《中国经济通史》明朝经济卷中已经发表的文章《明代的交通》《明代商业的繁荣与兴盛》《明代官府手工业》，他又重新进行修改，补充了很多材料，提高了这些文章的质量，体现了田先生在学术研究中的高度的认真负责精神。此书于 2002 年由北京燕山出版社出版。著名明史学者刘重日先生评价此书：史料丰赡，分析入理，结论妥帖，常见新意，多为明史学界所重视。此书对于明史研究工作，对于同仁的切磋交流，对于后进的启示，无疑都是一件十分有意义的事。

自 1988 年退休以来，田先生在科研的路上从没有放松过脚步，尤其是对明史的研究尽头越来越大。到 2008 年，经过 20 年的努力已经出版了四部专著。这年 5 月，《明代社会经济史研究》出版时，他已经进入 80 岁的高龄。但是，他还是没有歇下来，而是在酝酿一部新的明史著作。多年来，田先生对明史的研究范围很广，除了社会经济史以外，对于政治制度方面也有许多研究，对于明末农民战争问题也进行过研究。他所研究的问题，很多都是明史研究中的薄弱环节。比如，一些明史研究者对明代政治制度方面的研究不太重视，有些研究只是拼凑一些史料稍加说明就算完事。田先生对明代政治制度的研究涉及明代的政治体制、军制、监察制度、大明律、宦官专权，以及《四书五经大全》《性理大全》等课题都做了较为全面的论述。而重点则放在论证每项制度在加强专制主义中央集权和皇权过程中的作用，以及每项制度在实行后对社会经济发展产生的影响，这就真正抓到了要害的问题。同时，过去有关明史的研究，多偏重在明代初期和末期阶段，对明中叶的历史研究相对薄弱。田先生注意到这个问题，他的研究有关于成化、弘治时期的问题，论证了明朝中期由盛转衰过程的政治、经济情况。从这个宗旨出发，田先生注意到一些明史研究中的空白点，或者是过去人们不太注意的历史事件，继而进行特别的论述与发挥。例如，《朱棣北边防线南撤政策的后果》《明代山陕东林党人的反腐朽斗争》《明代北京的供粮问题》《明代白银的采炼》《明代王府对“永不起科”地的侵占》《郑和下西洋的性质及所获财富的估计》等文章，有的是用大量史料恢复历史本来面貌，有的则补充内容，再现历史真相，这些填补空白的文章，使人感到耳目一新。在这部书中，田先生还用一组文章论述有关明末农民战争的问题。他从大顺、大西两个农民政权所推行的政策着手分析，论述了它们从胜利走向覆亡的必然性。具体论证、评价了张献忠在四川的杀人问题，张献忠在谷城的伪降问题，以及李自成杀罗汝才问题等。同时，还有一部分读史随笔，其中大多数内容是过去人们不大注意的问题。文章短小精悍，但是在考证和引用史料方面都下了很大功夫。

田先生把自己这部著作命名为“明史披拣集”，这是取自成语“披沙拣金，往往见宝”。田先生这部书体现了唐代大诗人刘梦得的名句：“千淘万漉虽辛苦，吹尽狂沙始到金。”他的这部60万字的著作，2012年由陕西出版集团三秦出版社出版，这正是他几十年来在学问的沙海中披拣的结果，他所见到的“金”就是真正的学问。明史专家刘重日认为：这部专著从引用史料，从对问题的分析，以及得出的结论，都经过周密慎重思考，烛微洞隐，发前人所未发，终于可称为一部具有较高学术水平的新著。他称赞这部书是田先生“老树新花之硕果，学术价值更高”。年届九旬的历史系戚国淦老教授为该书题诗曰：“几番搁笔费沉吟，古籍频翻剖析深，积得文章逾百万，更披沙粒拣真金。”

2012年3月《明史披拣集》出版时，田先生已经是85岁高龄的老人了。本来，他已经安排好收笔，安享晚年。但由于当时他觉得自己身体条件尚好，而且手边还堆放着一大堆没有刊用的读书卡片，这就驱使着他每天继续写作明史方面的文章。同时，还有一些老朋友在不断地鼓励他，让他继续努力发挥专长，多写点明史方面的文章和北京掌故。老朋友的期望成为他继续前行的动力。经过两年多的努力，他终于完成了一部明史研究的新著——《明史新探》。书名之所以命名为“新探”，是由于他把求新作为自己学术研究的宗旨。他说：“我研究明史一辈子，总是在求新方面下功夫。因之，写每一篇文章，或写一部著作，都是围绕着新的内容转，如无新意，干脆就不着笔。这部书是我的收笔之作，就直截了当地命名为‘明史新探’。”

《明史新探》主要包括两方面，一方面是用论文的形式写了《对明朝商品经济发展缓慢原因的探索》《明代缙绅地主的产生与形成》《明代农业生产中奴仆制的发生、发展及其衰落》三篇。这三个问题是明史研究中十分重要的课题，需要用论文的形式加以论述与分析。书的另一个方面是一些长短不同的文章，如《明代北方杂役沉重》《明代南粮北运产生的后果》《明代宝石贸易中的暴利》《赣州巡抚的增设》《明代苏州的染织局及其生产范围的扩大》《南居益在福建拒荷兰商人非法通商》等。

《明史新探》一书，已经获得首都师范大学离退休教师出版资金的资助，首都师范大学出版社将于 2016 年出版此书，这是 88 岁的田培栋先生在明史研究的道路上的又一项新收获。祝愿这位不知疲倦的史学老人健康长寿，在他所钟爱的史学事业上不断前进。

# 宁　可

宁可，1928年生，湖南浏阳人。1946年入北京大学史学系学习。1948年参加革命工作。1954年到北京师范学院（现首都师范大学）历史系工作，历任讲师、副教授、教授，曾兼任图书馆副主任、历史系副系主任、代系主任。现任首都师范大学历史系教授，博士生导师。曾任中国史学会理事、中国敦煌吐鲁番学会副会长兼秘书长、北京史学会副会长等职。长期从事中国古代史、中国古代经济史、隋唐五代史、敦煌学、史学理论的教学与研究工作。主要论著有《敦煌社邑文书辑校》（合作）、《敦煌的历史与文化》（合作）、《史学理论与方法》《宁可史学论集》《史学理论研讨讲义》，主编和参加主编《中国经济发展史》《隋唐五代经济史》《中国古代史》《中华五千年纪事本末》《中华文化通志·地域文化典》《敦煌学大辞典》《英藏敦煌文献（汉文非佛经部分）》《中国封建社会的历史道路》等。

访谈

# 与宁可先生谈读书与治学

按：宁可先生在世时我曾经对他进行过多次访谈，他的学术道路是我研究的重点。此次访谈在2006年，文章曾在《历史教学问题》2006年第4期发表。原题为《对历史科学理论的不懈探讨——访宁可教授》。收入本书，有修改。

## 一、读书是治学的基础

**问**：从听课和课下谈话，都能感到您的知识领域特别广，治学领域也很广，从中国古代史到史学理论，又从史学理论到敦煌学研究。您读过北大，但并不是跟着哪位老师读书成才的，这是不是与您从小就广泛涉猎各种知识有关呢？

**宁**：可以说有一定的关系。过去的事情以前和你们谈得比较少，现在年岁大了，有时也对过去的生活做一些回忆。2006年，我曾专门就少儿时代的读书情况写过回忆文章，以“战乱年代的读书生活”为题发表在《纵横》杂志上。你可以看一下。

大概情况是这样：我的父母都是知识分子，父亲编报，教中学也教大学；母亲是女子师范毕业，当小学校长。从我小时候起，他们就鼓励我看书，但从不引导或限制我看书。我特别喜欢在黄昏时光找一个角落，在朦胧的天光下去看我所喜爱的书，也正是这个原因，我从小就得了近视眼。

1932年是我4岁那一年，母亲去马来西亚巴生任华侨小学校长。我和弟弟无人照顾，也随班听课。那时也认识几个字了，下课后就与伙伴们一起看淞沪抗战的连环画册。1934 年，父亲到越南当《安南民报》的经理，母亲带我和弟弟来到越南，住在西贡对河的华人城市堤岸。家里地板上堆满成摞的《安南民报》，记得报头题字是孙中山。楼上有几份新出的《良友画报》，我还记得上面有一幅 16 开彩色大漫画，一条大鱼拿着手枪威胁一条小鱼说：“要钱？要命？”这句话成了我和弟弟的一句口头禅。

1935 年父母回国。这年夏天，我考入了号称难考的南京鼓楼小学，而且跳了一年级。父母在南京中山北路租了两间小房，房间里有一架书，我就随时拿下来看。从儿童书籍到成人书籍，拿过来就看。由于多半不懂，我就很快跳过去，但也使我从小养成了随手翻书的习惯。

记得看过的第一本书，就是国民党的历史。开始讲孙中山的家世和他前后发动十次起义的经过。他屡仆屡起，百折不挠，终因时机不成熟和弹饷不继而失败。最惨烈的一次就是 1911 年的黄花岗起义，牺牲了 72 位烈士，起义指挥黄兴的拇指也被打断了。这本书一直讲到武昌起义、民国建立、二次革命、护国之役，改组国民党等，还讲了孙中山的建国方略，包括他的铁路建设计划等。这本书篇幅不大，但对历史却讲得清清楚楚。

**问**：您有清楚记忆的第一本书就是一本历史书，而您后来一辈子搞的就是历史，这是偶然的巧合呢，还是有什么必然的联系呢？

**宁**：这一点恐怕很难说，也许二者兼有吧！我们小的时候，也受到国民党的党化教育。我记得读了一本孙中山讲三民主义的记录，只记住了民族主义、民权主义、民生主义三个词，还有孙中山讲演总是自称“兄弟”。我还翻看了一本《墨索里尼自传》，讲他如何建立法西斯党，在米兰办报纸，同左派工人政党冲突，最后率众乘上火车进军罗马，取得政权，成了独裁者。我还大为所动，宣称自己要做“中国的墨索里尼”，受到父母善意的讪笑。

大概在 1936 年，我在书架顶上发现了一本《各国海军报告书》，是杨杰将军出国考察海军后回国编的，道林纸精装一厚册，有许多照片，我对它很感兴趣，不但翻看了书，还臆想自己造舰，进行海战。于是便折纸造舰，插上烟囱，起了舰名，和弟弟互相冲击起来。科技书我也翻看过。记得有两本商务印书馆精装的《科学大纲》，讲星云、恒星、太阳、行星，然后是生物的进化。还有一本是商务印书馆的《百科小丛书》，也是讲生物进化的。我大概看的图片比文字要多，但即便如此，还是得到了母亲的赞赏，说我能看《科学大纲》了，赞我“早慧”。

当然，这时候也读了许多文艺的书籍。比如，《花木兰》《三门街》《水浒传》《说岳全传》《三国演义》《封神演义》，等等。新文学作品看到一本手抄本的独幕话剧《终身大事》，是胡适作的。外国文学读了法国作家都德的《最后一课》，也读了一些外国小说。另外，我还在同学家里读书。有一本黑色硬面精装的故事书，是商务印书馆的《少年百科全书》，里面有很多缩写的小说，如《基督山伯爵》《海底两万里》等。到了四年级，想到订少儿杂志。当时有名的杂志有《儿童世界》和《小朋友》，我选择了《儿童世界》，那是商务印书馆编的。我收到了两期，抗战就爆发了，我的童年读书生活也结束了。

这一阶段的读书生活，是属于我从混沌未凿到民智初开的阶段。政治教育、党化教育、法西斯教育、文艺陶冶、科技教育我都接受了，其中爱国教育尤为深刻，几乎成了我的本能和灵魂，而科技和文艺知识的教育则零碎而缺乏系统。也许由于我处的环境和家长的“怂恿”，我只是随心所欲地自由自在地发展着。

**问：**这是您的童年时代的读书生活。事实上读书是您一生的爱好，是形成广博知识的基本条件。这种良好的习惯始终伴随着您，好像您在这方面也有过总结？

**宁：**我可以说是平生酷爱读书，不论何时何地，也不分什么场合，什么都要看，什么都想看，形成了一种痼癖。我曾经总结过，一共有七项，写了《读书七痼癖》一文。主要内容是这样：

第一是乱看。有书就读，拿起来就看，没有书就四处找来乱看。硬面精装的大部头书端起来就看，掉在地下的片纸只字也看。吃饭时看书看报，睡觉时看小说、看笔记、看棋谱。“文革”之初，造反派勒令把家藏的“反毛泽东思想”的书交出来，我被迫交出了有几百本。但是天无绝人之路，我还是有看书的途径。比如，到街上或其他单位去看大字报。邻居家孩子在中学图书馆造反抄来的“封资修”黑书也是我读书的渠道之一，其中读过四册的《静静的顿河》。图书馆也有一个时期仍可开放，主要是自然科学和技术科学方面的书。于是我看了达尔文的经典巨著《物种起源》《人种起源》，李约瑟的《中国科学技术史》第一至五卷，当时还没有中译本。由于英文书可以借，于是我就借回了《基督山伯爵》和《福尔摩斯探案全集》，每天读一点，讲给女儿和邻居的孩子听。就是这样，从 1967 年年初劳改队解散到 1968 年夏天清理阶级队伍集中审查，这一年半的闲暇时间我大概读了有六百本书，其中有一半是小说。

第二是抢看。这主要是在上中学的时候，只要看到同学拿着一本有意思的书，特别是小说，我就要先睹为快一把抢过去看。答应人家看一夜，第二天一早还。夜深人静时，正是我抢看书的大好时光，往往到了后半夜书就看完了。

第三是偷看。抢到一本书，往往就背着人家偷偷看，总要找一个阴暗角落或者黄昏时刻。有时在课堂上偷看，课桌上摊着一本课本，膝盖上就放另一本书偷着看。

第四是快看。不论是乱看抢看还是偷看，免不了都要快看，拼命地赶时间看。在中学念书的时候，到了星期天，带上两个烧饼，跑到街上的书店站着看书，一直到快天黑了才回家吃饭。一天下来，能看五本翻译小说，平均一小时能达到 200 页，而且是从头到尾看的。

第五是反复看。每当遇到一本有兴趣的书，又能较长时间在自己手里，总是不厌其烦地来回看。比如《德国间谍》《红楼梦》《水浒传》，史蒂文生的《宝岛》，大仲马的《侠隐记》等，都看过很多遍。

第六是不求甚解。因为是乱看、快看、偷看、抢看，所以往往是乱侃，缺乏耐性，浅尝辄止，不大去领会书中的微言大义，许多有价值的思想就都漏掉了。“文革”期间劳改队解散，枯坐在家，决心通读“马恩全集”，一本一本硬着头皮读下去，不去思考，读了些什么都不记得了，这是一个失败的经历。

第七是纸上谈兵。由于有这些方法读书，所以书是读了不少，有些方面也有兴趣，积累了一些知识，遇到同好总要借机大谈一番。这样也被一些同学喻为上知天文下知地理，无所不知，无所不能。比如，小时候爱看兵器、打仗一类的军事书籍，对飞机大炮有浓厚兴趣，谈起来津津乐道，但自己从未当过兵、打过仗，也没有见过飞机大炮。那时对天文学也感兴趣，谈起星座知识也令同学感到高深莫测，其实只是读了一些通俗的天文知识。

我读书 70 年，回首往事，记忆多数已被磨平、淡化，但年轻时读书的乐趣和酣畅总没有忘记，我就把它们称为“痼癖”，不过这些对我而言确实是受益匪浅。

## 二、进入史学领域

**问：**您读了北京大学史学系，这样就可以沿着成为史学家的道路顺利前进了，为什么中途辍学了呢？

**宁：**我从1946年入学以后就参加了一些学生运动。1948年8月，国民党政府公布黑名单大肆逮捕进步学生，许多学运积极分子纷纷离开学校。我那时参加了一个诗刊的工作，只写过几首诗和一篇文章，还参加过校对和卖书活动。当时感到留在学校有些危险，也就随着一大批同学离开了学校，去解放区参加工作。

**问：**当时的北大学习，给您留下最深刻的印象是什么呢？

**宁：**读了史学系我确实对学习历史感到极大的兴趣。你问我在北大印象最深的事情是什么，有三个。

第一是上课。当时我像海绵一样尽量地吸收知识，对有些老师讲课感受很深。像张政烺先生学识非常渊博，无论你问他什么，比如从甲骨金文到宋元话本，他都能侃侃而谈，详细回答。但上起课来声音很小，很吃力很零乱，常常是满头大汗。但他给你的东西很多。别人的最新的研究成果，他自己的见解，都一股脑儿地教给你。我们收获很大，都愿意听他的课。邓广铭先生也是这样，但他讲的就有条理多了。到了大二，开始允许选一部分选修课，我就到处听课“赶场”。有裴文中先生的考古学、梁思成先生的建筑史、邵循正先生的中国近代史、唐兰先生的文字学、周祖谟先生的文字学史，还有向达先生的中印交通史、韩寿萱先生的博物馆学、赵万里先生的史料目录学我都去听了。胡适在沙滩北楼一层大教室讲《水经注》，我也听了。当时已临近北平解放，听过两次就离开学校了。

第二是读一些进步的书，如郭沫若、范文澜、翦伯赞、吕振羽、侯外庐、胡绳的历史著作，都找来看了。还有艾思奇的《大众哲学》，王亚南、许涤新的经济学也找来了。这些书对我思想的转变有很大的影响，可以称作是我参加革命工作的启蒙读物吧。

第三是参加北大的学生运动。当时北大是学生运动的中心，1946 年 12 月美国兵强奸女学生沈崇，基于义愤我也参加了游行示威。以后差不多每次罢课、游行示威都参加了。

**问：**您参加工作以后，为什么又回到了历史学专业呢？是不是您对这个专业情有独钟呢？

**宁：**我在 1948 年 11 月到河北泊镇中共中央华北局城工部城市干部训练班学习，1949 年就进了北京。当时在北京市东四区人民政府文教科任副科长，以后又升为科长。1952 年 7 月，调我到北京市教育局《教师月报》编辑部任中学组组长。1953 年，调北京市教师进修学院历史组任教学研究员。那时候戚国淦、成庆华先生都已经在这里工作了，戚先生是组长。接着我们就参与了筹建北京师范学院历史系的工作，1954 年，我们一起调到北京师范学院历史系。

来历史系之前，我对历史的兴趣就很广泛，平时和人聊天总是谈历史，比如历史分期问题呀，等等，聊得津津有味。当时的大环境，总是强调服从分配，全心全意为人民服务，干好自己的本职工作，所以我就决心不谈历史了，老老实实地当我的基层干部，并且为此还做了检讨。但是，刚做了检讨情况发生了变化。我所在《教师月报》上级决定停办，人员要分到各处去。我就被分配到进修学院的历史组，接着就来到了北京师范学院历史系，这样我就走上了历史教学的道路，也不是我对它情有独钟，主要还是工作的需要。这样一干就干了五十多年。

**问：**记得在 20 世纪 50 年代末 60 年代初，“大跃进”已经结束，进入了困难时期，各方面的事情都进入了低潮，但是您却给我们开了“历史科学概论”这门课，并且带领一些同学搞教材建设。直到“文革”前，我们系一直坚持开这门课，您还参加了黎澍先生主持的《历史科学概论》教材的工作。您能回忆一些当时的情况吗？

**宁：**在“大跃进”时期，每个高校都要把住几门课程的建设，是师生结合进行的。当时全国许多大学如北大、北师大都设了史学概论这门课。搞这门课要联系到 20 世纪的五六十年代的那场“史学革命”。在那个革命的高潮中，提倡大搞村史、厂史、社史，学生自编教材。在教学中要求打破王朝体系，以农民战争划分历史阶段，还提出什么“以论带史”的要求。在这种情况下，一些头脑比较冷静的老同志感到应该开设一门“史学概论”性质的课程，讲清楚一些历史学的基本问题。但大家都不知道应该讲什么，怎么讲法，国内各大学开的史学概论课都停下来了。当时我们系也开了这门课，并且认为要有一些自己的特色，所以保留了一些史学方面的热门话题、有争议的东西。我曾经借用鲁迅“两间余一卒，荷戟独彷徨”的诗句来形容当时的孤独之感。

**问：**后来您去参加高校文科教材《历史科学概论》的编写，那时的情况您可以回忆一些吗？

**宁：**那是在1962年春天，中宣部和高教部联合成立了高校文科教材办公室，从各高校调集一百多人编写各种文科教材。当时，确定《历史科学概论》教材的主编是从中央政治研究室新调来的《历史研究》杂志主编、近代史研究所副所长黎澍同志。黎澍同志在各方面推荐下，于1962年夏天从高校借调了三个年轻教师来编书，就是吉林大学历史系的李时岳、复旦大学历史系的胡绳武和北京师范学院历史系的我。

那时候，我们都是30岁出头，而黎澍同志也刚到50，精力充沛，谈吐风趣。我们三个背后都以“主编”称呼他。当时商定，每个星期去他家一次，请求指教，并商量一些问题。当时从近代史研究所借来一批书，摆了五六个书架。有人传言三个人借了一屋子书，在那里乱翻，那意思可能是估计我们编不出来吧！

那时黎澍编辑的《马克思主义经典作家论历史科学》于1961年出版。我记得第一次印得很多，高校历史系师生几乎人手一册。有了这本书，我们就以此为“圭臬”，依照该书为骨架，编出了一个编写提纲。黎澍一看不满意，认为那是摘录而不是著作，亲自在一张卡片上写了一个简单的提纲。计划分四部分：第一部分为历史研究之成为科学，胡绳武执笔；第二部分为历史和历史科学，由我执笔；第三部分为历史研究方法，李时岳执笔；第四部分则具总论性质，黎澍同志准备亲自动手。

我们安心读书，每星期三下午去他家。开始，他还做一些具体的指点，或给一两张卡片，以后就变成聊天了。他很关心学术界的动向，每次去他那里总要问“有什么消息？”他不大臧否人物，偶尔提到一些人和文章，他常说的话是：“这个人（或某文章）有思想”或“没有思想”，“他对这个问题是做了研究（或没有研究）

的”，给人的印象是他的规格很高。这两句话后来就成了我们的口头禅。

**问**：这部书后来编写得如何呢？

**宁**：我们在1962年到1964年进行编写，写作过程遇到很多困难，进展很缓慢。我们也曾向黎澍同志做过汇报，担心书编不出来。他只是说：“编不出也罢，有时间读点书也是好的!”这样到1964年春夏之交，李时岳、胡绳武的稿子都写出来了，我的也交了两个题目。黎澍同志看了，不置可否。我们抱着忐忑不安的心情，下边私议：“主编大概规格太高了，我们的恐怕都不行吧!”但究竟是没有思想还是缺乏研究，谁也不清楚。1964年秋，中苏公开交恶，黎澍同志受命组织写批判“苏修”和中俄历史关系方面的文章，于是宣布“历史科学概论”工作停止。借的书也都归还了近代史所。

**问**：书虽然没写成，但是1963年到1964年，您参加了当时学术界开展的一场历史主义与阶级观点的讨论，写了两篇很有分量的文章，这件事在史学界影响很大，使您出了名。这场讨论是如何引起的？在当时的学术观点上主要分歧是什么呢？

**宁**：我所知道的历史主义的概念是赵俪生先生解放后在《中国建设》杂志上最先提出的。再有是范文澜在修订本《中国通史简编》的绪言中提出过，他检讨在延安时编的《中国通史简编》中有非历史主义倾向。翦伯赞也检讨自己在解放前所写的文章中有借古说今的倾向，是反历史主义的。“大跃进”中的史学文章讲阶级观点讲得很多，有片面性和绝对性的毛病。首先提出异议的是翦伯赞，他提出的对于编写《中国史纲要》的意见，在《光明日报》上发表了。后来他又在南京大学讲过历史研究中的一些问题，1962年在《江海学刊》上发表。他在《目前史学研究中存在的几个问题》一文中说：历史学是具有阶级性的科学，应该用阶级观点来分析历史问题，但是除了阶级观点以外，还要有历史主义，必须把阶级观点和历史主义结合起来。他说，如果只有阶级观点而忘记了历史主义，就容易片面地否定一切，只有历史主义而忘记了阶级观点就会片面地肯定一切，只有把二者结合起来，才能对历史事实做出全面的公平的论断。他虽然谈的是二者的“结合”，但是大家都可以看出他的重点是提倡历史主义，用历史主义纠正片面的阶级观点。这样就引起了一场规模很大的争论，许多人都赞同他的观点。

**问**：那么您是如何卷入了这场讨论呢？

**宁**：我参与的过程是这样：1962 年，我写了一篇关于农民战争的文章，是《红旗》杂志约我写的。我这篇文章原文很长，《红旗》杂志摘选了其中的一段，题为“中国农民战争的自发性与觉悟性问题”发表了，原稿最后讲到了当前学术倾向，涉及历史主义的问题。后来，《红旗》编辑邵铁真同志又找我，希望我以最后涉及的历史主义为题再写一篇文章。我这时已经参加历史科学概论的编写了。我一方面要写历史科学概论的教材，一方面又要写这篇文章，所以当时搞得很苦。星期六我回到家里，闷一天，写《红旗》杂志这篇文章，星期一到星期六到中央党校宿舍去，又写历史科学概论的教材。这样干到 1963 年，写了五六个小题目。这时，林甘泉同志的文章出来了，在《新建设》上发表。他强调历史主义与阶级观点是马克思主义史学的统一体，马克思主义的阶级观点浸透了历史主义的精神，阶级观点和历史主义是完全一致的、统一的。不存在没有历史主义的阶级观点，也不存在没有阶级观点的历史主义。脱离阶级观点和阶级分析的方法，实际上不可能真正历史主义地看问题。

我最初看了觉得很高兴，觉得我想说的话他都说了，我的文章可以不写了。他当时不点名地批评了三个人：吴晗、翦伯赞、蔡美彪。我的文章中也提到了这三个人，也没有点名。这时，黎澍找到我，让我写一篇针对林甘泉的文章，要开展争论。他提出，你可以指名批评林甘泉，同时要说明历史主义和阶级观点是两个东西不是一个。我接受了任务以后就开始写，因为我准备了很长时间，所以脑子很灵，写得很快。我在中央党校的宿舍里日夜赶工，写了九天，写出了 3 万字，交给了黎澍。第二天我问黎澍有什么意见，有什么要修改的地方。他说，没什么修改的，已经拿去发排了。只加了一句话，就是“阶级观点是唯物主义历史观的核心，历史主义是辩证法对历史过程的理解”。1963 年第 4 期的《历史研究》以“论历史主义和阶级观点”为题发表了这篇文章。我的观点是：阶级观点是唯物主义历史观的核心，历史主义是辩证法对历史过程的理解。如果把历史主义与阶级观点割裂、对立起来，或是看成两个不相关的东西，或者在二者之间求得平衡，那当然是不正确的。但是如果把阶级观点同历史主义的统一看作是内容完全一致的，把它们之间的联系看作是必然的，只要有了阶级观点自然就有了历史主义，也不免是一种机械的、简单化的理解。

文章发表以后反响很大，很多人不知宁可是什么人，甚至以为是个老的马克思主义历史学者，没有想到是个青年。还有一些人则反对我的观点，于是展开了讨论。没过多久，林甘泉写了第二篇文章，批评我。强调历史主义和阶级观点作为唯物史观统一的观点和方法，有着不容分割的内在必然联系。我当时想，我的观点已经写出来了，就不必再回应他了。但黎澍找我，让我继续写文章。强调一是历史主义与阶级观点是两个东西，不是一个；再就是要指名批评林甘泉。当时发表的文章多数是批评我的。翦伯赞在医院养病，他跟黎澍说我的文章很好，以理服人。我与翦伯赞并没有直接交往。不过，翦伯赞曾托人给我捎话，说文章应该怎样怎样写，不过我并没有听进去，还是按照我的思路写的。这样就写了关于历史主义的第二篇文章《论马克思主义的历史主义》，在《历史研究》1964 年第 3 期发表。我说明历史主义与阶级观点这两个概念的侧重点是不同的。历史主义侧重的是从发展的角度看问题，阶级观点侧重根据阶级划分和阶级斗争的规律对所研究的对象做出科学的解释。二者的统一是有条件的。历史主义和阶级观点是从不同角度认识统一的历史过程的两个原则或方法。在第二篇文章里我说"阶级观点是马克思主义的基本观点"，《历史研究》的丁守和同志在后面加上了"之一"两个字，没有告诉我。以致"文革"中造反派审我为什么加上"之一"两个字，我瞠目结舌，无言应对。"文革"以后，丁守和才告诉了我。

在第一篇文章发表以后，《人民日报》理论部找我，让我把它摘要出来，发了一整版 13000 字。后来《北京日报》又让我摘要 5000 字，发了半版。所以那篇文章一共发了 3 次。第二篇文章是 1964 年发的，《人民日报》曾经要转载其中论历史局限性的一章，后来没有转，我也没有再写。但以后形势变了，开始听说要批判我，感到压力很大。再后来又听说定下来，学术界有两个批判、两个讨论。批判的是周谷城的时代精神汇合论和李秀成自述，讨论的就是农民战争和历史主义问题。有一段时间没有人来约稿；后来又放松了，又有人来约稿了。1965 年，开始"四清"，接着"文革"就开始了。戚本禹发表"为革命而学习历史"的文章，开始批翦伯赞、批吴晗，我们也都跟着倒霉了。

**问：**这场讨论已经过去四十多年了，现在您如何看待这场讨论呢？

**宁**：在当时的背景下，林甘泉的文章我分析是这样来的。“大跃进”和“史学革命”的一些做法，一些老学者很有意见。当时，有些老学者提出应该纠风。于是，另外一些同志很不高兴，认为这是阶级斗争新动向。在这个基础上，林甘泉写文章，批评翦伯赞的观点。他大约写了一年，文章就这样出来了。我的文章写得很苦，差不多也写了有一年。别人都不知道我在给《红旗》写稿。也没有人出过什么主意。《历史研究》的第一篇文章出来以后，黎澍很高兴，以为我 9 天就写出了 3 万字，很能写，他不知道我以前写得苦极了。“文化大革命”开始，1966 年 6 月 2 日《人民日报》发表社论《夺取资产阶级霸占的史学阵地》，于是就把黎澍从《历史研究》主编的位置轰跑了，翦伯赞在这以前就跨了，我也跟着挨了批。过程就是这样。

以前这个问题一开始是不同学术观点的争论，后来变成政治批判。发表了几十篇争论文章，多数文章是赞成林甘泉的观点的，讲历史主义与阶级观点是统一的，也有的认为是两回事。后来人民出版社出了一个集子，没有公开发行，登载了这几十篇文章。我现在看马克思的著作中，没有讲过历史主义，他曾经在批判法的历史学派时提到过“反动的历史主义”，但那是一个贬词。不过后来列宁讲过两次，毛泽东也讲过，如毛泽东说“我们是马克思主义的历史主义者”。西方学者讲历史主义的有不少，我们不去管它了。这个争论在当时的条件下，使用这个概念还说得过去，但是从理论角度上看我觉得不要这样提，因为它们本身就是不对应的，历史主义与阶级观点不是一回事，不要把两个概念搅在一起来说。

## 三、关注史学理论学科建设

**问**：“文革”以后您还是一直关注着历史学的理论建设，我记得您在 1984 年的《历史研究》上发表了一篇《什么是历史科学理论——历史科学理论学科建设探讨之一》的文章，受到史学理论界的关注。您当时提出了历史学本身的理论建设问题，认为应该把史学理论与一般的历史理论区分开，为此您当时还曾提出建立“史学学”的意见。

**宁**：在 20 世纪 80 年代初期，历史科学理论问题受到前所未有的重视，大家都希望史学理论能够成为历史学的一门分支学科，而且确实存在着形成一门学科的趋势。比如很多高等学校历史系都开设了史学概论这门课，我们学校当时也开了；当时有的高等学校已经编写了史学概论的教材。但是对于这门学科建设中的一些带根本性的问题还不是搞得很清楚，比如说历史科学理论究竟是什么？它应该包括哪些内容？它与历史唯物主义应该是什么关系？它与历史学的各个分支学科之间又应该是什么关系？它本身能不能形成一个完整的学术体系？这些问题都有待于进一步的探讨。

**问：**您当时提出区分广泛意义上的历史科学理论和严格意义上的历史科学理论，这两者的主要区别在哪里呢？

**宁：**当时有的历史科学概论教材和高校历史系开设的史学概论课可以说囊括了史学领域中的所有理论问题。比如，一是历史唯物主义一般原理或规律的探讨，包括像历史发展动力问题、五种社会经济形态的问题、历史人物评价标准问题等；二是关于客观历史发展的辩证法问题，如历史发展中的统一性与多样性、必然性与偶然性等问题；三是历史唯物主义原理或规律在特定时代、地区、民族和社会现象领域的具体化，比如阶级、阶层、宗族、民族、农民战争、封建经济结构、古代史分期、封建土地制度、资本主义萌芽等问题；四是历史学本身的理论和方法问题，如历史学的对象、任务、特点、历史与现实的关系、历史认识的特点、历史学的层次与结构、历史学的方法等；五是史学史和当代各种史学思潮、流派、观点的研究和评论；六是对当前历史研究和历史教育的任务、问题与倾向的研究与评论。如果归纳一下，这六个问题可以分为两大类，前三个问题是以客观历史为研究对象的理论问题，后三个则是以历史学本身为研究对象的问题。如果我们从广泛的意义上说，这些问题都应该属于历史科学理论的研究对象；但是从严格的意义上说，作为历史学的一个分支学科的历史科学理论应该有自己专门的概念、范畴、原理和规律，并且构成一个严整的科学体系，那么只有上述六个方面的第四个方面也就是只有历史学自身的理论和方法问题才属于历史科学的研究对象。

**问：**您这个观点当时是不是得到了史学理论工作者的广泛认同呢？

**宁：**应该说当时许多学者也是这样主张的。我们可以看到在 20 世纪 90 年代以后出版的史学概论教材大多数都是专讲历史学本身的理论问题的。后来，有学者写文章主张历史科学理论应该包括历史本体论、历史认识论、史学方法论这样三部分。许多教材也是按照这三部分内容写的。

关于这个问题，你可以看一看最近《历史研究》杂志社为《历史研究》创刊50周年选录出版的论文集，其中有一集是关于“理论与方法”的文章，其中收入了我的两篇文章，一篇是关于历史主义的，另一篇就是你上面说的这一篇。在这一集前面有一篇王和同志写的序言，一开始就谈史学理论与历史理论的区别问题。他说，有的史学工作者主张把史学理论分为历史本体论、历史认识论和史学方法论三部分，但是历史本体论实际上就相当于我们所说的历史理论问题，历史认识论和史学方法论则相当于我们所说的史学理论问题。所以说，把历史科学理论分为有关客观历史的理论和有关史学本身的理论这两部分，实际上已经得到了许多史学工作者的认同。

**问：**在20世纪八九十年代，您除了探讨什么是历史科学理论的问题之外，还实际研究了一些历史理论和史学理论的问题。像您写的《关于历史发展的动力》《地理环境在社会发展中的作用》《中国古代历史发展的地理环境》《中国封建社会的人口问题》《中国历史上的皇权和忠君观念》等文章，就应该属于广泛意义上的历史科学理论问题；而《从事实出发是历史认识的规律》《充分发挥史学的社会功能》等文章，就应该属于严格意义上的历史科学理论，即史学理论问题吧？

**宁：**大体是这样的。比如我那篇《地理环境在社会发展中的作用》是1986年在《历史研究》上发表的。当时，关于地理环境与社会发展的关系问题已经引起了一些学者的关注，但是总的来说，在新中国成立以后的30年间，这个问题被完全冷落了。尽管马克思、恩格斯多次谈论到这个问题，普列汉诺夫更是反复进行过论述。实际上这个问题不仅具有人类社会发展究竟由哪些因素决定的理论意义，而且还具有涉及经济、政治、军事乃至文化的发展和决策的现实意义。所以，我十分注意这个问题。我这篇文章主要是从理论上探讨地理环境的作用，我还专门论述了中国古代历史发展的地理环境问题，是在《平准学刊》上发表的。我觉得这个问题的重大意义，需要进行多方面的、长时间的探索，尤其需要把它与中国古代历史研究中的一些重大问题，如中国古代历史发展的特点和道路问题、社会结构问题、古史分期问题、专制主义中央集权问题、民族问题、资本主义萌芽问题、文化特点等问题联系起来探讨；也需要与中国古代各地区、各民族和社会生活的各个部门的研究结合起来。另外，我还考虑到应该与世界其他地区、国家、民族的历史发展结合起来探讨，这样才能真正了解中国社会历史发展的特点。这种研究，对于我们当前的社会主义建设，也是有实际意义的。这就是我所以特别注意研究这个问题的原因。

**问：**2005年鹭江出版社出版的"名师讲义"丛书中，选入了您的《史学理论研讨讲义》，这是您在多年来讲述史学理论课程的基本内容的结晶。您一直主张"史学理论"不单单是历史学，而是"史学学"，如同"科学学"一样。您的"史学理论研讨"就是力图建立这样一门学科，它主要是讲历史认识论。那么您是怎样以历史认识论来贯穿整个课程的过程呢？

**宁：**按我的设想这门课应该有这样一些内容：首先是导言，主要讲历史是什么；第一部分讲历史本体论，当然这里不是讲客观历史的具体内容，而是讲从历史认识论的角度看，要注意客观历史的哪些方面；第二部分是历史认识论，就是讲怎样认识历史；第三部分是历史价值论，讲怎样评价历史，是历史认识论的延续；第四部分是史学方法论，是从历史认识的层次、规律看认识历史的方法；最后是历史学的任务和史学工作者的素养，主要讲为什么要探究历史和史学工作者应具备的条件。对于这些问题，大家都有各色各样的看法，我这里主要是提出一些需要探讨的问题，不过这本书还没有写完。

**问：**您在历史本体论中用很长篇幅对"人类社会"进行分析。大家都知道，历史是人类史，是人类的活动，但是您对人类社会的分析包含了很多的层次，这是出于什么样的考虑呢？

**宁：**这个问题我考虑了很久。因为历史学就是要研究人类社会的历史，所以对于什么是人类社会必须有清楚的认识。人类社会可以包括一个一个的个人，也可以包括人类社会的整体。这其中还有群、区、面、层、结构等。这里面，人、群、区、面、层等在人类社会中各自占有自己的地位，又形成一种错综复杂的关系，这就形成各色各样的社会结构以至一个社会的整体结构。历史就是这些极为复杂的关系相互作用的产物。这样看来，那些相距千万里，时隔千百年，看来毫不相干的东西，也会在各种环节和中介的作用下发生若干联系。这样我们可以看到个别的历史事物、历史现象和历史活动具有一种比它们直接表现出来的效应更深远、更复杂的关系和效应。历史活动就是一个一个、一群一群的有意识有目的的人所创造出来的。他们的意识、目的各自不同，甚至互相矛盾、互相冲突，于是就增加了历史的丰富性、多样性、复杂性、不可捉摸性，甚至可以说是诡异性。这样就会让我们想到，历史到底是有序的还是无序的，有组织的还是无组织的，是各种偶然性的凑合还是具有某种规律性，以及历史是由于这种规律性的作用而使它形成一个进步和发展的过程还是完全不是这样。

**问：**我觉得在对个人、群、区、面、层等构成人类社会各种因素的分析中，您很重视对“层”的分析，特别是强调对影响历史的较深层次的事物的作用。是不是这样？

**宁：**不错。我觉得只要不限于简单陈述一些事件和人物的活动，而是去认真探讨它们产生的原因，那我们就会感到历史的脉搏在深沉的地方的规律性的跳动，而探寻那些表层之下的深沉的东西，广大的人民群众的生活、愿望，不同地位、不同利益的民族、阶级、阶层和集团，社会的结构、各部分的关系和它们的运动，也就是那些较深和更深层次的东西，我们就会发现，那些表层的东西，无非是无数偶然性集合下的深层次的东西、规律性的东西的一种表现。

我曾经在讲课中举了一个深层活动的历史效应的例子：比如说吃饭，这是属于基础性的深层的东西，饮食结构的变化所形成的历史效应，看起来是不大的，也是不明显的，但是绝不是不重要的。而且，它还会引起其他深层的、浅层的一系列变化，进而形成一种明显的、甚至巨大的历史效应。

**问：**您在讲这一点时，曾经提到地理大发现以后，美洲传到欧洲的重要作物如土豆、玉米、红薯、烟草、可可、花生、番茄等对欧洲人的生活的影响。

**宁：**玉米和红薯在中国的作用也是明显的。它们都是在400年前的明末传入中国的。它们产量高，对栽培条件要求低，因此传入中国后立即被大面积推广，在各地普遍种植，尤其是在贫困地区。但是，这只是一个现象。你要进一步联想到当玉米、红薯传入中国时，中国的人口正跃上一个新的台阶。人口从1亿多跃升到4亿以上。当时可开垦的土地不多了，提高单位面积产量成了急迫的任务，靠原来的作物已经有困难了，这时玉米、红薯的传入，正适应了这一历史条件，多少缓和了巨大的人口压力。

由此我们可以看出，任何一个历史活动都不是孤立的，它是由许多过去的和当时的历史因素、历史条件综合起来的结果。而一个历史活动的作用、效应和影响又是许多个人、群体、层面等因素以及历史条件相互作用的结果。这就告诉我们不要孤立静止地看待历史，而要从各个方面的相互关系、运动的角度来把握历史。我还曾经举望远镜的发明这件事情来说明一个个人的小目的甚至无目的的活动，其实是各种大大小小、远远近近、直接间接的因素复杂地交互作用在一个关节点上的产物，而且产生了巨大的历史效应。

**问：**您曾经提到，从一定意义上说，历史活动的关系和作用可能比历史活动本身还更值得我们注意。为什么是这样呢？

**宁：**确实是这样。历史的效应，也就是历史作用吧，它可以有不同的情况。有的是正效应，有的是负效应；有的是直接效应，有的是间接效应；有的是长期效应，有的是短期效应。而且这些效应可能是不一致的，因时因地的不同会有不同结果。

**问：**您的这些论述都是非常深刻的，说明历史本身是非常复杂的。因而，认识历史、研究历史的方法也是非常复杂的。在历史认识论这部分您讲的内容非常丰富，特别是在讲历史认识与史料的关系这部分，对史料的类型和考证史料的方法讲得非常详细。这里的丰富内容可以说是您本人的或其他学者的治史经验的总结。我也读过许多史学概论或史学方法论的教材，但是很少见到如此丰富的治史的经验。而且这里不是一般地讲方法，而是把它提高到历史认识论的高度来讲。后面，您在总结历史认识的过程时提到一个完整的历史认识过程或人们历史活动的完整认识应该包括十个方面，即九个“W”和一个“E”，过去我们只听说过五个“W”，您能给我们解释一下您在这方面的新发展吗？

**宁：**是的。过去我们讲过一个完整的历史认识应该搞清楚 when、where、who、what 以及 why 这五个方面，这是对于新闻记者在从事报道时所提出的要求。后来我进一步考虑，一个完整的历史认识或对人们历史活动的完整认识，或者按其认识的先后次序来讲，无论是严格的逻辑次序，还是发生上的现实历史次序，应当包括十个方面，我就用英文的第一个字母显示，可以称为九个“W”加一个“E”。这就是 when（何时）、where（何地）、who（何人）、work（何事、何状态）、how（如何）、what（是何）、why（因何）、effect（效应、结果）、worth（历史价值）、want（历史需求）。就是说，一个完整的历史认识有一个由表及里、由此及彼、由浅入深、由局部走向全面的过程。这里面的前五个因素，可以说是历史认识的基础的、表层的、个别的、局部的部分，但又是不可或缺的部分；再往后三个开始接触到了展开的、深层的、全局的、相互关系的东西；至于最后两个，即历史价值和历史需求，应该贯注在历史认识过程的各个阶段和各个层次之中。也可以说，越是往后分量越重。这样，我们就可以把历史认识的过程归纳为，从事实出发，得到历史经验，发现原则或规律，最后到规律化的历史过程的再现。这样一个历史认识过程，我们可以称为历史认识的规律。当然，我用这些“W”字头的英文来表示历史认识全过程，可能有一些不甚确切之处。但不妨体会它们的本来意义，做到所谓“得意而忘言”吧！

## 四、从中国古代史到敦煌学研究

**问：**从 20 世纪 50 年代末到 60 年代初，您除教学以外在中国古代史的研究上也相当投入，我看到在已经发表的文章中，研究农民战争问题的文章占很大比例。

**宁：**是的。我对农民战争问题的研究重点还是在于农民战争中的一些理论问题，先后发表了《中国农民战争史上的农民政权问题》《有关中国历史上农民政权的几个问题》《关于中国封建社会农民战争中的皇权主义问题》《中国农民战争的自发性和觉悟性问题》《对农民战争后封建王朝一些政策的分析》等。是 1960 年到 1963 年分别发表在《新建设》《红旗》《光明日报》《文汇报》等报刊上。也有几篇文章是研究农民战争的具体历史事实的，如《唐代宗初年的江南农民起义》发表在《历史研究》1961 年第 3 期；另外，《读王仙芝黄巢受敌诱降、乞降考辨诸文质疑》《尚让的结局》是 1962 年发表在《光明日报》和《江海学刊》上的。这个时期，正是史学界关注农民战争问题的高潮时期。

**问**：农民战争问题也是“文革”前史学界讨论最热烈的“五朵金花”之一，这个热潮的形成固然与当时的社会形势有关，但是参与讨论的学者还是抱着研究学术问题的态度来认真地参与讨论，学者们所提出的问题也是有一定意义的，对于今天认识农民战争这个历史现象也是有它的意义的。在这些文章中您提出的主要问题有哪些？

**宁**：在这些文章中我提出了自己对于历史上的农民政权问题的基本看法：首先，农民革命的主要目标是夺取政权，农民是能够完成这个任务的；其次，农民能够建立代表自己利益的农民政权，即建立农民的专政，尽管它是不巩固、不完全的短期专政；再次，农民由于阶级与历史的限制，不可能巩固与长久地保持自己的政权，农民政权的消灭或变质是农民革命失败的主要标志。

当时，有的同志否定农民有建立自己政权的可能性，因为不存在建立一个“农民政权”的经济基础，农民的小私有制不可能构成一个独立的经济结构，所以农民战争虽然能够推翻统治者的现政权，但不能建立一个新的非封建的政权。也有的同志认为，由于农民的小私有者地位，他们的起义只能是自发的，没有改变国家制度的要求，都是要“取而代之”的。因此，他们都是“皇权主义者”，不可能建立政权。我当时是不同意这些观点的。固然农民是不能巩固与长久地保持农民政权的，因为农民不能改变社会制度，在经济上解放自己，农民经济本身是不稳定的，它始终处在不断的分化之中，也使他们的政权处在不断分化的过程中。再由于他们本身的落后、保守、狭隘、缺乏组织性和纪律性，农民政权是不能巩固和长久保持的。我认为，农民政权和资产阶级政权、无产阶级政权是不同的，但不等于说农民战争不能建立起短期的农民政权。

**问**：另外，在 1963 年您还发表了一篇长文章《对农民战争后封建王朝一些政策的分析》，是发表在《新建设》上的。这篇文章是不是针对当时所谓“让步政策”问题的讨论而发表的？

**宁**：这篇文章是针对当时关于“让步政策”讨论中的一些观点而发的，但是我没有用“让步政策”的提法，我也不赞成简单地用“让步政策”来概述当时的历史现象。我认为，这个问题涉及关于农民起义和农民战争的历史作用的问题，是当时农民战争史研究中的一个重要课题。

在当时的农民战争史的研究中，有些同志对农民战争后封建王朝的政策做了不适当的估计，他们把封建王朝的政策的内容简单地归结为对农民的让步，同时又常常过分扩大这种所谓对农民让步政策的适用范围，过高地估计了它对历史发展的作用。还有的同志不论对哪一次农民起义或农民战争，都常常用一种固定的方式来表述，即土地集中和地主阶级残酷的剥削压迫激起了农民革命；革命打击了地主阶级，教训了封建统治者，迫使他们实行对农民的让步政策，阶级矛盾缓和了，社会经济恢复并发展起来；然后又是土地集中和地主残酷地剥削压迫农民，于是再度激起农民革命。

我认为，这样的表述是不妥当的。因为这样的表述容易导致把复杂的历史过程简单化，忽略各次农民革命的特点和对历史发展的作用，似乎农民起义或农民战争只是周而复始地循环。这样的表述，把农民革命的历史作用仅仅归结为封建王朝的被迫让步，忽视人民群众对历史发展的直接推动作用。同时，有人为了表述封建王朝对农民的让步，生拉硬扯一些材料，或列举几条个别的材料，这种研究带有主观臆断的性质。

我对这个问题提出的看法是：新封建王朝的政策是地主阶级运用国家权力在农民战争后对封建制度的某些方面所做的调整，这些政策反映了农民战争后社会生活变化的各个方面。对农民让步是它的重要内容，但不是唯一的内容。把新王朝的政策笼统地都称为对农民的让步政策并不妥当。只有从历史的全局出发，掌握大量经过分析的材料，掌握封建王朝政策的阶级实质，根据当时的历史条件，具体分析这些政策措施实施的情况，对历史的发展起了什么作用，这样才能避免简单片面的缺点。

**问**：“文革”以后，您对中国古代史的研究重点转到中国古代社会经济史方面来了，这是不是中国古代史领域的一个总的变化趋势，“文革”前的一些热门领域或问题渐趋冷落，大家更关心一些过去一直被忽视的问题，如古代社会经济史的研究？

**宁**：史学领域里研究重点的改变，自然与当时的政治环境、社会环境有关系。我在“文革”以后首先关注的是中国封建社会的人口问题，一共发表了两篇文章：一篇是《试论中国封建社会的人口问题》，发表在《中国史研究》1980 年第 1

期上；另一篇是两年以后在《光明日报》上发表的《中国封建社会的人口问题》。这是有关联的两篇文章。我写关于中国封建社会人口问题的文章，主要目的在于探求中国封建社会的人口规律是什么？它怎样受封建生产方式的决定和制约，怎样随封建生产方式的发展而变化？它对封建社会的发展起着什么作用，这种作用在封建社会发展的各个阶段中又有什么不同？

**问：**我看您的文章中对汉朝人口的变迁情况分析得比较多，是这样吗？

**宁：**对。因为汉朝是中国封建社会的第一个鼎盛时期，同时到汉朝我国的封建社会也已经经历了一个时期了，它的发展道路和基本特点也已经开始显现出来，所以我的研讨是从汉朝开始的。比如，西汉前期人口的迅速增长、西汉中后期人口发展的停滞、汉代阶级斗争与人口问题，等等。

**问：**虽然是重点剖析了汉代的人口变迁的状况，但是您提出了整个封建社会人口变迁的规律、特点，认为它是一种台阶式"跃迁"的特点。

**宁：**我认为，我国封建社会人口自然增长率总的来说是比较低的。但你要是画一条封建社会人口变化的曲线，就可以看出它并不是平滑地缓慢上升，而是具有在一段时期内大起大落和在整个封建时期内做台阶式"跃迁"这样两个特点。如果从一个历时比较久而又比较强大的封建王朝来说，比如说两汉、唐、两宋、明、清等朝代，在它们的初期，人口增长十分迅速，大约到中期达到高峰，而后逐渐停滞，到新旧王朝交替时则急剧下降，使人口的变化呈现大起大落的现象。但是从整个封建社会的历程看，人口增长就呈现出台阶式的"跃迁"状况。战国中期的人口可能有二千五百万到三千万，这是第一个台阶；从汉到唐，人口似乎没有超过六千万，这是第二个台阶；从北宋后期起，人口增长到一亿左右，这是第三阶段；从清代乾隆初年开始，短短一百年时间里人口从一亿多猛增到四亿，随后又陷于发展迟缓的状态，这是第四个台阶。

以往学者们在分析中国历史上人口消长的原因时，往往都从生产的发展与破坏、灾荒与战乱、医药卫生、传统观念等方面去探求原因，这些固然不错，但是没有接触到问题的根本。人类自身的增殖或再生产，虽然是自然现象，但主要是社会问题。人口发展或再生产，一方面是社会生产方式的内容，一方面又主要由社会生产方式所决定和制约。所以，我们讨论人口问题，不能不从现象进一步探究它的经济的原因。因为每一种特殊的、历史的生产方式都有其特殊地、历史地起作用的人口规律。

**问：**您学术事业的另一个方面就是敦煌学研究，您曾经担任过中国敦煌吐鲁番学会的副会长和秘书长，在联系和组织敦煌学的研究力量方面做了很多工作。您是在怎样的情况下搞起敦煌学的研究呢？

**宁：**我在20世纪50年代就开始接触敦煌文书了。1956年，中国科学院图书馆得到英藏敦煌文献的部分缩微胶片。当时北京大学哲学系教授汤用彤先生想查阅一些经书，就找我去做，我就这样开始接触敦煌学，并且开始对它有了兴趣。因为敦煌文书除了佛经以外，还有好多别的东西，涉及社会方面的东西。我对它有兴趣之后，就查了一部分微缩胶片，并且抄了回来。汤老先生要查的东西我没有查出来，但是他没要的东西我却抄了一些。1967年，我曾利用一段时间到那去查阅这批缩微胶片，并抄录了数十件社邑文书，包括“社条”“社司转帖”“社历”“社文”和“社状牒”等。1977年，就真正开始搞了起来，这样就涉及敦煌吐鲁番学了，因此引起了季羡林先生的注意。

**问：**那后来怎么又参与了敦煌学会的工作呢？

**宁：**是这样。学界利用敦煌文书来研究宗教、社会、经济、语言、文学等问题由来已久，但一直没有一个全国性的学术团体，大家是各自为战。到20世纪80年代初，随着国内敦煌吐鲁番学的发展，需要一个全国性的学术团体来组织协调国内的学术研究，推动国内外的学术交流。季羡林先生主持这件事，让我也来参加学会的筹建工作。我说我搞不了，因为我没搞过敦煌学研究。季先生说，就是要你这个没搞过敦煌的人来干！我说我和搞敦煌研究的人大都不认识。季先生说，就是要让你这不认识人的人来干。他说，你没搞过不要紧，我给你把方向偏十五度就行了；他说他也是不懂，把方向偏一点就搞了。1983年，中国敦煌吐鲁番学会在兰州成立，季羡林先生任会长，我担任副会长兼秘书长，协助季先生做具体的组织和管理工作。这件事一直干到1996年。这十多年，工作头绪繁多，我们在争取中央拨款、制订经费使用计划、确定学会挂靠单位、筹建资料中心和编辑出版敦煌吐鲁番丛书等方面，做了很多工作。

**问：**您是做学会的组织工作的，但是您也去英国进行了敦煌文献的整理工作，而且当时您已经是 60 岁的人了。

**宁**：是啊！我参加工作以后就宣布了我的“纲领”：不读书，只看报；不研究，只跑腿。后来有人笑我说，你这不正是个“领导”的做法嘛！当时给我的任务是做一些组织工作。作为秘书长，主要是组织学术活动，协调各方面关系。但是光这样不行，还要做一点研究工作，不然显得太空阔了。从当时敦煌吐鲁番的情况看，主要资料大都流散国外，文献也缺少可靠录文。所以，我想先从搜集和整理分散在国内外的敦煌卷子入手制成图录，设法公布经过整理的录文，编制目录，并且出版一些必要的工具书如辞典之类，以便给更广阔更深入的研究打下基础，也为后来的青年研究者提供比较可靠的整理过的资料。这些工作谁也不能独立完成，必须依靠集体的力量。我的第一个工作就是同英国国家图书馆合作，把英藏敦煌文献拍照，编成《英藏敦煌文献(汉文非佛经部分)》出版。这样 1988—1989 年到了英国伦敦，任务就是筛选拍摄全部英藏敦煌文献，这是一件麻烦、烦琐的工作。千年古纸，脆薄易碎。文献中的长卷有十多米，残片不盈寸，翻阅时必须惜护留心。少量佛经以外的文献，同大量佛经掺杂交错，又大都字迹潦草随意，墨迹浓淡不一，再经岁月磨洗，有些很难辨认。到 1989 年 11 月，用了整整一年时间，经我过目的文书有一万五千余件，从中选出了两千余件。英国国家图书馆、印度事务部图书馆、英国国家博物馆所藏敦煌文书中的佛经以外文献，基本上“一网打尽”。有人说我是中国学者中阅读过全部英藏敦煌文献的第一人，应该说是属实的。拍摄的同志也很辛苦，他们白天要拍摄，晚上进行冲洗，不清楚的还要重拍。这一年，我们没有白费工夫，《英藏敦煌文献》出版后，中外学者称赞它“最完整、最准确、最清晰”。在《英藏敦煌文献》的影响和带动下，法藏、俄藏、国图藏以及国内图书馆、博物馆敦煌文献图片集已经陆续出版了。敦煌文献目录和录文也陆续出版了一部分。知道了这些情况我是感到很欣慰的。

**问**：除了整理《英藏敦煌文献》外，您还参与主编了《敦煌学大辞典》，这也是敦煌学研究的一项重大工程吧？

**宁**：可以这样说吧。这部辞书的主编是季羡林先生，副主编有唐长孺、段文杰、沙知、严庆龙和我。我和沙、严三位实际负责具体组织协调工作。从策划开始，经过组织和编纂，全部编纂过程历时十多年，先后参与的作者有一百多位，组织协调工作相当繁重。包括遴选作者、确定词条和组织撰写。词条写好后，还要组织审定、修改和编排。由于《敦煌学大辞典》是新编辞书，要把近一个世纪的敦煌学相关研究成果浓缩为词条的形式，并采用恰当的方式将其编排起来，所以编纂的工作是十分繁重的。

**问：**您在“文革”以后建立了中国古代经济史研究室，主编或参与主编了《中国经济发展史》《隋唐五代经济史》等经济史研究项目；以后又亲自主持敦煌吐鲁番学会的工作。最后我想问您：从您童年时代读书开始，就涉猎历史著作，几十年来您不断地在这个领域内辛勤耕耘，乐此不疲，历史学为什么会对您有这么大的魅力呢？

**宁：**我想，我们在对待生活、处理事情的时候，有时会强烈地感到知道一些历史比不了解历史要更好一些，也就是所谓的“历史感”。年岁大了，经历的事情多了，积累的经验多了，看问题和处理问题同年轻人就会不大一样。当然这也不一定就是优点。黑格尔说过，同样一句格言，从年轻人的口中说出来时，总是没有那种饱经风霜的成年人所能够表达出的这句格言所包含的内容的全部力量。这无非是成年人有亲身经历以至形成深切感受的结果。

辛弃疾有一阕词：“少年不知愁滋味，爱上层楼。爱上层楼，为赋新词强说愁。而今已识愁滋味，欲说还休。欲说还休，却道天凉好个秋。”就是说，少年人不懂什么是愁，等到成年人就愁到了说不出的程度。现实生活中也有历史的内蕴，那就是完全融会于我们物质与精神生活中的那种文化、思想、心态、感情、思维方式，等等。只有深刻地了解历史，才能了解这些事物的内涵。所以，我觉得读书是无止境的，思考和研究历史也是无止境的。这也就是历史学所以能够如此吸引我的原因吧！

**问：**感谢您的谈话。您从童年时代的读书生活开始回忆，直到您在从事史学研究以后所曾经思考的各种问题。总结您的一生，就是读书的一生，思考的一生，治学的一生。这给年轻一代的学人，树立了一个很好的榜样！

# 宁可先生对史学理论的贡献

按：2014 年 2 月 18 日宁可先生与世长辞，历史学院拟出版纪念文集，此文即为此文集而作。

宁可先生学识渊博、兴趣广泛，自小就阅读过大量的书籍，而且博闻强记，对任何问题都可以论述其原委。在历史研究领域中，他专长中国古代史、中国古代经济史、隋唐五代史、敦煌学等，但是在论述历史问题时，也可以信手拈来许多世界史的例证。对许多历史问题他往往能提出一些常人意想不到的见解。他不满足于从历史事物的表面看问题，往往试图深入到历史规律的高度来说明问题。他之所以能够在历史学的领域里游刃有余地自由论述，是与他深厚的理论修养分不开的。他研读过大量的马克思主义经典作家的著作，参与过很多历史理论问题的研讨，思考过严格的历史科学理论体系的建设，直到改革开放以后他还在思考着有关国家长治久安的一些重大问题。在总结宁可先生对历史研究的贡献时，首先要看到他在史学理论方面的贡献。

## 一、历史唯物主义与历史研究

宁可先生是一位坚定的马克思主义史学工作者，他一贯地坚持用马克思主义的历史观、认识论、方法论去研究历史问题。但是，他不是那种空喊马克思主义的口号或简单地套用马克思主义经典作家的词句来代替深入地探究历史的那种人。他不同于很多历史学家的地方在于，从他开始从事史学研究之日起，就在思考着如何把马克思主义的历史观、方法论具体运用于历史研究。为此，他做了几十年的持续探索。早在20世纪60年代初，我国理论界推出了《马克思主义经典作家论历史科学》的时候，他就在思考着如何把经典作家的论述与中国的历史研究实践结合起来，形成一个马克思主义的历史科学理论。然而，这种理论不是可以一蹴而就建立起来的。他曾经有过失败，但是他没有放弃自己的努力，他的探索持续了几十年。从20世纪的五六十年代一直到八九十年代，他一方面在进行这种理论体系的探索，一方面就历史唯物主义基本理论的一些重要问题进行着探讨。

1962年，他写了一篇题为"从事实出发是历史认识的规律"的文章，文章的题目就是一个唯物主义的命题，文章的内容阐述了一个基本的事实：社会历史的研究真正成为一门严格意义上的科学，是随着马克思主义的诞生开始的。他说："马克思主义的创建，使历史研究真正成为严格意义上的科学，这不是偶然的，这是人类历史认识发展的合乎规律的必然结果，也是历史学本身发展的合乎规律的必然结果。"①他认为，历史事实是历史研究的出发点，但历史的认识无论如何也不能仅仅停留在历史事实的搜集与叙述的阶段上。从具体的历史事实上升为历史经验再到规律和理论，是历史认识的必经过程，也是历史认识的规律。历史学的发展也是同历史认识的规律基本吻合的。历史学的发展，正是大体上经历了从叙述事实到总结经验再到探寻规律这样的三个阶段。但是，原则、理论和规律虽然是指导进一步研究的指导体系或方法，却不是强迫历史事实服从的先验的教条，或是用以剪裁历史事实的型板。历史认识的终极目的是在原则、规律和理论的指导下再现具体、生动、丰富的历史过程，它是一个反复拓展而深入的无限过程。总之，"马克思主义使历史研究成为科学，历史科学在马克思主义指导下不断发展，从而又丰富发展了马克思主义，而这又促进了历史科学的进一步发展。这就是我们的结论"②。

宁可先生所谈的这个关于马克思主义历史科学的最基本的观点，在当时是被广大史学工作者认同的观点，但在今天却被有意无意地淡忘了。2003年，宁可

① 宁可：《宁可史学论集》，中国社会科学出版社，1999年，第158页。

② 宁可：《宁可史学论集》，中国社会科学出版社，1999年，第173页。

先生在一次学术讨论会上以“历史研究和马克思主义”为题做了发言。他说：近些年来，有些史学家好像不大提到马克思主义了，这是由于在“左”的思潮影响下，马克思主义被一些人看成是一种固定的框架，一种僵化的模式，一种教条式的东西。但是，“马克思主义是从实践中总结出来的科学理论，而在以它为指导去说明和解决实际问题的过程中，又在实践中不断修正、丰富和发展自己，尤其是在面对新出现的情况和问题时更是如此”①。他强调，任何学科包括历史学不能没有自己的理论，不能没有理论的指导，问题在于是哪一种理论指导。什么理论对说明和解决实际问题有用，那是要通过实践来检验、来证明的。马克思主义对社会历史整体的基本的认识，是经受了时间的考验，经受了实践的检验的。这就表明，经过了四十多年的风风雨雨，宁可先生仍然明确地坚持历史研究必须以马克思主义为指导。

坚持以马克思主义指导历史研究的一个重要标志是坚持马克思主义的社会形态理论。新中国成立以来，许多史学家运用社会经济形态理论探索中国封建社会的特点、中国封建社会的长期性问题，等等。不论这些学者对于封建社会开始于何时提出了多少种不同的看法，但他们都是认为封建社会是马克思主义所揭示的人类社会历史发展必经的一个阶段。“文革”以后，有的人已经不认为五种社会形态是社会发展普遍的必经的途径。对于封建社会、封建制度、封建主义等也有诸多的质疑。其中较有影响的一种观点认为，封建主义是指先秦“封诸侯建同姓”的那种制度，秦始皇统一六国以后，废封建、行郡县，中国已经不是封建主义了，应当是专制主义、专制制度或宗法地主专制社会。这种状况使人们对于社会形态问题产生了一定的思想混乱，近些年来，对于“封建社会”作为一个历史阶段或社会形态进行整体的宏观的探讨也逐渐减少。

宁可先生作为一个严肃的历史学家，对于学术界出现的这一系列问题进行了认真的思考，并且在人们视为“禁区”的问题上，投入了更多的精力。进入 21 世纪以来，他围绕社会形态问题发表了一系列文章，如《中国社会形态研究中应当注意的一个方面——商品经济》(2000 年)、《从传统社会特征看中国农器发展》

① 宁可：《宁可史学论集续编》，中国社会科学出版社，2008 年，第 15 页。

(2002年)、《中国经济史研究中要考虑的几个提法》(2006年)、《关于中国封建经济结构》(2006年)、《中国封建经济结构的运转和发展》(2007年)。在上述文章中，宁可先生继承了新中国成立以来马克思主义史学家关于社会形态问题的诸多已有的共识，也提出了许多过去没有被人注意到的新问题，内容十分丰富。对宁可先生的这些成果需要进行专门的研究，这里我们只做些简单的论述。

第一，关于封建社会的名称。宁可先生认为，人们对战国以来新的社会形态赋予了各种各样的名称，“但这种种称呼似乎过多地从政治或社会组织着眼而忽视了这首先而且决定性的是一种经济形态”。宁可先生追溯了“封建社会”这一概念产生的由来。“封建”一词，最早是日本人从Feudal转译过来而被中国人接受了的。Feudal所指的是西欧中世纪的那种封臣以领地的形式从领主手中获得土地构成采邑或者庄园，生产劳动主要由农奴承担的社会形态。中国人移用时，把它同形式相近的先秦的“封诸侯建同姓”的制度混同了。到20世纪30年代，中国共产党第六次代表大会决议做出了中国社会是半殖民地半封建性质，中国革命性质是反帝反封建的民主革命的论断。随后的中国社会性质论战中，就一再强调了“封建”这个词；紧接着的中国社会史论战，把当时断定的封建和半封建社会就一直追溯到久远的古代了。毛泽东的《中国革命和中国共产党》指出中国的封建社会自周秦以来一直延续了三千多年。关于中国何时进入封建社会也就有了各种看法，西周封建论、战国封建论、西汉封建论、魏晋封建论等，众说纷纭。“不管怎样，中国的‘封建社会’作为一个历史阶段和社会形态，终究与Feudal有别而存在着了。”宁可先生说：“其实仔细把它同西欧的Feudal对照，发现二者虽然有别，但相似之处也不少，那就是在小生产基础之上的大土地所有制。我们不妨在找到更好的术语之前，暂先遵从习惯，把战国到新中国成立以前的这两千多年的历史称之为封建社会。”①

第二，提出在中国封建社会形态的研究中应当注意商品经济的作用。宁可先生认为，对于中国十五六世纪以后何以落在西方后面，中国的资本主义何以发展不起来，中国近代化的步子何以如此艰难，学者们提出了种种原因，如明清的闭

---

① 宁丁：《宁可史学论集续编》，中国社会科学出版社，2008年，第149页。

关锁国政策、专制主义中央集权国家对经济的限制与控制、传统的重农贱商观念，等等。他认为："还是应当特别从经济的深层，从历史发展的长过程中寻找原因。从中国社会形态的研究，寻求中国历史发展的特点，不能不注重中国经济形态的特点，这里包括了商品经济的特点和作用，而寻求中国经济形态的特点，商品经济的特点和作用也许能给我们以线索和启发。"[①]他认为，商品经济可以说是封建经济的润滑剂、催化剂、驱动剂，没有它，封建经济就不能运转，更谈不上发展。我们甚至可以说，封建经济发展主要看商品经济的发展。

第三，关于个体小生产农业。宁可先生指出，人们常说封建经济的基础和特点是小农经济，但这不确切。因为经济包括生产力和生产关系两个方面，这是不能混淆的。小农经济论者一说小农经济，好像就只是小自耕农经济，农民的多数——佃农、依附农和雇农也不见了。封建农业生产的特点是个体的、细小的、分散的，但中国更为突出。他说，我们可以不用小农经济这个词，称之为个体小生产农业。这是中国封建生产力的基础和主干。它的特点有：集约化农业；以一家一户为经营单位，独立从事生产全过程；生产资料——土地是小块的，最适合的形式是劳动者自己占有（自耕农），其次是劳动者个人长久使用（佃农、依附农）。这种个体小生产农业发展的速度是很缓慢的。[②] 坚持马克思主义对历史研究的指导，还需要对马克思主义的一系列基本理论进行深入具体的研究，使这些基本理论能够被史学工作者所了解和运用。关于地理环境在社会发展中的作用问题就是这样的问题，宁可先生一直关注这个问题，并参与了这个问题的探讨。

地理环境在人类社会发展中的作用问题是一个比较古老的话题。在马克思主义产生以前，古希腊的哲学家、中国的历史家、资产阶级启蒙思想家、德国古典哲学家，都曾谈论过这个问题。在马克思以后，俄国普列汉诺夫和斯大林也都曾经谈论过。他们的论述有许多精辟之处，给人不少的启发，同时也具有相当的唯物主义的因素。特别是普列汉诺夫把地理环境的作用问题放置在历史唯物主义的基础上，在理论上有很突出的贡献。但是，他们的观点也存在一定错误和值得探

---

① 宁可：《宁可史学论集续编》，中国社会科学出版社，2008年，第142—143页。

② 参见宁可：《宁可史学论集续编》，中国社会科学出版社，2008年，第154—155页。

讨之处，对地理环境的作用问题还需要结合各国历史实际，进一步在理论上做出马克思主义的解释。

从 20 世纪 50 年代起，宁可先生就开始思考中国古代历史发展的地理课环境问题，到 1984 年他把自己五易其稿的文章推出来，成为改革开放后比较早的一篇探讨中国古代历史发展的地理环境的文章①。接着，宁可先生又把地理环境的作用问题上升到理论层面来探讨，写出了《地理环境在社会发展中的作用》一文②。在这篇文章中，宁可先生首先提出了“作为人与自然相互关系的一个方面的地理环境主要是一个历史的范畴”的观点，强调在研究人类社会历史发展时绝不能忽视地理环境及其作用。在人类发展的初始阶段，人与自然的关系是简单和狭隘的；随着人类社会的发展，逐渐走上了改造与支配自然的道路，人和自然的关系逐步进入更宽、更深、更高的层次。

其次，宁可先生指出地理环境对社会的作用首先而且主要表现在人类一切活动中最基本的和最具决定性的方面，即生产力上。自然条件即地理环境是作为生产的一个不可缺少的方面在生产过程中起作用，它是生产力的基本内容。它能够加速或延缓社会的发展，促使各个地区、各个民族、各个国家的社会发展产生不平衡。它还可以对生产力的性质和特点产生影响，使生产力及其结构各具特色。

再次，地理环境对于人和人之间的社会关系、社会制度和思想意识，主要是通过它对生产力的影响而间接起作用。同时，地理环境也可以影响到社会生活的许多方面。比如，中国封建社会历史上，统一是历史的主流，这首先是经济发展的要求与结果，但地理环境也产生有利的影响。在意识形态领域内，也可以看到地理环境的某些影响，例如神话、建筑、绘画、文学，等等。

最后，宁可先生指出，地理环境是社会物质生活和社会发展的经常的必要的条件之一，但它不是起决定作用的条件，起决定作用的是生产方式。他认为，普列汉诺夫正确地说明了地理环境主要是从生产资料方面影响了生产力的，并且在

① 《中国古代历史发展的地理环境》，原载《平准学刊》第三辑，又见《宁可史学论集》，中国社会科学出版社，1999 年，第 230—255 页。

② 《历史研究》，1986 年第 6 期，又见《宁可史学论集》，中国社会科学出版社，1999 年，第 117—144 页。

一定程度上说明了人和自然交互作用的辩证关系；但是他把地理环境当成生产力发展的决定因素，而生产力又决定生产关系，生产关系决定其他社会关系、社会结构和上层建筑。这里，他忽视了人和劳动的作用，片面强调“自然环境的性质决定社会环境的性质”，因而没有摆脱“地理环境决定论”的束缚。斯大林在《论辩证唯物主义和历史唯物主义》中，阐明了生产方式是决定社会性质和社会发展的主要力量，否定了地理环境决定社会性质和社会发展的错误观点，这是正确的；但是斯大林对地理环境对社会发展不起决定作用的分析，却不能说是正确。他和普列汉诺夫的观点恰恰相反，认为地理环境几乎是绝对静止的因素，完全忽视了地理环境自身的某些变化对社会发展仍然可以起到或大或小的作用，完全忽视了人与自然的复杂的交互作用及其对自然的和社会的影响，以一种机械论的观点来对待地理环境问题，实际上否定了地理环境对社会发展的作用。

## 二、参与历史理论热点问题的讨论

20 世纪五六十年代，在学术界关注的历史理论问题中农民战争问题是一个热点问题，宁可先生发表了一系列文章参与讨论。对于历史上的农民政权问题他提出了自己的看法：首先，农民革命的主要目标是夺取政权，农民是能够完成这个任务的；其次，农民能够建立代表自己利益的农民政权，即建立农民的专政，尽管它是不巩固、不完全的短期专政；再次，农民由于阶级与历史的限制，不可能巩固与长久地保持自己的政权，农民政权的消灭或变质是农民革命失败的主要标志。当时，学术界有人否定农民有建立自己政权的可能性，认为不存在建立一个“农民政权”的经济基础；有人认为，由于农民的小私有者地位，他们的起义只能是自发的，不可能建立政权。宁可先生认为，固然农民是不能巩固与长久地保持农民政权的，因为农民不能改变社会制度，在经济上解放自己；再由于他们本身的落后、保守、狭隘、缺乏组织性和纪律性，农民政权是不能巩固和长久保持的，但不等于说农民战争不能建立起短期的农民政权。

在“文革”前，关于中国历史上的农民战争是否带有皇权主义性质，也是争论的一个热点。当时一种意见认为，农民经济分散落后，他们不了解封建制度及其上层建筑，不理解皇帝是什么角色，他们需要专制皇帝来代表他们；另一种意见认为，中国农民战争并没有表现出皇权主义性质，中国农民不仅反对地主，也反对封建皇帝，不能因为农民起义名义上称王称帝，就把他们当成皇权主义者。宁可先生认为，应当承认农民有皇权主义思想，中国农民带有皇权主义性质。但是，它和地主阶级的皇权主义有本质的区别，并且不是农民思想和农民战争性质的主要方面。他认为皇权主义是一种普遍现象，这是由农民的阶级地位与历史地位决定的。农民的经济地位使他们很难意识到自己是一个阶级，必须有一个权威来代表他们；同时，农民的阶级和历史局限，使他们不能创造出一个符合自己需要的政权形式来。

宁可先生还对农民战争的自发性与觉悟性的问题发表过意见。他指出，我们应该承认，封建社会的农民战争是自发的革命而不是自觉的革命，但这不等于说在农民的自发的斗争中不存在某种程度的觉悟性，也不等于说两千年间农民斗争的觉悟性没有任何增长。如果只强调农民战争的自发性，连农民在斗争中表现出的某种觉悟性和这种觉悟性的逐步增长也一并否定，那就走向贬低农民革命性的一面了。

在关于“让步政策”的讨论中，他不赞成简单地用“让步政策”来概述当时的历史现象。当时有些同志对农民战争后封建王朝的政策做了不适当的估计，他们把封建王朝的政策的内容简单地归结为对农民的“让步”，同时又常常过分扩大这种所谓对农民“让步政策”的适用范围，过高地估计了它对历史发展的作用。宁可先生认为，这样的表述容易导致把复杂的历史过程简单化，忽略各次农民革命的特点和对历史发展的作用，忽视人民群众对历史发展的直接推动作用。

20 世纪 60 年代初，宁可先生还积极投入了关于历史主义与阶级观点的大讨论，成为讨论中的核心人物。当时学术界对于什么是历史主义、历史主义与阶级观点之间是什么关系在认识上有分歧。1963 年，林甘泉在《新建设》上发表文章，批评翦伯赞对历史主义观点的认识，强调历史主义与阶级观点是马克思主义史学的统一体，马克思主义的阶级观点浸透了历史主义的精神，阶级观点和历史主义是完全一致的、统一的。宁可先生应《历史研究》主编黎澍同志之约，在《历史研究》上以《论历史主义和阶级观点》为题发表文章，针对林甘泉文章的观点，指出阶级观点是唯物主义历史观的核心，历史主义是辩证法对历史过程的理解。把阶级观点同历史主义的统一看作是内容完全一致的，把它们之间的联系看作是必然的，只要有了阶级观点自然就有了历史主义，不免是一种机械的、简单化的理解。文章发表以后反响很大，但也遭到一些人的反对，于是展开了热烈的讨论。没过多久，林甘泉写了第二篇文章，强调历史主义和阶级观点作为唯物史观统一的观点和方法，有着不容分割的内在必然联系。宁可先生也写了关于历史主义的第二篇文章《论马克思主义的历史主义》，1964 年在《历史研究》发表。他指出，历史主义与阶级观点这两个概念的侧重点是不同的。历史主义侧重的是从发展的角度看问题，阶级观点侧重根据阶级划分和阶级斗争的规律对所研究的对象做出科学的解释。二者的统一是有条件的。历史主义和阶级观点是从不同角度认识统一的历史过程的两个原则或方法。不久，“文化大革命”开始。学术讨论受到了政治运动的影响，翦伯赞、黎澍等先后受到批判，宁可先生也跟着挨了批。

“文革”以后，学术界有人在谈到这场讨论时，过分夸大了讨论中的分歧，过分强调了历史主义观点的独立性，甚至把强调“历史主义”看作是一种学术潮流。后来，宁可先生谈到这次争论说：我现在看马克思的著作中，没有讲过历史主义，他曾经在批判法的历史学派时提到过“反动的历史主义”，但那是一个贬词。不过后来列宁讲过两次，毛泽东也讲过，如毛泽东说“我们是马克思主义的历史主义者”。西方学者讲历史主义的不少，我们不去管它了。这个争论在当时的条件下，使用这个概念还说得过去，但是从理论角度上我觉得不要这样提，因为它们本身就是不对应的，历史主义与阶级观点不是一回事，不要把两个概念搅在一起来说。① 这表明，20 世纪 60 年代，学者之间在坚持运用阶级观点来分析历史问题上曾经有过一些分歧，一些争论，后来这个学术论争变成了政治批判。但是，这些学者都是坚持用马克思主义的历史唯物主义来指导历史研究的，而其中阶级观点则是一个核心问题。

改革开放以来，有的学者在反思新中国成立以后到“文革”以前的十七年史学

---

① 参见邹兆辰：《变革时代的学问人生——对话当代历史学家》，首都师范大学出版社，2011 年，第 182 页。

的时候，贬低十七年史学的成就，似乎这“五朵金花”的讨论都毫无价值，完全都是极“左”思潮的表现。我们不能否认当时的学术研究中有政治化的倾向，有“左”的思潮的影响，但不能借此把十七年的史学完全否定。《宁可史学论集》中很多文章都是写于20世纪五六十年代，我们今天重读这些文章，仍然感到这些文章充满了严肃认真的学术思考，有很多观点今天看来也是有真知灼见的。

## 三、严格意义上的历史科学理论

早在20世纪60年代初，宁可教授就参加了由著名历史学家黎澍先生主持的高校文科教材历史科学概论的编写，研读了大量的马克思主义经典作家关于历史科学的论著。“文革”期间，他继续钻研马克思的历史理论，总结多年来史学发展过程中的经验教训，对很多历史学中的理论问题进行了新的思考。

“文革”后，史学界重新开始重视史学理论问题，高等学校历史系也开始恢复史学概论课程的建设，但是对于什么是历史科学理论的问题大家见仁见智，认识不一。还有一些人把唯物史观与史学理论看成是完全相同的东西，忽视了建立专门的历史科学理论体系的重要性。1984年，宁可先生在《历史研究》上发表了《什么是历史科学理论》的文章，受到史学理论界的广泛关注。文章主张区分一般的历史科学理论和严格的历史科学理论，而严格的历史科学理论就是探讨历史学本身的理论问题。宁可先生把当时史学理论方面涉及的内容概括为六大方面：一是历史唯物主义一般原理或规律的探讨；二是关于客观历史发展的辩证法问题；三是历史唯物主义原理或规律在特定时代、地区、民族和社会现象领域的具体化；四是历史学本身的理论和方法问题，如历史学的对象、任务、特点、历史与现实的关系、历史认识的特点、历史学的层次与结构、历史学的方法等；五是史学史和当代各种史学思潮、流派、观点的研究和评论；六是对当前历史研究倾向的研究与评论。他指出：从广泛的意义上说，这些问题都应该属于历史科学理论的研究对象；但是从严格的意义上说，历史科学理论应该有自己专门的概念、范畴、原理和规律，并且构成一个严整的科学体系，那么只有上述六个方面的第四个方面也就是只有历史学自身的理论和方法问题才属于历史科学理论的研究对象。就是说，应该把历史科学理论分为有关客观历史的理论和有关史学本身的理论这两部分。

2004 年，他在《河北学刊》上发表《什么是历史——历史科学理论学科建设之二》一文，这是对历史科学理论建设的进一步探讨。他认为“历史”这个概念应该包括三种意思：一是指人类社会过去的发展过程，也就是所谓“过去的事”；二是指对过去的事的记载；三是人们意识中的过去，或者说就是人的历史认识。过去人们往往注意到“历史”一词的前面两层的意思，而不太注意第三层的含义。以历史为认识对象所形成的一门学问，就是史学或历史学、历史科学，它是一种知识体系。我们的历史认识可以有四个层次，就是历史意识、历史知识、历史学、历史科学。历史科学就是建立在科学基础上的历史学，它的任务是求真，就是把我们的历史认识与真实客观的历史一致起来。“史学理论”不单单是历史学，而是“史学学”，它就如同“科学学”一样，它是历史认识论。

2005 年鹭江出版社出版了宁可先生的《史学理论研讨讲义》(以下简称《讲义》)，这是他多年来为研究生讲授史学理论课程基本内容的结晶。该书凝聚了宁可教授四十多年来对史学理论方面诸多问题的思考，是理论与实践、研究与教学相结合的一部精品。长期以来，宁可教授一直重视教学工作，他对一些历史问题的凝重思考，在一些历史认识上的闪光见解，往往在课堂上与学生交流时表现出来，总会使听者感受到先生知识的渊博和思想的深邃。而今，讲义的出版使更多的学者可以像在课堂上一样，领略先生在娓娓道来的生动讲述中所传达的理性思考。

在这部书中，他不仅讲了历史本体论，就是从历史认识论的角度看要注意客观历史的哪些方面，而且着重讲了历史认识论，就是讲怎样认识历史。他强调，人类社会可以包括一个一个的个人，也可以包括人类社会的整体。这其中还有群、区、面、层、结构等。这里面，人、群、区、面、层等在人类社会中各自占有自己的地位，又形成一种错综复杂的关系，这就形成各色各样的社会结构以至一个社会的整体结构。历史就是这些极为复杂的关系相互作用的产物。这样看来，那些相距千万里，时隔千百年，看来毫不相干的东西，也会在各种环节和中介的作用下发生若干联系。这样我们可以看到个别的历史事物、历史现象和历史活动具有一种比它们直接表现出来的效应更深远、更复杂的关系和效应。

他还认为，只要不限于简单陈述一些事件和人物的活动，而是去认真探讨它们产生的原因，那我们就会感到历史的脉搏在深沉的地方的规律性的跳动，而探寻那些表层之下的深沉的东西，广大的人民群众的生活、愿望，不同地位、不同利益的民族、阶级、阶层和集团，社会的结构、各部分的关系和它们的运动，也就是那些较深和更深层次的东西，我们就会发现，那些表层的东西，无非是无数偶然性集合下的深层次的东西、规律性的东西的一种表现。比如说吃饭，这是属于基础性的东西，饮食结构的变化所形成的历史效应，看起来是不大的，也是不明显的，但是绝不是不重要的。而且，它还会引起其他深层的、浅层的一系列变化，进而形成一种明显的、甚至巨大的历史效应。地理大发现以后，美洲传到欧洲的重要作物如土豆、玉米、红薯、烟草、可可、花生、番茄等对欧洲人的生活产生过很大的影响，玉米和红薯在中国的作用也是明显的。由此我们可以看出，任何一个历史活动都不是孤立的，它是由许多过去的和当时的历史因素、历史条件综合起来的结果。而一个历史活动的作用、效应和影响又是许多个人、群体、层面等因素、历史条件相互作用的结果。这就告诉我们不要孤立静止地看待历史，而要从各个方面的相互关系、运动的角度来把握历史。历史的效应，也就是历史作用，它可以有不同的情况。有的是正效应，有的是负效应；有的是直接效应，有的是间接效应；有的是长期效应，有的是短期效应。而且这些效应可能是不一致的，因时因地的不同会有不同结果。

宁可先生在《讲义》中特别强调，历史认识就是从掌握个别的、具体的历史事实开始，经过对历史经验的概括、总结，最后上升为规律和理论。这就是事实—经验—规律的过程，最后是历史过程规律化的再现，是历史认识的四个互相承续的阶段，也就是毛泽东说的“实事求是”的过程。现在，史学界受后现代主义影响，有的人不承认有基本的历史事实存在，强调历史是个人的解释，他不赞成这种观点，认为历史科学的目的还是要探讨真实的历史事实。

建立这种史学理论体系是一项巨大的工程，非一本书或一位学者之力所能承担。然而，宁可先生不畏艰难、身体力行，数年如一日地在课堂上讲授“史学理论研讨”，这门课程的名称就体现了他是在不断地研究、不断地思考，不断地探索。他深知史学理论体系的建立不能一蹴可就，所以宁愿以“研讨”名之。他希望建立一种有自己特色的史学理论体系，但是他不愿意做空洞抽象的理论架构，宁愿做一些扎扎实实的工作，希望这种理论体系的建立对于实际的历史研究工作有所启迪。所以他推崇梁启超的《中国历史研究法》和法国史学家布洛赫的《历史学家的技艺》，希望把史学理论的思考与实际的历史研究结合起来。能够承担这种“结合”任务的学者必须是在理论思考和实际研究中都具有深刻学养的人，否则讲出的东西必然是两张皮。而宁可先生正是具有这种条件的学者。他积极研讨历史科学理论的目的，无非是要阐明如何才能得到真实的历史事实，而从这种目的出发的理论研究也才能真正做到有的放矢。我们从先生的《讲义》中，到处都可以看到他的这种良苦用心。

《讲义》分为上、下两编。上编讲历史本体论，下编讲历史认识论。但我觉得在先生那里并没有截然的区分，两者是紧密结合的。讲历史本体论，无非是说对于历史本体的认识；而只有对于这种本体的认识，才能全面理解历史认识的方法。例如，在本体论部分中有一个大题目是讲“人类社会”，因为在先生看来“历史是有意识有目的的人的活动”，所以必须首先说明什么是“人类社会”。我们看到在这里他并没有引述前贤往哲们对于“人类社会”的诸多论述，也没有从某种定义出发去论述“人类社会”的诸多特点，他所讲的是“个人”“群”“区”“面”“层”“结构”“整体”这些内容，实际上是给人们提供了认识什么是“人类社会”的诸多视角。也就是说，他所给学生讲的是认识“人类社会”的方法，而不是关于人类社会的各种定义、概念。而在讲“个人”“群”“区”这些内容时他也没有为他们去下定义，而是列举各种各样的情况。比如，讲到“层”的时候，就强调要注意历史表层的东西，更要注意深层的东西，因为历史活动的效应往往从深层活动中表现出来。而这种效应，则包括正效应、零效应、负效应、直接效应、间接效应、短期效应、长期效应等。为了说明历史的效应，他列举了五胡十六国的民族迁徙、隋炀帝的开通运河，还比较了第二次世界大战中 1941 年英军在东非战胜意大利军队的克伦战役和英军 1944 年在缅甸发动的攻势，说明两者历史效应的不同。在说明深层活动的历史效应时，他以饮食结构为例，说明土豆输入欧洲的影响与玉米、红薯在明末传入中国后的影响。先生之所以转这样大的圈子来说明“人类社会”，无非在于让学生理解人类社会的复杂性，只有掌握科学的认识方法，才能对它本身的意义有更深刻的理解。

在讲到历史认识论的时候，宁可先生也和其他史学概论教材的著者一样讲述了历史认识的特点和规律等问题，但他似乎更重视史料和历史认识的关系，因为通过史料来认识历史毕竟是历史认识最重要的特点。他不脱离具体方法来讲历史认识论，并善于把前人在研究历史中各种行之有效的方法上升到认识论的高度，这便与各种经验主义的方法介绍区别开来。他也讲述史料的特点、史料的类型以及各种史料在历史认识中的作用，但与一般讲述方法不同：作为一位长期研究中国古代史的著名学者，宁可先生自己对历史研究方法有深厚的积累，这就使他可以得心应手地在自身的史学实践中提炼出方法性的东西。同时，他也注意借鉴前人的有效方法，例如王国维、陈垣、胡适等先生的校刊、考证方法都在他的叙述之列。在某些领域的研究中，当代中青年学者的考证方法，只要它是有效的也被借鉴来说明问题。比如，用郝春文、李正宇在敦煌学研究中以实例来说明某种考证方法，这样就使对这些方法的分析更具有时代感。这样，在史料内容的考证中，他就讲述了本证(内证)、外证(他证)、参证、旁证、反证、默证、理证、孤证、类证、丐证、证伪等多种方法。[①]

更富有新意的是，他在讲述认识历史的中介环节时，突破了传统学者所论述的文字史料、实物史料、口述史料等的范围，把现实中的历史的东西也看成是历史认识的载体，是认识历史的史料。当然，历史不是简单地存在于现实之中，它包括原生的形态、次生的形态、变化了的形态(包括萎缩的、变质的、变形的、发展的形态)、内蕴的形态等。这样，历史认识的视野被大大扩展了，同时也更能对已经逝去的历史得到一种感性的认识。注意观察现实中的历史的东西，是宁可先生史学思想中的一个重要特点，多年来他一直强调这一观点。现在，他把它纳入历史认识论的体系，便把这种思想更系统化、理论化了。

尽管宁可先生在阐述历史认识的问题时很重视史料的作用，但并不是说历史认识的目的就在于弄清楚个别的历史事实。他强调完整的历史认识是一个由表及

① 参见宁可：《史学理论研讨讲义》，鹭江出版社，2005年，第158—188页。

里、由此及彼、由浅入深、由局部走向全面的过程。这样一个历史认识过程可以归纳为：从事实出发—历史经验—原则或规律—规律化的历史过程的深刻的再现。这样的历史认识过程也就是历史认识的规律。他对于这样一个认识规律也进行了深入的阐述。深入研读宁可教授的《讲义》，无疑可以感受到他在史学理论方面的不断思考和研讨，这对于建立他本人所曾经倡导的严格的历史科学理论体系，无疑是有很大补益的。

## 四、新形势下的史学理论问题

改革开放以来的新形势下，随着实践是检验真理的唯一标准的观点逐步深入，在意识形态领域里一些极“左”的、教条主义的东西逐渐被消除，在拨乱反正的过程中史学界又面临一些新的问题，需要在理论上做出说明。

1979年开始的历史发展动力问题的讨论，批评了在“以阶级斗争为纲”思想影响下的对历史动力问题的一些错误认识，强调了从经济方面来了解历史发展的根本动力，也注意到了历史发展的多样性与复杂性，以及各种因素的交互作用。一时间，各种意见纷纷推出，以致有十多种关于历史发展动力的意见，这对于促进历史研究的深入是有积极意义的。但是，在关于动力问题的讨论中，出现了淡化乃至否定历史上阶级斗争的作用以及经济的最终决定作用的倾向，出现了地理环境决定论，需要或利益或欲望决定论和文化决定论等错误认识。虽然，这是一个关于学术热点问题的讨论，但是如何以马克思主义的观点看待这一问题，仍然是值得探讨的。

宁可先生在《关于历史发展的动力》①一文中说：“没有动力，就没有历史的发展。”“历史发展的动力，来自历史事物内部的矛盾性。”历史事物的矛盾是多样的、多方面的、多层次的。物质资料的生产是人们全部历史活动的基础。因此，在所有的矛盾中，物质生活的生产关系与生产力之间的矛盾、全部社会生活中上

① 见《首都师范大学学报》1994年校庆增刊，又见《宁可史学论集》，中国社会科学出版社，2008年，第101—116页。

层建筑与经济基础之间的矛盾，是社会的基本矛盾。这两对矛盾中，制约着整个社会生活过程的生产关系与生产力的矛盾是更基本的，是历史发展的根本动力。此外，认为生产力是社会历史发展的根本动力，或者认为生产方式是社会历史发展的根本动力，也都是正确的，这是在不同层次上对历史发展根本动力的理解。有的人从生产力本身的矛盾即人与自然的矛盾去探求历史发展的根本动力，或者认为人的物质利益、需要或愿望是社会发展的根本动力的观点是不可取的，因为脱离开社会，孤立地分析历史动力是不适当的。

宁可先生强调，生产关系和生产力的矛盾不是抽象地、自动地发生作用，是要通过人的作用来体现，即由生产中处于不同地位的人们的相互关系、矛盾和斗争来体现。就是说，生产关系和生产力之间的矛盾对历史发展的根本作用，在阶级社会里，就是通过阶级之间的关系、矛盾和斗争直接体现的。阶级矛盾和阶级斗争的表现方面和形式是复杂的、多方面的，有经济、政治、思想意识等诸多方面，也有和平的和激烈的形式，最激烈的形式是暴力革命和武装斗争，但不意味着暴力和武装是阶级斗争的唯一形式。他认为，片面地绝对地强调阶级斗争是历史发展的唯一动力是错误的；同样，忽视、淡化乃至否定阶级社会中阶级斗争对历史发展的直接动力作用，也是错误的。

针对在历史动力问题上的各种混乱思想，宁可先生指出：需要注意和重视历史发展的多样性、复杂性，重视影响历史发展的各种因素、各种力量以及相互作用，注意人的作用及其意志与抉择，注意偶然性的作用，而不能把经济与阶级斗争的动力作用简单化、单一化、绝对化。另一方面，片面地、绝对地强调历史发展的多样性、多因素性、偶然性，夸大个人的自由意志的作用，或者仅仅强调各种因素相互作用的笼统的“合力论”或“系统论”，忽视或否定历史发展有终极的、决定的因素，也是不正确的。

20 世纪 90 年代以来，史学理论界的热点问题逐渐减少，人们对理论问题的兴趣也不如以前，大家所关注的问题多是一些具体的问题。同时，学术界对于西方史学理论、方法、流派的介绍与研究更显得热络。宁可先生对史学理论问题的关注，除了继续他的严格的史学理论体系的建设以外，更注意一些宏观的历史问题的探讨，并试图对于新形势下人们所关注的问题从理论上以及从历史的角度给予说明，并力图阐明这些问题的发展规律。

20 世纪 80 年代初，宁可先生曾经研究过中国封建社会的人口问题。他发表了《试论中国封建社会的人口问题》①和《中国封建社会的人口问题》②两篇文章，对中国古代人口增长的规律进行了探讨。他认为，中国古代人口发展呈现台阶式的跃迁。大体上说，一个历时较久而又比较强大的封建王朝(如两汉、唐、两宋、明、清等)的初期，人口增长十分迅速，大约到中期达到高峰，而后停滞，到新旧王朝交替时期则急剧下降，人口的变化呈现大起大落的现象。从战国中期到新中国成立以前，人口增长经历了四级台阶。今天，我国的人口已经跃迁到第五级台阶。但是，相当长的时期里，我们对于什么是社会主义的人口规律并无认识，因此研究什么是社会主义人口规律，采取各种有效措施，把人口的自然增长率降下来，使这个台阶较长期地延续下去，使人口的发展与生产的发展相适应，不再对社会的发展起延缓或阻碍作用，而是起促进作用，已经是刻不容缓的事了。③

进入 21 世纪以来，宁可先生参与了部级领导干部做历史文化讲座的授课，也参与过面对一般干部的历史知识讲座，在这些讲座中他往往选择社会比较关注的宏观问题，从历史上寻求变化的规律。比如，“中国古代吏治的得失与借鉴”就是 2003 年给部级领导干部做的讲座。其中，宁可先生讲了中国古代吏治的完备与严整性，具体讲了唐朝吏治的情况，如指导思想、对官吏的选拔任用、对官吏的考核与监察、对官吏犯罪的处罚与防范；讲了影响古代吏治的因素，包括体制性的因素和时势性的因素。此外，他还讲了古代吏治可资借鉴之处。他指出，中国古代的吏治，就其监察制度而论，其严密性、权威性在世界古代历史中是绝无仅有的。但是，监察机关是皇权的延伸，其目的是替皇帝来控制和防范官吏。因此，中国的吏治是中国古代封建政治和中国专制主义中央集权制度下的产物，它的成败从根本上说不是由这个制度本身所能决定的，而它的根本改革，也只能在这个制度根本变革的条件下才能做到。④

---

① 载《中国史研究》，1980 年第 1 期。

② 载《光明日报》，1982 年 6 月 21 日。

③ 参见宁可：《宁可史学论集》，中国社会科学出版社，1999 年，第 283 页。

④ 参见宁可：《宁可史学论集续编》，中国社会科学出版社，2008 年，第 35 页。

“中国王朝兴亡周期律”①的问题，是宁可先生给部级领导干部做的另一次讲课。这个问题是一个历史问题，但是又有非常强烈的现实意义。1945年黄炎培访问延安的时候和毛泽东谈话说：“我生六十多年，耳闻不说，所亲眼看到的，真所谓‘其兴也勃焉，其亡也忽焉’。从一人、一家、一团体、一地方乃至一国，不少单位都没有跳出这个周期率的支配力。”这里，他提出了一个王朝兴亡周期律的问题。类似的观点，还有章士钊先生在《柳文指要》中提出的：中国一治一乱循环无已，不论何代，开国以后，迟或百年，少则数载，政治必趋腐败，积渐以至于亡。台湾学人柏杨也提出一项历史定律：任何王朝政权，当它建立后的五十年左右，或者它传到第二代第三代时，就到了瓶颈时期。能够通过这个瓶颈，即可获得一个较长期的稳定，不能够通过或一直胶着在这个瓶颈之中，它必然瓦解。

为了说明这个王朝兴亡周期律，宁可先生把中国从秦到清的十几个王朝列了表，使人看出哪些王朝存在时间长，哪些存在时间短。然后，他回顾历史，进行归纳，总结出历史上新王朝取代旧王朝共有三种途径：一是战争，主要是历史上的农民起义；二是用非暴力的手段，迫使旧王朝统治者交出政权，即所谓“禅让”；三是北方游牧民族借机起兵南下，征服半个乃至全部中国。经过大战乱以后建立的新王朝，一般来说也面对三个矛盾：一是地主统治者与农民的矛盾；二是统治阶级内部的矛盾；三是新王朝与北方民族的矛盾。由于存在矛盾，历来王朝中期都会出现危机，都有针对危机的改革，这类改革往往收到一定的效用，然而行之不久，或因遭反对而废罢，或被别有用心的人标榜改革而走了样，原来的矛盾继续激化。所以，王朝危机还是要延续下去，等到矛盾尖锐起来以后，有人大声疾呼要求改革，但是已经改不了了，最后没有活路的农民起来造反。

宁可先生总结了三点两千多年王朝兴亡的经验教训：第一，中国是农业社会，农业是基础，农民占全国人口的绝大多数，一个统治者如何对待农民，成为一个王朝成败的关键。第二，专制主义中央集权国家各级官僚机构和各级官吏的

① 宁可先生在他的遗著《中国封建社会的历史道路》（北京师范大学出版社，2014年）的《序》中说：“黄炎培《延安归来》，原文是‘中国王朝兴亡周期率’，我未及深思，一直因袭下来。前些年，《咬文嚼字》杂志加以纠正，说‘率’应作‘律’，于是一律改了回来。”（在《中国封建社会的历史道路》中，宁可先生皆用“中国王朝兴亡周期律”）

吏治问题非常重要，历来的统治者都非常重视。王朝兴起时往往重视整饬吏治，而一个王朝之所以衰亡，很大的来源是吏治的腐败，怎么治也治不过来。第三，历代王朝兴亡，乍看起来不免是周而复始的循环，但并非单纯的回归，像螺旋形一样，在循环之中不断上升，不断发展。到宋以后，发展势头受到阻碍，以致19世纪中期以后，欧洲资本主义势力侵入，中国成为半殖民地半封建社会。

为了回应黄炎培提出的王朝兴亡周期律，当时毛泽东回答说：我们已经找到新路，我们能跳出这个周期率。这条新路，就是民主。只有让人民来监督政府，政府才不敢松懈；只有人人起来负责，才不会人亡政息。宁可先生认为，毛泽东提出的这条民主的新路，从孙中山开始一直在进行。在黄炎培与毛泽东谈话六十年后的今天，我们仍然在努力前进，为在体制上和机制上实现民主，实现人民对政府的监督，实现有相当的机制对官员进行制约，真正做到人民当家做主而努力。① 宁可先生这篇文章，对这种"王朝兴亡周期律"做了具体的、历史的阐释，说明了这种"周期律"形成的根本原因及其后果。这对于我们党今天的政权建设、民主和法制的建设、反腐败的斗争，都具有深刻的借鉴意义。

此外，2007年宁可先生还在国家图书馆的文津讲座中，向大家讲解了中国封建社会的专制主义中央集权制度的问题。他在讲座中指出：两千多年来的中国封建社会的政体即政权形式是专制主义中央集权制度。这个制度始于战国，成于秦汉，一直延续到清，历时两千多年，大体上与中国封建社会相始终，这在世界历史上是仅见的，是中国历史的一个特点，对中国历史发展的影响也是巨大的。在这个讲座中，他论述了中国的专制主义中央集权何以形成，具有什么特点，在两千多年中有何发展变化，其发展变化的原因是什么，对中国历史起了什么作用，等等。这样的讲座，不仅仅是要干部和群众了解一些历史知识，更重要的是要他们看到中国历史发展的特点，历史中有哪些规律性的东西，对我们有哪些启示。这也是一种史学理论的研讨，发挥了历史学在建设有中国特色社会主义的过程中的积极作用，体现了一个马克思主义历史学家对现实的关怀。

宁可先生关于史学理论方面的一系列观点是随着新中国成立以来历史学所处

① 参见《宁可史学论集续编》，中国社会科学出版社，2008年，第56页。

的政治环境、社会环境、学术环境的变迁而不断发展的，他在“文革”前的一些理论文章必然也会打上那个时代的烙印。但是，他在历史研究中特别重视理论的作用，以及在理论上与时俱进、不断创新的精神，一直受到史学界同人的敬佩。他对史学理论体系的不断深入探讨、对于历史本身问题的深邃思考和见解、对于认识历史的理论与方法方面的一系列精辟观点，以及对于当代中国面临的一些现实问题的理论思考、对于当前马克思主义历史科学的建设与发展，仍然具有现实的意义。

# 杨生民

杨生民，1936 年生，山西襄汾人。1959 年毕业于北京师范学院历史系，1962 年中山大学历史系研究生毕业。首都师范大学历史系教授、博士研究生导师。主要研究秦汉史、中国古代社会经济史，著有《汉代社会性质研究》《中国春秋战国经济史》《汉武帝传》《杨生民经济史论集》《战国秦汉治国思想新考》等。

## 访谈

# 与杨生民师兄谈“汉武大帝”

按：此文写于2005年。当时，电视剧《汉武大帝》正在热播，我从头至尾看了全剧，然后去访问了曾撰写《汉武帝传》的杨生民先生，就《汉武大帝》的评价进行了交流。此文曾在2005年3月14日中央党校的《学习时报》上发表。原题为《历史学家眼中的汉武大帝——访杨生民教授》。

**问**：杨老师，您是秦汉史研究的专家《汉武帝传》一书的作者，对于汉武帝一生的功过是非很有研究。最近，电视连续剧《汉武大帝》在中央电视台热播，引起观众的极大关注和评论。人们都希望了解汉武帝究竟是怎样一个人，他是像电视剧中所反映的那样一个皇帝吗？

**杨**：汉武帝统治中国长达54年(公元前140—前87年)，他在位时期是西汉时期最重要的历史阶段。

先看看当时的社会经济情况。从春秋战国到汉代经济社会发展取得了巨大的成就。首先，拿冶铁技术来说，按照钱学森的说法，属于第二次产业革命，中国处于领先的地位。春秋时期中国出现了铸铁，比西方早了约18个世纪。春秋末出现了百炼钢。战国时又出现了生铁柔化技术(把炼出的生铁加热，使它内部的含碳成分发生变化，从而变得坚硬)、淬火技术。汉代又出现一种新的技术，就是炒钢，即铁水熔化后，不断进行搅拌，使碳的含量发生变化，形成钢。另外，汉代还开始用煤炼铁。手工业如丝织业、漆器制造等都很发达。

从政治方面来说，当时的一个问题就是分封割据势力。汉初之所以不能打匈奴，与分封割据势力关系很大。汉文帝时为抗击匈奴入侵，亲自到代郡去劳军，而济北王后面就发生叛乱。汉文帝急速派大将军柴武率十万军队去打济北王，他自己也很快回到长安。所以，汉初的分封势力对汉朝政权巩固影响很大，不解决这个问题，匈奴没法打。经过文景时期的不断削藩，特别是平定吴楚“七国之乱”，给了分封割据势力一个重大打击。到汉武帝时再继续打击，诛灭了淮南王、衡山王的势力；还用主父偃的办法，实行“推恩分封”，使分封割据势力的问题基本上得到了解决。

**问**：汉武帝解决了这个问题后就可以打匈奴了吧？

**杨**：是的。文景时经济得到了发展，武帝初年粮仓里的粮食吃不了，府库里存放的钱很多，串钱的绳都腐烂了。由于经济上具备了这样的实力，所以他就不能容忍匈奴对内地的欺侮，就要反击匈奴。反击匈奴的战争开始于“马邑之谋”，集中了三十万大军伏击匈奴，结果匈奴跑了。后来的作战方向是长安以北的河套地区，即朔方地区。打了几次仗，其中一次战役就是电视剧中演的，卫青把右贤王打得大败，获得很多俘虏和牲畜，他还没有回来，汉武帝就派人去封他为大将军。后来就是霍去病的两次西征，一年内去了两次，把休屠王、浑邪王打败。浑邪王杀掉休屠王，率匈奴十万降卒来向汉军投降，实际上是四万。后来把这些降卒安置在河套地区，设立了“五属国”。他们可以按照匈奴的习俗生活，但是归属于汉朝。以后，卫青、霍去病北伐匈奴，他们也跟着出兵。再次就是公元前 121 年，霍去病和卫青一起去进攻匈奴，和匈奴单于正面相对。卫青设阵，把车阵放在前面，匈奴看见不行，就赶紧往北跑，卫青的军队从后追击。霍去病率领的东路军从东面绕到今外蒙古北部去打，从东侧追击，一直往北打到很远的地方。这也是一次大胜仗。这次战役汉朝也付出了很大代价，光马就死伤了十一万匹。霍去病去世以后，攻打匈奴的战争就停下来了。这期间，进行了长达 11 年的谈判。汉武帝要求匈奴单于必须称臣，匈奴不肯称臣。双方谈判了几次，苏武就是这时期派去的汉朝使臣。这期间，穿插了李广利两次伐大宛，损失都非常大。第一次去由于路途遥远，李广利又不善于带兵，将帅又不爱护士卒，路途中损失人员很多，回来的人很少。第二次去领了六万人，全国动员了几十万人准备后勤。这次战争算打胜了，但回来时只有 1 万人，弄回了几匹汗血马和几十匹中等马。此后，又发生了对匈奴的战争。先是李陵率 5000 兵深入进攻匈奴，匈奴实际用全国的兵力来对付，李陵领精兵迎战，仗打得很惨烈。李陵不知为什么投降了。原来他曾说过，这次战争他必死无疑。后来李广利又打了三次，第一次、第二次可以说是不胜不败。第三次是在巫蛊之祸中出兵的，李广利率兵走后，汉武帝发现了李广利与丞相刘屈氂勾结要篡夺汉朝江山的阴谋，汉武帝处死了刘屈氂，李广利最后领了七万大军投降匈奴。所以汉武帝最后对匈奴的战争是打败了，这是当时国内政治形势造成的。

**问：**那么汉朝和匈奴之间的长期战争最后形成什么局面呢？

**杨：**几次打匈奴的结果，汉朝和匈奴的势力对比倒置了。匈奴王庭最后迁到大漠以北，不敢在漠南住了。以后，在汉昭帝、汉宣帝时，主要是在汉宣帝时和乌孙一起打过一次匈奴，乌孙打胜了，匈奴要报复，报复时遇到了大雪，它的牲畜和人都死了很多，匈奴从此大衰。汉朝实际没有出兵，乌孙的几万人就把匈奴打得很惨，掳去牲口就有一百多万头，人也打死很多。从此，匈奴开始分裂，分为内匈奴、外匈奴。内匈奴在汉宣帝时，呼韩邪单于开始向汉朝称臣。后来，外匈奴的单于在汉元帝时被西域都护甘延寿等击毙于西域，这样整个匈奴就臣服于中国。汉元帝时王昭君嫁给匈奴单于，实行和亲，呼韩邪单于已经称臣不再对内地抢掠。在他们生活有困难时，中央政府拨给他们粮食，两大民族从此开始和平共居。

汉武帝时期，阳关、玉门关以西的地区都称为西域，包括现在葱岭以西的一些地区，都是西域。汉武帝打匈奴，打到巴尔喀什湖以南、以东的地区。这些地方当时称为乌孙国，已经臣服于中国。另一边是大月氏，即今天的阿富汗也臣服于中国了。另一个臣服于中国的是大宛，在今天乌兹别克斯坦、吉尔吉斯斯坦、塔吉克斯坦交界的费尔干纳盆地地区。所以在汉朝出现了大统一的局面，汉武帝就是大统一的开拓者；到汉宣帝时，大统一的局面就完成了。那时候中国的疆域，东到朝鲜，有四个郡，南边到越南，设立了三个郡，但是领土扩充最多的是西边、北边。原来河西走廊一带都是被匈奴占着，开通西域、伐大宛以后，西域各国纷纷称臣。所以，西域的面积等于新疆加上葱岭以西、巴尔喀什湖以东的地区和阿富汗地区，总面积二百几十万平方公里。北边的边境，在战国时以大青山和阴山为界，到秦朝时匈奴强大起来，越过了阴山山脉，到了黄河以南的草原。

汉武帝打匈奴以后，今内蒙古、蒙古国的地区和贝加尔湖以南的地区，就都属于中国的领土。总共也有二百七八十万平方公里。所以汉武帝总共开拓的领土面积有六百多万平方公里。他所开拓的疆域比秦朝疆域大一倍还要多。因此，汉朝实现了中国的第一次大统一。

**问：**这样说，汉武帝确实是中国历史上一个很有作为的皇帝了。

**杨：**是这样。汉武帝在经济上实行了改革的措施，比如盐铁官营、平准均输、算缗告缗，还有酒类专卖，采矿、捕鱼要纳税等。他的措施对普通百姓收税不多，但对工商业收税比较重，把工商业的利润都拿来去打匈奴。对老百姓实行了一些仁政措施，如把灾区的民众进行迁移，给予粮食和耕牛等，做了不少扶贫的事情。但是他不断地打仗，征伐太多，百姓的劳役非常重，农民生活痛苦，逃亡的也不少。在思想文化方面，他罢黜百家，独尊儒术，但是把汉武帝的思想文化政策和董仲舒的建议完全画等号也是不对的。他的思想文化政策全面地说是：尊儒术，重法治，兼用各家。他的指导思想很明确，汉宣帝后来总结汉武帝的指导思想时说：汉朝自有制度，本以霸王道杂之。这就是汉代自己的思想和制度。这里，他强调霸道在前，王道在后。这种指导思想，就是儒法结合杂糅，就是汉武帝到汉宣帝时期的指导思想。这个思想是汉武帝时形成的，既尊儒术又重法制，各家兼用。他与秦始皇有很大不同，秦始皇是焚书坑儒，汉武帝是搜救遗书，儒家的经典要搜求，诸子百家的经典也要搜求，在国家图书馆妥为保存。由于汉武帝这样重视搜求遗书，汉成帝时也进行了搜求遗书的工作。这样，到刘向、刘欣那里，才能把这些书编成《七略》，就是国家图书馆的第一个书目。《七略》虽然失传了，但是却留下了班固的《汉书·艺文志》，它是根据《七略》来写的，这对于传播文化作用非常重大。没有汉武帝大规模地在全国搜求遗书，就不可能编写出国家图书馆的书目。他不但重视儒家经典，也重视对诸子百家的搜求，开拓出一个大的文化格局。

他对江山社稷的责任心非常之强。他用法制镇压权贵，包括窦婴、田蚡等人，电视剧里有反映。他杀的刘屈氂，是他三哥的儿子。这些都是权贵，他依法严惩。他的太子刘据，也受过处罚。官吏对权贵处罚越严，汉武帝对他越是看重。对于使他受骗的人，他也要杀。一个是栾大，一个是搞巫蛊之祸的江充。江充是别人杀的。汉武帝把自己的女儿嫁给了栾大，当发现他是个骗子的时候，就把他杀了。他执法非常的严，在军队中也是这样。

他对匈奴的态度、对民众的态度、对贵戚的态度，都反映了他对江山社稷的负责态度，这种情况是非常少有的。再一点，他对自己的过错能认真悔过、认真改过，这在帝王中也是非常少有的。一般帝王都是既爱江山又爱美人，汉武帝也是既爱江山又爱美人，但是当江山和美人发生矛盾的时候，他就能存江山，杀美人。钩弋夫人的儿子刘弗陵已经被立为太子，当时刘弗陵只有六七岁，他就把钩弋夫人赐死了。当人们说起她的儿子已被立为太子，为什么还要杀掉她。汉武帝说：主幼母壮，不见吕后之祸吗？他是接受吕后专政的教训，才这样做的。

汉武帝是个有作为的皇帝。他在政治上进行了一系列的改革，军事上的作为很突出，经济上的改革也是非常突出的，他有一种对国家、对民族的强烈的责任心。他一直奋斗到最后，好像很理智。他对后人说，我可以这么搞，不这样不行，但你们不要这样搞了，否则就是袭亡秦之迹。他在去世前对自己所犯的过错也很难过。我觉得中国有这样一个皇帝是很让我感动的。当然，他在生活上也有很多不检点之处，他好色，他是皇帝嘛，他乱来在当时的制度上是许可的。说他腐败，他就是腐败。汉武帝这个人，做了许多封建皇帝所能达到的极限之事。

**问：**电视剧《汉武大帝》反映了汉武帝一生的基本状况，基本上是符合历史事实的吧？

**杨：**基本上是符合的，但是编的故事多，把矛盾激化了。例如，把和淮南王的矛盾放大了，当时的矛盾没有那么凸显。设立内朝也是事实，把原来的朝廷扔到一边。所谓“儒生治国”是根本治不了的。他就是用身边的他喜欢的这些人，像东方朔、严助、霍去病、主父偃等人，给他出出主意。这个“小班子”领导大班子，以宰相为首的外朝基本上没有决策权。

**问：**您认为电视剧中有哪些失误的地方呢？

**杨：**《汉武大帝》编的情节比较多，矛盾比较突出。比如，对淮南王就编得比较细。史书上也说刘陵在男女关系上不太好，和武帝周围的人交结比较多，但具体人没有说。我觉得可以算失误的地方是在“精钢”的问题上，我看有关的材料没有匈奴从西域得到“精钢”的记载。不是匈奴掌握精钢技术封锁汉朝，而是汉朝的铁器向匈奴进行封锁，向南越也进行封锁。中国的铸铁技术是汉武帝伐大宛时传到大宛的。这个剧倒是应该在马的问题上做点文章。最初是在渥洼湖里发现一匹马很奇异，说是天马，于是汉武帝就写了一首《天马之歌》。后来张骞第二次通西域到乌孙，送了许多金银财宝，得到几十匹马，也叫天马。再后来打大宛，得到的马叫汗血马，之后就叫天马，而乌孙马就不叫天马了。文、景帝时，在西北边界上设立了二十多个养马苑，就是牧马场。汉武帝时把马交到民间去放牧，要向国家交马驹，国家也有很多养马场。还有苜蓿是马喜欢吃的饲料，当时也种了很多。这方面应该多反映一些，而不是在铁的问题上。

**问**：有人认为历史上没有"汉武大帝"这个提法，所以用"汉武大帝"来命名这个电视剧有悖历史事实。您如何看这个问题?

**杨**：我觉得不一定非要这么称呼，但是，汉武帝就他的事业来说称为"汉武大帝"也没什么不可以。俄国有彼得大帝，汉武帝就相当于中国封建社会初期的彼得大帝。有人把他比喻为中国的拿破仑，这不太确切。拿破仑的事业最后是失败的，汉武帝虽然也犯了一些错误，但他的事业基本上是成功的。比如说"西域"的概念，当时并没有说葱岭以东、阳关(今玉门关)以西才是西域，这是东汉以后的情况，汉武帝时控制的面积要大。中国历史发展到汉武帝时是一个新的跃进，在过去发展的基础上，把各种潜力都发挥出来了，而且是痛痛快快地得到了发挥。他把要办的事都办了，应该说是功德千古。而且大统一已经形成了中国的一个传统，一直到新中国成立。毛主席作诗"万方乐奏有于阗"，就反映了中国人民追求国家统一的精神。汉武帝时期，在政治上所进行的改革、在文化上所达到的局面，为中国的统一打下了基础。所以，人们称赞他是一位有雄才大略的皇帝。

# 李淑兰

李淑兰，1937 年生，天津市人。1961 年毕业于北京大学历史系。1962 年分配到北京师范学院历史系工作，历任助教、讲师、副教授、教授。主要从事中国近代史和北京史的教学与研究工作。著有《北京史稿》《京味文化史论》等，主要论文有《略论辽金至明清时期京师文化的特点》《北京历史上的民族杂居与民族融合》《地理环境与北京历史发展》《京味文化的特征》等。

# 对北京历史的全方位把握

## ——读李淑兰老师的《北京史稿》

按：此文写于2014年年末。1994年，李老师的新著《北京史稿》出版后，就送了我一本，当时并未细读。近日重新翻出此书，与她2009年出版的新著《京味文化史论》相对照，发现她对京味文化的关注自十几年前就已经开始了。但如果没有《北京史稿》这样对北京历史的系统把握，也是难以深入探讨京味文化的。

北京史是一门地方史，也是城市史。作为北京市属高校的首都师范大学在它的前身北京师范学院时期，历史系就很重视北京史的教学了。

早在20世纪60年代，中国近代史教研室的贾逸君老先生就开始讲授北京史了。贾老生于1906年，字善长，河北邢台人，是一位学识渊博的老一代学者。早年毕业于北京师范大学，毕业后在北京多所中学任教。30年代有很多著述，如《中国国耻地理》《中国妇女缠足考》《中华民国有趣文件一束》。北平文化学社于1932年出版了他的《中华民国名人传》(此书在1993年岳麓书社以“民国名人传”为书名再版，2012年民主与建设出版社再次出版)。解放以后，贾老又写有《甲午中日战争》《景廷宾扫清灭洋起义》等。1962年，李淑兰来到首都师范大学历史系工作后分配到中国近代史教研室，同时担任贾老的北京史课的助手，从此开始了学习北京史的过程。没过几年，“文化大革命”爆发，北京史课自然也停止了，更不幸的是贾老也于1972年病故了。

1977年开始，雷大受先生继续在系里讲授北京史课程。雷先生于50年代毕业于北京师范学院历史系的专科，后留校工作。在历史系建立文物室的过程中，雷先生协助系里的老先生进行了许多文物的选购、登录、保管工作。贾老去世后，雷先生接过了北京史的教学工作，还担任历史文选的教学工作。他在北京史的教学基础上，也进行了北京史的研究，写了《清初在北京地区的圈地》《北京历史发展形成的特点》等文章。晚年致力于古籍整理工作，点校了清人奕赓所著的“佳梦轩丛书”。这是一部内容丰富的清代笔记，包括11种著述。他花费了很多心血，在1989年完成点校，书还没出版，就于1993年7月病逝了，享年70岁。北京古籍出版社于1994年出版了该丛书。

1985年，李淑兰老师正式开始讲授北京史课。应该说从这两位老先生手中接过这门课，并不是一件容易的事情。她从60年代开始就已经接触北京史了，听过老先生的讲课，自己又积累了许多北京史的资料，但是还没有形成一个完整的教学体系。李老师在任教期间，遵从史学前辈的教导：“做学问要耐得住寂寞，甘心坐十年的冷板凳”。她在总结、汲取前人教学与科研成果基础上，逐步建立起一个具有地方特色，并与中国通史相区别的教学体系。她认为北京史课程需要阐明北京历史是中华民族历史的重要组成部分，但是它有自身的发展特点和轨迹。还要着重分析北京在中国历史不同发展时期的地位与作用。这样经过多年的教学实践，形成了她对北京史学科的总体认识和把握，并且体现在《北京史稿》一书当中。

从上课以后，她就开始思考建立一个新的课程体系并编写自己的教材。北京的历史可以上溯到远古的“北京人”，在漫长的中国历史中它又是北方重镇，自辽金元到明清它又是中国的政治中心，近现代史上很多重大事件都发生在北京，新中国成立以后它成为中华人民共和国的首都，这样多方面的变化、多方面的功能，仅仅按照通史的年代顺序来讲肯定是不行的。经过几年的努力探索，她终于完成了一部内容丰富、材料翔实、有自己特点的北京史稿。该书以北京城市性质、地位的变化为基本线索，将北京历史划分为七个发展阶段：原始人类的聚居地(第一章)、方国中心(第二章的一部分)、封国都城(第二章的另一部分)、中原王朝的北方重镇(第三章)、封建帝都(第四至第七章)、半殖民地半封建国家的统治中心与地方政治中心(第八至第十三章)、人民共和国的首都(第十四章)。而且本书用了十章的篇幅，重点分析阐述北京由地方政治中心到全国政治中心的演变，封建都城的规划与建设，封建城市经济、文化的形成与发展，以及向半殖民地半封建城市性质的转化。

《北京史稿》的完成是李老师长期坚持的两个结合的产物。

一是教学与科研相结合的产物。有一位北大历史系的教师曾经向李老师传授提高教学水平的经验，那就是在每一遍讲课时，争取在教学内容上开出一朵“花”。李老师深受启发，她把“花”定位在教学重点和难点上，通过科研工作达到“开花”的目的。例如，北京成为全国政治中心的同时，也成为全国的文化中心。直至民国时期，即使全国政治中心从北京南移，北京的文化中心地位始终也没有改变。为了阐明这个问题，她先后发表了《略论辽金至明清时期京师文化的特点》《北京历史文化特点浅析》两篇论文。京师文化对于全国总体文化的发展具有凝聚作用和指导作用，北京成为全国文化中心正是建立在这样的基础之上的。到了近代时期，北京依然是多种文化汇聚的城市，特别是新旧文化思想激烈斗争的最主要阵地，北京近代文化事业的发展，在全国居于领先地位，这是北京继续保持全国文化中心地位的主要原因，也是其主要标志，这在书稿的第七章和第十三章的内容当中有所反映。

又如，在讲授北京城市经济形成和发展方面，存在几个难点需要解决，像商业的畸形发展、近代工业极端落后等。为此她查阅了大量文献和档案资料，写成了《北京近代工业的产生和发展》《北京近代工业早期发展的特点》《近代北京商人阶层构成的特点》等论文。这些科研成果不仅使教学内容得以逐步深化，为书稿充实了内容，同时在一定程度上填补了北京近代经济史领域的一些空白。

二是课堂教学与社会实践相结合的产物。北京史属于地方史范畴，根据学科特点，在教学过程中社会实践活动占据较大比重。李老师在任教期间，组织了大量的参观访问、社会调查等活动。有些是全班同学参加，有些则组织课外小组活动。诸如到北京特种工艺品工厂参观，并学习实际制作；到城郊各地实地考察抗日战争遗址和遗迹，并制作“抗战在北平”的展板；要求同学在自家所在地区进行文物普查；组织“京华文化史迹”展览等；还组织学生参观山戎文化遗址，到牛街、马甸、门头村等北京地区的少数民族聚居点进行调查，并写出调查报告，以加深对于北京是多民族共建的城市的理解。这些活动无疑都为《北京史稿》一书的完成做了很好的铺垫。

《北京史稿》出版至今已经20年了，新版本的北京史教材、专著也陆续出版，但是我们今天看来这部书稿还有它自己的特点，是一部了解北京历史发展及其特点的好的读物。

首先，《北京史稿》的内容从远古开始一直讲到20世纪80年代，体系清晰、重点突出、简明扼要，充分体现了北京历史文化的特点。该书虽然是系统地讲述北京的历史，但不是中国通史的北京版，它有自己的特点。全书共有十四章，她用四章的篇幅就交代了从远古到清代的北京历史。其中重点是第四章五朝帝都，对辽代的南京、金代的中都、元代的大都、明代和清代的京师这些政治变迁进行了重点的阐述。清亡以后，北京作为这个半殖民地半封建大国的统治中心和地方政治中心，其在全国的影响力至关重要，该书用了大量篇幅讲述这一时期的政治情况，包括民族民主运动的情况、城市经济和封建文化的情况。这段历史虽然只有37年，但在全国的影响十分重要，所以成为全书的重点。

其次，本书资料丰富、依据可靠，有较强的科学性。一部北京史的研撰，需要涉及的内容比较广泛，包括政治、经济、民族、文化、城建等方面，因而引用资料也比较广泛，文献资料、考古资料、调查报告、报刊资料等都会涉及。如在讲述古代北京的生活环境时，引述了大量的北京市文物研究所、北京市考古工作队的最新的考古报告。该书虽然通俗易懂，但不同于那种史话，所依据材料比较真实，论述比较严密，是一部严肃的学术著作。

最后，该书知识点比较多，文风朴实顺畅，可读性比较强，不仅可以作为高校历史系北京史课的教材、参考资料，也可作为旅游工作者、文物工作者和北京史的爱好者全面了解北京历史风貌的一部参考读物。

# 品味“京味文化”

## ——读李淑兰老师的《京味文化史论》

按：此文写于2010年。当年，获赠李淑兰老师新著《京味文化史论》，很感兴趣。李老师毕业于北京大学历史系，在首都师范大学历史系里是讲授中国近代史课的。根据系里教学需要改教北京史，并著有《北京史稿》一书。退休以后，她仍然在北京史的研究领域耕耘，在多年教学实践与专题研究的基础上，完成了《京味文化史论》一书（主要研究京味文化问题）。读后，写此短文，曾发表于《秋韵》2010年第2期。

京味文化，不仅对于每一个生于北京、长于北京的人来说具有持久的魅力，即使是外地来京的人，也会对它感觉十分的新奇。京味文化，是中华传统文化中的一个极具北京特色的文化现象。新中国成立60年来，北京的城市结构、城市面貌、城市生活都已经发生了巨大的变化，北京正在向现代化的“世界城市”迈进。但是，不论怎样的现代化，北京依然是北京。她那古老的、东方的、独具特色的文化传统和韵味，仍然像一袭抹不去的面纱，罩在北京的面容之上，这就是耐人品味的“京味文化”。

怎样理解京味文化？这是使很多人都感到困惑的问题，甚至北京人自己也说不清楚。人们可以摆出很多很多的文化现象，比如语言、习俗、饮食、建筑、京剧，等等。但是，无论摆出多少现象，总是让人感到是隔靴搔痒，找不到这种文化的深邃的东西。近日，读李淑兰老师的《京味文化史论》（以下简称《史论》）一书，方有茅塞顿开之感。因为了解京味文化，不能只从现象上去就事论事，而必须从它的历史形成过程中去把握它的那种内在的“魂”，也就是它的精神内涵。

《史论》一书，以一个历史学家的视角，通过大量的历史事实，具体探究了京味文化的文化渊源、成因、演进、特征等问题，并且对于它在现今的价值及今后发展的趋势进行了深入的分析。

第一，《史论》一书深刻地阐明了京味文化产生的特殊历史背景。

京味文化的产生与北京在历史上的特殊地位有着直接的关联。北京的历史文化悠久，源远流长。它的文化源头可以上溯到50万年以上的“北京人”。在封建社会的长期发展中，它曾经是一个地域性的城市，而到辽金元明清时期，它又逐步上升为全国的政治中心，从而形成了荟萃各地文化资源的京师文化。这一时期，也是多民族融合的时期，契丹、女真、蒙古、满族的文化特色又都融合在这个京师文化之中；当然，满族统治者建立并存在了二百六十多年的清朝对这个京师文化的影响要更直接。作者对于北京的历史地位的发展和变化及其对京师文化形成的影响做了清楚的梳理。

第二，《史论》全面阐述了京味文化的形成过程。作者指出，京味文化的具体形成是在晚清至民国时期。它是在京师文化的母体中孕育成长起来的，京师的地位赋予了这种文化一种显著的特色。清王朝覆灭以后，封建帝都的地位消失了，但是它的文化影响力并未消失。宫廷文化和缙绅文化转变成全社会的共同财富，与此同时庶民文化得到前所未有的发展。因此，京味文化成为宫廷文化、缙绅文化、庶民文化三种文化潜移默化、互相渗透的结合体。《史论》一书对于这三种文化的源流、表现和相互的影响做了详尽的描述。

第三，《史论》指出了时代的变迁对京味文化产生的深刻影响。京味文化的母体是京师文化，这种文化产生于封建社会的经济结构和社会环境。19世纪中期以来，由于西方殖民势力的逐步侵入，使西方文化的某些因素渗透到传统的京味文化之中，作者具体阐述了西方文化影响促使京味文化演变的过程，并且区分出西方进步文化与殖民文化的不同影响。

第四，《史论》一书，概括了京味文化的主要特征。作者指出，京味文化具有庄重和谐、雅俗共赏、悠闲自在的三大特征。她认为，这些特征是千年古都熏陶而成的城市“性格”。书中从城市建筑、人际关系、传统习俗、日常生活等方面对这些特点做了生动的描述，特别是在说明京味文化是一种高品位的文化上花费了很大的笔墨。作者对京味文化这些特点的分析，可以说是本书的特别的亮点。

当前，各种介绍京味文化的图书很多，显示了人们对于探讨京味文化的浓厚兴趣。与这些书籍相比，李淑兰老师的这本专著显然有它的鲜明特点。

首先，作者把京味文化的产生、发展、演变及其特点的分析，放置在深刻的社会历史背景之中，因而使得对于京味文化的研究不是停留在表面现象的介绍上，而是赋予它特别的历史的厚重感。作为一位长期从事北京史教学与研究的学者，早在1994年她就出版了《北京史稿》一书，从而获得了对北京历史的系统、全面的把握。在这个基础上，她把视角转移到文化上来，使得她对京味文化的探究不仅能够得到历史的依托，也更能得到历史的验证。

其次，以“京味”为轴心，把京味文化的研究拓展到各个领域，从而使读者对于京味文化获得一个宏观的认识。京味文化涉及方方面面，城市建筑是京味文化，风土人情也是京味文化，饮食娱乐、节庆庙会、书画古玩、著名学府也都体现了京味文化的特点。如果单从哪一方面来论说京味文化，都会有失偏颇。而作者从“史论”的角度出发，从历史发展的角度考察京味文化的形成及其各种表现，就能够高屋建瓴，把京味文化表现的方方面面都纳入到历史的大背景下考察，使人不仅不感到琐碎，而且还能够感受到京味文化内涵的博大。

再次，以客观的态度来阐述京味文化，避免从个人的某种特殊偏好去阐述，从而使对于京味文化的探讨达到科学的水平。作者虽然长期生活在北京，又长期从事北京史的教学与研究，无疑对于北京的历史文化有着特殊的感情。但是，作者的这种情感是建立在科学分析的基础上的，她的书是严肃的。她不陶醉于探究那些关于北京的奇闻逸事，也不以特殊的赏玩的眼光来对待某种文化表现，她更多的是以史料来说话，突出的是用那些不同时期生活在北京的文化人自己的现身说法，来体味京味文化、描述京味文化。

最后，与上述特点相联系，作者以建立现代化的世界城市的视角，用客观的态度审视京味文化的历史发展，阐扬其精华成分，揭示其在特殊历史条件下形成的那种体现小农经济特点的、落后于时代要求的那些消极的东西。这一点，集中体现在本书的最后一章“京味文化与北京现代化”上。在作者看来，京味文化既然是在历史发展过程中形成的，也必然会随着时代的发展，改变它的内容与形式。

历史上形成的京味文化中，有一些对建设当代“世界城市”要求不符的内容，必须加以改造。而京味文化中的积极内涵，必然会为这个“世界城市”的建设铸造出自己鲜明的特色。

# 蒋福亚

蒋福亚，1938年生，江苏常州人。1955年考入山东大学历史系，1959年成为王仲荦先生的研究生。1962年研究生毕业，分配到北京师范学院历史系。担任中国古代史的教学、研究工作。历任讲师、副教授、教授，博士生导师。研究方向为魏晋南北朝史、魏晋南北朝经济史。曾任中国魏晋南北朝史研究会理事、顾问。著有《前秦史》《魏晋南北朝经济史探》《魏晋南北朝社会经济史》《走马楼吴简经济文书研究》《管豹集——魏晋南北朝史散论》等。

# 蒋福亚先生的“魏晋南北朝情结”

按：此文写于2015年春。蒋福亚先生早年师从魏晋南北朝史研究大家王仲荦先生，毕业后来北京师院历史系，一直从事魏晋南北朝史的研究，从政治史到经济史，从利用传统文献研究到利用出土简牍研究，一步步深入。他始终坚守着自己所钟爱的研究领域，直到退休以后，仍然坚持在这个领域耕耘，不断推出新的成果。

魏晋南北朝史是中国古代历史的重要阶段，它上接统一的东汉王朝，下连统一的隋唐帝国，将近四百年。这是中国历史上民族关系最复杂，政权更替最频繁的一个时期。魏晋南北朝时期是中国封建社会发展的重要阶段，20世纪以来，诸多史学家涉足这一领域。陈寅恪、唐长孺、王仲荦、周一良、何兹全等学者都是这一研究领域的重要人物。

蒋福亚先生进入这一学术领域是由于他在1959年至1962年跟随王仲荦先生攻读研究生，成为王先生的高足。王仲荦先生生于1913年，是中国著名的历史学家、魏晋南北朝史权威、中国史学界魏晋封建论的代表人物，著有《魏晋南北朝史》《隋唐五代史》《北周六典》等。20世纪30年代曾经师从章太炎先生学习国学，40年代在中央大学任教，1947年起到山东大学任教。

蒋福亚从进入山东大学起，就非常崇拜王先生。他回忆说：“1955年，我考入山东大学历史系。著名学者王仲荦先生教授我们魏晋南北朝史，其渊博的知识、深厚的功底、超卓的造诣、明快的语言、优美的文笔和慈祥的待人态度，令我们佩服得五体投地。在所有讲义中，《魏晋南北朝隋初唐史》分量最重，质量最高，有厚厚两大本。但我做梦也没有想过毕业后会成为他的研究生。这完全是偶然。”在蒋福亚看来，读了王先生的研究生，“确实是我一生中最大的幸运”。在读研期间，先生和夫人对他始终谆谆教导，从学业到生活无比关切，呵护备至，真像对待自己的孩子。

1962年毕业后，蒋福亚先生来到了北京师范学院历史系。和他年龄相近的一些青年教师，专业方向都曾经变换过，而他的专业却始终在魏晋南北朝这一领域。在历史系，成庆华、齐世荣、宁可等先生都强调大学教师要教学和科研并重，没有科研做后盾，教学质量上不去。成庆华先生还特别对他强调要把民族关系问题讲透。于是，他不仅在教学上注意，在科研上也十分注意民族关系问题。

面对魏晋南北朝时期复杂的民族问题，他进行了一系列个别问题的研究，发表了若干篇文章，而最集中的成果，就是他1993年出版的《前秦史》。

二十万字的《前秦史》是一部十六国的国别史。讲前秦的历史就必须涉及氐族的由来、羌氐的发展、氐族的融合等一系列问题。由于此书对氐族的发展进行了探源性的研究，所以史学界有人把蒋福亚的《前秦史》与马长寿的《氐与羌》、孙功达的《氐族研究》等六部著作称为“氐族学六部”。除了朱大渭的书评外，在日本也有专文评述此书，评价都很高。此书运用了《华阳国志》《十六国春秋》《晋书》《高僧传》《太平御览》《太平广记》和很多地方志书的资料进行论述，涉及前秦政权各个历史时期的风貌，涉及蒲洪、苻健、苻坚、王猛、苻丕、苻融等历史人物的评价，也涉及周边的民族，如吐谷浑、匈奴、鲜卑等古代民族。同时，此书也涉及仇池之战、潞川之战、秦凉之战、灭代之战、桓温北伐、淝水之战等历史事件。此书虽然是一部政治史的著作，但是也涉及当时的经济、科技、宗教、文化、风俗、地理等方面的内容，对前秦时期的社会历史状况进行了多方面的阐述。

改革开放以后，宁可教授领导的中国古代史学术团队把研究的重点放在中国古代社会经济史上，秦汉、魏晋南北朝、隋唐都有人分工负责，包括上选修课和进行专题研究。蒋福亚先生仍然负责魏晋南北朝这一段，研究方向从政治史逐渐转向社会经济史。在八九十年代，他发表的一系列有关魏晋南北朝经济史问题的论文，除了像《魏晋南北朝时期历史地位述论》这样的宏观论述外，很多都是社会经济史方面的。如《三吴地区经济的发展和江南河的开凿》《魏晋南北朝北方的农业耕作方式》《魏晋之际河西走廊经济主体的演变》《魏晋南北朝河北经济的发展》

等。更多的文章则涉及魏晋南北朝时期生产关系的状况，如《从户口变动看蜀汉时期巴蜀地区的地主经济》《吴国的地主经济》《东晋南朝的大土地所有制》《魏晋南北朝的租佃关系》《魏晋南北朝国有土地上的租佃关系》《魏晋之际依附民的合法化》《略论魏晋南北朝的奴婢》《论鲜卑慕容部的封建化》，等等。总之，魏晋南北朝经济史方面的研究，成了他这一时期史学研究的主要方向。

经过二十多年的辛勤耕耘，在即将退休的时候，他在这个研究领域中已经积累了丰富的成果。2004 年 12 月，他的《魏晋南北朝经济史探》出版了。紧接着，2005 年 1 月，他的另一部专著《魏晋南北朝社会经济史》也出版了。这是他在这一领域研究成果的集中展示。前者主要收录了二十年来他在这个领域研究的三十篇主要论文；后者则以专题阐述的方式，并尽可能照顾到社会经济史应有的方面，阐述了魏晋南北朝社会经济史领域中的一些重要问题，以及需要商榷和重新探讨的问题。全书包括新经济重心的形成、北方社会经济的缓慢恢复和发展、内徙诸少数民族的封建化、地主土地所有制、地主阶级和依附民、商品经济和传统市场等部分。两书出版后，李凭、魏明孔、刘兴云等学者在《中国史研究》《中国经济史研究》等刊物上发表了书评，给予高度的评价。

2012 年 12 月，蒋福亚先生已经退休将近十年了。由于他这些年来的不断努力，他的又一部力著《走马楼吴简经济文书研究》由国家图书馆出版社出版了。这部书是他多年来利用 1996 年出土的长沙走马楼三国吴简进行魏晋南北朝经济史特别是三国经济史研究的重要创获。走马楼吴简，是 1996 年 7 月，长沙市城市建设中考古工作者在走马楼 22 号井中发现的为数多达十几万枚的简牍，数量之巨，举世罕见，被称为 20 世纪我国古代简牍出土之最。其中有两千一百余枚反映了吴国统治时期长沙郡临湘县国有土地上的租佃关系。经过文物工作者的整理、编辑，1999 年由文物出版社出版《长沙走马楼三国吴简·嘉禾吏民田家莂》。此书出版后，学者们纷纷利用它来研究三国时的租佃关系。蒋先生也在 2000 年后陆续发表一系列文章对该书展开论述，如《有关〈嘉禾吏民田家莂〉性质的补充意见》《也谈〈嘉禾吏民田家莂〉中“二年常限”田的涵义》《〈嘉禾吏民田家莂〉中的“余力田”》《〈嘉禾吏民田家莂〉中的诸吏》等。2012 年 12 月出版的《走马楼吴简经济文书研究》这部 36 万字的长篇著作，就是他在多年研究的基础上，汇总成果、深化研究的结晶。用他自己的话来说："长期以来，我形成了一个习惯：没有自己的论文作底，决不动手写书。本书实质上是在部分长沙走马楼三国吴简刊布后，陆陆续续将近20篇论文的汇总，其间有修改亦有补充则是必然的。"全书共分为三章：《嘉禾吏民田家莂》研究、《竹简》所见吴国前期屯田、《竹简》所见临湘的商业。这是走马楼吴简公布以后的一部重要的学术专著，对于研究三国时期吴国的社会经济状况有着重要的意义。同时，这部著作也显示了蒋先生利用出土吴简研究社会经济史的功力。

在2004年出版的《魏晋南北朝经济史探》中已经收录了蒋福亚先生对《嘉禾吏民田家莂》进行研究的五六篇文章，此后文物出版社陆续出版了《长沙走马楼三国吴简·竹简(壹)》《长沙走马楼三国吴简·竹简(贰)》《长沙走马楼三国吴简·竹简(叁)》。这时候，蒋先生已经退休几年了，还要不要继续对吴简提供的这些"没有经过任何穿凿、剪裁的最原始、最直接、最真实、最宝贵而又最鲜活的经济史资料"进行研究？对于一位在魏晋南北朝史研究领域工作了几十年的学者来说，他感到"即便在退休后还念兹在兹"，一种强烈的研究欲望推动他又写出一系列研究走马楼吴简的文章，先后发表在《中国经济史研究》《首都师范大学学报》《中华文史论丛》《史学月刊》《许昌学院学报》等刊物上，大约有14篇。

这些文章都是在《魏晋南北朝经济史探》出版后发表的，为了便于利用这些成果，需要把这些文章结集出版，于是2014年6月国家图书馆又出版了蒋福亚先生的《管豹集——魏晋南北朝史散论》。在该书中，除了收录社会经济史方面的17篇文章外，还收录了他几十年在这一领域研究中的非经济史方面的成果15篇。例如，魏晋南北朝时期是民族关系最混乱、最复杂的时期，特别是十六国时期，所以他写了关于十六国时期的民族斗争和鲜卑慕容部的封建化等方面的文章。淝水之战的性质问题在20世纪七八十年代曾经是学术界讨论的一个热点问题，他也参与了讨论，发表了3篇文章。对淝水之战的研究，激发了他对氐族和前秦政权的兴趣，为此曾撰写过4篇文章。对于诸葛亮躬耕地、夷陵之战、蜀汉灭亡、魏孝文帝迁都等问题都曾撰写发表过论文。这些文章发表的时间跨度很大，但是也正反映了蒋福亚先生在魏晋南北朝领域进行多方面研究的足迹。

魏晋南北朝时期的四个世纪，是割据政权林立、朝代更替频繁、内徙少数民族众多、民族关系纷繁复杂的时期，是我国封建社会中最混乱、最复杂、战乱最多的时期。蒋福亚先生从1959年跟从王仲荦先生读研开始，直到退休后的十几年，在长达半个多世纪的时间里，在这个领域辛勤耕耘、无怨无悔、心无旁骛，积累了丰富的学术成果，为魏晋南北朝史的学科发展做出了自己的贡献。这就是他一个魏晋南北朝研究学者的一种“魏晋南北朝情结”。

# 时代学术之新潮流

## ——读蒋福亚先生《走马楼吴简经济文书研究》的一点体会

按：此文写于2015年1月，可以说是《蒋福亚先生的“魏晋南北朝情结”》的续篇。

见到国家图书馆出版社2012年12月出版的蒋福亚先生的新著《走马楼吴简经济文书研究》一书，开始感到内容太专，无法阅读。因为我一不懂吴简，二不懂魏晋南北朝经济史。但是，当我仔细阅读了蒋先生自己写的“前言”，对他写这部专著的经过和宗旨有所了解后，对于这位在魏晋南北朝史研究领域耕耘了几十年的学者如此重视新史料，并在对新史料的解读和运用上如此下功夫的精神感到十分感佩。

史学家傅斯年指出：凡一种学问能扩张他所研究的材料便进步，不能的便退步。他还说，能利用各地各时的直接史料，大如地方志，小如私人的日记，远如石器时代的发掘，近如某个洋行的贸易册，去把史事无论巨者或细者，单者或综合者，条理出来，是科学的本事。著名史学家陈寅恪说：一时代的学术，必有其新材料与新问题。取用此材料，以研求问题，则为此时代学术之新潮流。因此，蒋先生积极利用新材料来深入进行史学研究，这也正是这种时代学术新潮流的体现。我们也看到，在走马楼吴简发现以后，许多史学家利用这些材料进行有关历史问题的研究，也包括一些资历很深的学者，但像蒋先生这样对新材料利用得最早，解释得最深入，并且由零散的个别问题的研究进而汇集成专门的研究，写出这样规模的专著，确实少见。

首先，蒋先生高度重视这些新材料的价值。他指出：1996年出土的长沙走马楼三国吴简多达十余万枚，总字数超过《三国志》，数量至巨，举世罕见，被学术界称为世纪性大发现。这批简牍是历史研究中追求的最高境界——恢复历史真相可以凭借的最原始、最直接、最真实、没有经过任何穿凿和剪裁的最可靠的资料，对于中国古代史，特别是三国历史的研究大有裨益。正是因为如此，他紧紧抓住文物出版社出版的四部吴简的资料和他几十年来对魏晋南北朝史的研究，特别是将这些和学术界的有关争论结合起来，推出了一系列的成果。

其次，他对这些新材料的反应非常敏锐，研究是非常及时的。在1999年9月，文物出版社刚刚出版了第一部吴简《长沙走马楼三国吴简·嘉禾吏民田家莂》，蒋先生就开始参与有关问题的讨论，连续发表了《有关〈嘉禾吏民田家莂〉性质的补充意见》《也谈〈嘉禾吏民田家莂〉中"二年常限"田的涵义》《〈嘉禾吏民田家莂〉中的"余力田"》等文章。

再次，蒋先生将对吴简的研究与中国史学界关于魏晋南北朝史研究中一些有争议的重要问题的讨论结合起来，力求通过新史料的运用推动这些问题的解决。比如，长期以来学术界在论述魏晋南北朝时期的社会经济结构时，一度几乎言必谈庄园经济，认为它产生于东汉中后期，鼎盛于魏晋南北朝，衰落于唐前期，和士族地主制度相始终，是魏晋南北朝时期地主阶级配置其占有的劳动力和土地的主导方式，并制约了当时的政治、经济、军事和文化等各个方面。蒋福亚先生认为，我国封建社会自始至终建立在小农经济的基础之上，所以从秦汉时期随着大土地所有制的确立，租佃关系就成为地主阶级配置其占有的劳动力和土地的主导方式，隋唐时期租佃关系又有进一步的发展，直到封建社会后期。所以，他认为魏晋南北朝不可能成为一个特殊的时段，它的经济结构只能上承秦汉，下启隋唐，也就是说魏晋南北朝时期的经济结构仍然是租佃关系占着主导地位。走马楼吴简中《嘉禾吏民田家莂》的2141枚简牍至少可以为国有土地上依然是租佃关系为主提供了有力的证据。例如，吴简显示封建政府出租的土地有"二年常限田""余力田""火种田""余力火种田"四种名称。名称不同，亩租额也不同。"二年常限田"，吏民只有两年的佃种权，租额也仅在两年内有效。这种租佃制度占主要地位，它制约着其他三种土地租佃关系。再如，吴简显示佃租土地的吏民有十二种身份，其中平民占百分之八十七，诸吏和士兵较少，他们都是封建政府控制的人口。另外，地租由米、布、钱三者组成，是实物和货币结合、以实物为主的定额租。众所周知，在我国，正是地主土地所有制影响并制约了国有土地的利用和配置，因而这一状况强有力地折射出私有土地上租佃关系占据着主导地位的事实。

除了利用吴简论证当时的经济结构是租佃关系之外，蒋先生还利用这些材料论证了吴国前期的屯田以及临湘地区的商业情况。这些问题都是魏晋南北朝经济史特别是三国史研究中的重要问题，而且基本上是研究空白。由于有了吴简的资料，这些问题在他的研究中得到了深入的论证。

最后，从个别问题的探索到深入系统的研究。研究走马楼吴简的专著是从1999年到2008年前后近十年内陆续推出的。由于这些简牍不是被科学发掘出来的，而是由文物工作者从建筑废土堆中抢捡回来的，码放程序已经遭到彻底破坏，哪是上简，哪是下简，已经难以理清。但是可以肯定它们是经济文书，是吴国前期临湘县的仓账簿、库藏簿、户籍簿、师佐籍簿等。因而是一批最原始、最直接、最鲜活的经济史资料。已经面临退休的蒋先生把研究这些资料看成是千载难逢的机会，他认真阅读、通盘考虑思索的时候，进一步研究的冲动难以抑制，先后发表了20篇论文，具体探讨了《嘉禾吏民田家莂》的组合形式，如何认识这种租佃制度中一系列的具体问题，如地租数额、征收办法的变动等等，也探讨了吴国前期的屯田制度、长沙的商品货币，以及吴简中涉及的诸吏、士、复民、客和奴婢之类劳动者的身份地位等。由于有了这一系列个别研究的基础，他最后把自己十年来的研究成果汇集成一部三十六万字的专著——《走马楼吴简经济文书研究》。其中的第一章《嘉禾吏民田家莂》研究是全书的重头戏，以六节的篇幅研究了《嘉禾吏民田家莂》从基本内容到组合形式的一系列重要问题，成为迄今为止对该资料的系统的权威的研究。

从蒋先生对走马楼吴简的研究可以看出，一个学术工作者在科学研究的路上是只有加油站没有终点站的。正是他的这种史学工作者的使命意识，推动他在治学的路上埋头苦干、不断前进。

# 阎守诚

阎守诚，1942 年生于广西桂林，祖籍山西五台。1965 年毕业于山西大学历史系。曾任首都师范大学历史系教授、博士生导师，中国唐史学会理事兼副秘书长。主要从事中国古代史、中国古代社会经济史和隋唐五代史的教学与研究。代表作有：专著《唐玄宗的真相》(与人合著)、《危机与应对——自然灾害与唐代社会》(主编)、《中国人口史》《阎宗临传》等；论文《重农抑商试析》《论盛唐气象》《唐代的蝗灾》等，参加撰写的专著有宁可主编的《中国经济发展史》《中国经济通史·隋唐五代经济卷》和吴慧主编的《中国商业通史》隋唐五代的农业、商业和区域经济部分。《中国人口史》曾获北京社科优秀成果奖二等奖。曾承担并完成国家级和省部级科研项目多项。

访谈

# 与阎守诚教授谈阎宗临先生的人生与学术

按：此文写于2014年夏。由于读了阎老师赠我的《阎宗临传》，很有感触，便就阎宗临先生一生的传奇经历与他进行了交流。此文曾在《历史教学问题》2014年第6期发表。原题为《一位重新发现的大师级学者：阎宗临——访阎守诚教授》。

**问：**阎老师，您好！我刚刚读完您的新作《阎宗临传》，我觉得这本书写得很好。您对令尊满怀尊崇与深情，以生动朴实的语言，写出了阎先生具有传奇色彩的人生经历，写出了他对祖国的深沉热爱、对学术事业的奋斗追求，以及为人处世的真诚质朴。在阎先生身上体现了20世纪中国知识分子高尚的精神境界与道德情操，值得我们今天的年轻学人很好地学习与思考。传主是自己的父亲，自然有一种旁人无法具有的亲情在内。但是，您作为一个史学工作者，本着对历史负责、对读者负责的精神，根据资料来说话，没有任何的矫饰造作、凭空虚夸，写出了一部跨越新旧两个社会的知识分子命运多舛的真实人生。我觉得这本书和您较早整理出版的《阎宗临史学文集》《传教士与法国早期汉学》以及《阎宗临作品》三卷：《中西交通史》《欧洲文化史论》和《世界古代及中世纪史》，把阎宗临先生的为人、为师及其学问完整地再现给当今社会，使这位大师级的学者重新被发现，得到了他应该享有的学术地位。这是改革开放以来，中国史坛令人欣喜的一件事。应该首先对您的这些成果表示祝贺！

读了《阎宗临传》以后，还有一些问题想和您一起探讨。

**阎：**谢谢您对我整理父亲遗著和为父亲写传记的评价，我很愿意回答您的问题，我们一起讨论。

## 一个山村的农家子弟怎样成为“洋博士”

**问**：1924 年，一个刚刚高中毕业的 20 岁的农村“穷学生”来到北京，在国内连大学都上不起，经过 12 年的奋斗，居然获得瑞士国家博士学位，成为瑞士弗里堡大学的教授，这个经历太神奇了。他是如何走完这段路程的，请您再给我们梳理一下。

**阎**：说来话长。简单说，父亲的中学学业，由于经济困难，就是靠给学校做杂工，半工半读完成的。他艰苦求学的精神深得老师们的好评。毕业时，教化学的乔老师问他有什么打算，父亲说：“想当教师。”乔老师建议他到北京考大学，给了他 10 元钱，并且鼓励他说：“只要你肯吃苦，天无绝人之路。”到北京后，父亲在《国风日报》当校对，住在报社。这时，遇到了从上海来的华林。华林常给报纸写稿，是勤工俭学的学生，在法国多年，也住在报社。华林和父亲相处一段时间后，很喜欢父亲的勤奋好学、诚实谦虚，就问他：“将来想做什么?”父亲说：“想考师范大学，做教师。”华林说：“既然想读书，为什么不去法国勤工俭学呢?”父亲说：“我也想去，但我不懂法文，不知道怎么办出国手续，出去找不到工作怎么办?”华林说：“做事总要有点冒险，只要你能找到 200 元钱，其余的事我都能帮你办。”对父亲这样的“穷学生”，到哪能找到这笔“巨款”呢？几经周折，还是《国风日报》社社长、辛亥革命元老景梅九帮助解决了经费问题。在华林的细心安排下，父亲于 1926 年 1 月到法国。先在巴黎等地做了一年多劳力工，后来到里昂人造丝厂实验室做清洁工、助理实验员。1928 年秋天，有一次，父亲到邮局存钱，遇到工厂总工程师莱旦先生，莱旦问他：“存钱是想在法国安家吗?”父亲说：“不是，是想去上学读书。”莱旦说：“很好！很好！我一定帮助你。”过了几天，莱旦告诉父亲，已经给他联系好瑞士的弗里堡大学，那里的住宿可以优惠，父亲的存款大概够上学用。就这样，父亲进入弗里堡大学文学哲学院学习，1933 年以优异成绩获硕士学位，并且在做中国文化课教授的同时，于 1936 年获博士学位。

父亲在走出山村、艰苦求学的过程中，曾经得到过不少人的帮助。父亲是幸运的，往往有很好的机遇。机遇可遇而不可求。《周易》说："天行健，君子以自强不息。"我理解，这句话是在说：老天爷是帮助强者的，强者不是有权、有钱的人，而是自强不息的人。所以，父亲创造的人生奇迹，是许多老师、朋友帮助的结果，也是他不断努力、艰苦奋斗的结果，两者缺一不可。

**问**：从您的书中我看到刚刚到瑞士以后，阎先生就有一个与法国著名文学大师、诺贝尔文学奖获得者罗曼·罗兰接触的机会，对于一个中国人来说获得这样的机会是难以想象的。他是怎样获得的呢？

**阎**：当时，敬隐渔把鲁迅的《阿Q正传》翻成法文，寄给罗曼·罗兰，希望罗兰能帮助在巴黎发表。罗兰读了鲁迅的作品后，产生了通过鲁迅来了解中国的愿望。于是他请弗里堡大学的米南克教授推荐行家帮助他了解中国哲学。米南克是父亲的哲学老师，父亲就得到了这个机会。恰巧父亲在北京时，参加了高长虹组织的文学社团"狂飙社"，长虹多次带父亲去鲁迅那里，父亲到欧洲也受鲁迅思想的影响，出国后还和鲁迅有联系。这些在《鲁迅日记》里都有记载。1929年11月，罗兰初次和父亲见面时，详细询问了父亲的履历，当得知父亲认识鲁迅时，他非常高兴，想不到自己有这样好的运气，找到一个来自鲁迅身边的青年为自己讲鲁迅的作品。罗兰当即告知父亲被录用了。罗兰要父亲做的第一次工作是讲解《阿Q正传》的题目，就这个题目罗兰提了四个问题，如鲁迅为什么给小说的主人起名"阿Q"？父亲回答后，罗兰再问：中国人起名的原则是什么？欧洲人起名多来自《圣经》，中国人起名是不是多来自佛经？由此，罗兰告诉父亲，从起名就可以看出宗教在中国和欧洲两种社会有不同的影响。罗兰总是从父亲的回答中引申出他自己对中国文化的理解，从而给父亲以教益。所以巴塞尔大学教授梅兰博士说：对阎宗临而言，"罗兰成了一种类型的学生家长和导师"。罗兰以按时间付报酬的形式资助父亲完成学业。父亲和罗兰的来往，一直延续到1937年父亲回国，期间，罗兰还指导父亲翻译了他写的《米开朗基罗传》，并为这个译本写了序言。可惜，父亲回国时，将自己的书籍和这份珍贵的译稿寄往上海，不料却毁于战火中，造成了父亲终身的遗憾。

如您所说，父亲能长期接触罗兰这样的大师并接受他的教诲在当时确是难以想象的，父亲在青年时代能拜会鲁迅和罗兰这两位东西方的文化巨人，亲聆教诲，并在他们之间起了一点沟通的作用，这种奇遇是非常幸运的。罗兰待人的亲切平和，思维的活跃敏锐、缜密深邃，以及对文化的关注，都给父亲以深刻的影响。父亲也给罗兰留下了很好的印象，罗兰在其日记中写道："阎宗临这样的年轻人让我和我的姐姐都很感动，我爱这样的年轻人。"

**问：**阎先生 1933 年在瑞士获得国家文学硕士，1936 年获得国家文学博士学位，他在瑞士是从事文学研究还是史学研究呢？

**阎：**父亲注册的文学哲学院，没有历史专业。按学校规定，要取得硕士学位必须通过严格的考试，考试分高级与初级两种，获得学位要有两个高级考试通过证书，或一个高级证书和两个初级证书。每个证书分笔试和口试两部分，成绩分特优、优、良、合格四个等级。父亲获得的是两个高级合格证书：一个是法国文学；另一个是古代及中世纪史，父亲取得这两个证书的六次考试(其中包括提交两篇论文)的成绩全部是特优。在瑞士学习，文、史、哲是不分的。至于回国后，以教授世界史为专业，父亲说，是一种职业上的选择。

**问：**阎先生博士论文的题目是"杜赫德的著作及其研究"，这位杜赫德是什么人？对他的研究有什么价值？

**阎：**杜赫德是法国著名汉学家，编辑过《耶稣会士中国书简集：中国回忆录》，他撰写的 4 卷本的《中华帝国志》被西方学者誉为"18 世纪最全面论述中国的史料""法国乃至欧洲汉学奠基之作"，有很大的影响。父亲这篇十万字的博士论文分六章，从内容看大体可分为三个部分：一是介绍 17 世纪末 18 世纪初耶稣会士与中国的关系；二是分析杜赫德的著作；三是论述以杜赫德的著作为主的耶稣会士的作品对法国 18 世纪的影响。论文不仅肯定了传教士带来的科学知识、西方文明对中国传统文化的影响，同时，更着重论述了传教士向欧洲介绍中国情况和中国传统文化后，对法国 18 世纪启蒙思想的影响，以及因此而成为法国大革命产生的因素之一。这篇论文不仅受到论文评议教授的好评，而且 1937 年在瑞士出版后，常为欧洲汉学家引用。但直到 2003 年我编的《传教士与法国早期汉学》收入了这篇论文，论文的中译本才正式问世。如今，关于传教士的研究已经是学术界的热门话题，父亲 60 多年前的旧作，由于它的原创性、开拓性，依然受到学者们的重视。

**问：**在弗里堡大学学习时，阎先生拿下了拉丁文这一拦路虎，并且加入了天主教，他还多次去梵蒂冈查阅资料，这些和他写博士论文有什么关系呢？

**阎：**弗里堡大学是一所天主教大学，拉丁文是必修课，它不仅是天主教内部的通用语言，而且也是欧洲中世纪文献的通用文字。但拉丁文是一种“死文字”，深奥难学。父亲经过三年的刻苦学习，熟练地掌握了这种语言。拉丁文的考试是严格的，包括笔试，把一段法文或德文翻译成拉丁文，口试是翻译和解释一段主考官指定的拉丁文作品。对父亲而言，法文并不是他的母语，考试的难度就更大了。然而，父亲的考试成绩很好，文学院院长为父亲出具成绩证明，认为父亲的拉丁文“造诣高深，获得优秀资格”。拉丁文教授对父亲的成绩感到惊讶，问他：“你从哪里来的这股毅力?”父亲说：“我为了了解西方文化的灵魂。”1931 年冬，父亲加入了天主教。他之所以信教，是因为一个人长期在国外艰苦奋斗，内心有寂寞、孤独、悲观的感觉，这和宗教的情感非常契合。父亲加入天主教，使他对教会的理论、文献、教义、教规都很熟悉，传教士在沟通中西文化交流中起过重要的作用，自然会引起父亲的关注。他在硕士考试古代中世纪专业笔试中提交的论文是《13 世纪到 14 世纪中国与欧洲的关系》。这个时期，是中国的元代，也是罗马教廷与中国最早接触的时代，为了论文的写作，他到梵蒂冈档案馆查阅材料，直到 1937 年回国前，父亲曾七次到罗马。在这样的情况下，父亲的博士论文选题就不难理解了。

**问：**1937 年 7 月，您的父母在弗里堡的教堂举行了婚礼。这个婚礼得到了当时的教皇庇护十一世的祝福，这是一件很有意思的事情。他们的婚礼为什么会得到教皇的祝福呢？

**阎：**事情是这样的：父亲常去梵蒂冈，和管档案的老神父很熟悉。有一次，他到一个小教堂看资料，这个小教堂每年开放几次，每次只开一天。老神父把父亲送进去以后，因为有事就走了，临走时，顺手把门锁了，直到快傍晚时，老神父才想起教堂里有人，赶忙去把门打开。父亲被关在里面整整一天，正在着急，不知道该怎么出去，这是在梵蒂冈的一次历险。第二天，老神父把这件事告诉了教皇庇护十一世，因为出任教皇前，他长期任梵蒂冈图书馆的馆长，和老神父很熟悉。教皇庇护十一世是位很有学问的神学者和古抄本专家，也很重视海外的传教工作。当他听说有位中国留学生多次来查阅传教士档案，进行研究，还被关在教堂里，就对父亲有了深刻而良好的印象，于是便让老神父带父亲去见他。教皇详细地询问了父亲的研究内容，并给予亲切的鼓励。父亲在结婚之前，告知了老神父，老神父告诉了教皇，于是就有了教皇的祝福电报，这在当时的报刊上有所报道。这件事在中国的天主教史上也应该是一段小小的佳话吧！

## 国难中的奔波与治学

**问：** 1937 年 7 月，您的父母亲在瑞士举行了婚礼，婚后他们原本可以在那里开始平静、安逸的美好生活，这是今天很多年轻人求之不得的机会，但他们新婚蜜月未满，就辞去了待遇优厚的工作，谢绝了校长和师友的一再挽留，毅然选择了回到多灾多难的祖国参加抗战，他们是怎么想的呢？回国以后，等待着他们的又是什么呢？

**阎：** 这个问题我也问过父亲："当时你们为什么一定要回来?"父亲的回答是一句简单的反问："国家有难，你能不回来吗?"我无言以对。这句质朴的反问，饱含着何等厚重的来自传统文化积淀的家国情怀。父亲这一代知识分子，深感近百年来民族与国家所受的屈辱，他们最大的愿望就是民族兴旺、国家富强。在他们心中，民族与国家的兴衰存亡远远重于个人的荣辱安危。因此，抗战爆发，不仅是我的父母亲，许多海外游子和学人，都抱着同样的信念，纷纷回国，参加抗战。

回国后的生活是艰难困苦、动荡不安的。我父母亲 1937 年 9 月回到山西太原，年底又转到武汉，第二年 9 月到桂林。抗战八年是在广西度过的，除了 1944 年在桂东逃难一年，一直住在桂林。在这期间，父母亲先后有了我们兄弟姐妹五个孩子，母亲原在无锡国专任讲师，由于家庭经济困难，只好辞去教职，自己带孩子，操持家务，全家七口人，仅靠父亲的工资为生，生活过得很拮据，有时还要靠朋友们接济。但父亲对生活的困难还是很达观的。有次和一位朋友谈到米价高涨、孩子多产、生活困苦时，父亲说："怕什么？人家囤积米，我们囤积人，看将来是人吃米还是米吃人?”父亲的回答一时在朋友间传为佳话。

**问**：您在书中说，在桂林那段时间是阎先生学术成果最多的时期，请简单谈谈他有些什么成果呢?

**阎**：当时父亲刚从国外回来，年富力强，桂林环境相对安定，他也想好好做点研究工作，写了约60万字的论著。主要是三方面：一是对欧洲各国和地区文化特点的研究，包括英国、德国、法国、俄国、意大利、西班牙、巴尔干等，这些研究既是对第二次世界大战出现的问题的分析，也是父亲多年来对这些国家文化和民族性的思考。其中部分文章集结成《近代欧洲文化之研究》一书出版。二是对欧洲文化形成和发展的论述，集中反映在专著《欧洲文化史论》一书中。三是关于清初中西交通的研究，主要是利用在欧洲各地收集的有关档案材料，写了不少传教士与清初清廷关系的文章。父亲在《抗战与文化》等文章中，从文化史观出发，坚定地认为：抗战必胜!

父亲这些论著1949年后，没有再版过，但进入21世纪再版，震撼了史学界，受到广泛的好评和高度的赞扬。像父亲这一代的爱国知识分子，把文化视为一个民族的灵魂。他们认为：国土沦丧，可以收复；文化沦丧，民族就会灭亡。所以，在国家与民族遭受危亡的时刻，在极其艰难困苦的条件下，他们仍然坚持着教书育人、科学研究的工作，这就是为什么西南联大能培养出那么多优秀人才、四川李庄中央研究院能做出那么多优秀成果的原因。这样看来，父亲在桂林时研究成果最多也就不足为怪了。可惜我们对抗战时期的文化总结研究得还不够。

**问**：抗战时期桂林是著名的文化城，聚集了很多文化人，给他们的交往创造了条件。您在书中提到了阎先生这时期与一些文人的交往，有的甚至成为他终身的挚友，您可以举些例子吗?

**阎**：是的，父亲在桂林时，有许多旧友新朋。过去就认识的，如梁漱溟、夏敬农、徐悲鸿、焦菊隐等，新认识的有欧阳予倩、万仲文、巨赞法师、梁岵庐等。我想先说一下和梁漱溟的交往。父亲初到北京时，曾以第一名的成绩考取梁漱溟主办的在山东曹州的重华书院，梁漱溟答应免去他的学费和食宿费。父亲去了以后，上了一个多月课，对梁漱溟讲的儒学等内容不感兴趣，提出退学，要回北京，梁漱溟深为理解，欣然同意。他的学问博大精深，为人善良宽厚，成为父亲终身敬重的老师。在桂林时，我们家住在无锡国专提供的宿舍，1942 年冬梁漱溟来到桂林，借住在国专，和我家成为邻居，他单身一人，父母亲很自然地负责照顾他的生活，一日三餐都和我们在一起。当时他在写《中国文化要义》，父亲在写《欧洲文化史论要》，师徒二人常在一起讨论问题，1944 年桂林大疏散时才分开。父亲再见梁漱溟是解放以后了。父亲每到北京，总会去看梁漱溟。“文革”开始，二人联系中断。1970 年，父亲处境稍微好一点，就写信问候老师，恢复了联系。

再说巨赞法师。法师是位很有学问的高僧，懂得梵文、英文、德文、俄文多种文字，还能写诗填词。他在桂林月牙山的寺院做主持，离我们住的地方不远，父亲常去那里躲警报。法师知道我们家孩子多，生活困难，常将别人送他的食品转赠给我们。母亲开玩笑说：“法师吃四方的，我们吃法师的。”解放后，法师任中国佛教协会副会长、北京广济寺主持，和父亲的联系依然很密切。父亲逝世后，他还赋诗悼念。法师对我们兄弟姐妹也很好，在我心目中，他不仅是位得道的高僧，也是位亲切的长辈。

**问：**书中有一章回顾 1944 年您一家人在广西蒙山、昭平等地逃难的经历，描述十分生动。特别是 1997 年您还有一次寻访逃难踪迹的活动。对于当时的情景，您有什么感受？

**阎：**我的深切感受主要有两点：一是父母把我们抚育长大真不容易。逃难时，我们五个孩子加起来还不到 20 岁。父亲背着刚两岁多一点的我，母亲抱着出生不久的妹妹，三个五六岁的哥哥姐姐自己走着，家里的日用杂物丢失殆尽，只有一点简单的行李。从桂林到荔浦，再到蒙山、昭平，沿途虽有学生关照，但也难免饥寒交迫。重走逃难的路线，使我真切地感受到父母带我们四处奔波的艰难困苦。我想：父母赋予我们生命，在经历苦难中，呵护着我们成长，这些都是应该倍加珍惜而永志不忘的。二是中国的知识分子真优秀。无锡国专的师生在逃难中，只要环境相对安定，就坚持上课。在蒙山县城时，饶宗颐带了四个学生深入金秀瑶区进行考察，他平易近人、联系实际进行科学研究的精神给随行的学生极大的启迪和鼓舞。在考察中，饶宗颐还写了不少诗，后来汇集成《瑶山诗草》。

在蒙山文尔村，有两个月相对安定的时间，国专继续上课，教师认真授课，学生刻苦学习，完全不受艰难环境的影响。父亲在村里还写完了《罗马史》。在艰苦的岁月和动荡的环境中，依然坚守和发扬着中国的文化，这就是优秀知识分子的风范。

## 山西大学时期的阎先生

**问**：阎先生是1946年离开桂林，应聘到中山大学任历史系教授兼系主任的。如您在书中所说，解放前的广州时局动荡，物价飞涨，生活十分困难，在那样的条件下，阎先生还写出了《欧洲史稿》和《希腊罗马史稿》等讲稿。您说这两部手稿十分珍贵，它们反映了阎先生对欧洲史的宏观的、体系性的认识。您能简要地谈谈它们的特点吗？

**阎**：我在写《阎宗临传》时，为了全面反映父亲的一生，也为了增强传记的学术性、知识性，我根据自己的理解，用相当的篇幅介绍了父亲各个时期的研究成果。父亲对欧洲史的认识，主要是认为欧洲是亚洲的半岛，它之所以取得洲的资格不是天然的，而是人为的。欧洲的民族问题很复杂，虽然有过两次统一，一次是罗马帝国的统一，一次是罗马教皇的统一，但并不是民族合作或地理环境造成，而是人为的，因而可以说欧洲没有统一过，只是"组织"过。父亲还认为，从历史和文化着眼，我们看到两个欧洲，一个是海洋的欧洲，一个是大陆的欧洲，两个欧洲的连接线在法国。我们谈论欧洲文化，常指前者，而忘记了后者。父亲非常重视地中海在欧洲历史文化发展中的作用，因为地中海代表一种向心力，有甬道作用、刺激作用和发酵作用。西方历史，最初无所谓欧洲，它以地中海为中心，受埃及与中亚的激荡与启导，逐渐演进，构成希腊与罗马的文明。欧洲历史的特点不是自然地发展，而是欧洲人意志的努力。因此父亲讲欧洲史并不是按五种社会形态的发展来讲，而是讲欧洲人怎样"创造"了欧洲，这就是特点。由于时间关系，我只能简单讲这些，如果有人感兴趣去读我写的传记或读父亲的原著，并且发表评论，我将很感谢！

**问**：中山大学是很有名的学校，校园环境好，名教授很多，为什么解放后阎先生要回山西呢？是不是对故乡更有感情呢？

**阎：**解放前，钱穆曾邀请父亲去台湾，父亲谢绝了。解放后，陆侃如邀请去山东大学，焦菊隐邀请到北京师范大学，张友渔、赵宗复邀请回山西大学。父亲决定回山西，有对故乡感情的因素。在两广十二年，生活不习惯，语言也不通，很自然地想回故乡，但更重要的是和阎锡山的关系。在两广，人们总认为父亲和阎锡山“沾亲”，逢到有人问这个问题，父亲会说：与阎锡山“同姓不同宗，同县不同村”。父亲虽然和阎锡山不“沾亲”，却带点“故”。父亲读的中学是阎锡山任校长的川至中学，算是他的学生。1949 年，阎锡山在广州出任行政院长兼国防部长，他手下的两位亲信秘书是父亲的中学同学，他们带父亲去见过阎锡山两次，一次是为在中山大学的四位山西籍的学生要了点资助，因为他们都很贫穷；一次是为制止国民党军队到中山大学砍树，因为中大的树品种繁多，都是供林学院教学所用。但刚解放，中大的军管会就扣发了父亲的聘书，要他交代和阎锡山的关系。好在当事人都在，很快搞清楚了。中大发还了聘书，并一再挽留父亲，父亲想：自己和阎锡山的关系走到哪都很难说清楚，只有回山西能说清楚。因此，决定回山西。现在看来，这个决定是明智的，解放后历次政治运动，父亲没有因为阎锡山的问题挨整。

**问：**看来情况还是很复杂的。来到山西大学，阎先生除了在历史系教课外，还担任着繁重的教学行政工作，但他依然坚持学术研究。您在《阎宗临传》里写了“史学之难”一章，读起来令人十分感动，请您介绍一下这方面的情况。

**阎：**解放后，父亲的研究方向依然是中西交通史，他主要是关注中亚与西亚地区，他认为这些地区在古代世界曾发挥过重要的作用，是中国和世界衔接的重要地方，值得好好研究，为此，他写了《古代波斯及其与中国的关系》《匈奴西迁与西罗马帝国的灭亡》等文章。父亲还做了一些与中西交通史有关的古籍笺注，他重新修订了樊守义的《身见录》校注，新做了《北使记》《西使记》和《佛国记》的笺注，这些古籍的作者都是山西人，从而把自己的学术专长和对故乡的热爱之情结合起来，为山西地方史的研究开辟了新的领域。父亲也对一些旧作进行了改写，例如，应商务印书馆的约请，1962 年出版了《巴斯加尔传略》，出版后不久就受到批判。在“文化大革命”中，无法搞研究，父亲想，亚非拉是正在兴起的第三世界，可以用自己的外文特长翻译一些非洲的资料，帮助青年学者研究非洲，他拖着病体，翻译了四本关于非洲的法文书，翻译工作直至病重不能执笔才停止。总的来看，父亲的论著以《阎宗临作品》3卷统计，以1949年为界，之前占70%，之后占30%。1949年后的论著中又有65%是未刊稿，发表的仅有10多万字。父亲从没有向外投稿的习惯，一般是约稿，他的文章都发表在山西的刊物，有些还是内部刊物。所以父亲变得"籍籍无名"也就可以理解了。尽管1949年后，在"左"的思潮影响下，治学之路是艰难的，父亲却从没有停止前行的脚步，也没有改变一个真正学者以学术为生命、不断追求真理的情怀。

**问：**您父亲最后的28年是在山西大学度过的，他和那一代知识分子一样，经历了一系列的政治运动，一直到"文化大革命"的浩劫。您作为他的亲人，最能了解他的心情，他是怎样承受这一切的呢？

**阎：**您提的这个问题回答起来有一定的难度，因为父亲很少向我们讲他过去的经历和自己的思想变化。我觉得，由于父亲出生于普通农民家庭，又有过艰苦求学的经历，他在欧洲生活时间很长，了解西方社会，也经历了中国的新、旧社会，看到新中国改变了过去贫穷的面貌，在国际上有重要的地位，因此，他的基本政治态度是真诚地拥护共产党，热爱社会主义制度的。在历次政治运动中，父亲抱着认真改造自己的态度，因此，基本是有惊无险，安然无恙的。但"文化大革命"未能幸免，父亲作为"反动学术权威"被揪出，拖着病体挨批斗，劳动改造，他很不理解这样的运动，也很痛苦。母亲怕他想不开，出什么意外，让弟弟妹妹把家里房门的插销都卸掉，妹妹有事外出时，父亲对她说："你放心地去吧！为了你妈妈和你们六个孩子，我不会去死的。"这大概就是父亲承受痛苦的心理底线吧！

**问：**您的书中涉及很多阎先生对子女培养的情节，是很感人的。人的生命总是有限的，阎先生的理想和追求，是不是在他的下一代中传承下来了呢？

**阎：**我们兄弟姐妹，除弟弟还在工作岗位，其余都已退休，步入老年。我们中没有富豪，没有高官，也没有院士，有的是五个教授、博士生导师，一个高级工程师。一个家庭能走出这样多的教授，实属不易，这里饱含着父母的艰辛和奉献。在父母的言传身教、潜移默化的影响下，我们都能够做事认真严谨，淡泊名利，为人善良真诚，仁爱宽厚，学有专攻，业有所成，对社会做出了积极的贡献。这是可以告慰父母在天之灵的。我们没有父母那样优秀，但他们的理想和追求我们一直在努力传承。

**问：** 读了您的《阎宗临传》，联想到您为阎先生的学术成果做了那么多的整理工作，觉得这是对社会、对中国的学术事业做了件很好的事情。阎先生那一代人背井离乡、远渡重洋，认真地了解和学习西方的历史和文化，抗战开始又毅然回到多灾多难的祖国，他们何尝没有自己的“中国梦”？只是到了今天，他们的梦想才有了实现的可能。您的工作，让阎先生回到了他在20世纪中国史坛上应有的位置，这也是对学术事业的一份贡献。谢谢您接受我的访谈！

**阎：** 谢谢您的访谈。

## 访谈

# 与阎守诚教授谈《阎宗临传》的撰写

按：此次访谈是《与阎守诚教授谈阎宗临先生的人生与学术》的继续，主要谈的是阎老师本人的学术经历，特别是谈他如何写《阎宗临传》的问题。文章写于2014年年底。

**问**：阎老师，上次我们谈您写的《阎宗临传》，主要是谈了与您父亲有关的问题。这次访谈，主要想听您谈谈您是怎样走上史学道路的，怎样整理和出版父亲的遗著，怎样为父亲写传记，以及在写传记的过程中，您有什么体会，好吗？

**阎**：好的。我很愿意谈谈您提的这些问题。

**问**：您和您父亲都是从事史学教学与研究的，您走上史学之路是受父亲的影响吗？

**阎**：可以说是，也可以说不是。说是，是因为父亲一生都在大学教书，我从小也一直生活在校园里，中学时的爱好是文科，青少年时代的梦想就是像父亲那样成为大学的历史教师。这个愿望是如此令我神往，以至在以后的生活中任何其他选择都显得黯然失色。在经历了许多艰难曲折之后，在我年近半百之时，这个青少年时代的梦想才成为现实。

说不是，是因为在1960年高考报志愿时，我打算报文科，学历史，父亲并不同意，父亲说："学历史太难，是个无底洞，不如学理科，实际一点。"学理科是父亲指导子女们选专业的一贯思想，所以，我们兄弟姐妹六个都是学理科的。在父亲的再三劝说下，高考前不久，我才放弃了报文科的想法改报理科。我讲这一段报志愿的经历，是想说，父亲作为一个历史学者，却不愿让自己的子女选择历史专业，认为“学历史太难，是个无底洞”。这一点当时我并不理解，以后很长时间也不理解，直到我从事了历史教学与研究，整理了父亲的遗著，我才真正理解了父亲所说的从事史学研究之难。

**问：**据我所知，您毕业于山西大学历史系，您是怎样由理转文的呢？您父亲同意吗？

**阎：**说来也是机缘巧合。高考的结果是我被录取到山西大学地质系，这个系是新成立的，第一届招生。然而，命运总有说不清楚的变化。1962 年国家进入经济困难时期，由于地质系新成立，师资、设备等办学条件都不够成熟，省委决定撤销地质系，已招的两届学生可以根据自己的意愿，选择省内的高校和专业转学，学习年限视具体情况而定，但资历不变，仍然按 1965 年毕业计工龄。我们班有一小半同学转到医学院，一大半转到化学系，我也就随大流转到化学系。两个月后，山西大学常务副校长李铁生对父亲说：“让你的孩子到历史系跟你学历史吧！”父亲推脱了一下，说：“他已经到化学系了。”李校长说：“没有关系，手续我给他办。”父亲无奈，回到家里问我：“你愿意去历史系吗？”我说“愿意”。于是我就从化学系转到历史系 1961 级，虽然仍然保持 1965 年毕业的资历，实际却降了一级。

从高考报志愿想学历史，到父亲的一再劝阻，再到两年后从化学系转到历史系，绕了个大圈子，又回到史学专业的原点，父亲无可奈何，我也为此付出了代价。因为转这个圈子，迟毕业了一年，1966 年赶上“文化大革命”，没有能分配工作，一直到 1970 年才有了一份工作，晚工作了五年，在这个大学整整待了十年。不仅如此，这个圈子也为我以后的生活经历奠定了基础。每当回忆起这段往事，就会有种莫名其妙的感觉。我知道，历史上也好，生活里也好，发生了的事，既成的事实就是结果，对“结果”，只能讲“因果”，很难讲“如果”，因为“如果”无助于改变既成事实。我转这个圈子的因果是清楚的，但又总觉得因果中还有一些说不清、道不明的偶然因素在起作用，所以，有的时候，难免会想这个“如果”，以及“如果”带来的“后果”。我想，这种偶然因素就是我们俗话说的“缘分”或者“命运”吧！最近，初次读到父亲六十多年前写的《论偶然》(《民主时代》，1947 年第 2 期)一文，其中说：“偶然是‘命运’的具体化。”这句话言简意赅地说明了我心中所想，确实如此。

**问：** 您到山西大学历史系读书，走上了史学之路，有什么体会呢？

**阎：** 单纯从读书、学习史学来说，真没有什么可说的，因为那不是一个读书的时代。我转到历史系是1962年9月，正是大讲阶级斗争的极“左”之风愈演愈烈的时候。当时强调高校文科要“以社会为工厂”，学生要积极参加社会实践，与工农兵相结合。所以，我到历史系后，在学校读书上课的时间并不多。1963年10月到繁峙县宣讲“双十条”，下乡一个学期。紧接着，1964年10月，又到定襄县搞“四清”，直到1965年夏天才回来。1966年春节过后，到原平县搞“四清”复查，回到学校“文化大革命”就开始了。算起来，四年中，在校读书的时间不到两年。

在历史系我开始感觉政治上有压力了。由于大讲阶级斗争，一个人的阶级成分以及社会关系就成为在政治上衡量人的重要标准。对我而言，父亲是资产阶级知识分子，有一个伯父是富农，一个叔叔是“右派”，还有个姨妈在法国，算有海外关系。这样的出身和社会关系自然使我的改造任务要比别的“根红苗壮”的同学大得多。我在班里是学习成绩好的，很自然就成为只“专”不“红”的典型。我递了入党申请书，连积极分子都当不上。党员和我谈话，让我首先要和家庭划清界限。这使我很为难，拿现在的话说是很“纠结”，因为在我心目中，父亲对我的教育并没有什么不好的。他教我为人要正派、诚实、善良、宽厚，要公私分明，要有事业心，做一个有益于社会的人。父亲对我的要求也是严格的。我考入山西大学之初，父亲就让我和同学们一起住在学生宿舍，在食堂吃饭，不能搞特殊化。但是，既然申请入党，总要说点什么，经过再三考虑，我只能这样写：父亲虽然出身于劳动人民家庭，但在旧社会，一心想成名成家，走了一条个人奋斗的道路，使自己成为资产阶级知识分子。解放后，虽然努力改造自己，但阶级观点薄弱，看人对事重品德、重业务、轻政治的倾向还是很明显的，对我也是有影响的。我一定要克服家庭的不良影响，认真学习马列主义、毛泽东思想，努力使自己成为无产阶级的知识分子，等等。

**问：** 由此看来，您在“文化大革命”中，也一定因为父亲的问题受到牵连吧？您当时是怎样想的呢？

**阎：** 是啊！“文革”开始，父亲被打成“资产阶级反动学术权威”，揪出来批斗、劳动改造。我自然也被打入另册，从此进入了我一生中最黑暗、最压抑的时期。

在“文革”初始的大字报狂潮中，有给父亲贴的，也有给我贴的，就贴在我的宿舍门口，主要是“敦促”我揭发父亲的罪行。我告诉父亲，父亲只说了一句：“你不要乱说。”我说：“好的。”心想：我是不能乱说，别人可以乱说、给父亲乱扣帽子，我不能，因为我说的内容，即使是乱说，别人也一定认为是真的，因为我是他的儿子。我沉默了几天后，报纸上发表了一篇社论，标题大概是“正确对待可以教育好的子女”，“可教子女”是当时像我们这样的“黑五类”(地、富、反、坏、右)或“黑帮”子女的通称，社论中有这样一段话，大意是：对“可教子女”，要允许他们有个认识问题的过程，不能操之过急，云云。于是，我写了张大字报，抄录了“社论”中的这段话，并表示一定认真考虑父亲的问题，表了个态，同学们也没有再穷追猛打，就应付过去了。

虽然如此，我的处境依然不好。由于扣发了父亲的工资，竟至使我交不出伙食费，只好回家把读地质系时买的书收拾了一提包，准备卖点钱，交伙食费。看着装书的提包，想到自己沦落到卖书过日子的地步，心中有种莫名的苍凉。好在过了两天，大哥守胜从北大给我寄来 15 元钱(当时他的月工资也就 38 元)，解了我断食之危。后来开始大串联了，同学们奔赴各地，我因为是“可教子女”，不让出去。回到家里，父亲安慰我说：“等安定以后，爸爸给你钱，让你到想去的地方。”我也安慰父亲：“现在这样乱，我也不想出去，我在家陪你。”在“文革”初期那样沉重、艰难的日子里，我和父亲之间心是相连的，情是相通的。回想起来，这是让我感到特别欣慰的。

说实在的，从小学到中学，我的成长是一帆风顺的，所以，总觉得世界是美好的，人是美好的，没有什么矛盾。当“文化大革命”的风浪把我打到最底层，归入另册时，我再去看社会，感觉就不一样了。首先，我知道环境改变了，人的脸也是会变的。过去对我笑脸相迎的人，现在见了我则冷脸相对。其次，对人要听其言、观其行，才能知其言的真正含义，不能轻信。还有，在一种强大的潮流或者氛围的裹胁之下，人内心的热情或者邪恶就会迸发出来，使他(她)表现出与平时完全不同的一面。由此可知：真正认识一个人并不容易，而理解一种潮流或氛围并和这种潮流或氛围保持一定的距离也并不是一件容易的事。

“文革”中的遭遇，使我懂得了人的一生，一帆风顺不一定是幸运，遭遇一些坎坷磨难也未必是不幸。古语“生于忧患，死于安乐”是有道理的。因为只有在身处逆境时，才能真正磨炼你的意志，让你领悟人生的哲理，懂得人性中正直、真诚、善良的可贵。我在处于困境时，也有许多老师、同学对我很好，他们的善意，像漫漫寒夜中的篝火，让我感到温暖，他们的这份情意，我将永世不忘。

**问：**您说的 20 世纪 60 年代在大学学习和参加“文革”的情况，今天年轻的学子们大概是难以想象的。您在离开学校参加工作后的经历如何呢？

**阎：**我们离开学校是在 1968 年 10 月，到天津军粮城部队农场接受解放军的再教育。在农场种了两年水稻，从挖渠、插秧、挠秧到割稻、背稻、打稻，劳动的强度和艰难程度都很大。好在当时年轻，不管多苦多累，一天下来，筋疲力尽，睡一晚，第二天又精力充沛。部队里以正面教育为主，我也就没有挨整之虞。只是没有行动的自由，连写信连部也要检查，这时才真正感到自由的可贵。

到 1970 年年初，部队给我们分配工作了，由于当时战备紧张，太原、大同、阳泉等城市不留人，我被分到岢岚县，这是晋西北一个很偏僻、贫穷的小县，当地人开玩笑说“岢岚县是可怜县”。

1970 年 3 月底，我动身到岢岚报到。临行前，父亲很亲切地对我说：“没关系的，你去吧！时间一长，人们就会认识到你的价值。”在他处境不好的情况下，还夸奖我一句，这对我是很大的鼓励。到岢岚后，当时的大学毕业生都不愿当教师，因为知识分子是“臭老九”嘛！我则选择了当教师，在岢岚中学教语文(没有历史课)。由于我对教师职业的热爱和突出的工作表现，被评为县级模范教师。1972 年 6 月，我还被批准入党。父亲知道了也很高兴。在后来的整党运动中，要求党员端正入党动机，批判“入党做官论”，我在检查中说：“我没有受‘入党做官论’的影响，因为我并不想做官，只想清清白白做人。如果说入党动机有不端正的地方，就是我有入党不受欺负、不做二等公民、不要再苦思冥想如何和家庭划清界限的思想。”这些话是我的真心话。

1973 年 10 月，父亲在家里，不慎跌倒，股骨颈骨折，被送到医院治疗。家中只有母亲一人，我只好请假回到太原，和母亲一起照顾父亲。父亲出院后，失去了自理的能力，大部分时间只能卧床休息，这时我才感到在县里工作不行，得想办法调回太原，照顾年迈多病的父亲和母亲。

**问：** 您是怎样调回太原的呢？

**阎：** 我去找了父亲的朋友、时任省革委政治部主任的史纪言，向他陈述了家里的困难，请他帮我调回来。1974年2月中旬，我先是被借调到省委大批判写作组。10月，被正式调入省委办公厅政策调查研究室(简称调研室)。调研室作为省委的股肱耳目，主要是完成省委交办的写作任务或调查研究任务，有时也为省委各种会议做会务、写简报。工作的重要性是不言而喻的。调研室这样的工作对一个想从政的人而言，是个很好的起点。但我并不喜欢这份工作，因为它和我的梦想距离遥远。1978年10月，父亲逝世，家里的负担没有了，科学的春天来了。1979年年初，我向领导提出了业务归队的要求。领导一再挽留我，我也一再坚持要走。最后是分管我们的省委书记王大任说："守诚想去研究历史就让他去吧，子承父业嘛!"我离开省委的事就这样定了，到什么单位由我选择。去哪里呢？首先想到的自然是回山大历史系，这时，我却犹豫了，因为我考虑到经过"文化大革命"，历史系教师间的派性仍然存在，如果回去，时间一长，难免卷入其中，不仅自己不好办，连父亲的好名声也要受损。我了解到还有一个刚恢复的山西省社会科学研究所，那里有个历史研究室，刚成立，也需要人。我想到个新地方，人少，安静点，可以好好念点书。于是我去了省社科所。虽然没有当教师，但真正走回了史学之路。

回想在调研室的近七年，我的确学到了不少的东西，不仅提高了理论水平和写作能力，而且开阔了眼界，丰富了阅历，增进了对社会、对人的了解，这对于一个从事历史研究的人来说，是一笔宝贵的财富。

**问：** 看来您离校前后的经历还是颇为复杂的。那么，您后来又怎么来到首都师大历史系的呢？

**阎：** 说来还是机缘巧合。1979年6月，我到山西省社会科学研究所报到，在历史研究室见到了室主任张海瀛，他问我："你愿意搞哪一段历史?"这个问题，不难回答，因为我不能搞世界史，只能搞中国史；我不想搞近现代史，只能搞古代史；古代史搞哪一段呢？我说："我喜欢唐诗，所以，我愿意搞隋唐史。"海瀛说："很好。我们刚在太原开了个经济史会，决定要编一套中国古代经济史的资料，隋唐部分是由北京师范学院宁可教授主持，你可以去北京协助宁先生编资料。”宁先生的大名我是知道的，我在历史系读书时就读过他写的《论历史主义与阶级观点》《论马克思主义的历史主义》两篇文章，文章高屋建瓴的分析、逻辑严谨的论述和流畅简洁的语言，真是史学大家的手笔，给我留下了深刻的印象。我在省委时，宁先生主持《历史研究》杂志社，到山西调研，在省委宣传部开座谈会，调研室是我和刘梦溪去的。梦溪在会上发了言，我则见识了宁先生的风采，也就觉得不虚此行了。现在，居然有机会协助宁先生工作，自然是喜出望外。

后来，我才知道：张海瀛本科就是在北京师范学院读的，毕业后留校，并师从明史著名学者吴晗做研究生，也是宁先生最看重的学生。我和他的偶遇，成为后来调到北京的契机，当然，当时并不知道。

1980 年 3 月，我到北京，就住在历史系的一间办公室里，在宁先生指导下编隋唐经济史资料，同时听宁先生的中国古代经济史、历史理论等课程，宁先生的教诲，使我获益良多。我还到北大历史系听王永兴、田余庆、张广达、吴宗国等先生的课，大概有三年，这算是我重新认真学习史学的开始。我还随宁先生进行了丝绸之路、河东两京、唐宋运河等大型的历史考察，不仅开阔了眼界，而且还认识了一批学术上的朋友，与他们结下了深厚的友谊。

1984 年山西省社科所改为社科院，我担任了历史所副所长（正处级），不常去北京了，我们策划了编写山西经济史资料等科研项目，也组织、参加了《山西经济开发史》一书的编写。1987 年，我晋升为副研究员。夏天，宁先生来参加在太原开的武则天研讨会，会议期间，找我谈话，他说：“我想调你到我那里工作，我们系缺你这样年龄的老师。有些问题，你要考虑：一是你现在是正处级的干部，去了，是普通老师；二是你现在有三室一厅的住房，去了，暂时只能给你一间住房；还有，你在山西多年，一切都熟悉，去了，要重新开始。”我知道，人一生会遇到很多选择，无论什么样的选择，同时都意味着放弃，没有放弃就没有选择。到北京的大学去当老师，实在是我实现青少年时代梦想的一个绝好机会，所以，我当时就告诉宁先生：“我愿意去。”调动的过程是漫长的，直到 1991 年 3 月，我才到了北京师院。我第一次登讲台是 1994 年春天，讲的是选修课隋唐经济史，教的是毕业班 1990 级的学生。

**问**：来历史系后，在从事您所热爱的教学工作的同时，您在科研方面的情况如何呢？

**阎**：我的专业是中国古代史，研究方向主要是隋唐五代史和中国古代经济史。1989年，三秦出版社出版了我和吴宗国合著的《唐玄宗》，吴老师学问精深，为人宽厚，于我亦师亦友，我们常在一起“闲坐说玄宗”，就写了这本书。出版后，受到唐史学界的好评。韩国庆北大学将此书译成韩文，作为辅助教材出版。2009年，该书由北京大学出版社再版；2010年，台湾经联出版社以书名“唐恨——唐玄宗的真相”出版。这本书，经历了20年的漫长岁月，在海峡两岸先后再版，说明人们没有忘记它，是值得庆幸的。

我在中国古代经济史方面的研究工作主要有两点。一是对中国古代人口的研究。从人口发展与社会经济变化的相互影响着眼撰写了专著《中国人口史》，1997年由台湾文津出版社出版，并获北京市社会科学优秀成果奖二等奖。二是对古代商品经济的研究。在《历史研究》上发表论文《重农抑商试析》，重点论述了古代商品经济与自然经济的同一性。还为宁可主编的《中国经济发展史》《中国封建社会经济史·隋唐五代卷》、吴慧主编的《中国商业通史》撰写了隋唐五代的农业、商业、区域经济等部分。

1999年，我把研究方向转向古代自然灾害。我和我所指导的博士生、硕士生，从研制中国古代自然灾害数据库系统入手，探索用文理结合的方法，对人和自然的关系进行研究，侧重点是自然灾害与社会经济发展的关系，并把课题研究和培养研究生结合起来。2001年，我又拟定了“自然灾害与唐代社会”的研究提纲，由我指导的博士、硕士研究生将其作为学位论文去完成。2004年，这个项目成为国家社科基金项目，经过前后六年多的努力，我和我的研究生共同完成了这一项目。项目成果是一部名为“危机与应对——自然灾害与唐代社会”的四十多万字的专著，2008年由人民出版社出版。我在专著的“后记”里写道：“当它出版时，我已经退休，这本书就算是结束我所钟爱的教师生涯的一个小结吧！”

**问**：您是到北京以后才开始整理出版父亲的遗著的，直到完成这一工作，前后有二十年，您做这一工作的初衷是什么？后来有变化吗？

**阎**：我来到北京后，生活、工作安定下来，大概从1995年起开始编辑父亲的史学文集并联系出版单位。因为我们兄弟姐妹六人，只有我的专业是历史学，虽然我并不真正懂得父亲的这些论著价值，但我知道它们是有价值的，更何况我深知父亲求学和治学的艰难，以及这些论著保留下来的艰难，它们起码经过两次大的劫难。一次是抗战时期在广西逃难，不论走到哪里，不论多么艰难，父亲手里总提着存放他已出版的论著及未出版的手稿的小箱子，箱子里面的东西总算没有丢，保存下来了。另一次是这只小箱子里的东西被造反派当“黑材料”抄走，我想方设法要了回来，但也损失了一些。我想，这些材料如果再在我手里散失或湮灭，就愧对父亲在天之灵了。因此，我也一直想把它们整理出版，作为一种对父亲的纪念吧！这就是我整理父亲遗著的初衷。

按照常理，出版文集总要请个适当的人写序言，我想到了饶宗颐先生。饶先生和父亲是抗战时在无锡国专的同事，1944 年又一起逃难到蒙山等地。1997 年年初，我到香港中文大学做访问学者，曾去拜访过饶先生，先生对逃难这段生活记忆深刻，也很有感情。于是，我给先生写了封信，禀告了父亲的文集即将出版，想请他写篇序言。不久，先生寄来了他写的《〈阎宗临史学文集〉序》。饶先生在序言中回顾了和父亲的交往，对父亲在来华传教士这一领域所做的开拓性的研究和贡献给予了高度的评价。饶先生还认为“吾国人之能有志于究心西事者，乃寥若晨星”，而父亲是“真有志于‘知彼’之学者也”，是真正研究和了解西方的学者。饶先生对父亲的评价既深情又精准，使我很感动，也很受鼓舞。特别是在十几年后，再读饶先生的序言，更加体会到饶先生眼光的深远。

父亲的文集出版后，受到学术界的广泛好评，这是在我意料之外的。有好几篇书评发表；我接触到的师长如齐世荣、戴逸、何龄修等先生，都给予文集很好的评价。北京外国语大学海外汉学研究中心主任张西平先生还建议我将父亲有关传教士的论文收集齐全再编一本书，于是就有了 2003 年由大象出版社出版的《传教士与法国早期汉学》。

我对文集出版后的学者们的评论进行了认真的学习和思考，从而对父亲论著的学术价值有了进一步的认识。他的主要论著写成和发表于 20 世纪三四十年代，当时正是抗日战争时期和解放战争时期，是我国世界史学界成果最少的时期，父亲的研究成果显得尤其珍贵。因此，父亲的学术著作，不仅本身有很高的学术价值，而且在中国世界史学科的学术发展史上也有很高的价值，这就是文集出版后受到广泛好评的原因。认识到这点，我受到很大的鼓舞，也促使我继续努力把父亲的全部论著整理出版，为学术界保存一份资料。于是，我编的《阎宗临作品》三种，即《中西交通史》《欧洲文化史论》和《世界古代中世纪史》，2007 年 10 月由广西师范大学出版社出版。《阎宗临作品》出版后，荣幸地入选了国家新闻出版总署在 2008 年举行的第二届“三个一百”原创工程，并颁发了证书。这是一项很高的荣誉。至此，我整理出版父亲遗著的心愿基本实现，屈指算来，距父亲逝世已经过去了 30 年。

**问：**《阎宗临作品》三卷出版后，由首都师范大学历史学院主办，在北京召开了全国性的“阎宗临学术思想研讨会”，您能简单谈谈会议对阎先生学术思想的评价吗？

**阎：**可以。从会议发言的情况看，与会学者从以下三个方面一致高度评价了父亲的学术贡献。一是中西会通的治学精神；二是博大精深的学术成就；三是文采横溢的学术论著。与会学者还高度评价了父亲的爱国主义精神，也谈到了父亲坎坷的人生经历和学术命运，认为父亲不为当代史学工作者所知，确实是一个很大的遗憾。不论从哪个角度讲他都堪称史学大师，是我国世界史学科的开创者之一，他的学术命运不是个人命运的问题，而是 20 世纪中国整个学术史曲折发展的问题。这次研讨会前后，在报刊和网络上，有许多学者发表了对父亲著作的评论。北京大学教授高毅写的《邂逅阎宗临》就是其中影响广泛的一篇。

父亲的论著受到学术界的关注和好评，我想，首先应该感谢这个学术环境宽松、多元化的新时代；同时，也应该感谢首都师范大学校、系两级领导和历史系世界史学科的教师们对我整理出版父亲遗著的理解和支持。现在，由刘新成教授主持正在编一部新的《阎宗临文集》，其中，《阎宗临作品》中收录的文章都经过认真的校对整理，此外，还包括未发表和新发现的学术论著，以及父亲的文学作品。

**问：**您能谈谈您对阎先生学术研究的看法吗？

**阎：**如何评价父亲的学术研究，我想还是留给专家们去讨论吧。当阅读父亲的论著时，我的感觉是父亲对史学研究不仅是兴趣所致，也是责任所在，因此，他的态度是很认真的，无论在多么恶劣的条件下，他都坚持研究，直至生命终结。父亲对于自己研究的课题，既重视对史实真实性的考察，又重视治史者思想性的深刻，努力做到务实求真，他是秉持着学者的良知，保持着对学术的真诚去进行研究的，我想，这是父亲学术研究最主要的特点。

我前面讲过，父亲不希望我学史学，我当时不理解，经过这么多年，现在我想父亲的这种态度，是因为他认识到像史学这样的社会科学受意识形态的影响和政治导向的干预要比自然科学大，因此父亲说“学理科实在些”。但是，父亲自己并没有放弃史学研究，父亲自然知道他在欧洲所学，1949 年以后就变得不合时宜了，对于那些人为设置的“禁区”，如他所擅长的文化史、传教士研究等，他只能保持沉默，既不否定过去的成就，也不再宣扬过去的成就。沉默也是一种态度，实际上是表示保留自己的见解，这在当时的政治环境下，不失为一种明智的选择。随着历史的发展，等到今天这个学术多元化的新时代来临，他多年前的论著就重新发声，重放光彩了。

**问：**您在整理出版了父亲的遗著之后，又为他写了传记，您在传记的写作中有些什么体会呢？

**阎：**首先，我感到为父亲写传记并不容易。因为父亲为人低调，很少讲自己过去的事，父亲晚年和我在一起的时候，我想得最多的是如何应对迎面袭来的政治风浪，如何解决现实中出现的具体问题，并没有心情去了解父亲一生的丰富经历，所以有些具体的人和事我并不清楚，怎么给他写传记呢？可是我又想，我们学历史的，研究历史人物不是完全靠材料说话吗？只要有材料就能写，何况我毕竟和父亲一起生活多年，总还是比其他人对他的了解更多，我不写，谁还能够写呢？于是我下决心为父亲写本传记。

其次，作为史学工作者，我很清楚传记的价值在于真实，我希望根据资料来写，尽量做到言必有据，这样才能真实可信。我下功夫收集资料，除保留下来的父亲的文学、史学论著，还有他使用过的一些笔记本、“文革”中写的材料以及山西大学档案馆的档案材料等。我的兄弟姐妹们也提供了他们保存的照片、书信等珍贵材料。我还探访了父亲出生的小山村，重走了广西逃难的地方，到了父亲生活、学习的法国、瑞士等地，有了身临其境的感受，这些，我都写入了传记之中。我相信，这本传记的读者都会感到其中没有溢美虚夸之词，真实地再现了父亲的一生。

还有，我认为，那些在崎岖山路上攀登过、在荆棘丛林中开拓过的前辈学者，他们的学术贡献不应该被人们忘记，他们的人生经历是理解他们学术贡献的重要因素。饶宗颐先生说："阎宗临先生'究心西方传教士与华交往之史事，国人治学循此途辙者殆如凤毛麟角'。"为什么父亲会走上这一独特的途辄呢？读了传记大家就会知道，父亲读书的瑞士弗里堡大学是天主教大学，他本人也在1931年加入了天主教，这样他研究传教士也就不奇怪了。

**问**：您在写作传记的过程中，对父亲的认识有变化吗？

**阎**：有啊。作为史学工作者，为父亲写传，是在尽学术责任。作为儿子为父亲写传，是在尽孝道，尽亲情的责任。在写传的过程中，我对父亲的认识从感性认识深化为理性认识。

父亲生于20世纪初的清末，逝世于"文化大革命"结束、改革开放之前。父亲所处的时代，是一个变革的、动荡的时代，他个人的命运是和时代的变化休戚相关的。父亲在他那一代的知识分子群体中，既有与他们的共性，也有他自己的个性、特殊性。

父亲在家庭里、生活中，留给我的印象是慈祥、善良、纯朴、平和的，但是在回顾他传奇般的经历时，我感到在历史变化的关键时期和艰难困苦的时候，父亲表现出来的却是理智、果敢、坚毅、豁达，以及纯真的爱国情怀和对家庭、对社会高度的责任感。我想，只有把这两方面的印象综合起来，才是父亲的完整形象。我们可以从父亲的经历，以及他在不同时期的思想变化中，领悟一些时代与人生、社会与个人互动关系的哲理，了解一点中国知识分子在20世纪的遭遇与命运。

我在收集有关父亲的资料时，翻阅那些发黄的手稿，阅读他过去的著作和书信，整理珍贵的旧照片，常常会感到和父亲非常亲近，像是在和父亲交谈，这是一种幸福的感觉。我在《阎宗临史学文集》出版后，曾经写过一首小诗，抒发这种感情，我给您读一下：

这首十几年前的小诗，写得不算好，但感情是真实的，一直到现在也依然如此。

## 致星星

——献给天上的和心中的亲人

星星，
美丽的星星，
璀璨的星星，
你在夜空闪烁，
也在我心中闪烁。
你是一盏不灭的灯，
你是一支动人的歌，
你是一个难解的谜，
你是一条清澈的河。
你是那样遥远，
又是如此亲近。
你像深情的眼眸，
带来无尽的思念。
我愿化作流星，
从你身边掠过，
为了这片刻的亲近，
我愿献出心灵之光，
我愿燃尽生命之火。

**问：**阎老师，我们的两次谈话，使我了解了你们父子两代人走上史学之路曲折艰难的历程和感受，正如您所说，从中可以看到知识分子在20世纪的遭遇和命运，其中有许多值得我们认真思考的地方。回顾过去，是为了更好地走向未来。尤其是对生活在改革开放新时代的青年学子而言，如果他们能从中认真汲取前辈的经验教训，对他们以后走上史学之路或事业之路，都是很有益处的。我们就谈到这里。谢谢您！

**阎：**我也非常感谢您！

# 徐　蓝

徐蓝，1947 年生，北京人。1977 年考入北京师范学院历史系，毕业后留校任教。1990 年 1 月获得历史学博士学位。现为首都师范大学历史学院教授、博士生导师、世界史学系主任、首都师范大学校务委员会委员、国际关系研究中心主任。兼任中国史学会副会长、中国第二次世界大战史研究会副会长、国际第二次世界大战史研究会执行局成员、北京市历史学会常务理事、《世界历史》杂志编委、《历史研究》杂志外审专家。曾任北京市社会科学界联合会委员、中国社科院世界史所学术委员。兼任南开大学世界近现代史研究中心学术委员，武汉大学世界史研究中心、华东师范大学冷战史研究中心、外交学院、河南师范大学历史系兼职教授，中央民族大学历史系特聘教授。曾赴美国林奇堡学院和奥罗拉大学、英国伯明翰大学、巴黎高等师范学校、芬兰坦佩雷大学、香港中文大学、台湾“中研院”近代史所等从事访问讲学和研究。

科研主要涉及世界近现代史、国际关系史、冷战史、20 世纪的战争与和平问题等领域。参加“绥靖政策研究”“二十世纪的历史巨变”“国际冷战中的大国战略关系研究"项目，独立承担项目"走向同盟，1937—1942 年的美英关系""战争与和平：两次世界大战的比较研究"。参加教育部国家级教材《世界史》(吴于廑、齐世荣主编)及其修改版的写作，主编教材《世界近现代史 1500—2007》等。出版《英国与中日战争 1931—1941 年》《从萨拉热窝到东京：两次世界大战》《中国国际关系史研究书评》等专著 7 部(4 部合著)，《两次世界大战之间的国际关系 1919—1939》《南京暴行》《巨龙》译著 3 部(2 部合译)，在《历史研究》《世界历史》《史学理论研究》《光明日报》等报刊上发表论文百余篇。多次获得省部级科研奖励和教学奖励，2009 年被评为全国优秀教师，2011 年被评为国家级教学名师。

访谈

# 与徐蓝教授谈她在现代国际关系史上的继承与拓展

按：此访谈进行于2014年年底。本次访谈主要对徐蓝教授从进入现代国际关系史研究领域以来到今天的发展过程进行了比较全面的梳理。

**问：**徐老师：好久没有机会与您交谈了。我知道您实在是很忙，很难有这个时间。我记得在80年代，您还没有考博士的时候，我们一起去顺义的大专班上课，那时有充分的时间聊天，那时恐怕也想象不到会有今天的情况。我们曾经聊到您报考大学，还聊到您在黑龙江兵团军垦的情况，曾经有过非常惊险的经历，至今我还记忆犹新。我们这次谈话，想以您对现代国际关系史研究的继承与拓展为主线，其他的问题就先不谈了。

**徐：**好的。我们真的是有很长时间没有聊天了。

## 一、进入国际关系史研究领域

**问：**我觉得考齐先生的博士是您这一生的重要转折点，也是您学术活动的起点，如果没有这个经历可能就不会有今天您的成就。您没有读过硕士，怎么就成了博士生呢？

**徐：**情况是这样的，萌生考博的想法还得从留校任教开始。您也知道我们上大学的年代，正是国家开始实行改革开放政策的时候。随着国人再一次开眼看世界，随着国家对外交往的不断扩大，我对世界史的关注也越来越多，尤其对世界近现代历史和国际关系史感兴趣。但是真正能够开始世界史的教学、研究，还是在留校任教之后。

1982 年 1 月我毕业留校任教，在历史系主讲世界近代史。但是由于当时师资比较匮乏，所以我作为本科教学的“主力”之一，在 1982—1986 年的这几年时间内还承担了校内和校外的世界通史、美英法德意日等大国历史、世界现代史和世界当代史等的教学，包括您说的顺义大专班的课。尽管这些教学工作占用了我的大量时间，教学内容也远远超出了世界近代史的范畴，但是经过几年的教学，我对世界通史、世界近代史、世界现代史和当代史的基本内容有了大体的了解，为我今后的教学和研究打下了比较厚实的基础。后来我研究的一些重要课题，大多是从教学中，从学生的疑问以及与他们的探讨中形成的。

大量的教学工作使我深感自己的知识严重不足，特别是对国际学术界研究状况的了解十分有限，这就激起了我继续学习的热情和决心。在专业上我也有继续学习的强烈愿望。1979 年国家恢复了研究生招生制度，一开始我也想报考日本史的研究生，但家人还是希望我能够接受完整的本科阶段的教育，就放弃了这个想法。到大学四年级的时候，又遇到了毕业后是否要继续硕士阶段学习的问题。可是我当时对国际关系史更感兴趣，不想局限于学习一国的历史，但又受到外语的限制，所以我最终放弃了报考研究生，做好了去中学做一名历史教师的准备，并打算自学英语，继续我的爱好。由于毕业后留校任教，这就给了我继续学习的条件。于是我尽可能旁听了世界史研究生的课程，认真完成作业，收获颇多。特别是田农先生教我们如何使用工具书，大大提高了我查找资料的能力。1983 年，我得知历史系获得了世界近现代史和国际关系史的博士学位授权，1984 年开始招生。可我没有硕士学位，无法报考，不免遗憾。但是第二年教育部就下发了以同等学力报考博士研究生的文件，其中规定：以同等学力报考博士研究生的考生要有公开发表的学术论文和硕士研究生的学习成绩，而我正符合这些条件。我还一直在自学英语，就报考了齐先生的博士研究生。1986 年 2 月，我开始师从齐世荣先生在职攻读博士学位，同时开始为本科生讲授现代国际关系史，后来又开设了战后国际关系史课程。这些就是我考博士的动机和过程。

**问：** 大家都知道您今天之所以能走上现代国际关系史研究的道路，除了您自身的条件外，最重要的是得到了齐世荣先生的指导和帮助，能具体谈一下他是如何引领您走上这条路的吗？

**徐：** 齐先生是国内世界现代史和现代国际关系史学科的重要奠基者之一，尤其在绥靖政策的研究方面有开创性的贡献。我在正式跟从齐先生读博士以前，就开始在他的指导下从事这方面的研究了。在学习世界现代史的过程中，我也找到了一个可以深入研究的问题，就是把第一次世界大战前德国与英国的矛盾与对立，作为我学术研究的起点。这就是在齐世荣先生的指导下完成并于 1985 年发表的我的第一篇论文《试论围绕修筑巴格达铁路的德英之争》。

后来，齐世荣先生布置给我的核查资料的工作，对我进入这个领域的研究起了重要作用。我记得那是在 1984 年夏天，齐先生准备参加 1985 年第 16 届国际历史科学大会，这也是中国代表团第一次正式出席这个大会，为了撰写长篇论文《论中国抗日战争在第二次世界大战中的地位和作用》，希望我核查一些日文资料并做必要的书面翻译。为此整个暑假我几乎每天都待在北海旁边的北京图书馆里，“早八晚八”，借阅了大量日文资料集和专著。正是循着齐先生的研究路径，我初步学会了治史方法，受益无穷。

在他的指导下，我的英文阅读能力大有提高，开始通过阅读大量原著了解国际学术界的研究动态。我发现，从 20 世纪 60 年代后期至 20 世纪 70 年代，国际学术界对 30 年代英国绥靖政策的研究已经从英国对德国和意大利的绥靖政策扩展到英国对日本的绥靖政策，出版了一些重要专著，其中存在着英国的对日政策是“绥靖政策还是绥靖行动”“是否存在远东慕尼黑”等的争论；对该政策形成的原因也从“传统派”向“修正派”发展，即从较为简单地论述张伯伦等人“对凡尔赛条约的罪恶之感”“对希特勒所追求的目标的错觉”，以及“避战求和”，转向了依据解密档案研究更为复杂的英国的政治、军事、经济、意识形态、民意舆论、英帝国、国际组织等方面，而这些问题，也正是我在教学中遇到的问题。但是国内学术界的研究除了齐先生的几篇重要论文之外，仍然较少涉及这些问题，一些涉及这些问题的论述也重点强调“祸水东引”“避战求和”；另一方面，国际学术界关于英国对日本的绥靖政策的研究主要建立在梳理英国方面的原始资料的基础之上，日本和中国方面的资料相对缺乏，因而也存在着史料的缺陷。在齐先生的鼓励和指导下，我便以 20 世纪 30 年代英国在日本侵略中国的情况下对日本采取的绥靖政策作为我的博士论文选题。

**问：**《英国与中日战争 1931—1941》可以说是您进入现代国际关系史领域中的标志性的成果。能否说说这部书是怎样写成的？

**徐：**我以英、日、美、中等国的原始资料为基础，借鉴已有的研究成果，从 1931—1941 年这 10 年来围绕日本侵略中国所展开的英日关系中的 20 多个历史事件和历史现象入手，逐一进行个案微观考察，最终写成了约 35 万字的博士学位论文《英国与中日战争 1931—1941》。在整个研究过程中，最花时间的是搜集资料。当时获得资料远没有今日便捷，我在上课之余，在北京图书馆(今国家图书馆)、科学院图书馆、北大图书馆、社科院近代史所图书馆、上海图书馆等图书馆复制了大量资料，到华东师范大学图书馆复制了潘人杰先生从国外带回的英国内阁档案的缩微胶卷，到南京第二历史档案馆抄录了相关的中华民国时期的档案，到南开大学复印了俞辛焞先生从日本带回的远东国际军事法庭审判的记录，这些资料涉及英、美、德、日、中等国家的文献，奠定了这篇论文的史料基础。1989 年 12 月 25 日，我的论文通过答辩。我还记得答辩委员杨生茂先生因病未能参加我的答辩，但却寄来了他要提的问题，这些问题装在一个密封的信封里，当场拆阅提问，还要在答辩后看看我的回答如何。杨先生的认真与严格，令我既紧张又钦佩。1990 年 1 月我获得了历史学博士学位。此后一年，我一边完成紧张的教学任务，一边修改补充我的博士论文。1991 年 7 月，在当时经费相当紧张的情况下，这本 40 多万字的专著得到了校长出版基金的资助，得以出版。在目前十分强调国际史，即强调利用多国档案和多元资料进行跨国或多国的政治、军事、外交、经济、文化等方面的综合研究的情况下，一些学者认为我的这部专著就已经在国内率先做出了这样的研究。

**问：**如果概括地谈一下，您从齐先生那里学到了哪些东西？

**徐：**如果从上本科算起，我跟随齐先生学习和工作已经 37 年，直到今天，我仍然不断得到他的指点、支持和帮助。齐先生高深的马列主义理论水平和广博的知识，他的严谨求实的学风和一丝不苟的治学态度，使我终生受益。对他多年来给予我的思想上和学术上的关心与教诲，我的感激之情无以言表。正是在齐先生的引领下，我才走上了学习、研究国际关系史的道路。还要特别说明的是，实际上，正是我在本科学习中选修的齐先生开设的现代国际关系史课程，领我进入了历史研究领域。当时这门课以专题讲述，使我第一次接触了大量外文史料和西方学者的学术观点，对如何用马克思主义的唯物史观来分析问题，对如何解读、分析史料，有了一些切实的感受。我也初步认识到，对历史的研究不仅要勾勒通史的发展，还要对许多重要问题进行深入的个案探讨，而后者正是前者的重要基础和支柱。同时我对史学的实证研究方法也有了一些了解，这为我以后研究世界历史打开了一扇门。

## 二、关于20世纪上半叶的国际关系

**问**：在您的第一本专著出版后，您又从这个时期中日关系的探讨转向了英美关系的研究，为什么会有这种转向？

**徐**：在我撰写博士学位论文的过程中，有两个有所提及但没有展开的研究课题，一个是美国与中日战争的关系，另一个是美国与英国的关系，特别是两国之间的同盟关系。后一个课题既涉及政治外交，又涉及军事外交和经济外交以及文化与意识形态等方面的问题，当时国内很少有人研究第二次世界大战期间的军事外交问题，而这个问题既是国际关系史的一个重要且较新的领域，也是当时国际学术界的研究前沿。于是在我完成了博士论文的修改后，便决定研究第二个课题。1992年8月至1993年7月，通过学校推荐和美方的选拔，我得到美国亚洲高等教育基督教联合董事会的资助，到美国弗吉尼亚州林奇堡学院做高级访问学者。这给了我收集资料并与美国同行交流的便利条件，我先后到马歇尔图书档案馆(位于弗吉尼亚军事学院内)、美国海军历史研究中心(位于华盛顿海军大院内)、美国国会图书馆、罗斯福图书馆等地查找资料，收获颇多。出国前和回国后发表了系列专题论文，如《评1941年英美参谋会谈》《评1938年初英格索尔的伦敦之行》《从“橙色”计划到“彩虹”计划》《关于1940年美英“驱逐舰换基地”协定的历史考察》等9篇长篇论文，获得学术界的好评。本来计划用以后两年的时间写成专著《走向同盟，1937—1942年的美英关系》，也已经完成了20万字左右，但随后就参加了吴于廑先生和齐先生共同主编的六卷本《世界史》的现代史部分的写作，接着又参加了齐先生和廖学盛先生主编的《20 世纪的历史巨变》的写作以及六卷本的修订版、齐先生主编的四卷本《世界史》的现代部分和当代部分的写作，所以这本书的写作就拖了下来。

**问**：您刚才所谈到的研究主要涉及的是三四十年代的国际关系，后来您的研究成果又扩展到二十年代的国际关系，这是由于什么原因呢？

**徐**：实际上，自从我开始讲授世界近代史、现代史和现代国际关系史，就开始关注并讲授 20 世纪 20 年代的国际关系了。后来我作为齐世荣先生的助手，参加了吴于廑、齐世荣主编的六卷本《世界史》的讨论，并在齐先生的要求下撰写了凡尔赛—华盛顿体系和 20 年代国际关系的一些内容，也促使我思考第一次世界大战和第二次世界大战之间的关系，思考 20 年代的国际关系与 30 年代的国际关系之间的区别与联系。另一方面，在我研究 30 年代国际关系的时候，也已经涉及 20 年代的内容了。在我看来，两次世界大战之间的确存在着一定的因果关系，国际学术界关于第二次世界大战是第一次世界大战的继续的观点，是很有道理的。

**问**：能够参加这套《世界史》的编写对于您来说受益很大吧？

**徐**：那是肯定的。对我来说，参加讨论和编写这套教材的过程，也是一个不断解惑、不断认识世界史这门学科的过程。

前面已经讲到，我留校后上了很多课，既有给历史系、政法系上的断代史，如世界近代史、世界现代史、世界当代史等，也有给外语系上的世界通史、英法美德意日等大国的历史等。断代史和世界通史的教学，使我注意到了一些重要的历史问题。例如：我对当时的世界通史划分断代的标准产生了困惑。由于中国的世界史学科基本上是在苏联史学的基础上建立起来的，而改革开放初期国内对西方著作的译介也还有限，因此中国的世界通史教学除了一些各校自编的教材之外，最重要最基本的参考书是苏联 10 卷本《世界通史》(实际上是 13 卷，我们习惯上仍然称为 10 卷本)，以及由周一良、吴于廑为总主编的新中国第一部 4 卷本《世界通史》，即后来人们所说的“周吴本”，及其相对应的 4 卷资料选辑。这些基本的教科书，主要以五种社会经济形态作为划分历史阶段的标准，以阶级斗争为纲，以人民群众为主角，把世界各国、各民族、各地区的历史排列起来，分时期按国别地叙述了从人类起源到第一次世界大战结束的世界历史的发展，而且不包括中国的历史，成为名副其实的外国史。在这样的划分标准指导下，当时的世界近代史从1640年英国资产阶级革命开始，至1918年第一次世界大战结束；世界现代史从1917年俄国十月社会主义革命开始，至1945年第二次世界大战的结束而结束；1945年以后为世界当代史。但是在实际进行世界近代史和世界现代史的教学中，就带来了一些重要问题，例如：将英国的一场内战作为世界历史从封建社会向资本主义社会的重要转折点是否合适？如何认识15、16世纪(即所谓的中世纪晚期和近代早期)欧洲的各种社会变化？将第一次世界大战和十月革命分别作为两个阶段的终点和起点是否说得通？十月革命与第一次世界大战是什么关系？战争与革命之间是什么关系？将两次世界大战截然分开的论述是否科学？两次世界大战是否有其内在的连续性？法西斯运动的产生以及西方民主国家对法西斯侵略扩张采取的绥靖政策是否与第一次世界大战及其结果有关？等等。

另一方面，我也注意到，我在教学中参考的一些西方学者的著作，如英国学者赫伯特·乔治·威尔斯的简明世界通史读本《世界史纲》、德国学者奥斯瓦尔德·斯宾格勒的相当艰深的《西方的没落》、根据美国学者威廉·兰格主编的《世界史百科全书》翻译的《世界史编年手册》、英国历史学家杰弗里·巴勒克拉夫主编的《世界史便览：公元前9000年—公元1975年的世界》等重要的通史类参考书对世界历史的看法和分期显然与国内的主流看法不同。我还注意到中国学术界对世界历史也有了一些不同的看法，其中最重要的就是吴于廑先生的几篇相互关联的重要论文，以及他对“世界历史”这门学科的阐述，对我很有启发。吴先生曾写道：“我仿佛看到世界史是历史学科中一门有限定意义的分支学科，这门学科的探索目标在于世界由古及今经历了怎样的历史演变过程，怎样由原始的、闭塞的、各个分散的人群集体的历史，发展为彼此密切联系的形成一个全局的世界历史。”①不过当时我作为一个初学者，只是觉得这个对“世界历史”学科的定义的提法与过于强调“世界历史上的社会形态演变”的提法有所不同，似乎更强调世界各

① 吴于廑：《世界史学科前景杂说》，《内蒙古大学学报》，1985年第4期。

地区的相互联系，但我也只是隐隐约约地感到了它的重要性。

1987年，受国家教委委托，吴、齐两位先生开始共同主编新的《世界史》，后来人们就将其称为“吴齐本”。在多次倾听两位总主编的循循善诱的讲解和说明以及他们与其他前辈学者特别是分册主编刘家和、王敦书、朱寰、马克垚、王觉非、刘祚昌、彭树智、张象以及高等教育出版社的于渊、王方宪等先生的讨论中，我终于理解了这套书的重要性：在阐释人类历史发展为世界历史的过程中，既要重视世界历史的纵向发展，也要重视世界历史的横向联系，也就是说，既要揭示人类物质生产史上不同生产方式的发展演变而引起的不同社会形态的更迭，又要揭示人类历史从各地区之间的相对闭塞到逐渐开放、从彼此相对分散到逐步密切联系，最终发展为息息相关的整体的世界历史的客观过程；与此同时，世界历史的这种纵向发展与横向发展之间又是一种相互交叉的互动的关系，从而体现吴于廑先生所给出的关于“世界历史”这门学科的定义：“世界历史是历史学的一门重要分支学科，内容为对人类历史自原始、孤立、分散的人群发展为全世界成一密切联系整体的过程进行系统探讨和阐述。世界历史学科的主要任务是以世界全局的观点，综合考察各地区、各国、各民族的历史，运用相关学科如文化人类学、考古学的成果，研究和阐明人类历史的演变，揭示演变的规律和趋向。”①据此编写的世界史，不同于“周吴本”，不仅将中国放入其中，而且在近代史编和现代史编中，以1500年作为世界近代史的起点，以19世纪末20世纪初作为世界现代史的开端，等等。这些在世界通史编写体例方面的重要变化和创新，不仅更符合世界历史的客观发展过程，也解开了我的困惑，初步回答了上述的各种疑问，并提供了更多的至今我都希望进一步深入研究的问题。

在参与“吴齐本”的写作过程中，我对马克思主义的唯物史观也有了进一步认识。当我重读经典作家关于人类社会发展的论述时，就发现他们在论述人类历史的发展规律时，不仅注意到生产方式的变化引起社会形态的变化，也注意到世界形成一个整体即世界历史的形成过程，这使我对作为唯物史观组成部分的马克思

---

① 见中国大百科全书总编辑委员会编：《中国大百科全书·外国历史》第1卷，中国大百科全书出版社，1990年，第1—5页，“世界历史”条。

主义世界历史观有了新的认识。

从社会发展形态的演变来看，马克思在1859年为《政治经济学批判》所写的序言中指出："大体说来，亚细亚的、古希腊罗马的、封建的和现代资产阶级的生产方式可以看作是经济的社会形态演进的几个时代。资产阶级的生产关系是社会生产过程的最后一个对抗形式，这里所说的对抗，不是指个人的对抗，而是指从个人的社会生活条件中生长出来的对抗；但是，在资产阶级社会的胞胎里发展的生产力，同时又创造着解决这种对抗的物质条件。"①

从世界形成一个整体即世界历史的形成来看，甚至早于上述关于经济的社会形态演进的论述，马克思和恩格斯在1845—1846年撰写的《德意志意识形态》中就已经指出，资本主义"大工业创造交通工具和现代的世界市场"，从而"首次开创了世界历史，因为它使每个文明国家以及这些国家中的每一个人的需要的满足都依赖于整个世界，因为它消灭了各国以往自然形成的闭关自守的状态"；"各个相互影响的活动范围在这个发展进程中越是扩大，各民族的原始封闭状态由于日益完善的生产方式、交往以及因交往而自然形成的不同民族之间的分工而消灭得越是彻底，历史也就越是成为世界历史。……历史向世界历史的转变，不是'自我意识'、世界精神或者某个形而上学幽灵的某种纯粹的抽象行动，而是完全物质的、可以通过经验证明的行动，每一个过着实际生活的、需要吃、喝、穿的个人都可以证明的行动。"②

马克思、恩格斯关于社会发展形态演变和世界历史形成的论述，以及物质生产是社会形态变化和世界历史形成的共同的推动力量的论断，鲜明而深刻地批判并突破了西欧中心论，是世界史观的一次重大变革，形成了马克思主义的世界历史理论，即马克思主义的"世界历史观"。

带着这样的认识再来看世界历史的发展，我觉得对世界历史的发展脉络和对国际关系史的研究就更清晰也更深刻了。

---

① 《马克思恩格斯文集》第2卷，北京：人民出版社，2009年，第591—592页。

② 《马克思恩格斯文集》第1卷，北京：人民出版社，2009年，第566、540—541页。

## 三、进入冷战史研究

**问**：这表明您的国际关系史研究的领域在一步步地扩大，时间的跨度也在变大，后来您又参与了二战以后的冷战史的研究，这是通过什么机会呢？

**徐**：早在20世纪80年代，我曾经讲过当代世界史，其中就包括冷战的历史。90年代，我开设了战后国际关系史课程，冷战更是其中的重要组成部分。1998年，我作为世界史学科(当时是北京市重点建设的学科)的负责人，曾主办过国内第一次关于冷战起源的学术研讨会。2002年，我应邀参加徐天新先生主持的“国际冷战中的大国战略关系研究1949—1972”的研究工作，撰写美苏冷战的基本进程。这个研究的成果，是2011年出版的专著《冷战前期的大国关系：美苏争霸与亚洲大国的外交取向(1945—1972)》的第一章内容。我之所以对冷战感兴趣，不仅是从学术的角度，也是从冷战与中国的关系和冷战对世界的影响的角度。因为冷战作为一个历史阶段已经过去了。作为史学家来说，恰恰有一个历史的镜头可以去回看它，然后去研究它，看看它是怎么发生的？它有什么样的特点？它和我们国家有什么样的关系？它对冷战中的世界和冷战后的世界有什么样的影响？我觉得这是非常有意思的，也是一个非常学术的问题。

**问**：我曾看到您在《凤凰大讲堂》讲冷战问题，二次世界大战后，为什么会出现冷战呢？

**徐**：冷战实际上是20世纪40年代中后期到90年代初，以美苏两个超级大国为首的两个集团之间，在政治、经济、军事、文化、意识形态，乃至科学技术等一切方面的一种既非战争又非和平的全面对峙和竞争状态。就是说它既不是战争，又不是和平，所以叫它“冷战”。这场冷战持续了四十多年，构成了第二次世界大战后，也就是说20世纪后半期的国际关系的主旋律。自冷战爆发以来，其实人们就在探讨冷战为什么会爆发，为什么美国和苏联这两个在第二次世界大战中同仇敌忾抗击法西斯的盟国，在战争之后短短几年之内就变成敌人了、变成对手了。所以研究冷战的起源，实际上是国际、国内学术界的一个非常重要的课题，无论是从学术角度还是从现实角度来说，都是非常重要的课题。

冷战的起源实际上是美国和苏联这两个超级大国的国家大战略之间的对立互动。二战之后，美国的国家大战略是一个全球扩张的大战略，这个大战略和美国的政治、经济、军事、意识形态等都是有关的。二战使美国一跃成为世界上最强大的政治、经济和军事强国。当时它拥有的财富占全球的50%以上，它还控制着西欧，控制着美洲，控制着日本，它有制空权、制海权，而且一度掌握、垄断原子武器。因此，美国具有这样的巨大优势，加上它战后经济发展的需要，以及美国有一种要把美国的政治制度和价值观推广到全球的所谓天定使命感，所以就形成了美国的全球扩张的大战略。

但是美国在推行这个战略的过程中遭遇到苏联的大战略。二战之后，苏联的大战略是什么呢？我认为它是维护国家安全的大战略。苏联在二战以后是唯一能够和美国相抗衡的政治和军事大国。苏联最关心国家安全，由于苏联(包括沙俄时期)在历史上有几次被外敌入侵的经历，都是经过西部，经过它的西部边界入侵的，拿破仑战争、一战、二战都是如此，所以斯大林把保持苏联的西部边界安全视为最重要的事。因此，苏联在战后最重视的是东欧地区，其中最重要的是波兰。斯大林曾经在雅尔塔会议上，在讨论波兰问题的时候，对罗斯福和丘吉尔非常明确地说，波兰问题，对于苏联来说，对俄国人来说，不仅仅是一个荣誉问题，而且是一个安全问题。他说，波兰对于苏维埃国家来说是一个生死攸关的问题。所以在三巨头召开的一系列国际会议上，斯大林对波兰是寸步不让的，而且苏联决心用自己所拥有的军事力量，把东欧地区从原来危险的入侵走廊，变成一个维护国家安全的安全带，这一点其实是苏联的国家安全战略。但是，正因为如此，所以苏联当时也利用它的有限的军事力量，把它的权势推到了它的国土之外，实际上苏联也是在向外进行了一些扩张。这样的两个战略，在二战以后就迎头相撞。所以如果探讨冷战的起源，我认为主要还是美苏国家大战略的冲突，并因此而引起了它们在对外政策上的一系列的敌对互动。

它们在很多的问题上都有这种敌对互动。比如说，苏联当时凭借它的军事力量，在东欧建立了一系列和苏联友好的国家，排除了西方的势力，就引起了美国的不满。在德国问题上，德国是一个非常重要的地区，对于美苏来说都是很重要的地区。但是当时在德国统一的问题上，两国的看法完全不同，美国希望经济上先统一，苏联希望政治上先统一，双方谈不拢，美国首先就合并西战区，这就形成了西方分裂德国的很重要的一步。后来我们知道，德国成了一个冷战的激烈战场。在中近东、伊朗、土耳其都有争夺，比如在伊朗的争夺其实主要是石油问题，但是形式是一个撤军问题。当时苏联拒绝在美英军队已经陆续撤出的时候按期撤兵，造成了伊朗对苏联的反感，伊朗就一状把苏联告到了联合国，结果联合国第一次大会讨论的第一个议题就是苏伊争端，所以使苏联外交非常被动。在土耳其也是，其实主要争夺的是黑海海峡的控制问题，但是苏联多次要求在海峡建立军事基地，当然土耳其就很不高兴，也遭到美国和英国的反对。所以你可以看出，苏联在中近东的政策失误其实催生了冷战。总之，当第二次世界大战结束后，当美、苏这两个战时盟友的共同敌人——法西斯被消灭之后，美苏两国的国家大战略针锋相对，社会制度、外交政策以及行为方式都不相同，于是在贯彻战时达成的一系列协定，即我们所说的雅尔塔体系的过程中，就必然是美苏之间的一系列的敌对互动，最终导致双方的冷战政策出台。当然，就冷战的发动者来说，是美国首先向苏联发动了冷战，苏联基本上是防御性的。

**问：**原来冷战是这么回事，它是和对立双方的战略利益密切联系的。这样看来，您对国际关系史的研究实际上已经扩展到整个20世纪，情况是这样吧？

**徐：**是这样的。在完成了"吴齐本"(1995年出版)中分配给我的写作任务后，1997年，齐世荣先生和廖学盛先生开始主持国家社科基金"九五"规划重大课题"20世纪的历史巨变"的研究工作，分配我撰写1900—1990年的国际关系部分。这个任务是对我的一次挑战，因为在此之前，我从来没有写过如此需要宏观把握的问题。于是我停下了正在撰写的专著，转到这个课题领域。在我以往的教学与科研的基础上，我首先进行中观研究，把两次世界大战放在一起进行比较，分析它们在起源方面的共性和个性，找出它们之间的联系，写出近3万字的论文《战争与和平：两次世界大战的比较研究》作为中期的研究成果①，然后再从两次世界大战对20世纪国际格局演变的影响的角度，适当运用国际关系理论，论述这90年的国际关系变化，重点是两次世界大战与国际格局演变之间的关系，使研

① 见齐世荣、廖学盛主编的论文集《20世纪的历史巨变》，人民出版社，2000年。

究得到深化。这些研究成果，成为齐、廖两位先生主编的专著《20世纪的历史巨变》(学习出版社，2005年出版)的第十章、第十一章的内容。通过这个课题的研究，我对研究工作也有了更多的体会：对历史发展过程中的重大事件的基于第一手资料的个案微观研究是十分重要的，它有助于我们对中观和宏观历史的更准确的把握，没有这种实证研究的基础，就不可能有真正的宏观考察；但是如果只有微观研究，而缺少站在更广阔的视野上进行宏观考察，就看不清历史发展的整体脉络，也就会影响微观个案研究的深度。因此，只有把两者联系起来，一幅完整的历史画面才会比较清晰地展现在我们面前。这些研究工作，为我进一步研究20世纪的战争与和平问题、20世纪国际格局的演变与大国关系的互动研究等课题，提供了前期准备。2000年，“吴齐本”进行修订，修订版改为4卷，总主编齐世荣先生分配我撰写“第一次世界大战”“凡尔赛—华盛顿体系”“20年代的国际关系”“战后初期国际关系和两极格局的形成”“两大阵营的分化”“世界多极化趋势与两极格局的瓦解”“冷战结束后的世界”等现代卷和当代卷的部分内容，这些章节加起来大约有22万字，使我得以将多年的教学与科研的点滴成果写进这些教材当中，并为后来我自己主编的教材《世界近现代史1500—2007》奠定了基础。

## 四、关于一战的100周年

**问：**今年(2014年)是一战爆发100周年，我看到您在今年《世界历史》第一期上发表了一篇长文《第一次世界大战与欧美和平运动的发展》。原来我以为文章是谈一战的，实际上是谈一战前和一战后二战前的和平运动，对这个运动形成的背景和意义进行了评价。

**徐：**这个问题实际上与两次世界大战之间的关系、与第一次世界大战及其后果、与第二次世界大战的起源有直接关系，也是20世纪二三十年代国际关系的重要内容。同时在我们研究20世纪的战争与和平问题时，这也是一个绕不开的问题。我借鉴了国内外学术界已有的研究成果，提出了自己的一些看法。

我这篇文章分两部分，第一部分谈第一次世界大战前及大战中的和平运动；第二部分谈两次世界大战之间的和平运动。

第一次世界大战前的欧美和平运动，影响非常有限。在战前越来越狂热的帝国主义、民族利己主义、沙文主义和军国主义宣传面前，要求和平的呼声十分微弱，远不足以对现实政治产生重大影响，而当时的大多数政治家和军事家也信奉用战争手段解决争端。大战中诞生的苏维埃俄国的和平外交取向以及列宁提出的和平共处原则，揭开了国际关系史上崭新的一页。大战的极端残酷性使欧美出现了反战、厌战、恐战的社会思潮，并导致和平运动高涨。第一次世界大战后形成的更为广泛的厌战和恐战思潮以及不分是非反对一切战争的和平运动的发展，为绥靖政策的形成和顺利实施奠定了思想与社会基础，对两次世界大战之间的国际关系产生了深刻影响。概括地说，20 年代的和平运动在一定程度上推动了限制与反对战争的国际法的发展。但是，30 年代和平运动的绥靖化对绥靖政策的形成与实施具有不可忽视的影响，成为鼓励法西斯国家不断侵略扩张并最终发动第二次世界大战的重要因素。

**问：**我看了您这篇文章觉得很有收获，您对于一战前后的和平运动的梳理，很细致，也很深刻，原来这种和平运动在不同历史时期其作用也是不同的。

**徐：**的确如此。战争与和平问题，是一个自人类产生以来就存在的问题，是一个古老又现实的问题。在人类社会经历的沧海桑田的历史变迁中，战争连绵不断，而“和平”作为“战争”的对立物，也一直是人类最基本的愿望和诉求，并成为人类追求的最朴素最美好的理想之一。近代以来，随着资本主义的发展，战争的规模越来越大，烈度越来越强，与此同时，也逐渐形成了一种和平主义的社会思潮和与之相伴随的社会运动，有关和平的研究也逐渐开展起来，并初步形成了一门独立的学科——和平学。

第一次世界大战前及大战中的和平运动，为和平学研究提供了重要实例，并初步形成了和平学的一些基本理论观点。如：裁军是通往和平的道路，军备与战争密切相关，扩军就增加了战争的可能性，维护和平就必须裁军的理念；通过强制仲裁，和平解决国际争端的理念；必须对战争进行谴责，不仅要发展有关战争的国际法，而且要在战后建立新的国际组织，建立维护和平的新秩序，等等。这些理念，在第一次世界大战后都有所发展。而两次世界大战之间的和平运动，则以其失败的结果，对和平学研究做出了自己的“独特”贡献，并给予人们重要启示：第一，那种认为一切战争都是错误的，不应该以任何形式进行或参与战争的看法，是过于绝对的，因为它有时反而会事与愿违，鼓励战争；那种认为战争既不人道也不合理，防止战争应当永远都是国家政策的首选，但有时进行或参与战争也有其必要性的看法，是更为理智的。在当今时代，同样如此。第二，尽管人们不能完全避免战争，但不断巩固、发展与完善已经存在的各种和平机制，恪守和平共处、和平解决国际争端的理念与实践，将是对世界和平做出的切实贡献。在当今时代，更应如此。

**问：**我在 2014 年 1 月份的《北京日报》上看到您的一篇文章《一战史研究的新问题新进展新观点》，这篇文章是谈一战本身的。其中谈到一战爆发的远因和近因，我觉得比较新鲜。为什么还要谈远因呢？

**徐：**今年是第一次世界大战爆发 100 周年。国际学者非常重视第一次世界大战，他们把爆发于 1914 年的“大战”，当作欧洲历史甚至是世界历史的转折点。欧洲学术界打算从 2014 年开始，连续五年将第一次世界大战作为研究的主题之一，这一学术动态值得我们关注。就我国史学界来说，与第二次世界大战的研究成果相比，对第一次世界大战的研究相当薄弱。

我在文章中说：关于一战爆发的原因，须写一部从 1870 年甚至从 1789 年法国大革命以来的欧洲外交史，才能看清根源。关于一战爆发的原因，除了认同列宁在《帝国主义是资本主义的最高阶段》中所指出的帝国主义是侵略和战争的根源，是第一次世界大战的根源之外，还要研究这场大战爆发的远因和近因。实际上，当列宁在论述帝国主义的形成时，就已经将一战起源的视线关注到 19 世纪下半期了。如果从第一次世界大战与欧洲均势的崩溃的角度来看，一战的远因也就是基本原因来说，就要从更长的历史时段来考察。至少要从法国大革命后建立的维也纳体系所形成的欧洲协调机制的实行和不断演变来考察。实际上，基本原因如此复杂，且年代久远，因此必须写出一部从 1870 年甚至从 1789 年法国大革命以来的欧洲外交史，才能看清它的根源，有些问题需要追溯到路易十四时代，甚至查理曼时代。另一方面，第一次世界大战与交战各国的政治、经济、军事、军国主义、秘密的同盟体系、民族与民族主义、种族、宗教、民主、教育、群众心理、大众宣传等都有关联，因此要从历史方面进行全方位的考察。

**问：**那么对近因的研究又能给我们哪些启发呢？

**徐：**我以为，对一战爆发的近因的研究告诉我们，对一个突发事件的处理不当，会增加战争的风险，甚至会爆发战争。这里有一个历史发展的必然性和偶然性问题。

就第一次世界大战爆发的近因来说，主要是指对战争爆发的直接责任的问题的研究，其时间一般是指从1914年6月28日萨拉热窝事件发生到8月4日英国宣布英德处于战争状态的这38天，其研究对象即为这段时间里发生的一系列外交交涉和事件。从这方面的研究中我们可以看到，在这短短一个多月的时间里，尽管列强之间进行了相当频繁的、紧张而复杂的外交活动，但是各国的决策者都以重新瓜分欧洲和世界、争夺世界霸权为目的，都企图以支持盟国来加强自己的力量。因此，几乎没有人对避免战争做过系统的坚持不懈的努力，也没有人真正打算用妥协的方式解决问题，各国媒体也充斥着所谓"爱国主义"的战争叫嚣，这一切导致战争的机器迅速发动，局势很快发展成没有任何回旋余地，终于以英国借德国入侵中立国比利时为由对德国宣战为标志，把一个欧洲历史上屡见不鲜的暗杀皇族的事件，演变成了一场大战。

由于经年累月的大战一天天激烈残酷，完全超出了当时各国的政治家和军事家的设想和预料。大战爆发之初，各国的文官政府考虑的是如何及时应战，以避免削弱自己，坐大对手；军方则仍然设想通过一场拿破仑式的战争或普法战争等方式的战争，即靠一两次大的战役便见分晓。然而由于时代的不同，战争的进程完全走向大国决策者的愿望和主观意志的反面：他们抱着短期取胜的侥幸心理，却形成了长期阵地战的僵局；他们本以为是单纯的军事较量，却变成了倾注全部国力的长期消耗的总体战。在这种局势下，几乎所有参战国的领导人都发表战争演说，申辩自身的行为无辜，而把发动这场战争的责任推给对方，最后凭着孰胜孰败来决定发动战争的责任。因此，《凡尔赛条约》第231条规定：德国及其同盟国应当承担战争的责任。但是，1919年以后，特别是《凡尔赛条约》签订之后，德国并不承认自己对战争负有责任，加上许多外交文件的陆续出版和名人回忆录的出现，更促进了对大战爆发的近因问题的探讨。这些研究的基本看法是：第一次世界大战的起因，并非仅仅如过去所说，主要归咎于德国和奥匈帝国的军国主义，实际上，俄国、法国和英国同样是发动这场战争的主要责任者，战争的罪责应当由两大帝国主义集团共同承担。正如一战期间上台执政的英国首相劳合·乔治后来所承认的，当年“所有的欧洲国家都滑过沸腾的大锅的边缘而掉进了战争之中”。但是这次大战的结果，却是动摇了欧洲文明的整个基础，为一个新世界的出现带来了曙光。

## 五、关于20世纪的国际格局

**问：**我看到2013年您在《历史教学》上发表的一篇长文《20世纪国际格局的演变——一种宏观论述》，这就涉及整个20世纪的国际格局演变的问题。对于这么大的问题，您是怎么看的呢？

**徐：**是的。在这篇文章中我主要阐明了国际格局是一个高度抽象的国际关系理论术语，然而，它的形成和演变又是一个实实在在的历史过程。鉴于国内学术界对国际格局的理论探讨较多而对其历史演变的论述不足，所以我这篇文章借鉴国际格局的理论框架，选取20世纪历史时段，相对宏观地勾勒国际格局在这个刚刚逝去不久的世纪中的演变过程。

我在文章中阐述了这样一个思想：大国和大国集团的力量对比是国际格局的基本结构和基本内核，决定着国际关系的基本内容，如战争与和平、和平与发展，等等。然而，国际格局并不是一成不变的，大国和大国集团之间的力量对比变化是国际格局演变的基础和推动力量，重大的具有全局性的国际事件是推动国际格局从量变到质变的决定性因素。

**问：**那么什么是影响20世纪国际格局演变的重大事件和重要因素呢？

**徐：**国际格局的发展变化有一个突出特点，即表现为一个从量变到质变的过程，在这一过程中，重大的具有全局性的国际事件是推动国际格局从量变到质变的决定性因素。20世纪发生的两次世界大战和一次冷战，正是这样的重大的具有全局性的国际事件，它们在国际格局的演变中起到了决定性的作用。这些事件无不集中反映了大国和大国集团之间的力量对比变化。这一历史时段的国际格局经历了从量变到质变的过程，其变化的基本形态是：经过第一次世界大战，欧洲的世界中心地位发生严重动摇；经过第二次世界大战，欧洲世界中心地位结束；第二次世界大战后发生的冷战，促成了两极格局的形成，但两极格局中孕育着多极化趋势；冷战结束后，世界多极化趋势以“一超多强”的态势继续发展。

国际格局的重要性就在于它实际影响并制约着一定历史时期内的国际秩序。国际秩序是指在一定的历史时期内，国际社会主要战略力量之间围绕某种目标和依据一定规则相互作用运行的机制，是指处理国与国之间关系的准则和行为规范。特定的国际秩序总是与特定的国际格局相对应，并受到国际格局的影响与制约。当国际格局变化时，国际秩序也会发生变化，并影响国家之间的关系变化。

**问：**我有一个问题不太明白：从第二次世界大战结束到 90 年代这半个世纪，除了局部战争以外，并没有发生重大事件，为什么把冷战看成影响 20 世纪国际格局的重大事件呢？

**徐：**我想可以从三个方面来看。

其一，冷战是 20 世纪的重大历史现象，几乎主导了 20 世纪后半期的世界历史发展。无论是资本主义国家还是社会主义国家，抑或是从殖民地半殖民地发展而来的第三世界国家，它们之间的关系和它们自身的发展，都与冷战息息相关，包括我国的对外关系和自身的发展，同样如此。

其二，从 19 世纪至 20 世纪乃至 21 世纪的国际格局的发展轨迹来看，19 世纪确立的西欧的世界中心地位，直到二战后才终结；而从一战后开始崛起的欧洲两侧美国和苏联，则是在二战后才真正崛起，并在冷战发生后逐渐形成了分别以美苏为首的两极格局(以 1955 年 5 月西德加入北约，以及其后华约形成为两极格局形成的最后标志)。这在刚才已经谈到过。但是值得注意的是，美苏形成的这个两极格局是不对称和不完全的。首先，美国和它的伙伴国实际上要比苏联集团强大，不过这种优势却从没有大到使美国觉得足以直接向苏联挑战的程度，于是便导致了双方的军事威慑和军备竞赛，特别是核竞赛的持续攀升进行。鉴于苏联的经济实力始终远逊于美国，因此在两国对立的整个历史时期中，冷战对苏联的伤害程度远远甚于苏联对美国的伤害程度。其次，即使在冷战最高潮的年代里，两极格局也未能囊括所有的国家和地区。那些处于两个集团之外的国家和地区对两极格局形成了牵制。随着战后非殖民化运动的进行和不发达国家的政治经济发展，不仅在一定程度上缓和了美苏之间最初的对抗，而且在两极格局的基础上不断生长出多极的力量。实际上，正是在冷战进程中，随着欧洲共同体的发展、中国自力更生的发展和日本成为经济大国，在20世纪60年代末70年代初就已经出现了尼克松所说的“五大力量中心”，多极化的趋势已经开始显现。这种多极化的趋势，也并没有因冷战的终结而停止，而是继续发展，直到今天。

其三，冷战是20世纪历史发展的一个重要阶段。它是经过两次世界大战之后，在世界历史中出现的介于世界大战与世界和平之间的一个过渡阶段。它表明了人类控制战争特别是世界大战的能力大大增强了。我们已经看到，在冷战过程中曾有过几次非常严重的危机事件，如两次柏林危机和古巴导弹危机，特别是后者，几乎到达了核战争的边缘，但是美苏双方都在最后一刻实行了妥协政策。因此，我们所说的冷战的自我控制机制，实际上是我们人类控制战争的能力、人类文明的程度的进一步发展。实际上，正是在美苏对峙的两极格局之下，正是在冷战发展的过程中，世界发生了更为深刻的变化。它孕育了两极解体的力量，孕育了在政治、经济、文化、意识形态、价值观念等方面的相互宽容态度，孕育了世界格局多极化的发展方向。

## 六、总结与反思

**问：**从您谈到的这些我们不难看出，您对现代国际关系的关注与研究的视角，已经从一个特定时期的个案研究，如1931—1941年的英国与中日关系，转向了对整个20世纪国际关系格局的宏观研究，这是您在国际关系史研究方面从个别到整体，从微观到宏观的拓展，您觉得这种拓展的重要性在哪里？

**徐：**我想这也是我自己的学术成长过程的一个结果，也应该是一个从事史学研究的学者的一个成长的过程。一般来说，初入学术领域的人都是从一个具体的个案开始研究的，从对这个个案的研究中学习最基本的实证研究方法。从具体的选题研究、理论指导、资料收集、史料鉴别，论文的谋篇布局、逻辑结构，撰写写作提纲、写作过程、文字表达，包括外文翻译、标点符号运用等方方面面，来学习研究的基本方法。然后你会发现你的研究是不足的，需要从更宽广的视野，从纵横交错的历史发展过程中来审视你所研究的问题，也就是我们所说的要上、下、左、右地来看你所研究的问题，才能更清楚地看到它的本质。所以，从个别到整体、从微观到宏观的拓展，也是学术研究的一个规律。也就是说，学术研究应该是一个从“点”到“线”、再从“点、线”到“面”的发展过程。另一方面，通过我自己的学术成长，我也更加感到，我们关注并研究的每一个重要的微观课题，都是历史的有机组成部分，正是无数这样的微观课题，组成了波澜壮阔的历史，而这个历史的发展，又是一个不断进步的过程，也是人类自身的一个不断进步、不断文明的过程。

**问：**刚才您谈到您主编了一部《世界近现代史 1500—2007》，请您谈谈这部教材的编写情况，它有哪些特点？都有哪些人参加了编写？现在的使用情况怎样？

**徐：**我们奉献给读者的这部教材，是我们多年来从事世界近现代史的教学改革和课程建设的一个重要组成部分，也是北京市“十一五”规划高等教育精品教材建设规划的项目。它的编写人员，都是历史学院从事世界近现代史教学与研究的中青年教师。整部教材的整体框架也是由我们全体写作人员多次讨论后决定的，我本人撰写了全书 1/5 左右的内容，全书由我最后修改、统稿、定稿。

如果说到这部教材的特点，我想有几个方面。其一，这是国内第一本以 1500 年至 2007 年为一整个长时间段，系统研究和叙述人类自 16 世纪至 21 世纪初的成长历程的世界近现代史教材。其重要目的，就是以世界全局的眼光，注重人类自身的活动，综合考察人类在这五百多年的长时段中的世界各地区、各国、各民族的历史，揭示人类历史在这五个多世纪中的时空成长。其二，这本教材作为培养高层次人才的高校教材，坚持马克思主义经典作家对人类社会形态演进的纵向发展的阐述及其对世界历史横向发展为一个息息相关的整体的阐述为理论指导，客观说明人类历史的纵向发展和横向发展互为条件，相辅相成，在世界近现代历史发展过程中，这种纵向发展与横向发展更为密不可分，而且正是由于这样的发展，才形成了今天的世界。这也正是我们希望能够让读者了解的。其三，该教材在体例结构上采取了新的断代史编写体例。首先以近代早期的世界全貌为背景，然后分别以资本主义、社会主义、亚非拉民族独立国家、国际关系，以及西方文化与社会生活五个重大主题为核心，对世界近现代历史的发展进行了整体而又详细的叙述，非常有助于学习者和教师对世界近现代史的把握、理解和认识。这一体例结构，是我们多年来教学改革、课程建设和教学实践的综合成果，从时间和空间上涵盖了世界各地区近代以来的发展变化。这也是该教材的一个突出特点和创新之处。其四，这部教材不仅从上述所说的五个方面泾渭分明、详略适当地叙述了人类的发展历程，而且得出了一些重要结论和历史启迪。如：资本主义存在严重问题但具有较强活力，社会主义国家必须正确认识并处理与当代资本主义国家的关系；苏联的实践证明了在经济落后国家进行现代化建设并不存在固定模式，必须根据国际社会发展和各国具体情况，依靠不断改革完善和制度创新，才能取得最后成功；殖民体系的崩溃是人类历史的巨大进步，发展中国家必须以可持续发展为目标，不断进行自我改革，为建立公正合理的国际新秩序不懈努力；和平与发展仍然是当今时代主题，经济全球化和世界多极化是时代发展趋势，民族国家唯有在参与全球化的过程中不断推进国际政治经济民主化，才能更好地维护自己的主权并获得长足的发展；文化和社会生活作为软实力，在民族国家发展中的作用日益重要；如何发扬本民族优秀文化传统并吸收外来文化的有益成分，是建设有中国特色社会主义过程中的一个必须研究和解决的重要课题，等等。其五，该教材的另一个新意，是将中国近现代历史的发展有机地融入其中，关注中国在世界历史进程中的发展和变化，对中国与世界发生联系的重大史实、中国发生的具有世界影响的重大事件给予论述并揭示其意义，阐明中国和世界的相互关系，勾勒出中国走向世界、世界走向中国的历史轨迹。总之，我们期望，这样编写的世界近现代史教材，可以从不同的方面展示人类的成长历程，并预示未来人类社会的发展方向。

这部教材出版后，使用的学生和学界的反映都不错，认为与其他教材相比，这部教材框架结构新颖、叙事脉络清晰、详略处理得当、重点要点突出、历史启迪明确，拓展阅读书目相当有用，特别是这本教材的叙事时间到 2007 年，比其他世界史教材的时间都更接近学生的现实生活，更便于学生的学习、思考、理解和掌握，具有学术性、可读性和实用性。据统计，该教材自 2012 年 7 月出版后不到 10 个月，已有约 1500 本的销量，至今的销量还没有统计，估计应该已有几千本的销量了。2013年，这部教材被评为北京市高等教育精品教材，也说明了学界对它的良好反映。

**问：**最后我想请您总结一下：从20世纪80年代中期开始投身现代国际关系史的研究到今天，还不到30年，您从帮助齐先生查找、翻译中日战争中的日文资料，到现在独立承担并完成诸多涉及20世纪国际关系的重大课题，并主编了世界近现代史的新教材，还上了那么多的课，包括至今还在讲的本科生课程，时间对于每个人来说都是一样的，但为什么您会取得这些成果呢？

**徐：**我想主要是四点吧。一是深感我能作为一个高校教师的不易。您也知道，我作为1966年高中毕业的学生，在经历了十年“文革”后，在恢复高考后成为1977级大学生，是十分不容易的。我深深感到，个人的命运是和国家的命运紧密联系在一起的。自上大学以来，我总想把失去的十多年的时间补回来（当然是补不回来的），所以时间抓得很紧。留校任教后，更觉得不能辜负领导和学生的信任。二是深知教师工作是一个良心活，要对得起学生，必须在教学和科研方面不断进步，把自己和学界研究的最新成果呈现给学生。三是要做一个好教师，必须心无旁骛。我想我做到了这一点。三十多年来，有人说我做了三件事：教学、科研和社会服务。社会服务主要是指从事中学教师的培训工作和教育部委托的修订初中、高中历史课程标准的工作以及中学教材的编写等。实际上，这所谓的三件事还是一件事，还是一个工作，那就是做一个好老师。我想只有心无旁骛，才能做好这个工作。四是家人的理解和支持，如果没有家人的理解和支持，我不可能取得这样的成果。我将会继续努力！

**问：**好！这个访谈既总结了您三十多年来在国际关系史研究领域的发展过程，也总结了您的诸多经验，很有启发。谢谢您的谈话！

# 何　平

何平，1949年生，四川成都人。1982年毕业于四川师范大学，获英国文学语言学学士学位。1986年获四川大学世界史硕士学位，毕业后留校任教。1987年赴英国牛津大学留学，1995年获牛津大学哲学博士（历史学）学位，后在伦敦密德萨斯大学做短期研究。1998年回国在四川大学任教。1999年以来曾被聘为牛津大学客座院士，台湾淡江大学、香港浸会大学和巴黎高等师范学院等校客座教授和客座研究员，并曾为美国历史协会、亚洲学会和英国中国研究学会会员。现为首都师范大学历史系特聘教授、博士生导师。研究方向主要为西方史学理论、欧洲文化史和中西历史比较。1998年以来发表数十部论著，包括由世界一流的英国麦克米伦出版社出版的英文著作 *China's Search for Modernity —Cultural Discourse in the late 20th Century* 和《西方艺术简史》《阿富汗史》等中文著作以及《20世纪中国历史思维中的“革命”观念》《20世纪下半叶西方史学认识论的新发展》等论文。

访谈

# 与何平教授谈旅居英国十一年的收获与体会

按：此次访谈进行于2007年。当时，何平教授在首都师范大学任特聘教授，对于他的学术经历我们很感兴趣，我和江湄、邓京力老师一起专门对他进行了访谈。文章曾发表于《首都师范大学学报》2007年第4期。原题为《倾力探讨中西文化异同——访何平教授》。收入本书，有修改。

## 一、考上了牛津大学

**问：**何老师，首先让我们对您以特聘教授的身份来我校工作表示热烈欢迎。您也是从事史学理论和史学史研究的学者，您的到来将会大大加强我们这个学科的力量。但是对于您的学习经历和学术研究的情况我们还不太了解，我们知道您是在牛津大学获得博士学位的，并先后在英国进行了十一年的学习和研究工作，是否先介绍一下您自己的情况？

**何：**1978年，经历了“文革”期间的十年蹉跎岁月，我终于有机会进大学，1982年在四川师范大学外语系毕业后，到绵阳师范学院教英语，后考入四川大学历史系，是改革开放以后中国第一批西方史学史专业的研究生。导师谭英华先生是教育部指定的西方史学史教材的副主编。我的硕士论文研究的是法国十七、十八世纪的历史观念。1986年研究生毕业后，留校任教。1987年到北京英国大使馆参加留学考试，获得由英国帝国化学工业公司、英国外交部和牛津大学三方共同设立的ICI奖学金，赴牛津攻博。ICI奖学金与美国前总统克林顿获得的罗兹奖学金相似，其目的在于遴选资助各国优秀青年，培养他们成为未来的政治或学术领军人物。每年在一国招收一名，十多年的时间里招了三四十位学者到牛津学习。我在牛津的导师 Mark Elvin（伊懋可）早年在剑桥获博士学位。后在格拉斯哥大学任教，因发表著作《中国历史的模式》声名鹊起。他像马克斯·韦伯一样，探寻中国历史进程中的模式。他提出关于晚清中国陷入“高均衡陷阱”的人口经济技术模式，这是关于中国历史演化的重要理论。他也搞法国史。开始我想专门研究西方史学史，集中于某一位西方史家，研究他的生平传记和著作等，把资料搞全，论文完成，就成为这位史家学术生平的权威。美国很多博士论文就是这样的。导师说这样你将来发展空间就不会很大，应该利用自己的优势，也搞一些中国史，因为你看中文文本快。而且，最好做带有一些理论性质的研究，最后我就选择了“中欧文明史比较”这样的课题，同时带有历史理论方面的内容。

在牛津大学圣安东尼学院那座有几百年历史的修道院城堡底层的一间圆形的学习室里，我就像中世纪的修道士每天坐在那里，苦读中国和西方史学界的“诸子百家”，冬去春来，望着窗外的菩提树花开花落。1995 年终于获得这所世界上最著名的学府——牛津大学的博士学位。牛津大学的博士学位确实不那么容易拿，亚洲去的学者，包括韩国、日本、中国台湾的，平均有三分之一的人什么学位也没拿到就沮丧而归。在牛津大学历史系获得博士学位平均要六年时间。毕业以后，我到伦敦的密德萨斯大学做了一些研究。1998 年年初回到川大。后来我也经常出国，平均每年差不多有 1/4 的时间在国外。从北风呼啸的瑞典到我国炎热的台湾，从古朴的英伦三岛到繁华典雅的巴黎，真是“行万里路，读万卷书”啊。这种经历影响了我的学术视野。

**问：**您能够考上牛津的博士很不容易吧？

**何：**是的。我能够出去留学确实感到很幸运，当时在英国大使馆考试，由北京大学的专家和英国的专家组成一个考试班子，全国各地那么多的青年来应考，我看起来好像没什么希望，我只是把这种面试当成一种人生经历，尽量如实地回答有关个人的人生道路和理想的问题，但最后还是录取了我。这使我感到很意外。

**问：**还是说说您在出国面试时是怎么说的，怎么阐述您的学术理想的？

**何：** 当时，像国内其他地方的青年学者一样，四川的青年学者也感到中国史学的落后，成立了四川当代史学会，想了解当代欧美史学新理论、新方法，以便运用。但当时中国的译著比较少，需要到国外去学习。除了这些，我同时谈到了打算为中国史学的进步发挥一点作用，并对我国的进步充满希望，愿意以自己的青春为国家做一点工作。我也谈到了“文化大革命”造成的破坏，许多人由于各种原因受到打击，没有读书的机会，以及对“文革”中各种黑暗现象的痛心。我的回答给他们留下了很深的印象，以后几年凡是四川来的要出国的年轻人，英国大使馆文化处的那位考官都要问他们认识不认识何平。

**问：** 您是四川人，四川文化是否提供了一种特殊的氛围，使四川产生了一些著名的学者？

**何：** 近代，四川曾经出现过廖平这样的学者。抗战期间中国的学术中心也迁移到了四川。青少年时期我住在成都的华西坝，家里的房屋后面是外国传教士于19世纪末建立的华西协和大学(后来又称为四川医学院、华西医科大学)，春天油菜花盛开时，中西合璧的校园建筑显得分外好看，几百米开外可以看到三国时期著名大将张飞的衣冠冢和庙宇。不远处是李白顺长江三峡东下华中江南的锦江万里桥头。

物产丰富、气候宜人、文明悠远的川西平原，人们生活闲适，节奏缓慢。闲暇和宁静的环境可能有利于学习和思考。四川虽地处偏僻，但不少川人又往往胸怀天下。近现代四川出了如邓小平、朱德、陈毅、聂荣臻、刘伯承和郭沫若等将帅治国之才和名流学者。巴山蜀水这样的自然环境是否就有利于杰出的人才的成长不得而知。不过，四川确实有一句俗语，“四川人出川就是一条龙”也许有一定根据吧！

**问：** 我听我们到国外去学习的同学说，他们出去以后首先有一种强烈的差异感，不知道您当时有没有这种感觉？

**何：** 去欧洲比去美国这种差异感更明显。我在1987年到达英国时，ICI派了一位女士来迎接我，小汽车把我从希思罗机场载到牛津大学。清晨，太阳刚刚升起，汽车在高速公路上奔驰，薄雾中两边满是树木，我紧挨着玻璃窗，想看看这里的土地是否和中国的一样。到达牛津时，秘书在半小时前接到通知就在门口等我，司机把我送到铺着黄色天鹅绒地毯的屋里。醒来已是第二天下午，我到学校行政楼去报到，在路上打听怎么走，一位路人带我走了很长的路，那种彬彬有礼和助人为乐的态度，令我感叹不已。牛津号称是世界上最美的城市，夕阳西下时，可以看到无数的教堂的尖顶，熠熠闪光，十分耀眼。整座城市就像一座博物馆，中世纪后期风格的建筑到处都是。传说美国前总统克林顿来牛津读硕士时，刚来的当天就在这个只有5万人的小城到处看，流连忘返，竟然两天还没看完。

**问**：牛津大学是欧洲学院派传统的基地吧？

**何**：确实如此。所谓学院派传统就是强调纯粹的学术追求，这方面欧洲与美国确实不同。美国现在社会科学非常发达，他们写的论文可能高于欧洲人的水平，但他们功利性较强。英国人是学院派，关心发展纯粹学术，写文章一定要在前人的基础上小心谨慎地发展，概念清晰，讲究文章的结构，而且有一种学者的清高，较少往功利主义那方面发展。受这种学术传统的影响，我给学生讲课时也要先把关键词和核心概念定义清楚，以核心概念为主建立一个框架，然后再谈具体问题。

牛津大学博士学位授予典礼也体现出这种浓厚的传统。举行典礼的大厅是个圆形的建筑，内部类似小型室内体育馆，周围是包厢，穹顶上面写着“科学和真理已经降临”。授予学位那一天早上，牛津大学的校长和行政官员走出校行政大楼，一行人穿着中世纪的袍服，校长的袍服特别突出，镶着金边，长长的衣尾有两三米长，由一位少年在后拖着，前面是拿着金杖的开路使者。他们昂首阔步，前往典礼大厅。那天，我们一群学子也穿着古老的博士袍服，排成一条长队，从外面进入礼堂。排在队列前面的仪仗官，用金杖敲开古老风格的高大的橡木大门，我们便鱼贯而入，大厅里掌声雷动，学子和家长们热泪盈眶。校长用拉丁语宣读授学位名单和勉励话语，内容还是几百年前行会的誓词，大意是说这些学生经过这些年的学习，已经满师了，取得了教育行会的资格，可以传师授徒了。我们也宣誓追求学术，发展知识，不玷污牛津清名。

牛津大学的学术传统源远流长，中世纪修道院似的校园回廊存放着800年来在这里求过学的伟人和思想家的雕塑和画像，包括培根、洛克、霍布斯、雪莱等。牛津培养出了23位英国首相，数十位诺贝尔奖获得者。牛津大学的学者从

13 世纪起就在莫顿学院进行科学实验，研究抛物体的时间、速度和距离的关系，并探讨科学思维的语言。所以牛津校史展览馆可以自豪地说牛津大学“革命了科学，创造了政府”。世界上其他大学包括巴黎大学也不能像牛津这样如此“自傲”。牛津大学的学术传统不仅体现在各种制度上，从教师为人处世的态度上也可看出名不虚传的绅士风度。教师们经常提到 decency（正派）和 integrity（正直）这些人格术语。和他们讨论某个问题，他们经常说“这有点违背我的 integrity 精神”。一个人置身于那种文化，会受到影响，并且不自觉地形成习惯。

## 二、博士论文与专著

**问：**您在牛津大学写的博士论文是什么题目？

**何：**我的博士论文题目是“文化与现代化的关系——中欧历史的比较研究”。主要涉及现代化与文化的关系问题。后来我又把博士论文重写了，增加了内容，形成我的那本书 *China's Search for Modernity—Cultural Discourse in the Late $20^{th}$ Century*，就是《中国对现代化的追求——20 世纪末叶的文化论争》。目前我的这本书还没有中文版。但我国台湾和香港的大学都已经收藏了这本书。这本书是英国有名的麦克米伦出版社出版的。

**问：**您写这篇论文所用的中文资料也是在英国搜集的吗？

**何：**我在写论文的过程中曾回国搜集资料。国外的博士论文研究一般要在全世界范围内收集资料。牛津大学对博士论文的水平有明确的规定，要求对你所研究领域的知识的增加是一个贡献。主要表现在两个方面：一是使用了这个研究领域的新的材料；二是对所研究的领域的原有的资料进行了创新式的解释。这要求不能重复别人已研究过的内容。牛津显然把革新知识作为教师和研究生的座右铭。

**问：**对于一个中国学者来说，用英文来写一篇文章本身已经是很不容易的事情了，您的这篇学术论文写了多长时间？

**何：**前后用了六年时间。出书的过程中，又聘请校外专家来进行匿名评审。学院的教授委员会开了三次会，提出意见，我又进行了三次大的修改。最后改出的结果，面目完全变了，这样才达到了出版的水平。

**问：** 是不是牛津大学的博士论文必须得达到出版的水平才能通过答辩呢?

**何：** 以前在五六十年代是这样，现在不一定。现在，优秀的博士论文，经过教授委员会推荐才能出版。我们学院有来自欧美的四百名博士、硕士研究生，在这些论文中每年只有几篇得以推荐出版。我的那篇论文，教授们认为是别人没有研究过的，充分运用了中文的关于现代化的资料。2004 年我访问香港中文大学，和金耀基校长在办公室里谈了一个小时。金校长是一位研究现代化的著名学者，六十年代出版著作《台湾的现代化》，开以现代化理论诠释中国当代社会发展的先河。他的书架上也摆着我的那本《中国对现代化的追求——20 世纪末叶的文化论争》。我问他："您什么时候开始研究大陆的现代化问题的?"他说："你不是写了(已研究了)吗?"当然，他这是夸奖我。台湾的现代化、大陆的现代化，都需要历史学家很好地去研究。对我国现代化的背景、进程和目标等进行新的审视是历史学家应该做的工作。

**问：** 您在牛津进行的是现代化的研究，但您是从史学史的研究转到这一领域来的，那么您的研究与已有的现代化研究的成果有什么不同呢?

**何：** 我的现代化研究主要是从文献和思想发展的角度来进行的。牛津大学图书馆号称世界上七大图书馆之一，资料非常丰富，重要的学术资料都可以找得到，而且它的藏书非常有水平，大家的经典书都悉数典藏。由于有这样的优越条件，我可能比国内的学者研究得更深入一些，在对问题的解释上有可能更加客观。比如，对于中国为什么没有能自发地产生现代工业资本主义，中外的学者们提出了各种不同的观点。我在牛津大学就能利用对西方文献的"全面"把握和对中国国内文献的熟悉，做出比其他人更好的分析。我曾对法国和比利时的一些学者对有关专题的重要论著的陌生态度感到吃惊，后来到他们的国家，看到他们的图书馆英文书籍的稀少才理解了这点。要知道世界上 80%左右的重要科学论文是用英文写的。

从西方学者的实证主义观点来看，这个问题似乎有点"玄"。比如，"李约瑟难题"：近代自然科学为什么没有自发地在中国产生？有的西方学者认为，这个问题的提出就是不合理的，它是建立在世界历史具有整体性的基础上的、认为中国文明一定要沿着西方文明的模式走的“站不住脚的假定”。其实不然，形而上学对一门科学的发展是不可或缺的，而且，我的研究主要是对学者们在这个问题上提出的种种解释及其文本进行分析。

**问：**您的这个课题总共搞了多长时间？

**何：**仅其中的自然科学问题，我就用了大约半年的时间在牛津大学自然科学图书馆里如饥似渴地搜寻和阅读关于科学革命的理论资料。这个图书馆是一个地下大厅，铺着厚厚的蓝色地毯。春节期间，孤身在外的我像隐修士一样来到那里，早出晚归。寂静的地下大厅，数不清的书架，上面摆满了英文书，足有数十万册吧，我在那儿走来绕去，力图从书本中探寻真知灼见。最后写出这一章，也就一万多字。

**问：**您这篇博士论文最后是什么时候出版的？

**何：**从 1995 年他们看到我的论文，就说要出版，让我进行修改，最后在 2002 年才正式出版。他们是非常慎重的。

**问：**这部书篇幅有多大？

**何：**十多万字。牛津大学的论文要求精干，一般不能超过 12 万字。我在牛津大学受教育这些年，有一点我是很自信的，就是我参加学术会议或写文章发表，别人不会觉得我的文章有很多的问题，比如概念不清楚甚至概念错误。我去参加一些国际会议，感觉一些西方学者的水平可能还不如我。一些非名牌大学的学者，学术思维的水平并不高。这几年在外面参加国际学术会议，我发言都是前几名，比较受到尊重。可能是别人相信世界名校毕业的博士的总体水平吧。2000 年我到瑞典去开会，中心的议题是中国革命五十周年回顾，与会者有来自欧美国家的几十个人，安排我在大会第三个发言。我的发言阐述比较好，文章的部分内容我拿到国内发表了，获社会科学优秀成果奖，并被国内十多种期刊论文集转载。2002 年，到香港浸会大学开会讨论东西方文化比较，欧美学者参加的不少，主题是东西方文化研究。与会的有些是国外大学的东西方文化研究中心主任，但不少人的文章对题目并没有阐述充分，核心词定义模糊。我在会上的发言对“东方”和“西方”做了比较好的定义，引起了很好的反响。后来，浸会大学也把国外学者寄给他们的一些文章让我来进行评议、审稿，我还参加了他们的合作研究。

**问：**这就是说，中国学者如果经过了严格的训练，完全可以达到或超越国外学者的水平。您的现代化研究中，提出了哪些国内学者还没有提出过的新观点、新问题呢？

**何：**以前，大陆学者对于资本主义萌芽的解释有些观点是经不住推敲的。对于中国为什么没有走上西方资本主义的道路，这个问题非常复杂，谁也不能得出完满的解释。西方学者提出宋代是一个非常值得重视的时代，那时中国的经济最容易建立一个机械化的工业体系，宋代中国的学术发展和人均国民生产总值也都达到了历史上的高峰。过去，一些学者提出中国的重农思想压制了工商业的发展，还有统治阶级的大一统的思想等，然而这些都在宋代被冲破了。但为什么还是没有出现工业革命呢？有多种解释。一种是说，元代蒙古人的入侵破坏了这个过程。的确，宋代海外贸易很发达，煤的采用，炼铁业的发达，出现了机械化的水力推动的磨坊，李约瑟提出水车和鼓风机包含了蒸汽机的原理。我认为是多方面的原因，其中，缺乏科学的推动和政府的鼓励是最重要的。20 世纪中国的迅速现代化就凸显出这两方面原因的重要性。

西方学者认为中国宋代已接近建立一个实验科学体系和工业化体系，可最终未能前进一步。爱因斯坦在回答中国人为什么没有发展出近代科学时说，他对中国人的失败一点也不感到惊奇，惊奇的是西方人终于发展出了近代自然科学体系。他认为有两点原因：一是西方人从文艺复兴开始重视科学实验；二是文艺复兴后，数学方法被运用于科学解释理论和精确实验中。后结构主义为这个问题的解释提供了一条新思路。我借用这个理论，认为更深层次的原因是中国人不重视解析宇宙、自然和社会中的“结构”，西方人从柏拉图开始就相信自然现象存在概念结构，科学家和艺术家们都把再现所研究对象的结构作为目的。而中国的自然哲学家却并不认为自然现象存在结构和确定的规律，因而也不去努力地揭示这种结构。

**问：**以您在世界一流学府成功攻读博士学位的经历，您认为国内研究生如何才能取得更大成就？

**何：**国内的研究生多已掌握基本科研能力，比如实验技术、考证梳理史料的功夫等，他们的研究方向和学科领域也已很专门化。我认为另一个非常值得培养的知识技能就是要扩展知识视野，清楚地了解自己的研究领域在当代整个知识体系中的位置，了解它同其他学科的关系和它的发展前沿。在当代，知识创新很多都源于不同学科的交汇处、不同理论观念的碰撞以及研究者的前瞻意识。所以我在给研究生开的两门公共课中，主要以开阔研究生的知识视野、培养他们课题研究的理论性和前沿性为目的。

## 三、人生与学术的追求

**问：**您所关注的是文化的问题。您在读研究生时是学西方史学史的，我们今天也是在做史学史的教学工作，史学史比较关注一个时代的史家与社会、人生之间的关系。我希望您多谈一下这个问题。我的感觉是 1977—1979 年上大学的人，在研究工作中所提出的问题已经更新了，研究问题的思路、问题意识也更新了，我们的老师是比您年长的一代人，但是今后的工作是要跟着您这一代人了。因为真正的创新是从 20 世纪 80 年代以后开始的。我们想听您谈谈今天的时代是如何作用于您的人生的？您是怎样追求一种与以往不同的学术道路的？

**何：**我在牛津大学时，当时有一位首席汉学教授叫 Vander Loon Piet（龙彼得），跟我谈到过台湾和大陆的学术情况，他说台湾由于有相当一部分教师是从美国学成归来，台湾的学术研究、教学观念和教学方法等便逐步和美国很接近，但是在大陆可能还要等一两代人。现在我们同发达国家的学术差距已大大缩短，国外的新学术思想很快就传播进来，教育和学术的全球化的影响特别明显。但是我感到我们不少人对这些新思想产生的背景和所要解决的问题仍缺乏足够的了解，因此不能批判地接受，而更多的是表现为追逐时髦概念，例如对后现代主义，实际上在我国目前的文化和思想发展阶段，我们更多的是需要理性主义而不是后现代主义的反理性主义。西方来的东西不一定都很了不起。其实，西方出版的书籍很多，同一个题目有好多本书，在一百本书中，有百分之七八十的书，里面说的都并不是什么新东西，也需要进行鉴别。

我们这一代人，经历也可以说很不平凡，1960 年前后的三年困难时期，整天饥肠辘辘，“文化大革命”中又目睹疾风暴雨式的政治动乱，然后是到中国最贫困的地区“上山下乡”，改革开放后许多人又出国受到欧风美雨的熏陶。“文革”时我十六岁进北京，见到过毛主席。那种经历开阔了我们这一代人的眼界，使我们认识到传统的社会主义道路是有问题的。“文革”时我没事可做时，就在家里阅读马克思和列宁的著作，也看俄国的文学作品，受到很大影响。有一次我在家里津津有味地看列宁的《哲学笔记》和恩格斯的《反杜林论》这些书，一个老师看到我一个十八九岁的穷困青年读这些书，感到非常奇怪。另一次我在家里读别林斯基、普希金和莱蒙托夫的书，社区民警进来看我读这些书，叫我收起来，但并没有惩罚我。那个时代许多青年人像我一样，对于欧洲的启蒙主义思想和理性主义精神有一定的感受，产生了要求自己保持理性精神、坚持求学向上的志向。

小时候我们也都自觉地学习雷锋，悄悄地打扫了教室而不告诉老师，我们当时都天真地向那种有公共道德的人靠近。但是，“文化大革命”把这种童话式的充满理想主义激情的传统和社会风气破坏了。许多人便到传统的马克思主义哲学里去探求原因，重新审视中国的马克思主义在哪些地方出了毛病。在这个过程中许多人自然而然地把注意力投向了国外的发达国家。后来，许多人出国了，在欧美发达的社会文化学术环境里，加深了对中国历史与思想发展的认知。

**问：**我看您从欧洲回来以后，比较关心西方史学中的核心概念，如后现代观念、革命思潮，等等，您这样做除了要对西方史学有一个宏观把握以外，肯定还有一种选择的意识。在80年代初期，学者们曾经提出要建立中国的西方史学史学派，但是到目前为止，似乎还看不出这种中国的西方史学史学派的形成，是否研究西方史学史还是看原著更有价值？看您的文章好像对西方史学的核心观念问题比较注意，这样可以突破传统的西方史学史的框架，不知您对于西方史学史的研究有什么想法？

**何：**20世纪下半叶，西方人文社会科学出现语义学转向，从语义学的角度对文本与概念进行分析成为研究思想史和文化史的新方法。后现代主义史家如美国的海登·怀特和法国的后结构主义史家对历史写作的性质以及西方历史观念的发展等又有一个更加深刻的看法。我们需要考虑后现代主义的前沿视野，写出不落后于时代的新西方史学史论著。我个人在很大程度上受盎格鲁-萨克逊分析的历史哲学和牛津语义分析思想的影响，更多地把历史学看作是一门科学，喜欢用社会学、人类学和语义分析哲学的方法和观点来研究历史。

牛津大学的历史研究学术范式是强调实证社会科学方法，历史系本科生的课程就包括社会学、人类学和民族学。后现代主义的传统遭到很大一部分学者的反对。比如，我曾访问过牛津大学校长卢卡斯教授，他是研究法国大革命史的著名学者，十分强调原始资料的重要性，认为历史研究者当然需要首先了解研究状况；但是真正重要的是掌握原始资料，而且在诠释原始资料时，不能把现代的观念加进去。我跟他讨论说根据后现代主义的观点，第一手和第二手文献都是文本，而且第一手史料本身也不能避免偏见。卢卡斯校长对此颇不以为然。

**问：**您的兴趣很广泛，著作的范围也很广，您也研究欧洲艺术史，是吗？

**何：**是的。我写的一本《欧洲艺术简史》已经出版，入围今年全国“三个一百原创图书”之列。这本书是基于我在台湾淡江大学当客座教授时的讲稿。我觉得研究文化必须要研究艺术，艺术是文化的重要组成部分。欧洲自文艺复兴以来，强调以科学的精神把自然再现出来，比如透视法的出现。文艺复兴时代的艺术家同时也是科学家，这是近代科学在西方首先出现的重要背景之一。最近我到意大利和荷兰做访问，更亲眼见到艺术家在西欧文化中的崇高地位。在阿姆斯特丹，满街都是印有伦勃朗及其名画《夜巡》的彩旗；在米兰，米开朗琪罗的雕塑耸立在米兰大教堂旁的闹市中心广场；巴黎更是把现代主义艺术家毕加索、马蹄斯等人活动过的场所作为大力宣传的旅游景点。其实我的兴趣之所以广一些，首先是由于我的经历比较丰富。其次，是我们这一代人在“文化大革命”前后成长，人文主义精神比较强。再次，博士这个词包含“博”(universal)的意思，它同英文中“大学”(university)这个词是同一词根。我认为作为一个博士，不了解学术的全貌，研究是深入不下去的。

**问：**您在大学本科时学的是英语，到研究生时才改学历史，应该说学英语比学历史更有利于择业，您为什么又改学历史了呢？

**何：**人生的道路弯弯曲曲。大学毕业以后分配到离成都有 200 公里的一个小山城绵阳，三十多岁了，一个人带着行李来到这个偏僻小城里的师范学院教英语。当时，我不甘于在这里平庸一生，便报考川大西方史学史专业的研究生，以第一名的专业成绩被录取了。

**问：**您曾到过世界上许多国家和地区，这些经历对你的学术视野有什么影响？

**何：**我曾三渡大西洋踏进美国哈佛大学的图书馆，见证了美国首都华盛顿建筑布局的罗马帝国情结。从巴黎到罗马的旅行使我了解到欧洲文化的承前启后；比萨的斜塔、佛罗伦萨的但丁故居、米兰的米开朗琪罗的塑像、维诺拉的罗密欧与朱丽叶的故居和古罗马的竞技场废墟，所有这些亲临此地的经历使我对历史文本及其各种说法有一种批判鉴别力。我也曾在拿破仑最后一战的滑铁卢农舍废墟前凭吊，在萨特当年常光顾的巴黎圣日尔曼教堂附近的酒吧内沉思，驻足在剑桥三一学院前牛顿的苹果树下，在德国特里尔城马克思故居庭院及附近的古罗马遗址寻思。生活在思想、学术和文化全球化的时代，像我这样从事世界史研究的学者也许命定就要云游四方。然而，无论是到威尼斯、阿姆斯特丹和哥本哈根的旅行，还是在英国、法国、美国、葡萄牙、瑞典、丹麦，以及我国的台湾和香港的学访或旅居都无疑极大地开阔了我的学术视野，使我得以挣脱地区和文化的偏见，为我的世界历史研究打下一个不可多得的感性认识基础。

**问：**您最近在号称法国最好的高校——巴黎高等师范学院又做了三个月的访问教授，能否谈谈您的感受？

**何：**巴黎高师在法国高校中的地位不同凡响，它相当于牛津大学在英国高校中的地位。巴黎高师成立于法国大革命时期，以其师生的高素质而闻名遐迩。1794 年高师一成立，就以选最好的学生和聘最优秀的教师使学生受到最好的教育为宗旨。高师目前的学生不过千人，但在短短 200 年间，小小的高师产生了 11 位诺贝尔奖获得者，包括 6 位物理学奖得主和 3 位文学奖得主，以及经济学和化学奖各一位得主。高师坐落在名校云集的巴黎著名的拉丁区乌尔姆大街，从高师门前可以看到先贤祠(法国思想界的“孔庙”，安葬着卢梭、伏尔泰和雨果等名人的灵柩)的穹顶，进入高师主校园，四方形的庭院绿树成荫，泉水滴涌，四周的楼壁上刻有名人的雕像。

高师面积不大，只相当于牛津大学的一所学院，然而对于从事人文社会科学的学者来说，高师是一所学术圣殿，20 世纪下半叶名满全球的大师，如杜克海姆、列维·斯特劳斯、马克·布洛赫、雷蒙·阿隆、布罗代尔、阿尔都塞、福柯、德里达、拉康和罗兰·巴特等几乎都在这里受过教育或教学过。列维·斯特劳斯以全班第三名的优异成绩在高师获得哲学教师资格；福柯是德里达在高师的老师；罗兰·巴特在同密特朗总统共进午餐后，回校的路上在高师门前被卡车撞伤而不久谢世；福柯去世时，法国知识界如丧考妣。不出高师，我们就能对 20 世纪下半叶西方乃至世界人文社会科学的进展追根溯源。看看巴黎高师人文社会科学的研究状况，我们也就能了解小小的高师为什么在自然科学领域也能出类拔萃。

这些人文科学的大师几乎都是从最深刻的层面上对他们那个时代知识的演化和认识论模式进行反思。列维·斯特劳斯对西方构造知识的基本方法进行注解，阿尔都塞试图使马克思主义现代化，福柯解构了西方近现代的意识形态和话语特征。他们当之无愧地是启蒙时代为人类社会发展指出了新道路的那些思想家的后代。

## 四、关于当代中国学术思潮

**问：**您 1987 年到英国留学，回国时是 1998 年，您感到这些年中国的学术思想发生了什么变化？

**何：**1949 年以后我国学术的变化经历了三四代人，黎澍为代表的老一代人，是传统马克思主义者，解放前参加革命。改革初期一些人主张向东欧学习。到 80 年代后期，一些人更加激进，想直接把西方的民主、自由的观念引进中国，这显然不适用于我国那时的环境。90 年代以来，学术界就比较冷静，开始把西方的理论概念学术性地运用于研究具体问题。我曾经写过一篇《80 年代中国史学发展的若干趋势》的文章，谈到史学研究范式的改变，但是 90 年代研究范式的改变就更大了。

我们当前对西方的理论、概念的引进和介绍可以说非常及时，但是真正深层次的东西还是没有把握住。比如，写文章研究问题，你的描述和解释不能超出你的史料所能支撑的程度，老一代学者在这方面做得很好。还有，一般学者的怀疑批判精神还不够强。我们的很多知识是在传统史学发展阶段积累的，一些已有的概念、方法，往往是有问题的东西。比如，对于“封建”的概念，大家知道过去对这个概念的运用是有问题的，但还是照样说“自秦至清朝是封建社会”。对“资本主义”和“社会主义”这样的概念也没有定义清楚，没有经过逻辑清洗就在历史研究中简单地运用了。这是学术思想的深层次的问题。因此，我们国内的许多学者到国外去参加学术会议，人家对我们的文章不大看重，一发言，国外学者马上就指出你所运用的概念是错误的，不是那么回事之类。

**问：**我感到美国的学术观点有些追时髦，那里新书非常多，新的观点也非常多，但是许多学者也不能完全接受后现代的思想。在中国，一些中青年学者包括学生也很关注后现代问题，有的美国学者甚至说，后现代的基础在中国，这种说法有道理吗？

**何：**后现代主义和马克思主义两者在批判资本主义这点上是合流的。后现代主义的一些观点多可以在马克思主义的著作中找到。但是我个人更赞成现代主义思维方法。19 世纪末 20 世纪初，我国的学术范式发生了巨大变革，当时的学术词汇要么是从西方来的，要么是把中国原有的词汇加进了西方的概念。这是梁启超、谭嗣同他们这代人做的。美国著名的学者列文森的《儒教中国及其现代命运》就谈到了这种变迁。我们虽然引进了西方的自然科学和社会科学的活动和理论，但是哲学思维的深层次的变革，还是没有彻底的实现，这就是为什么会产生“文化大革命”那些极“左”的东西的原因，对毛泽东会有特殊的崇拜等的原因，这些同我国在从传统社会向现代社会转化的过程中没有经过哲学思维上的深层次的变革是有关系的。比如“大跃进”中所提出的“亩产三十万斤”的口号，在欧洲近现代的哲学思维下是无人会认可的。我感到中国目前学术最要紧的是如何把欧洲近现代形成的科学思维原则真正地接受过来，促成我们民族哲学思维上的变革。西方学术从传统到现代的发展，经过了很长时间的学术思想的变革，尤其经过了培根和笛卡儿哲学的批判性引导，例如一切解释都必须建立在对资料的归纳的基础上，对一切理论说法都要进行逻辑清洗和用经验事实来检验。这些原则在我们的人文社会科学研究领域并没有被彻底地接受。

**问：**您的思想里面一方面强调现代化，就是理性主义的东西，另一方面又特别强调文化传统，是不是这样？

**何：**文化是个故事，是关于这个民族从哪里来，有哪些英雄人物和曲折的故事。文化传统又是以古迹、建筑和制度来支撑的，而且还要有一套仪式、习俗来支撑，文化传统才能起作用。在现代社会中，如果文化传统不起作用，就会造成社会失序和道德失范。任何一个社会，不可能把文化传统彻底丢掉，从血缘、人文环境等方面来说，都是丢不掉的。不可能全面移植一种外来文化，唯一可行的就是要考虑如何保存传统的文化，然后再不断将其合理化、现代化。欧洲就是这样，它的文明发展过程中经过好几次转化，每一次转化都是通过一次文化运动来传播的。例如，罗马化就是一种文化的扩散和转换。基督教的传播在欧洲也是一次文化运动。启蒙运动、文艺复兴，都是泛欧洲性的文化运动。以前我们对运动都有反感，实际上一个社会的转换是离不开运动的。这里所说的运动，不是破坏性的运动，而是创建性的运动。没有启蒙运动传播那许多思想原则、审美观和志向，我们不能想象欧洲会有今天高度发展的文明。

我到台湾去感受很深，他们把传统文化与现代性结合得非常好。台湾的社会生活比较平衡。我在台湾的大学上课时他们问我对台湾的大学生有什么感受。我说到台湾后，仿佛回到了徐志摩的时代。他们的社团、办公室的布局、老师与学生之间的关系都使我想到那个逝去的时代。台湾的学生与大陆学生相比显得更温文尔雅、彬彬有礼。这是由于蒋介石到台湾以后，认为失掉大陆是因为摈弃了儒家传统，所以大力复兴儒家文化，用儒家文化来转化、取代日本统治台湾 50 年所形成的日本的政治文化的影响，终于造成了台湾今天这样的文化发展。文化需要一定的习俗和制度的支撑，比如在台湾有鬼节，每到节日就把整年不打开的中间庙门打开，然后就演鬼戏，在大街上几千人游行，放鞭炮，把节日的习俗延续得很好。我们国家最近一二十年也在恢复一些传统文化，甚至热烈讨论文艺复兴，但是恢复得远不理想，许多城市中原有的那些体现传统艺术审美感的旧建筑荡然无存就是例证。

**问：**您今天的谈话使我们对您的学术经历、学术追求、学术思想的情况有了一定了解。您在国外的这十一年时间，使您有机会从更高的角度、更直接的机会，了解中国和西方特别是欧洲在思想文化上的差异，也会更有助于您在这些问题上与国外及港台学者的对话。相信您来校后，会大力促进我们史学理论和史学史学科的发展，我们愿意和您一起为学科的建设与发展做出自己的努力。

# 魏光奇

魏光奇，1950年生，河北易县人。初中就读于北京外语学院附属外国语学校。1966年初三毕业时“文化大革命”开始，学业中止。1968年，到山西省沁县插队。1972年，到山西长治市的一家炼铁厂当工人。在下乡插队前后和工厂工作期间，始终坚持自学。1978年，考入山西大学历史系读研究生。1981年研究生毕业，分配到河北大学历史系任教。1995年，调入首都师范大学历史系任教。现为首都师范大学历史学院教授、博士生导师。主要从事中国近现代史的教学与研究工作。主要著作有：《大智心魂——哲人的旅程》《天人之际：中西文化观念比较》《中西文化观念比较》《官治与自治：20世纪上半期的中国县制》《有法与无法：清代的州县制度及其运作》《清代民国县制和财政论集》《今天与昨天：中国社会历史问题散论》《中国改革通史(近代卷)》(副主编、参撰)等。

## 访谈

# 与魏光奇教授谈他的自学与治学之路

按：此次访谈进行于2015年年初。近两年魏光奇老师身体不好，现在有所恢复，今年他正好65岁，工作负担轻了，且又面临退休，于是有时间聊一聊。

**问：**魏老师，您好！很久没有和您交流了。您是在1995年来到首都师范大学历史系的，当时我正担任系里主管教学工作的副主任。我记得您一来就给本科生开了“中西文化观念比较”的选修课，很受本科生的欢迎。当时那门课是排在星期五晚上的，即使如此教室里也总是座无虚席。我也常去听课。我很奇怪，您的课为什么会那么火爆？我想，这门课涉及的知识领域十分广泛，这是与您的知识结构分不开的。我知道您是1966年读完初中后，1978年直接考的研究生。这中间的12年您却没有闲着，走出了一条自学之路。我想借这个机会与您聊一聊，您是怎样走上自学之路的。

**魏：**1966年“文革”发动时我十六岁，在北京外国语学院附属外国语学校读初三。6月初，学校停课，我的自学生涯也就从此开始了。

我的自学，从一开始就同对“文革”起源和性质的反思有关系。北京中学“文革”的特点是运动初期“血统论”盛行。最先兴起的红卫兵(即后来所谓的“老红卫兵”)以干部子弟为骨干，推行“血统论”，讲“老子英雄儿好汉，老子反动儿混蛋”，一面走上社会抄家破“四旧”，一面在学校内揪斗有历史问题的教师和出身不好的同学。非“红五类”出身的同学在运动中受到排斥，其中一些人受到迫害。当时的“阶级斗争”理论将地主、富农、反革命、坏分子、右派、资本家、资产阶级知识分子指为敌对阶级，而将“文革”要打倒的“走资派”说成是他们的政治代表。但我们看到的实际情况是，主张“血统论”的“走资派”子弟们迫害“出身不好”的同学，工农子弟在经济和社会地位方面同干部子弟存在巨大差距。这样，少数素来喜欢读书和思考的中学生就试图对“文革”做另外的思考，其基本思路是认为“文革”之所以能在短时期内将亿万人卷入其中，原因在于它有着现实的社会基础，即“特权阶层”同广大人民群众之间的矛盾。这样，“文革”就首先被看作是一场社会斗争而并非仅仅是共产党内的一场权力和路线斗争，而所谓“走资派”也就不是一个政治派别，而是一个社会阶层(特权阶层)。当时，毛泽东和他的思想在人们心目中具有神圣的权威地位，我们这些十六七、十七八岁的青年人要从新的角度探讨“文革”的起源和性质，最初还不敢也不愿逾越毛泽东的有关理论和谈话，而是力图要从毛泽东的有关文字和谈话中为自己离经叛道的观点寻找理论根据。不过，这条路很难走通，还需进行其他的理论探索。我的读书活动就是在这种情况下开始的。

**问：**那您和当时的青年是怎样进行“其他的理论探索”的呢？

**魏：**由于我们读书的目的明确，就是想要探讨“文革”的社会经济根源，所以当时对于马列关于生产力与生产关系、经济基础与上层建筑的理论特别感兴趣。记得自1967年5月起，我陆续读了《德意志意识形态》《费尔巴哈和德国古典哲学的终结》《哲学笔记》《1848－1850年的法兰西阶级斗争》《路易·波拿巴的雾月十八日》《德国的革命和反革命》等马克思、恩格斯和列宁的著作，还有马迪厄的《法国革命史》等。当时我认识北京四中一位叫赵京兴的同学，他喜欢哲学，推崇费尔巴哈的人本主义，推崇黑格尔的《精神现象学》。他写过一本哲学手稿，是关于西方近代哲学的，从培根到费尔巴哈，借给我读，我读不懂，但这激发了我对哲学的兴趣，开始读介绍美国实用主义哲学的书，读杨献珍、关锋的哲学著作，读“文革”前商务印书馆翻译出版的《西方现代资产阶级哲学论著选辑》，并做了详细的笔记，对西方当代哲学开始有了一点了解。此外，我还特别注意当时报纸上关于“苏修”在社会经济领域“复辟资本主义”的报道，抄录了不少有关的材料，并趁下乡劳动之机进行社会调查，向老乡了解农村生产队工分和口粮分配方式等。

**问：**当时您同其他人在理论探索方面有交流吗？

**魏：**有，而且很多。1968年，在北京部分中学生中形成了一个研读社科书籍的小气候，陆续出现了一些以读书和探讨政治社会问题为联系纽带的沙龙和群体，“二流社”就是其中影响较大的一个。“二流社”是一个松散群体，参加者主要是北京一〇一中、三十五中、清华附中、八中、四中、师大女附中和北外附中的学生。“二流社”的活动方式和内容是聚会讨论各种问题，我记得在北海、紫竹院、陶然亭、中山公园都聚过，还去昌平的沟崖和十三陵水库搞过一次郊游。出城一去三天，自带大米挂面油盐，拾柴做饭。白天爬山游泳，晚上架起篝火，三两成群，说笑唱歌，探讨问题，非常愉快。“二流社”探讨的多是当时的政治问题，如“新二月逆流”、“工宣队”进驻清华、毛泽东与五大学生领袖谈话等，但有时也讨论理论问题。当时曾搞过一个分工，计划大家分别进行各个理论领域的研究，但不久大家都去插队了，这个计划没有落实。

**问**：当时正处于“文革”时期，书店没有什么书卖，图书馆一般也都关闭了，你们读书，书从哪里来呢？

**魏**：大致说来，当时北京中学生中互相传阅的书有这样几个来源：一是“文革”前出版而又躲过1966年夏秋“破四旧”浩劫的私人藏书，如那时我翻过的一本《中国近代思想史资料简编》就是一位同学家的藏书，一本考茨基著的《历史唯物主义》第5册和另一本介绍美国实用主义的译著是我自己“文革”前从旧书店买来的；二是从各类图书馆流失出来的当时被封借的书籍，如当时我们一派的一个“宣传队”有几个同学住在学校图书馆，通过他们就搞到了一些书；三是“文革”当中，从干部家庭流失到社会上的“灰皮书”“黄皮书”，即“文革”前“内部发行”的外国社科类译著，如前南斯拉夫德热拉斯(今译吉拉斯)的《新阶级》、托洛茨基的《被背叛了的革命》《斯大林评传》，还有《赫鲁晓夫主义》《震撼世界的十天》《震撼克里姆林宫的十三天》等。此外，当时大学生开始分配工作，他们临行前将许多书籍当废品卖掉，爱读书的中学生们便抓住这一机会，到海淀区邻近各高校的一些废品收购站以0.26元一公斤的废纸价格去买书。我和一个朋友闻讯后，也各出10元钱，合买了一麻袋书籍和“文革”资料。我最初所读的两本中国近代史著作——郭沫若的《中国史稿》第4册和胡绳的《帝国主义与中国政治》，就是这麻袋旧书中的两本。还有一本插队后成为我们娱乐食粮的《外国民歌200首》，也是在当时买的。当时书的来源也比较广，大家广泛搜集，互相交流，有些书珍稀难找，甚至出现了手抄本。

**问：**在插队以后，劳动强度那么大，你们还能够坚持读书吗？

**魏：**插队并没有影响我们读书，事实上插队后我们的读书活动达到了一个新的高潮。我带着两大箱书来到晋东南沁县，此外还不断通过其他各种渠道找书看。如我的朋友丁东、杨志拴趁县里组织知青参加“审书”之机，从县中学偷出了好几本被封借的书，如周谷城的《中国通史》、修昔底德的《伯罗奔尼撒战争史》、科瓦略夫的《古代罗马史》、福斯特的《美洲政治史纲》、歌德的《少年维特之烦恼》、狄更斯的《大卫·科波菲尔》，等等。当时，志同道合的知青时兴村与村之间的串联，大家不时地聚在一起，“指点江山，激扬文字”，会餐联欢，登山击水，惬意得很。与此同时，我们与在内蒙古等地插队和在东北生产建设兵团的同校同学以及“二流社”时期的外校同学也保持着频繁的通信联系，互相交流学习心得，交流参加“三大革命实践”的情况和知青集体建设情况，所有这些，都推动着我们读书活动的深入。那一时期，白天出工，晚上趴在小油灯下读书，往往到深夜。我当时写过一组诗歌，反映我们知青集体的生活，其中有一首《夜读》写道：“茫茫夜，四周星，村东侧，点点灯。正襟危坐南窗下，夜读会神又聚精。赶走一天劳和累，忘却冬寒雪与风……”这是当时我们读书情景的真实写照，毫无渲染夸张。

**问：**能够在这种条件下坚持读书学习，还能保持乐观的心态，你们的精神生活十分丰富啊！

**魏：**当时除了读书之外，思想活跃的中学生还注重搞社会调查。还在1966年，毛泽东青年时与萧三等徒步进行农村社会调查的事迹就已为红卫兵们所熟知、所景仰，而那时对青年毛泽东的模仿在中学生中蔚然成风，人大附中的“老红卫兵”徐浩渊据说曾化装成乞丐去搞农村调查。在这种风气下，当时不少思想活跃的中学生都搞过不同形式的社会调查。1967年的12月，我和几个本校的同学就曾到当时还属河北省的武清县和宝坻县做过为时一周的农村调查。那两个县有一批1964年插队的天津知青（当时著名的知青典型侯隽就在宝坻县），我们因听说运动后期还要插队，所以去找他们了解一些有关插队的情况，但实际上更多的是接触到了当时当地农村的各方面情况。例如，知青们向我们详细讲述了他们作为单身劳力自己不能养活自己，而农民凭着家庭的自然分工，仅一个壮劳力参加集体劳动就可以养活一家，我从中充分体察到在当时生产力水平下自然经济的生命力；又如，一个村的知青向我们谈到了农村划分阶级成分的复杂性，说一个地主家好打牌而人手不够，“三缺一”，长期雇佣一个二流子来凑数。新中国成立后划成分，这个二流子因寸土皆无且受雇于人，理所当然地被划为雇农。这些都增加了我们对农村的感性了解，冲击着过去政治教育灌输给我们的教条。1969年年底冬闲回北京，我和同学杨志拴从沁县经武乡、榆社县、左权县、和顺县，步行去大寨村参观，沿途又就精简机构和社队工业问题搞了一次社会调查。

**问：**“文革”后期，已经开始招收工农兵学员，有推荐上大学的机会。您为什么没有走这条路呢？

**魏：**事情是这样：我们在农村插队期间，已经开始实行工农兵推荐上大学的制度。1971年北京外国语学院（现在称北京外国语大学）派人来山西沁县招生，我因家庭出身问题没能去成；此后，就再也没有动过推荐上大学的心思。1972年，我到山西长治市的一个炼铁厂当了工人。不过，不论是在农村还是在工厂，读书自学却从未间断。“文革”后高考制度恢复，我于1978年考上了山西大学历史系中国近现代史专业的硕士研究生，这是我求学之路的一个转折。

**问：**推荐报考大学之路没有走通，但是您却考上了研究生，这是怎么回事呢？

**魏：**这次报考研究生，对于我来说也算是人生中一件“得意”之事。我是1966届的初中生，没上过高中，更没上过大学本科，是以“同等学力”报考。由于“文革”的耽误，当时大家在专业知识方面都比较差，与现在“考研”的学生是比不了的。在这种情况下，我有自学的那么一点儿基础，考试中就显出了“优势”。整个考下来，我的各门成绩分数虽然不高，但却“名列前茅”：“政治”考了79分，是这一年山西大学文理各专业所有考生中的第一名；专业课初试总分、复试分数和面试成绩都是本专业考生中的第一名。其实我的“中国近代史”复试分数仅为59分，但第二名已是43分，仍然算是“遥遥领先”。外语一科的考试更是离奇。我初中在北京外国语学院附属外国语学校所学语种是西班牙语，因此报名时就报考西班牙语。当时“山大”历史系虽然有两位老师懂西班牙语，但他们是搞拉美史的，而不是搞语言学的，因此不能命题。这样，“山大”方面就让我自己翻译几篇东西寄给他们，由历史系老师阅卷给出成绩。这对我当然很有利。不过，由于这一年不少专业成绩好的考生其外语成绩都比较差，所以“山大”这一年的研究生录取，所有考生的外语成绩都没有计入总成绩。

**问：**请您谈一下进入山西大学读研后，特别是毕业后在高校任教时期的读书与治学的情况吧！

**魏：**回顾我的自学经历，从“文革”初到 1978 年入学读研究生之前，算是第一段，其思想根基是马列主义，学习内容是散漫无际的人文社科知识。而自 1978 年入山西大学到如今，又经历了第二到第五段的知识补充和更新。

**问：**这很有意思。那后面的四段是什么呢？

**魏：**第二段是山西大三年的中国近代史知识学习。当时郭吾真、江地、乔志强、任茂棠四位先生为我们轮流授课。说是授课，其实主要是指导我们读书，而且主要是读中国近代史方面的资料性文献。三年下来读了几十本这类的书，中国近代史专业方面的人物、事件、制度、文献等，装了一脑子，毕业后站到讲台上讲这门课，思想观点“自备”，素材则能够信手拈来，学生们很欢迎，自己也很受用。

第三段是在 20 世纪 80 年代“文化热”引领下的思想和知识更新。当时，各个出版社翻译出版和介绍了大量西方哲学和社会人文科学著作，如四川人民出版社的“走向未来丛书”、上海译文出版社的“二十世纪西方哲学译丛”“当代学术思潮译丛”、三联书店的“学术文库”、上海人民出版社重印的“西方学术译丛”、商务印书馆续出的“汉译名著”，以及其他各种单本书。面对如此众多的好书，我如饥似渴地阅读，沉浸在喜悦之中。这一时期，决心在高校里发展进取的青年教师，一般是在忙着“读博”和搞本专业领域的“科研”，而我大致是生活在“退隐”中，买书、读书成了主要的生活。通过这一段时期的读书，我在西方和中国哲学思想方面的知识有了明显的长进，思想理念也发生了根本性变化。

第四段是九十年代初以后对佛教的学习和体悟。当时我读方立天先生的《佛教哲学》，对佛教的理论和思想产生了兴趣。方先生治学的理路大致是以哲学解佛教，属于“佛学”而非“学佛”，但在宗教学领域，知识与信仰往往是相通的。此后至今，我陆陆续续地读过几本佛教经论和其他一些有关的书籍。我对于佛教的学习，大概是介于学术与信仰、“佛学”与“学佛”之间，读的书很少，根本谈不上研究，也不敢说有真正的体悟。但无论如何，我的自学因此而拓展出了一个重要领域，收获还是很大。

**问：**结合在学校的教学工作，您是否也继续自己的学习呢？

**魏：**是的，那就是我自学的第五段。这一段时间，我结合课程教学继续读了一些中外哲学、宗教学、政治学、社会学方面的著作。80 年代我在河北大学历史系任教时，柯林伍德的《历史的观念》一书的中译本出版，我以这部著作为参考教材，应时开设了一门选修课，介绍西方历史观的发展线索及其哲学背景，课程的名称定为“历史哲学”。后来，我逐渐将课程中对于中国与西方历史观念差异的比较扩展到了宗教、伦理、政治、经济等其他方面。1995 年调到首都师范大学历史系任教，当时您在系里做教学副主任，征求我开设选修课的打算。我当时考虑，要适应选修课（尤其是校公共选修课）的要求，“历史哲学”这门课的内容就必须调整，我因此对课程中关于历史观念的内容进行了删减，而对其他方面的内容进行了补充，并将课程名称改为“中西文化观念比较”。从 1996 年开始直到 2012 年，我每年在历史系和全校公选课课堂讲授这门课程。在这个过程中，我鞭策自己不断阅读各种有关书籍，以充实教学内容，自己也有很大收获。2000 年，我将这门课的讲义加以整理，出版了《天人之际：中西文化观念比较》一书。2009 年，“超星”网制作“名师讲坛”的视频，我也参与了这个活动，讲了 103 小节。这门课搬到网上后社会反响不错，我手头也有了一个字幕电子本，我后来将它整理成了一个口语化的讲义，正式出版，全书大约 30 万字，名为《中西文化观念比较》。

**问：**结合科研工作，您大概也需要继续历史学专业领域的学习吧？

**魏：**您说得对。这是我自学第五段的一个重要方面。我在河北大学任教时，还没有科研考核这一说，自己也感觉不到什么压力。1995 年调来首都师范大学历史系后，感觉这里的“科研”气氛浓厚，就开始有一种压力，决定找一个学术领域做一点具体研究。经过考虑，我决定对中国历史上的县制县政问题做一些研究。早在农村插队期间，我就对当时的县政问题产生了兴趣；八十年代在河北大学任教时，我曾与几个学生商量，利用假期到他们的家乡做有关县乡行政制度的社会调查，但这件事未能做成。在决定对中国历史上的县制县政问题进行研究后，我于1999年和2002年先后申报了关于清末民国县制和清代县制的国家社科项目，得到立项批准，此后这十几年，就集中精力进行相关问题的研究。项目结题后，在商务印书馆出版了两部学术专著，一是《官治与自治：20世纪上半期的中国县制》(2004年)，二是《有法与无法：清代的州县制度及其运作》(2010年)，这两部著作都得到了学术界的认可。在我看来，这种形式上的成就其实并非最重要，自己在这一过程中最大的收获，乃是对明清(甚至宋代)以来的地方官府与社会有了非常感性而深刻的了解。毛泽东说中国"百代都行秦政制"，在"政制"方面了解历史，也可以说就是了解现实。在对清代、民国时期县制县政进行研究的过程中，我收集、研读了包括历史档案、地方志书、官方典制、私人文书在内的大量文献，仅一字一字地录入电脑中的不下几百万字，真正在有关专著中原文引用的恐怕连百分之一也不到。这类资料读得多了，就好像身临其境地进入了那个时代、那个社会，对它们就有了一种真切、生动的感觉。闭上眼睛，那个时代官、吏、绅、士、民、匪等各类人物人群的言语做派、音容面目和活动场景，就全都浮现在眼前。这些人物人群，有的可爱，有的可笑，有的可悲，有的可怜可悯，有的可憎可恶；这些场景，有的令人感动，有的令人心痛，有的令人毛骨悚然。我认为，这是对历史的真了解，我不敢说自己在这方面已经做得很好，但自信已经入了门。由此我也认识到，搞历史研究，如果仅仅靠支离破碎地引证资料而缺乏一种整体的、活生生的"感觉"，所得结论恐怕是很靠不住的。

**问**：您这种自学成才的经历与从院校中接受系统培养成才的学者确实有所不同，您觉得这种经历对您的治学有什么影响吗？

**魏**：我不能算是"成才"，只能算是"自学取乐"吧。相对于进入学校接受师教，自学或有其局限之处，但也有其优胜之处，这主要在于可以激发人的学习主动性。自学如独自发掘宝藏，自己发现，自己开掘，在发现中开掘，在开掘中发现，欲罢不能而永无止境，于不知不觉之中便不断有所收获。

许多人都说退休后会有失落感，我的感觉恰恰相反。我马上就要退休了，每念及此，总是很向往，很振奋，有种跃跃欲试的感觉。因为那时我将会有新的、兴趣盎然的学习生活。我已经大致有了一个新的学习计划和研究目标，这就是参加到近代精英探讨中国文化出路的事业中去。这一事业，人们已经开创了一百多年，它与时俱进，永远不能最终完成，但其过程却对人民、对民族、对世界都有极大意义。我感觉，自己的志向、兴趣、知识结构和社会阅历，可以使得我在参与这一事业的过程中发挥独特的优势，这也算是一种使命感吧。孔子说自己“发愤忘食，乐以忘忧，不知老之将至”；曹操《龟虽寿》诗则有“老骥伏枥，志在千里，烈士暮年，壮心不已”之句，我感觉自己现在的心态与他们是相通的。

**问：**我觉得您这种终身学习的心态、志向非常好，值得学习。其实，无论是自学成才的人还是经过院系培养、老师指教的人，都需要有这种精神。作为一个学者，没有这种主动学习、终身学习的精神，就是有再好的学习条件也不可能做到在学术上与时俱进。您的这番谈话，对于今天的青年学子来说是很有启发的。我希望以后有机会再继续与您探讨，特别是能够就这些年您在科研方面的成果有更深入的交流。谢谢！

# 刘新成

刘新成，1952 年生于北京。“文革”期间在山西雁北插队、当过工人，1977 年恢复高考后考入北京师范学院历史系，先后获得历史学学士、硕士和博士学位。曾在美国惠蒂尔学院、布法罗大学做访问学者。

本科毕业后留校任教，历任历史系教研室主任、系副主任、系主任，首都师范大学校长。现任历史系教授、博士生导师；中国史学会理事、中国英国史研究会副会长；教育部历史教学指导委员会委员、国家社会科学基金项目学科评审组专家；北京市历史学会副会长、北京市社会科学联合会副主席；兼任全国人大常委会委员、北京市人大常委会副主任、中国民主促进会中央副主委、民进北京市委主委。

已经出版的专著有《英国都铎王朝议会研究》《英国议会政治史》(第二作者)、《古代民主与共和制度》(合著)、《历史学百年》(主编)、《世界大通史》(15、16 世纪两卷)(主编，待出版)，合译《西方的兴起》《近代世界体系》《马克斯·韦伯肖像》等。

访谈

# 与刘新成教授谈他的治学之路

按：此次访谈进行于2005年。访谈是应《历史教学》的约稿进行的，以“一个中国学者对世界历史的思考”为题目，发表在《历史教学》2005年第10期。

**问：**从您的个人经历来看，在1978年进入大学校门以前，有十年时间是在基层劳动，包括在山西雁北插队、在大同阀门厂和北京市政公司当工人。二十年后，同样是您，成了历史学教授、博士生导师、大学副校长。人生道路发生了如此巨大的变化。不知道现在您如何看待当时那十年？当年给您留下印象最深的东西是什么？

**刘：**这十年可以分成三段，前四年在山西省山阴县农村插队，后来被招工到大同阀门厂当工人，1976年年底想办法调回北京，在市政四公司，还是当工人。说到印象最深的东西，插队的时候印象最深的是“苦”和“累”。“苦”主要是说生活苦。我插队的山西雁北地区大概是当时我们国家老百姓生活最贫穷、自然条件也很差的地区之一。村里每年每人分两斤带皮的小麦，只够过年吃一顿饺子。此外口粮就只有玉米和土豆了，还不够吃。我记得大概一年能分到420斤毛粮，去皮后剩300多斤，平均一天一斤粮食吧。菜只有洋白菜和胡萝卜，腌成酸菜吃，一点儿油水都没有。当时知青都只有十几岁，身体正在发育期，劳动量又大，我们也不像老乡那样会做饭，所以那点粮食根本不够吃。整天觉得肚子空空的，老是饿。为了省粮食，也为了让肚子有个饱的感觉，就熬粥吃，我清楚地记得，有一天晚上我一连喝了13碗粥。

“累”的内容要多些。首先是干活累。我下乡时只有16岁，从小没干过什么体力活，初到农村，水都挑不动，别说干农活了。夏天锄地，从早到晚，又热又饿，实在是累得受不了。都说干活累了睡得香，其实累过劲了反而睡不着，一闭眼就是锄头和垄沟，老在那儿晃。睡眠不足也加重了累的感觉。不过这是头两年，后来慢慢适应干农活了，不觉得那么累了。但是另一种累的感觉越来越重，心累。

我们是喊着“扎根”的口号下去的，但说实话，没人真想扎根。主要还不是因为生活苦、干活累，这些都能逐渐适应，至少能忍受，但我们毕竟来自大城市，受过教育，有自己的理想，尤其当时在山阴县插队的都是师大女附中和四中的学生，都是北京最好的中学的学生，当初人人都做过“名校梦”，让我们一下子转变思想，心甘情愿在封闭落后的农村劳动一辈子是不大可能的。一些老高中生带头，干活回来就读书学习，我也跟着看书，其实当时也不知目的是什么，就是想学习。这也是好的学校教育最成功的一点，就是培养了学生的学习习惯。但是这样一来，身体更累了不说，脑袋里想事儿也多了，今后的出路，自己的前途，越想越苦恼，所以我说后来主要是“心累”。包括后来进城当了工人，生活和工作条件都好多了，仍然心累，想起一辈子的事儿总觉得烦闷、茫然。

要说那十年对我后来的读书生活有什么影响，那就是在苦和累的方面“曾经沧海难为水”，有人抱怨念书“苦”和“累”。我一点这样的感觉都没有。再加上小时候已经被培养形成了读书学习的习惯，可是“文革”十年中不能念书，上大学后才终于又能念书了，所以当然不会感到念书学习是苦事、累事。

**问：**从 1978 年到 1991 年，经过了 13 年的寒窗生活，您走完了从本科生到博士生的学习道路。在攻读硕士和博士学位时期，您都选择了世界中世纪史专业。这种选择是出于什么因素呢？

**刘：**我念中学时喜欢理科，又只上到初二，“文革”就开始了，所以文科的基础并不好。上大学时，系里给我们班办了个中国古代史的“小班”，基础好些的都进了小班，我当然没有份儿。既然不是中国史的“培养对象”，只能选择世界史。但是学世界史得外语好。我在中学学的是俄语，早忘光了。大一下学期才从 ABC 开始学英语，当时我 27 岁，虽然下了不小的功夫，可是到大四考研时英语水平仍很有限，班里考世界现代史的同学外语都比我好多了，我只好考中世纪史。不过后来念进去以后，我倒是越来越喜欢中世纪史了。

**问：**从读研究生到攻读博士，戚国淦先生都是您的导师。您可以谈一谈戚先生对您成长的影响吗？

**刘：**戚先生是很典型的老一辈知识分子。我觉得，老一辈知识分子才是真正的知识分子，他们身上有真正"知识"的气息。我从戚先生那里获益最多的就是这种知识分子气息。这主要体现在两个方面：一个是知道了什么叫"学问"，怎么做学问，而且知道了学问和名望地位不一定成正相关。作为"文革"后第一批考入的大学生，我们刚上学时不知道天高地厚，动不动就想创立体系，著作等身。跟着戚先生念了研究生，才越来越觉得自己学识太浅薄。我交给戚先生的第一篇作业是份读书报告，光是改文字表述，戚先生就把满篇稿纸都改红了。从此我再也不敢轻狂了，写什么都得再三地斟酌修改。认识戚先生的人都说戚先生有学问，不光是在中世纪史专业方面，在中国史、古典诗词、翻译等很多领域都有很深的造诣，但戚先生发表的文章著作并不多，好像也从不考虑这样是否对名望职位有不利影响。这涉及对知识生产的认识问题，题目太大不好深谈，但是我从戚先生身上体会出一点，就是学问不一定带来名望，然而值得追求的还是学问，因为学问能提升人的价值，能带来一种幸福感和满足感。以后每当心浮气躁的时候，想想这一点我就能踏实下来。另一个方面，是从戚先生以及通过戚先生接触到的其他一些老先生身上，知道了知识分子是怎么做人的，也就是说，应当有人文的关怀，应当有社会的承担，还应当有道德的义务，等等。这个话题的内容也是非常多的。

**问：**您初期的学术活动主要是研究英国宪政史，在发表了一系列文章以后，与人合作出版了《英国议会政治史》，1995 年出版了专著《英国都铎王朝议会研究》一书。当初为什么要选择这样一个研究方向呢？

**刘：**读硕士的时候，因为戚先生前面带的三个学生都是做都铎前期的课题，所以让我和另外两个同学做都铎后期，即伊丽莎白一世统治时期的题目。那两个同学分别选了经济和宗教的题目，我就选了政治。那是在 1982 年，当时国内收藏的外国史图书报刊资料还不多，而戚先生又一再告诫，"巧妇难为无米之炊"，一定要先找到充足的参考书目再确定选题，所以我就到北大图书馆和北图去查书目卡片，找来找去，发现关于伊丽莎白时期议会的资料相对集中一点，再加上当时中国民主和法制建设的呼声比较高，所以就决定做议会的题目。硕士论文的题目是“试论伊丽莎白一世统治时期英国下院与王权的斗争”。读博时接着这个题目往前、往更深入去做，最后形成了“都铎王朝议会研究”的博士论文。出版的两本议会史方面的书，《英国议会政治史》是合作项目，因为合作者已经有现成的稿子，我不能拖人家后腿，所以写得很仓促，我写的那部分水平不高；《都铎王朝议会研究》则是在博士论文基础上又几经修改，应该说还是写得比较扎实的。

**问：**您的《英国都铎王朝议会研究》一书出版后，获得了有关学者的好评。这本书的主要学术价值在什么地方？

**刘：**要说学术价值，我觉得主要是材料坚实。那本书写于 20 世纪 90 年代前期，当时很多人热衷于引进国外社会科学新理论、新方法论并尝试使用，再加上政治方面的一些原因，没有多少人愿意一连几年坐冷板凳，在原始材料方面下功夫。而我呢，因为受戚先生和马克垚老师的影响，比较信服“用材料说话”“文章不做半句空”这些老话，所以两耳不闻窗外事，整天不是泡图书馆就是关在房间里看书，尽可能多地阅读、搜集和整理有关资料，国内能找到的书全都看过，还通过北图国际互借部从英国借来不少书，甚至借来了《都铎下院日志》这样的原始文件。材料丰富，对都铎议会的了解就能比较全面、深入和准确，写出来的东西也就比较可信。中国社科院世界史所的赵文洪研究员在书评里说：“研究英国史，不能不研究都铎史，研究都铎史不能不研究都铎议会史，研究都铎议会史不能不读《都铎王朝议会研究》这本书。”这当然过誉了。但我可以说，这本书的史料工作确实是扎扎实实的。现在这本书也确实常常被引用，很多都是引用书中的史事材料。书中一些个人的看法、观点，因为有比较充分的材料支撑，所以在 10 多年之后看，也还能站得住脚。

**问：**据我了解，您还要把这本书重新修订再版。您要修订它的原因和主要思路是什么？

**刘：**由于资金原因，初版印数很少，早卖光了，连我自己保留的都被人要走了，近年又没有同类作品问世，所以有些需要此书的同行和学生一直建议再版或是重印。但是我自己产生再版的念头，主要还是由于学术进展。从 20 世纪 90 年代中期起，我的研究方向转到了社会史，但仍然关注都铎议会史的研究进展。这十几年当中，西方史学发生了许多变化。在我研究英国都铎议会史的那些年，也就是 20 世纪八九十年代，国外的相关研究基本上还是按照 G. R. Elton(埃尔顿)等制度史研究大家的学术理念和研究方法在进行，占据主流的是"修正派"，即通过细密地爬梳原始资料，对辉格史学的传统观点予以修正。但修正归修正，并没有离开宪政史研究的传统套路，即就政治谈政治，就议会谈议会。而近年来我在追踪议会史研究动态时发现，随着历史社会学、文化研究等新学科的出现和西方史学理论的不断创新，议会史研究已经突破了传统政治制度史的框架，将社会史、文化史与制度史有机地联结在一起，创造出一批令人瞩目的学术成果。在都铎议会史方面已经出版的重要著作，如《议会与自由：从伊丽莎白朝到英国内战》(J. H. Hexter，*Parliament and Liberty*：*From the Reign of Elizabeth to the English Civil War*)、《伊丽莎白时期的英国立法与社会：1584—1601 年的议会》(David Dean，*Law-Making and Society in Elizabethan England*：*Parliament of England* 1584—1601)、《议会至上：历史与哲学》(Jerry Goldsworthy，*The Sovereignty of Parliament*：*History and Philosophy*)，等等，都有很多新鲜的、很有价值的内容。同时，我自己在近年来从事社会史和全球史研究的过程中，视角和观念发生了一些变化，对如何看待议会的演变、如何进行制度史研究有了新的体会。因此我准备在吸收最新研究成果和运用新的理论思维、新的分析方法的基础上，对原作进行较大修改，希望这次修订再版对国内这一领域的研究能有所裨益。

**问**：您 1995 年在《历史研究》上发表的文章《都铎经济立法与近代议会民主制起源》是不是对英国宪政史研究的一些总结性思考？您可以谈谈这篇文章的主要精神吗？

**刘**：不能说是总结性思考，但确实谈出了一些自己的见解。英国 13 世纪就出现了议会，但当时的议会与近代民主制下的议会有很大差别。那么英国议会是怎样从传统走向现代的？我觉得转变就发生在都铎时期。1529—1536 年宗教改革议会召开以后，议会在国家政治生活中的地位空前提高，人们对参加议会的热情普遍高涨，特别是那些迫切需要挣脱封建束缚、争取经营自由的乡绅和市民，他们纷纷涌进议会，在那里提出有利于自己的经济提案。这些提案有时有助于增加王库收入、促进国家富强，王室通常也对经济提案和经济立法持鼓励态度，所以，在都铎朝的议会提案和法案中，经济提案和法案占了绝大多数。而在经济议案审议过程中，下院议员作为来自经济活动第一线的直接经营者最有发言权，他们也确实充分利用了自己的发言权，有时甚至敢与政府大臣争执和较量，并最终迫使后者让步。在这样的过程中，无疑增强了下议员的信心，并且扩大了下院的民主；而当下议员们把他们对经济立法的热情转移到政治方面的时候，资产阶级革命在议会中发生也就为时不远了。

**问：**从90年代的中期开始，我看您的研究重点转移到了中世纪社会史方面，比如1994年的《西欧中世纪家庭史研究综述》、1995年的《西欧中世纪基督教婚姻观》、1997年的《试论西欧中世纪晚期行为方式文明化》、1998年的《略论过渡时期的西欧家庭》，直到2000年完成的国家"九五"社科规划重点项目——"等级制度与生活方式——西欧中世纪社会史"都是这方面的内容。不知您转移研究重点是出于什么考虑？

**刘：**在议会史研究中，当我简单地根据职业、阶层等因素估计英国下院议员的经济地位并据此分析其立场的时候，有时会陷于困惑。因为议员们在议会中的表态有时并不与我们揣测的"阶级立场"相吻合，同属一个社会集团、一个阶层的议员们在议会中的表现往往大相径庭，有些议员在不同时期、不同场合，自己的立场也会发生改变。这些历史研究中的矛盾现象和自己以往的生活经验都在提示，其实影响一个人政治表现的因素是非常复杂的，个人遭遇、生存环境、家庭和社会关系、身心状况等，都起着很重要的作用。对社会生态没有深入的研究和准确的把握，就很难真正地理解和弄清政治问题。1988年我第一次出国时，《私生活史》前三卷的英文版刚刚问世，我翻了翻，很有感触，意识到只有尽可能全面地还原当时的生活状态，历史解释才可能接近真实和准确。转向社会史的念头就是那个时候萌生的。后来又读了一些史学理论、社会学、人类学方面的书籍，越发感到社会史的丰富和重要。但转向社会史研究也不是件简单的事。究竟是按照社会史(Social History)的思路和方法考察社会的基本元素如家庭、社区、社会心理等，还是从社会发展史的角度观照社会整体的历史(History of Society)，抑或因循历史社会学（Historical Sociology）的范式探寻社会的运作方式及其变迁，这让人很费脑筋。其实我至今在社会史研究方面还没有搞出什么像样的成果。倒是我的几个研究生，念书很努力，思考问题的角度和深度都不错，他们写出了一些差强人意的论文，最近准备结集出版。

**问：**您打算日后撰写一部新的《西欧中世纪日常生活史研究》，但是您那部《等级制度与生活方式——西欧中世纪社会史》一书刚完成不久并且即将出版，为什么又要开始启动这样一个新的工程，对这部书您有什么新的思考吗？

**刘：**推动我的研究从政治史转移到社会史的是对权力本质的探寻，而对社会本质的探寻又推动我关注生活史。

日常生活史研究是由西方马克思主义学者开创、目前在西方史学界具有很大影响的新的研究领域。在我国进行西方日常生活史研究有着特殊的意义，因为一个世纪以来中西对比都是中国学人学术研究中一个挥之不去的情结。这种对比往往起始于器物和经济，之后延伸到制度，最后结束于文化。但是只要一进入文化层面，议论就变得空泛，难以令人信服。究其原因，是因为研究者忽略了我国“五四”先哲早已做出的“文化乃是生活样式与生活态度”的论断。文化的背后是日常生活，只有对日常生活进行深入研究，文化才会变得具体而实在，对文化的解释才能具有说服力。现在在国内学术界，中西文化对比仍是热门话题，但也仍然缺少对西方日常生活的认真深入的研究，这不能不说是一个缺憾或严重不足。正是出于这种考虑，在完成国家社科规划课题“等级制度与生活方式”之后，虽然该成果已得到评审专家的充分肯定，商务印书馆也已接受书稿准备出版，但我仍打算在吸收西方日常生活史研究的新理论和新成果基础上，将原课题成果改造为一本关于西欧中世纪日常生活的研究专著。

在这本专著中，我准备将日常生活归纳为三个层面。第一个层面是“生存环境”，即每个人降生时既定其终身生存方式的种种外在因素，如生产水平、财产继承关系、风俗习惯、社会纵向流动体制等，都是这一层面的内容。第二层面是“生活质量”，这里关注的是物质生活，包括衣食住行、闲暇与劳动、医疗卫生条件等。第三层面是“精神状态”，影响精神状态的主要因素——人际关系、婚姻家庭关系、意识观念、宗教生活、社会评价等都属于这一层面的内容。我希望通过对这三个层面的描述和分析，能够真正说明西欧前现代社会的生活状态以及由这一状态所决定的文化特点，这将有助于我们理解现代社会的中西文化差别，因为现代社会的中西文化差别许多是由前现代社会决定的。

**问：**2001 年，您在《世界历史》上发表了一篇文章《超越的悖论——试析西欧中世纪修道院改革运动》，从中您发现了什么可以给我们启示的东西吗？

**刘：**这篇论文是研究西欧修道院日常生活的一个“副产品”。在研究当中我发现，西欧中世纪修道院有个从廉俭走向腐化的怪圈。很多修道院在建立初期，能够严格遵循本笃会会规，生活简朴、不占有财产、认真读经和劳作、不参与经营活动，会友之间也比较平等。可是一段时间以后，随着规模扩大，修道院变得奢华起来，无论生活方式还是财产占有或内部管理，都同世俗社会无异；一旦修道院出现这样的“变质”，教会内部就会掀起一轮改革运动；而改革者虽然初期是廉洁的，但最终仍无法避免地又陷入腐败。这是为什么呢？我想，既然这个怪圈一次次周而复始，那就不是个人品质问题，肯定有更深层的原因。修道生活是对现实生活的超越，人在物质追求之外还有精神追求，在特定历史时期，这种精神追求的极端表现就是出家修行；而极端表现只属于个别人，就人数而言，他们只能处于社会边缘；但是唯其与众不同、超越凡俗，才会被树为楷模，被统治者用来鼓励社会成员追求高尚精神，于是他们所代表的文化也就从边缘变成了主流；而超越的文化一旦成为主流，其超越的性质就出现了蜕变的危险，精神追求就有可能成为假象，成为谋取现实回报的手段。越是初期修行严谨的修会，越有可能成为楷模；越是具有楷模性质的修会，越有可能吸引成千上万的会友；而修会一旦“大众化”，世俗化就是必然的，腐败也就只是时间问题了。这就是我所说的“悖论”的意思。这种悖论还可以解释其他一些文化现象，非常有趣而且发人深省。

**问：**我在网上看到，2004 年 6 月，您曾经在天津师范大学讲学，题目是“重构近代早期世界史——一个后现代史学的话题”。这里面有一些很值得关注的内容，比如谈到了目前史学界对传统体系提出挑战，像质疑具有资本主义性质并产生重大影响的发现新大陆、文艺复兴、宗教改革三大事件。不知这是您介绍的学术动态还是您自己的观点呢？

**刘：**欧洲启蒙运动以后，受进化论、目的论的影响，将西方发展模式理解为人类理性的必然结果，习惯于为近代以来西方的历史现象贴上“现代”或“进步”的标签。我们姑且把这种学术倾向称之为“现代主义学术”。前些年兴起的后现代主义学术主要是针对“现代主义学术”进行批判，近代早期世界史中一些传统观点首当其冲，受到挑战。其中最为我国学者熟悉的例子，我认为是彭慕兰的《大分流》。该书认为，东西方力量对比的颠倒发生在18世纪中叶，而不是传统观点所认为的15—16世纪，而且造成“分流”的原因很复杂，包含许多偶然因素，因此认为15—16世纪西欧社会发展已经包含导致其统治世界500年的必然性的观点值得商榷。我没有对近代早期的全球经济做过研究，因此对彭慕兰的观点是否正确无权置喙。但我确实从“后现代史学”中受到了启发。我以为，在史料依据不充分的情况下，受西方中心论或西方话语权的影响，根据目的论、进化论的思维定式给历史事件硬贴标签，这种学术方法确实欠妥。从这个角度来重新审视近代早期的三大事件，即地理大发现、文艺复兴、宗教改革，我们在教学中通常把这三大事件赋予资本主义性质，并认为其发生原因和造成的后果都与资本主义有关，但现在重新审视，觉得这个结论似乎还有讨论的余地。比如说，如果说是资本主义经济发展(或曰萌芽)刺激了地理大发现，那么为什么首先进行海外探险的是当时欧洲经济发展最为落后、毫无资本主义色彩的葡萄牙？又如文艺复兴，如果这场运动真是旗帜鲜明地主张人性解放，甚至提倡科学，那么怎么解释著名的人文主义者都是虔诚的天主教徒、罗马教廷的坚定支持者？再如宗教改革，如果说这场运动充分体现了“资本主义伦理”和“现代理性精神”，那么又该如何理解新教徒在迫害巫士狂潮中表现出来的疯狂和愚昧？如果学生们问我们，既然文艺复兴和宗教改革具有相同的资产阶级进步性质，那么那些代表人物的思想立场应该是一致的，可是为什么著名的人文主义者都反对宗教改革，而著名的宗教改革家又大都不具备人文主义精神呢？我对“后现代主义”和“后现代史学”知之甚少，但我确实觉得“后现代”刺激了我们的思维，打破了一些定式，提出的问题确实值得重新思考和解答。

**问：**据我了解，目前您对于“全球史观”的问题十分关注。2003—2004年，您曾在美国访问了一些有关学者，并且特别研读了美国多种体现全球史观的教材，系统地了解了全球史观的学术理路，回国后又在首都师大建立了全球史研究中心。不知您为什么对全球史观的问题如此关注？

**刘：**1995年，应《中国历史学年鉴》的邀约，让我为吴于廑、齐世荣两位先生主编的6卷本《世界史》教材写书评。为此我读了一些材料，第一次系统地阅读了有关全球史观的资料。我觉得全球史观的时代感很强，反映了全球化时代社会公众对新知识的渴望和专业学者对这种现实需求的回应，因此，无论它目前是不是一种成熟的理论，甚至无论它是否可能发展为一种独立的理论，我们都应该承认，它是有独特的价值、有生命力的。而且我发现，其实早在20世纪80年代初，吴于廑先生当时一再强调的一些观点，诸如"世界史不等于国别史的相加""要高度重视世界的整体性""世界史就是世界从分散走向综合的历史""世界史是世界纵向发展和横向联系不断加强的过程"，等等，都与全球史观非常接近。但当时国内大多数世界史研究者由于各种原因，还不能充分理解吴先生的思想，也没有在撰写那套教材时体现这种思想。这是很遗憾的事。所以更多地介绍国外的全球史观点，借鉴这些观点丰富我国史学家对世界历史的思考，我觉得是有益的。

2003年春，我参加了修订吴齐本教材的工作，负责修订近代史前半段，即15—17世纪这部分。2003年年末至2004年年初，我利用去美国学习的机会，集中时间为此进行准备。我与美国学者就世界通史教材编写问题进行了探讨，特别是向一些曾在国内接受文科教育、然后出国留学、目前在美国高校任教的史学同行征询意见，他们对这个问题有着切身的体会和深入的比较，我从中受益良多。在这些交流中，几乎每一次都会谈到全球史观，同时我也有机会更加系统地阅读一些全球史的代表作，使我对全球史有了更多的认识。

严格地说，全球史(Global History)并不能称为一种史观，而只能说是一种史学方法，或者说是一种阐述世界通史的方法。说明这一点很重要，因为已经有些学者提出"不能用全球史观替代唯物史观"的问题，说明对"全球史"概念的理解还不太准确，甚至有些误解。正如力倡全球史的美国夏威夷大学教授本特利所言，全球史(方法)有明显的不足，即忽略对社会发展史的纵向描述；如果把全球史方法看作同历史唯物论一样的认识世界发展过程的理论体系，并仅仅用以解释世界历史，那一定会犯认识论的错误。为什么说全球史是一种方法呢？全球史的基本出发点是，在世界历史发展中，跨国的联系、交流与互动起着非常重要的作用。比如跨国贸易不仅促进了各参与国的经济发展，而且通过贸易往来传播了文化，促进了不同民族之间的了解，有时甚至导致新文化类型生成（比如现代美洲文化就是欧洲、非洲和印第安文化的综合体）。更重要的是，这种跨国联系还会导致植物、动物、微生物、疾病的传播，这对于各地区的发展也会产生非常重要的影响。但是这些“跨国”现象在以往的史学中往往被忽略，因为当现代史学在欧洲诞生的时候，正值欧洲民族国家建设时期，于是人们便理所当然地把国家作为史学研究的基本单位，而跨国家现象从一开始就不在史学家的视野之内，这些现象推动世界发展的作用也被忽略了。再有，由于地理、气候、交通、文化、种族等方面的原因，在世界历史发展的某个特定时期，可能某个区域、某海洋周围、某一大洲、某个半球乃至全球的发展表现出某种共性或可比性，分析这些共性和可比性会使我们更加清楚地认识人类历史进程，也会赋予我们更多的解决人类问题的智慧。然而在以国家为单位的世界史史学方法论之下，我们认识不到这些共性和可比性。受当代全球化现实的启发，史学家从学术发生学出发，意识到了“以国为本”的世界史认识误区，于是开始关注“跨国”现象。我想，这就是全球史的贡献，也正因为其贡献——至少到目前为止——仅止于此，所以全球史只能说是一种方法，一个认识的角度。

**问：**除了在理论上的研究之外，您还致力于把全球史观写进大学教材的工作。现在，您正在着手对吴于廑、齐世荣先生主编的世界通史教材的“15—17世纪部分”进行修订，实际上是对这部新教材的相关部分重新撰写。您是否可以介绍一下在这个重新撰写的过程中，如何体现全球史观的思路？

**刘：**这个题目可以写篇文章来谈，而且我现在确实正在准备写这样一篇文章。这里先简单介绍其中最主要的一点，就是在撰写过程中，利用全球史的方法，从高度宏观的角度审视世界的格局和发展大势。

我认为，15—19世纪的近代世界历史大致可以分为三个阶段：15世纪是第一个阶段，16、17世纪是第二个阶段，18、19世纪是第三个阶段。在第一个阶段，世界明显分为三个区域：一是包括北非在内的亚欧大陆文明区，这里已经有了高度发达的农业文明；二是撒哈拉沙漠以南的非洲，这里虽然通过穆斯林的跨沙漠贸易与欧亚大陆有些接触，但总的来说比较封闭，所以发展水平较低，内部发展也不平衡，沿海地区有比较成熟的农业文明，有些手工业和商业城市也达到一定规模，但内陆还有不少靠采集和狩猎为生的部落；三是大洋洲和美洲，这两块大陆被海洋隔绝，与外部其他文明没有往来，内部由于交通不便各地区之间也少有走动，所以社会发展最为落后，除个别地区外，一般都还没有跨进文明的门槛。在最发达的亚欧文明区，同样是发展不平衡的，若按文明程度高低排序，基本上是由东向西的顺序。但是处于发展前列的中华帝国和伊斯兰帝国，由于其庞大的封建农业系统异常稳固，因而创新驱动力不足。而欧洲，特别是西欧，内部存在各种紧张关系，比如教权与俗权相争、封建贵族与王权相争、城市与农村相争，因而西欧社会比较具有张力。正是这种社会张力，形成了世界近代史第二个阶段的特点，即欧洲向世界发起挑战。新航路开辟以后，世界各地都在一定程度上受到欧洲的冲击。受冲击最严重的是美洲，在16—17世纪，美洲已经彻底沦为欧洲的殖民地。其次是非洲，非洲的东西海岸成为欧洲商人的中转站，大量人口被掠往美洲充当奴隶劳动力，但内陆地区由于环境恶劣，尚未受到欧洲人侵扰。欧洲人虽然进入了印度洋，打破了穆斯林商人对这一区域的贸易垄断，但是他们未能实现控制印度洋贸易的目标。奥斯曼、萨菲和莫卧儿三大伊斯兰帝国依然强固，尽管在政治和经济方面都已露出衰落的苗头。受冲击最小的是中国等东亚国家，虽然有少数欧洲人在这里登陆并经商，但他们对东亚社会产生的影响几乎可以忽略不计。16、17世纪欧洲的扩张之所以受到限制，是因为当时欧洲的生产能力还不足，拿不出足够的、让伊斯兰世界和东亚国家感兴趣的商品与之交换，而只能用在亚洲区域贸易中承担运输任务赚得的钱和从美洲掠得的贵金属来交换东方产品，因此资本积累不足，生产发展缺乏支撑力。欧洲的生产不足状况直到工业革命时期才发生巨大转变，此后在强大的生产能力和武力的支持下，欧洲工业品行销全球，欧洲从此在世界上占据绝对优势，所以18、19世纪是欧洲的世纪，整个世界被欧洲所征服。

另外，关于班图人迁徙对非洲的影响，欧洲移民传播的疾病给美洲和大洋洲带来的人口损失，美洲作物传入其他大陆引起的社会经济变化，三大洋(印度洋、太平洋、大西洋)贸易的特点，带有超越国家性质的普遍问题如宗教传播、妇女地位等，也都被列入了这部新教材修订版的内容。

**问：**从担任博士研究生导师的第二年——1998 年起，您就被任命为首都师范大学副校长，先后主管教学与科研、外事工作，后来又担任了第十届全国政协委员、北京市政协常委、民进北京市委副主委，还有许多学术团体的兼职，可以说是辗转在“三条战线”上。在这么繁重的行政工作和社会工作的压力下，您依然带博士生和硕士生，还完成了那么多的学术研究工作，被媒体评论为“三条战线现在时，激情饱满依旧”。为突出主题，另外两条战线我们不谈，就谈一谈您是如何在这样重的工作压力下坚持学术研究的吧。

**刘：**是由于兴趣吧。主要是对正在研究的东西有兴趣，觉得有搞头，有意思，有价值。我确实觉得很累，经常感到心力交瘁，毕竟时间、精力都有限，人也不年轻了。我也看到许多教学科研人员本来业务很好，担任行政工作以后实在分身乏术，最后不得不与学术疏离了。但我还是想再坚持一下。有时一天的行政工作让人非常烦恼，但晚上一翻开书就把这些都丢开了，心态也平静下来，这大概是我想坚持、目前也还能坚持的重要原因，虽然这么说好像显得不大严肃。

**问：**您在齐先生主编的《15 世纪以来世界九强的历史演变》一书中撰写了西班牙、葡萄牙两个帝国的兴衰史，您能谈谈葡萄牙、西班牙两国的衰落对当代中国发展有什么警示作用吗？

**刘：**葡萄牙和西班牙都是重商时代的帝国，这两个国家盛极一时是在开辟新航路之后，主要靠其强大而先进的航海能力和武力，靠居间贸易和掠夺殖民地获得财富。两国衰落的主要原因，都是由于本国工业基础非常薄弱，制度不利于生产发展，统治者对扩大再生产毫无概念，自己不能生产出足够的产品用于对外交换；而居间贸易是很不可靠的，一旦物价波动，贸易利润就会下降；财政收入减少，导致国力削弱，建立在军事征服基础上的贸易垄断地位就会动摇，殖民掠夺也难以为继，国力又进一步削弱，如此恶性循环，造成帝国彻底衰落。当代中国的发展处于完全不同的国际环境和经济模式中，从葡萄牙、西班牙帝国的兴衰中可汲取的经验教训并不多。如果说有值得借鉴的地方，那就是必须警惕奢侈腐败之风。当年西、葡两国“其兴也勃焉”，借着开辟新航路的东风青云直上，财富的突然大量流入与国家生产能力的落后停滞形成巨大反差，王室和贵族们完全没有投资和可持续发展意识，有了钱便用于享受，肆意挥霍，竞奢斗富，有的贵族为了炫耀，连吃的白菜也从比斯开湾进口。与此伴随的是对劳动的鄙视。在很多航海家和殖民者一夜暴富的刺激下，在奢侈浪费、浮华成风的社会氛围中，人们不再相信勤劳致富、节俭持家，认为这样是低贱而没有出息的，宁肯流浪乞讨或抢劫犯罪也不愿从事劳动。这也是造成西、葡两国缺乏发展后劲、迅速衰落的重要原因。所以说，在物质上富裕起来之后，如何保持国民的精神活力，保持创造和发展的积极性，是处于上升阶段的国家亟须注意的问题。

**问：**作为中国新一代的世界史学者，您对中国的世界史研究有何抱负和期待？

**刘：**1983 年秋天，我与马克垚先生在武汉大学东湖边有次谈话，我至今记忆犹新。当时马先生谦虚地说："我们这一代顶多能知道外国人在搞什么，而你们这一代可以和外国人对话。"这些年我一直在想，我们离"和外国人对话"还有多远呢？我们确实正在逐渐接近这一水准，但还没有达到。为什么这么说呢？我们现在外文资料多了，出国机会多了，口语能力相对提高了，与外国学者直接交谈的机会很多；但"谈话"不等于"对话"，对话是双向的，不仅是"听"，还要"讲"；而我认为，我们这一代有很多人，包括我自己，还没有真正具备"讲给对方听"的能力，突出的表现就是对于国际史坛上许多热点话题没有取得"话语权"，采取回避态度。而且，即使我们从"失语"状态步入"言说"状态，但是如果不能超越外国人设定的理论和话语框架，仍然不具备"讲给对方听"的能力，还不是真正的"对话"。所以，如果没有多年的学习积累，没有从小打下的坚实的国学和西学基础，又不能在思想充分解放的前提下实现理论的创新和突破，恐怕是无法实现马先生所说的"对话"的。我想我自己是做不到这一点了，没办法，基础太差。希望我这一代其他学者能不辜负马老师的期望，更希望下一代学者能珍惜今天的机会，努力学习，早日成才。

**问：**最后我想问一个与中学历史教学有关的问题。多年来您一直参加高考命题的工作，也从事过大学世界史本科基础课的教学，从本科生的情况来看，您觉得当前中学历史课的教学存在什么问题？应该如何改进？

**刘：**我从 1990 年开始参加高考命题工作，持续十多年。这期间高考正在从

“考知识”向“考能力”过渡，参加命题的老师们都很积极和努力地推动这一改革。如果拿1989年的试卷和1999年的试卷做个比较，就会发现试卷的面貌已经完全不同。但对这种改革的成效也不能估计过高。高考是选拔性考试，试题难度是测定这种试卷质量的第一标准，难度在0.55～0.60之间最好，超出这个区限，不管是过高还是过低，不管题目设计得多么巧妙，都不利于选拔。所以，每年命题前，大家最关心的就是去年试卷的难度，并且根据各种信息进行适当调整。控制难度殊非易事，因为命题者对答题者的水平的估计总有偏差，只能是根据多年出题的经验和各方面的反馈意见大致把握难度的高低。真正的问题在于，难度统计的数字未必是准确的，这里面要涉及阅卷人掌握的评分尺度。一道主观题，尽管有参考答案，但阅卷人从严还是从宽能差出几分，一道题差出几分，一张试卷判下来可能就差得比较多了。特别是当试题偏难的时候，阅卷人通常把握得比较松。这样就会出现恶性循环：试题越难，阅卷人越松，反映出来的难度数字就可能偏高，而命题者根据这个数字就会在下一年命题时进一步提高难度。90年代中期，高考历史卷在考查能力方面一度远远高于高中生可以达到的程度，原因就在于此。最近这两年我没有参加命题工作，也许这一状况已经有所改变了。其实，高考只是一种选拔手段，不应对高考本身过分苛求，只要能起到选拔的作用，又对教学本身没有产生负面影响，就应该算是命题成功。现在教育本身就承载着许多本来属于社会方面的压力，而高考又承载着许多教育教学方面的压力，高考成为众矢之的，这不太正常。

经常听到有人说：“上课的时候，最不喜欢的就是历史课，要背那么多东西，没意思。”就历史本身的“故事性”（history 一词就含有“故事”的意思）而言，这门课绝对是能够吸引学生的，为什么会让学生反感呢？我想，大概是因为现在的历史教学抽取了历史的故事性，使历史课本成为枯燥无味的文字堆砌，而考试制度又让人把这些枯燥无味的文字一字不差地背下来，这可能就是历史教学让人反感的原因。教育学最强调的一点就是调动学生的学习兴趣，因为没有兴趣学生就学不进去，别的什么都无从谈起。而现在的历史教学偏偏抽掉了历史当中最有意思、最能引起学生兴趣的东西，然后再让学生学，岂不是缘木求鱼吗？当然，历史教学也应当注重科学性，历史教育也应当讲规律、讲理论，但即使讲理论也得讲得引人入胜，让人能听得过去吧？现在的历史教学却对这一点关注不够，不管学生能不能理解，爱不爱听，就硬灌。所以我认为，基础教育的历史教学要故事第一、知识第一，能力与理论是次要的。我说的纯属一己之见，未必对！

**问：**您所谈的这些，表明了一个中国史学工作者对当代世界史研究中很多问题的理性思考，应该说是很有见地的。我想，这篇谈话也会对青年一代的史学工作者有所启示。谢谢！

访谈

# 与刘新成教授谈他对全球史的思考

按：这是对刘新成教授的第二次访谈，进行于2011年。曾以“全球史：世界历史教学与研究的新理念”为题发表于《历史教学问题》2012年第1期。

**问：**刘校长，您好！我这是第二次访谈您。2005年我们进行过一次比较全面的访谈，从您插队山西谈起，一直到从事世界中世纪史和西方中世纪社会生活史研究，当时您正准备开展全球史研究，刚刚开始组建队伍。现在，时间又过了六年，全球史研究已经取得了很大进展。所以我想，这次的访谈是否可以专就全球史问题集中地进行讨论？

**刘：**好啊，时间过得真快！我觉得距离上次访谈好像没有多久，竟然已经六年过去了！集中地讨论一下全球史问题，这样很好。我们从哪里谈起呢？

## 一、我与全球史

**问：**那就从今年7月刚刚结束的世界史学会第20届年会谈起。在这个会上，世界史学会主席阿尔弗雷德·安吉利亚向您颁发了“世界历史先驱奖”。这里我首先向您表示祝贺！世界史学会是个什么性质的组织呢？

**刘：**世界史学会的英文名称是World History Association，它是1982年在美国成立的一个国际性学术组织，现有大约1500名正式注册会员，分别来自40多个国家和地区。世界史学会的宗旨在于促进世界史领域的学术研究和教学，侧重以跨国家、跨地区、跨文化的襟怀来扶持世界历史学科的教学和学术研究，全力推进超越民族国家、超越某一特定地区或某一特定文化的全人类视角的历史分析模式。学会颁发的“世界历史先驱奖”（Pioneers in World History Award）主要授予那些在世界历史学术研究和教学领域中做出巨大贡献，并对世界历史学科的理论构建、发展传播起到关键作用的历史学家。著名美国历史学家威廉·麦克尼尔（William H. McNeill）和艾尔弗雷德·W. 克罗斯比（Alfred W. Crosby）都曾获得过这项殊荣，夏威夷大学教授、《世界史杂志》（*Journal of World History*）主编杰里·本特利（Jerry Bentley）也在这次会议上获得了这一奖项。与这些大家相比，我在这个领域的研究成果和贡献远远不如他们。所以我想，给我这个奖并不是因为我个人有什么成就，而是为了鼓励和促进中国的全球史研究更加广泛深入地开展。

**问**：世界史学会在中国举行年会还是第一次吧？

**刘**：是的，世界史学会的年会每年一次，但规定每三年要有一次在北美以外的地区举行。今年七月的这次年会就选择在中国举行。

**问**：世界史学会授奖给一位中国历史学家，这意味着什么呢？

**刘**：我刚才说过了，与那些曾经获得这一奖项的史学家相比，我在这个领域的研究成果和贡献远远不如他们。所以，把这个奖颁发给我并不是因为我个人有什么成就，而主要是为了鼓励和促进中国的全球史研究更加广泛深入地开展，同时也是对首师大历史学院、对我们这个团队几年来在全球史领域进行的开拓性工作以及倡导这一研究的不懈努力的充分肯定。我们于2004年创办了国内首家全球史教学和研究机构——首都师范大学全球史研究中心。中心自成立以来，与商务印书馆合作创办的“全球史译丛”已译介全球史名著十余种；中心刊物《全球史评论》已出版三辑，今年年底就要出第四辑。另外，我们还申报了北京市教委重点研究项目“全球化时代的世界通史体系研究”、教育部哲学社会科学研究重大课题攻关项目“世界历史进程中多元文明互动与共生研究”等重大科研项目。我校还举办了“世界各国的世界通史教育”“全球化背景下的知识挑战”“文明的互动与共生——洲际、区域和国家间的物质与文化交流”等多个国际学术讨论会。这些活动都对推动中国的全球史研究的开展起到了一定的作用。

**问**：您个人发表过多篇有关全球史研究的文章，我记得有《全球史观与近代早期世界史编纂》《从怀特透视全球史》《文明的冲突与和谐世界》《互动：全球史观的核心理念》等，对全球史观进行了深入阐释。在这次年会上您做了题为“全球史在中国”的主题发言，在与会代表中得到广泛认同和热烈反响，据说这个发言的英文稿已被世界全球史研究领域的顶级刊物《世界史杂志》采用，中文稿也即将在《历史研究》发表。

**刘：** 是这样的。

**问：** 这说明，您之所以获得这项奖励是由于您在全球史研究的理论、实践以及倡导推广等方面做出了重要贡献。有学者评论说，您对全球史的一系列理论阐述为构建中国特色全球史理论做出了贡献。您是如何看的？

**刘：** 谈不到什么贡献，我只是较早地关注到这个领域而已。其实，我涉足全球史是比较偶然的。1995 年我被聘为《中国历史学年鉴》的编委，当年《年鉴》要发一篇关于吴于廑、齐世荣两位先生主编的六卷本《世界史》的书评，编委会把这个任务交给了我。为了写书评，我尽可能多地搜集我国有关世界史理论和体系方面的资料，同时也参阅了斯塔夫里阿诺斯的《全球通史》以及麦克尼尔的几篇论文。吴于廑先生提出的一个观点对我很有触动，即世界历史的叙述不仅要注意各个国家、各个地区社会形态由低向高发展的“纵线条”，也要注意各个地区之间相互联系不断加强的“横线条”。于是我在书评中特别强调了“吴齐本”在这方面的理论创新；同时指出，由于编写队伍庞大，并非所有“吴齐本”作者都真正领会了主编的意图，或者虽领会了意图，但因学力不逮而未能贯彻，致使全书各编理论创新的水平参差不齐。所以吴先生曾感叹道，按照一种全新的世界史观来撰写世界通史，在我国还只是一个“方在开端”的任务。我意识到，吴先生这一观点与斯塔夫里阿诺斯和麦克尼尔的“整体史观”有相通之处，所以当时就有个想法：如果能够很好地研究和借鉴西方学者的“整体史观”或曰“全球史观”，或许对我国学者将这个“方在开端”的工作深入开展下去会有所帮助。但是由于当时我的研究重点并不在此，所以想一想也就过去了。2002 年冬，高等教育出版社在香山召开“吴齐本”修订座谈会。由于此时大部分作者年事已高，有的生病，有的如吴于廑先生已经不在世了，所以出版社接受齐世荣先生的意见，邀请部分中青年学者出席座谈会，以便日后参加修订工作。我当时也应邀与会。座谈会上，大部分学者都是结合最新研究成果就某些章节、段落的修改发表意见，而我大着胆子提出来，要真正贯彻吴先生当年的编撰意图，小修小补是不行的，有几卷必须打破原有框架另起炉灶，不是修订，而是重写。没想到我这个发言竟然得到刘家和、马克垚等老先生的肯定，齐世荣先生更是很高兴地当时就决定“近代卷”由我和刘北成两人重写。2003 年秋至 2004 年春，我去美国访学，主要想为重写近代早期部分收集些资料，开阔视野，打开思路。在美期间，徐洛教授对我帮助很大。他是我大学时代的同窗好友，后来赴美深造并在布法罗大学取得博士学位，如今在纽约州立大学科特兰分校历史系教书。他向我介绍了美国世界历史学科的发展状况、最新成果和动态以及一些最出色的学者。接受他的推介，我阅读了多部美版世界史教材和数十篇西方学者有关世界史的论文，特别是与包括夏威夷大学杰里·本特利教授在内的多位美国世界史教师进行了很多次晤谈和讨论，使我对“全球史观”这一欧美国家方兴未艾的史学研究新领域有了更加深入全面的了解，产生了强烈的兴趣和认同。所以回国后我就开始写一些有关全球史观的文章，组织团队，申报课题，开展有关研究，还举办过几次研讨会。这些年来，“全球史”作为一种新的史观和史学研究方法，在国内受到越来越多学者的关注，也出现了一些争论。目前我们的研究工作尽管还很肤浅，但对推动这一领域学术研究的开展还是发挥了一点作用的，如此而已。

## 二、全球史的兴起

**问：**从您在这次世界史学会第 20 届年会上的报告中看出，您认为中译“全球史观”一词最早来自英国历史学家巴勒克拉夫。

**刘：**是的。从全球视角来探究世界历史的著作最早出现于 20 世纪 60 年代，但“全球史观”这个概念进入中国要晚一些。1987 年，巴勒克拉夫的《当代史学主要趋势》中文版出版，原著中 a universal view of history 一词被译为“全球历史观”，是为“全球史观”一词在中国的首次出现。他在谈到世界史前景时说：“认识到需要建立全球的历史观——即超越民族和地区的界限，理解整个世界的历史观——是当前史学的主要特征之一。”他认为，世界史不仅是世界各地区历史的总和，若将其分割、再分割，就会改变其性质。他还认为，1945 年以后世界已经进入全球一体化的新阶段，历史学应该反映这一新的变化，尤其是从教学的角度来看，在当今世界，我们怎么能够继续心安理得地用十分之九的授课时间只介绍世界上四分之一居民的历史呢？他认为斯塔夫里阿诺斯和麦克尼尔的著作都是用“全球历史观”重新写作世界史的尝试。虽然他没有具体地讲这种“全球史”应该如何写作，他本人也没有撰写贯彻全球史观的世界通史，但是他的“公平对待各种文明，承认各自历史贡献”的思想渗透在他的许多著作当中。

**问：**斯塔夫里阿诺斯的《全球通史》在中国影响比较大，他的著作是不是可以看作是全球史观的一次尝试呢？

**刘：**斯塔夫里阿诺斯在全球史观特别是方法论上进行了开创性尝试。他提出的“月球立场”和“非国家叙述单位”充分展示了努力克服“欧洲中心论”的决心，《全球通史》一书也因此风行太平洋两岸。

**问：**所谓“月球立场”，我们从字面上理解是不是要超脱于地球之外，而不是站在地球上某个国家的立场来写世界史呢？

**刘：**斯塔夫里阿诺斯是这个意思。他认为他的书作为一部世界史，其主要特点就在于是从全球一体而不是从个别国家或地区的角度来审视人类历史的，关注的是整个人类，而不是局限于西方人或非西方人。他说，他的观点如同一个栖身月球的观察者，是从整体上对我们所在的这个星球进行考察而形成的，因此与居住在伦敦、巴黎、北京或新德里的观察者的观点完全不同。有一点要说明的是，由于《全球通史》译成中文较早，译笔又十分流畅，可读性强，因而读者众多，我们国内的许多人都认为斯氏是全球史观的主要代表人物。其实不然。细读《全球通史》就会发现，这部著作的近代部分基本上仍是西方“挑战”、非西方世界“应战”的传统叙述模式，原创性并不强；尽管作者本人力图突破“西方中心论”，但他并没有做到。

**问：**这一点很有意思。您还谈到沃勒斯坦的世界体系理论，这与全球史观有什么联系呢？

**刘：**沃勒斯坦的观点与斯塔夫里阿诺斯的观点有所不同，他的世界体系理论旨在说明文明不可能单独存在，而只能存在于由多种文明组成的“体系”当中，一种文明的兴衰不仅仅是文明本身的原因，而且在很大程度上是由于整个体系发生了变化。另外，沃尔夫·沙弗(Wolf Schafer)和布鲁斯·玛兹利什所(Bruce Mazlish)倡导的全球化进程史实际上也是这种“世界体系理论”的延伸。

**问：**大家都很重视麦克尼尔的《西方的兴起》，很多人都把它看成全球史兴起的标志。您在报告中也提到了这本书，在这里请您详细地解释一下。

**刘：**确实，人们都很重视美国史学家麦克尼尔于1963年发表的《西方的兴起——人类共同体史》这本书，并且把它看成当代史学家撰写全球史的一个重要开端。麦克尼尔认为，文明不可能是“纯粹”的，各个文明都是多种文明成分的混合物，而且彼此处于不断交流与融合的过程当中；如果脱离这一过程来为文明进行分类和定性，结果将是非常荒谬的。所以他强调，生态变化、疾病传播、物质和文化的交流以及战争对科技的促进等因素，在全球历史进程中都起着重大的作用。麦克尼尔能够比大多数专业历史学家更多地以全球视野来分析历史进程，而且他对这种进程的分析采取了历史学家能够理解和认可的方式和语言。他的研究、写作的方法和思路，为在一个大的跨地区或全球范围内研究历史的进程及其影响，或按照不同学科的观点和方法进行全球性研究，指出了新的方向。

**问：**麦克尼尔由于他在这些方面的成就获得了“世界历史先驱奖”，这是他应该得到的奖励。您提到的另一位获奖学者克罗斯比的主要成就是什么呢？

**刘：**克罗斯比的一部著作是《哥伦布大交换：1492年以后的生物影响和文化冲击》，主要研究随着西方冒险家开通新航路而开始的毫无限制的生物流通对全球带来的影响；具体说明了欧洲与美洲不同的农作物和牲畜的大交流，欧洲人带来的疾病对美洲、大洋洲居民的毁灭性打击，这些极大地影响了后来的全球社会经济进程。他的另一部著作是《生态帝国主义：欧洲的生物扩张，900—1900年》，试图解释为什么欧洲的植物、动物和社会组织能够在世界不同地区立足并发展；具体说明欧洲人带来的疾病使美洲和大洋洲居民大量死亡，原有文明遭到毁灭性破坏，从而使得这些新“发现”的大片土地向欧洲人以及他们带来的庄稼、牲畜及非洲黑奴“开放”，最终打破了当地原有的生态模式，使来自欧亚大陆的物种在美洲、大洋洲本地物种衰败的条件下繁衍起来。

**问：**这些观点都很新颖，确实是从全球各地区相互联系的视角来看待历史发展的，是一种“全球史”的视角。这次年会上，本特利教授也获得了“世界历史先驱奖”。他的主要贡献是什么呢？

**刘**：要说明本特利的贡献，不能不说到《世界史杂志》。在麦克尼尔等学者的努力和影响下，成立了国际性学术组织——“世界史学会”，学会里也有中国学者。世界史学会在1990年创办了《世界史杂志》，夏威夷大学的本特利教授担任该杂志的主编，也有中国历史学家担任编委。《世界史杂志》以鼓励系统学习与研究全球史为己任，主要刊登从全球观点分析历史的论文和书评，对推动整体世界史研究起了重要作用。该杂志的第2期就刊登了《中华人民共和国的世界史研究》一文，对中国近些年的世界史研究状况做了较全面的介绍。本特利本人的著作有《旧世界的冲突：前现代时期的跨文化接触与交流》《传统的碰撞：从全球视角看历史》。他的著作对于探讨全球历史进程中各种文化的接触、交流与冲突，以及因此产生的种种历史事件及其影响做了全面深入的考察。本特利教授从2004年开始，几乎每年都要来中国，与中国的世界史学者进行广泛的交流；还担任首都师范大学的客座教授，每年两次来我校给历史学院全球史专业的学生讲授全球史问题。由于他对全球史学科发展的突出贡献，这次获得了“世界历史先驱奖”。

**问**：您曾经写文章专门介绍美国学者怀特(Donald R. Wright)从事全球史研究的情况，您为什么要介绍他呢？

**刘**：对，我是有一篇文章专门介绍怀特教授。我写这篇文章的目的，是通过一个世界史学者的个案来说明为什么全球史发源于美国，这与二战后美国的世界地位有一定关系。怀特教授2006年10月来我校做过全球史学术讲座，所以我对他的情况比较了解。他的学术生涯恰好可以看作是美国全球史发展的缩影，从中可以发现全球史之所以在美国产生并蓬勃发展的一些原因。

**问**：这很有意思。你能详细介绍一下他的学术生涯吗？

**刘**：怀特教授幼年时期即对外国历史发生了强烈兴趣，他的父亲二战后归来时带回很多在埃及、利比亚、黄金海岸、尼日利亚、苏丹等地拍摄的照片，这些照片成了怀特的启蒙教材。儿时的怀特对万里之外的非洲儿童的生活充满好奇，并经常提出英、法等国为什么在世界上占有那么多土地之类的问题。冷战时代，美国为争夺世界霸权，在各大学设立亚非拉战略研究所，培养通晓亚非拉国家语言、文化和历史的人才。这为怀特满足其"好奇心"提供了机会。1966 年，怀特进入非洲研究中心所在的印第安纳大学(Indiana University)读研究生。1968—1972 年，怀特应征入伍，服役期间的主要任务是为空军大学撰写国际知识教材。1978 年至今，怀特任教于纽约州立大学科特兰分院，这所大学与国外高等院校有着广泛的联系和密切的学术交流，这其中就有首师大。怀特的经历表明，作为 20 世纪崛起的超级大国，美国在国际事务中扮演的重要角色是世界史学科在美国生长的政治土壤，这种土壤不仅促使怀特这样的少年从小萌发世界历史意识，而且也是导致高度宏观的全球史学首先出现于美国的重要因素。

怀特最终选择研究全球史，是由于对当时的史学研究状况不满。60 年代怀特初入大学时，正值欧洲强国纷纷撤离亚非殖民地，怀特为了解新兴亚非民族国家的历史而选择学习历史专业。但他很快就深感失望，因为在所有历史课程中，非西方国家的历史都只是作为西方文明史的陪衬，既不完整准确，又不客观公正。比如关于中国近代农民运动，只讲义和团而不讲规模和意义更大的太平天国，因为义和团运动因西方人向中国传教而起，有西方人被打死，导致八国联军侵华，而太平天国与西方关系较少。又如讲授南部非洲史时几乎不讲祖鲁(Zulu)人，却不厌其烦地描画争夺非洲殖民地的英布战争。怀特不禁发生疑问：难道撒哈拉沙漠以南的非洲就没有自己的历史吗？怀特的研究生导师布鲁克斯(Dr. George Brooks)教授也对史学界只选择与西方有关的亚非拉国家作为研究对象，而忽略其他国家特别是忽略跨国家的区域研究十分不满，师生二人均认为这种状况必须改变，否则便无法正确认识世界的发展进程。

怀特及其导师的上述看法，在当时的美国史学界颇具代表性。在他们的推动下，美国传统的外国史学科发生了变化。印第安纳大学在布鲁克斯教授的鼓动下开设了集中阐述各地之间文化互动的"全球史导论"课程。1970 年服兵役期间，怀特幸运地在部队驻地被奥本大学(Auburn university)阿拉巴马分院聘为兼职教师，而学校让他教授的课程正是"全球史导论"。这种导论课程从人类起源一直讲到当今世界，其时空跨度在美国历史课程中前所未见，更为新颖的是该课程审视世界历史的角度。无论是在为布鲁克斯的全球史课程做助教时，还是在奥本大学分院任教期间，怀特都把最具新意的世界史著作作为教学参考书，其中最重要的是麦克尼尔的《西方的兴起》。

**问：** 这样看来，早在20世纪70年代美国就已经开设“全球史导论”这样的课程了？

**刘：** 是啊！但是怀特与麦克尼尔或斯塔夫里阿诺斯的治学风格不同，他虽然讲授“全球史导论”，但他并无意于撰写通史，而是在全球视野下进行具体问题的研究；也就是说，他所关注的主要是深化对全球史的理解，同时丰富对全球史的描述。在怀特攻读博士时期，美国的非洲史研究正在发生转向。一些深受人类学影响的专家学者本着平等对待异质文化的精神，自觉克服歧视非洲文化的偏见；同时他们拒绝把人类史视为进步史，更不接受“近代进步史就是西方人领跑、非西方人追随的历史”的成说；他们反对一味依据西文史料，主张借鉴人类学的田野调查方法，运用“新型”材料书写更加客观真实的非洲史。非洲史研究的这一新趋向对怀特产生了很大影响，他的博士论文题目是“前殖民时代的曼丁卡(Mandinka)”。曼丁卡是一个位于冈比亚河(Gambia River)河口的小国，在英国殖民者到来以前已有数百年历史。虽然关于该国有大量英、法、葡文史料，但怀特决定在阅读这些西文资料之前亲往非洲，倾听当地人讲述自己的故事。在学习了两年曼丁卡语之后，怀特于1974年8月至1975年6月在冈比亚和塞内加尔(Senegal)进行了10个月的实地考察。他穿行于冈比亚河250英里的水路上，深入两岸家庭和村落，同当地老人交谈，采集非洲传说，了解当地人的生活习惯、思想观念和社会组织形式。他访谈过一百多人，谈话记录有数千页。做完这一切之后，他才奔赴巴黎、伦敦，寻访西文档案。最后，他在认真对比、考辨非洲口述资料与西文档案资料的基础上撰成博士论文。他的博士论文在通过答辩后，配以两卷注释本《非洲传说集》和一个非洲传说数据库正式出版。

怀特教授主张历史研究者应当回到当年的语境，应当平等对待各种文化，反对从当代世界格局着眼，对弱势国家的历史妄加批评。他的这些认识已经成为全球史学者的共识，成为全球史的基础理论之一。他在非洲史研究中开创了一种新方法，即拓展视野，把某一地方的历史放在更广阔的空间背景下考察。

**问：** 怀特教授运用这种研究方法写出的著作是什么呢？

**刘：** 20世纪80年代中期，怀特教授发表了他的第一部描述“大世界”的专著，即《殖民时代的非裔美洲人：从非洲起源到美国革命》。该书刚一问世即好评如潮，很快再版。随后出版社特约怀特教授撰写该书的续集《共和国早期的非裔美洲人：1789—1831》。这两部著作的突出特点是，结合对殖民活动与奴隶贸易的考察，不是把非裔美洲人仅仅放在英属殖民地或美国的政治框架之下来认识，而是放在包括非洲在内的整个世界的政治、经济、文化背景以及资本主义殖民体系中来认识。在“大世界”视野下，“贩奴潮”的来龙去脉变得更加清晰。

90年代中期，为探讨“大世界”与“小地方”之间的关联，怀特教授再次把研究的目光投向纽米国和冈比亚河。问题不是新的，“解法”却新。在《世界与非洲的弹丸之地》一书中，怀特追溯了最近七八百年来这一地区的发展历程，最后得出结论：“纽米国的世界”一直在扩大，如今已经扩大到与地理的世界合二为一，在此过程中，世界其他地区对纽米国地区人民生活的影响与日俱增。该书是怀特教授迄今为止最为自得的一本全球史著作，在学界亦产生相当大的影响。2003年，该书修订版出版。2005年，在摩洛哥举行的世界史学会年会以该书作为论坛题目之一。

## 三、全球史在中国

**问：**您在这次世界史学会第20届年会上的学术报告的主题是“全球史观在中国”，以全球视角来研究和编纂世界史的理念在中国也曾出现过吗？

**刘：**是的。其实，如果把关注各地区之间的普遍联系作为历史研究的一种方法论的话，我国的中国史研究者早就在运用这种方法了。比如张广达先生。他在研究唐史时特别注意与周边民族的互动，尤其是中亚政治贸易的发展，把中国史放到世界史背景下来审视。但是我国的世界史研究则是另一种风景。在中国，世界史学科是舶来品，而且是在被西方列强侵略的过程中输入的。这一背景决定了中国人对世界史的纠结心态：一方面希望借助学习和研究世界历史及其理论来促进自己国家的发展，另一方面又对这些来自外国的学说充满怀疑和反感。在这种心态下，中国学人既鼓吹具有“革命”意义的“新史学”，全盘接受西学的话语体系，又苦苦探求中国人自己的表达方式。

**问：** 您可以举个例子吗？

**刘：** 周谷城先生于1949年出版了三卷本的《世界通史》。这是在他多年讲义的基础上编纂而成的，虽然大部分内容及编排体例都采自欧美课本，但仍见缝插针地嵌入了自己的观点和创见。比如，他开宗明义地提出"世界通史并非国别史之总和"的观点，虽不是他的原创，但确为当时西文同类著作所罕见。我认为，周先生之所以把这个来源于阿克顿勋爵名言的观点放在文章开首，应该说是因为这句名言与中国史学的理想"究天人之际，通古今之变"不谋而合有关。

新中国成立以后，中国的马克思主义世界历史观是从苏联引进的。20世纪60年代，中国出版的第一套四卷本普通高等教育世界通史教材，留有鲜明的民族国家史、革命史印记，与该教材直接脱胎于苏联多卷本《世界通史》有关。

改革开放以后，中国国门大开，思想空前解放，以阶级斗争为纲的思维方式被以经济建设为中心的指导思想所取代。求索、开放、自觉反思、追求新见，这些改革开放初期的学界思想动向在世界史工作者身上既体现鲜明又别具特点。在这些学者当中，对世界历史长期止步于"舶来"的不甘与对新知的渴求相交织，为改革和经济建设出力的愿望与本学科理论储备的不足相矛盾，坚持历史唯物论的立场与在本学科贯彻唯物史观的实践经验不足并存。正是在这种背景与心境下，在"文革"的长期封闭之后，在改革开放初期的急切探索当中，他们迎面遇到了全球史观。所以，欢迎全球史观，是很自然的一种反应。

**问：** 这方面有什么具体体现吗？

**刘：** 我觉得全球史观最能打动中国世界史学者的，是其中一些论点与马克思主义世界历史观相合。曾主编20世纪60年代那套《世界通史》教材的吴于廑先生对宏观世界史理论进行过长期思考，他发现，按照马克思主义理论，人类历史成为"世界历史"即全世界连为一体的历史，是人类社会发展到某个阶段的特殊产物；世界历史学科的任务就是阐释这一发展过程，因此必须把世界作为一个整体来看待，必须纠正苏联版《世界通史》那种分国叙述、专注于各国本身社会进步的"纵向"发展、忽视世界各地之间逐渐加强联系的"横向"发展的倾向。在这里，"全球史观"所倡导的整体性、跨国别叙述方式，正好与吴先生的想法相一致，而且吴先生确曾在他的论文中提到了巴勒克拉夫和斯塔夫里阿诺斯的有关观点。可以说这是中国学者对全球史观最早的反应。

**问：**全球史观能够在中国得到积极反响，您认为主要原因是什么呢？

**刘：**刚才我谈到全球史观的一些观点与马克思主义历史观有相合之处，这应该是中国世界史学者对全球史观最感兴趣的一点。此外，我想应该还有两点：一是全球史观对“西方中心论”的批判，也是全球史观在中国受到高度评价的重要原因。中国学者批判“西方中心论”由来已久，究其动因，我认为是民族感情第一，政治因素第二，学理思考第三。关于民族情绪，可以追溯到1902年梁启超发表的《新史学》，那时他就倡言以民族主义的历史学来启发“爱国之心”和“合群之分”。后来周谷城讲得更直率，他说：“欧洲资产阶级的史学家讲世界史，以欧洲为中心……原没有什么不可。但我们自己讲世界史，如果也以欧洲为中心，则大不可。就爱国思想说，不应该。”这种民族情感即使在目前仍有表现。以1998年两位中国学人主编的《世界文明古国述略》一书为例。有评论说，该书主旨在于凸显亚非古文明之辉煌，以淡化欧洲古文明，从而否定欧洲中心论；并称这一主旨与周谷城先生之思想一脉相承。

**问：**民族感情这一点的确是体现得比较清楚的。那么，政治因素和学理思考体现在哪里呢？

**刘：**政治因素与冷战时代开启的世界格局有关。20世纪下半叶，围绕着世界通史编纂问题，在中国曾发生过两次有关世界史体系及分期的大讨论，两次讨论的重点均在谨防跌入“欧洲中心”的陷阱。参与的讨论者普遍认为，这是关乎社会主义制度优越性的政治问题。

至于学理的思考不言而喻。对于世界历史稍有了解的人都知道，各个地区、各个国家、各个民族和各种文明都在不同的历史时期、在不同的方面对人类社会的发展进步做出过贡献，特别是拥有数千年灿烂文明的中国人，对这一点格外关注。基于这些原因，中国学者不管对全球史观做何评价，对其批判“西方中心主义”的立场总是称许有加的。

再一点就是，全球史观适应当前中国出现的“学术创新”的普遍追求。面对近几十年来世界和中国发生的巨大变化，特别是面对日益明显的全球化趋势，中国哲学社会科学界涌动着学术创新的热潮。学者们认识到，哲学人文社会科学在当今全球化进程中应当担负起引领正确的文化导向的责任，为此学界同人需要转换思维方式及研究视角，使自己的思维方式及研究视角既具有民族性又具有全球性，从而重塑中国的哲学人文社会科学。基于对全球化是世界历史发展进程中一个新阶段的理解，针对中国国内对全球化的讨论"只讲当前，少及历史"的现状，史学家呼吁加强宏观世界史研究，特别是要扭转多年来在世界史研究中以阶级斗争为纲造成的忽视文明和文化研究的现状，加强对"多元文明"，特别是不同文明之间互动的探讨，以利于更深刻地理解和应对当前时代的经济全球化。这些呼吁和探讨，似乎都与全球史观有着或多或少的关联，可以说与斯塔夫里阿诺斯提出的"新世界需要新史学"的口号不谋而合。

我还想再举两个例子：一是 2000 年中国史学家在参加第 19 届国际历史学科大会之后发表了一篇"印象记"——《探寻"全球史"理念》，对"新意史学"给予高度肯定。文章认为，全球史观提倡的新视角、新方法具有开拓意义，把具体历史问题提交到全球背景下思考，必然发现新的意境。二是 2000 年年底《光明日报》以"文明史、世界史与中国世界史研究"为题开辟专栏，"编者按"指出：在世界全球化趋势日益加强的今天，将全世界作为一个整体，从宏观角度审视和研讨历史，已成为史学界的重大课题。这两个事例说明，在日益全球化的形势下，全球史观必然受到中国学人的广泛关注。

**问**：由于您所说的原因，全球史在中国确实产生了强烈的反响。"全球史观"一词已经成为史学领域一个时髦热词了。

**刘**：确实是这样。我在发言中说到了一点：1987 年，"全球史观"一词在中国首次出现，在此后 20 多年的时间里，全球史观广为传播。今年 2 月，有人在中国百度网搜索，涉及"全球史观"的条目已达 200 万之多。近十余年，中国大陆主要史学期刊以"全球史"或"全球视野"为篇名的史学论文逐年增加，1997 年仅有 1 篇，2004 年上升到 10 篇，2009 年达到 23 篇。《史学理论研究》《光明日报(史学版)》等具有影响力的刊物都曾举办笔谈或开辟专栏就全球史观进行讨论，许多著名的中国史学家参与其中。巴勒克拉夫、斯塔夫里阿诺斯、麦克尼尔、彭慕兰、本特利等被中国学者视为全球史观的代表人物，他们的名字和观点不仅出现在相关评介文章中，而且在一般史学论文中也频繁出现。

**问：**全球史观在中国影响逐渐扩大，在这当中也有您所主持的全球史研究中心发挥的作用吧？

**刘：**目前首都师范大学和南开大学都建立了全球史研究机构，并与相关国际学术组织建立了联系。首都师范大学全球史研究中心是2004年建立的。中心与商务印书馆合作出版"全球史译丛"，现在已经出版了《现代世界的起源——全球的、生态的述说》《阳光下的新事物——20世纪世界环境史》《权力的追求》《世界史导航》《现代世界的诞生：1780—1914》《欧洲霸权之前》《第一次全球化》七部译著。全球史中心编辑出版的《全球史评论》已经出了三辑，这个刊物为国内外全球史学者提供了一个交流的平台。全球史中心还与北京大学出版社合作出版了《什么是全球史》《全球史读本》《世界史》(威廉·麦克尼尔著)等书。《全球史读本》一书是由中心成员夏继果教授和本特利教授共同主编的。

经过这几年的努力，全球史研究中心已经初步形成了一个真正意义上的全球史研究团队，形成了全球史理论、中世纪欧洲与地中海世界、近现代西方文明与全球化、20世纪国际冲突、历史上的跨文化交流、全球史中的中国与世界等几个研究方向。我们这个中心的主要研究特色是打破传统的中国史与世界史之间的学科界限，将中国史纳入世界史之中进行整体研究。

关于《全球史评论》，我还想再说几句。作为全球史研究的专门刊物，《全球史评论》呈现出鲜明的特色。第一，强烈的现实关怀。全球史研究者大多希冀通过观察历史、思考历史来影响社会，为人类发展提供历史镜鉴。《全球史评论》刊登了多位国内外学者对生态环境史、文化交流史、王朝兴衰史等问题的研究成果，这些成果都彰显了全球史学者对人类命运的关怀。第二，学术研究的前沿性。《全球史评论》注重对新观点、新理论的探讨与评介，已经发行的三辑中所涉及的整体史观、新全球史观以及文化与全球视角中的史学编纂都体现了这一点。第三，跨文化、跨地域、跨学科的研究方法。《全球史评论》博采众家之长，主张采用跨学科的研究方法，探究不同文化、不同地域之间的互动。第四，以全球史的视角研究中国史。全球史致力于打破"西方中心论"，以平等、客观的原则研究世界历史中的各个地区、国家和民族，尝试调换中心、边缘的视角，重新思考世界历史，特别是重新思考中国历史。第三辑尤其体现了"将中国融入世界，在中国发现历史”这一研究思路。

## 四、全球史的困境和前景

**问：** 您在讲“全球史观在中国”的时候，讲到也存在着另一种声音，就是说全球史观在中国也遇到了质疑。情况确实是这样吗？

**刘：** 确实是这样。有篇论文的题目就叫作“我们真的需要全球史观吗?”。在质疑的声音中，有的学者将全球史观与马克思主义唯物主义史观进行类比，断言前者“并不是一个严密的、统一的规范体系”，因此不能以其作为世界史教学与研究的指导思想，甚至提出应该警惕“全球史观像西方国家现代化研究衍生的、替西方霸权张目的结构功能主义一样，充当全球化时代新殖民主义的话语策略”。还有人认为，西方国家的全球史学者所宣称的“去欧洲中心”“超越民族自我崇拜”创建“全世界都能接受的世界史学”无异于迷人的呓语，中国学者只能保持中华民族对世界历史的独特记忆，建立“属于中国史学的全球史”。

**问：** 前面您已经分析了全球史观在中国受到普遍认同的原因，那为什么还会有这些否定全球史观的声音呢？

**刘：** 我个人是这样看的，就是这种否定态度与中国世界史的学科特点以及当代中国的特殊语境有关。

**问：** 这一点需要您进一步解释一下。

**刘：** 我觉得有这种可能，就是因为全球史观是舶来品，而且是来自曾经侵略和欺凌过中国并且极端鄙视中华文明的西方。很多中国人对西方舶来之品，包括史学观念，有着天然的反感。比如有人就讲：“如果我们的历史研究只是一味地重复西方史学的概念和结论，盲目地复制西方史学的理论和方法，这对发展我们自己的历史记忆没有任何意义，相反是一种削弱，甚至是破坏的作用。试问，这种研究的价值又在哪里呢?”还有人讲，我们在研究、借鉴全球史观时，不能放弃了我们自己的理论体系和话语权；对包括全球史观在内的任何一种外国史学的理论和方法，都不能简单地照抄照搬，不加分析地简单套用。还有人甚至把在中国传播全球史观视为崇洋媚外的行为，认为不能把中国的历史现象放到别人的概念框架中去寻求解释，好像离开了别人的命名系统，我们自己就无法理解自己在干什么。他们提出，每个民族都应该独立地做出自己对于世界历史的认识和思考，而不是削足适履地去适应强势文化的全球化模式，以及这一模式所体现的种种规范，也不是将自己的观点放到别人的概念体系中加以阐释。

**问**：这些看法恐怕也是出于一种防范心理，怕借鉴全球史观的理念，会丢掉中国人自己固有的话语体系。除此还有其他因素吗？

**刘**：大概是这样的。除感情和心理因素外，中国人对外来的理论学说还保持着一种“意识形态警觉”。当今世界毕竟是西方强权的世界，全球化的最大受益者也是西方强国；全球史观作为一种解读全球化的西方理论，其中的意识形态色彩不可能不引起中国人的警觉。保持警觉是应该的，但要防止误解。有人将全球史观这样一种史学方法论误解为历史哲学理论，担忧这种史观会动摇马克思主义唯物史观的指导思想地位，特别是反感全球史观只重视各人类群体之间的互动而忽视其内部发展动力，因而严正提出“坚持与发展唯物史观是中国学者的根本任务”。他们还认为，“全球化和全球史观都是西方的命题，而非中性的概念”；“全球化是西方文明价值观和西方利益的全球化，非西方的国家则被放逐在全球化的边缘。在此背景下出现的全球史观是为西方工业文明向全球拓展寻求理论支撑”；“作为一种‘历史观念’，我们不能接受，因为它暗含着‘全球化’意识形态‘陷阱’，即主权终结论、非领土化国家、非民族国家化等，是西方新自由主义的产物”。

**问**：这确实表现出一种“意识形态警觉”，但是我认为，从事全球史研究的中国学者是有自己的理论自觉的，他们在从事研究时也不会盲目地沿用西方学者的概念和观点。另外，我记得您的报告里似乎也讲到，西方学者对于某些全球史观的著作也是有所批评的。

**刘**：是这样的。就拿斯塔夫里阿诺斯的《全球通史》来说，我在2004年赴美访学时，曾听到好几位美国史学家说，该书并未跳出以欧洲为中心的“挑战—应战”模式，即西方社会的发展对非西方地区持续构成挑战，后者被迫以各种方式应对并在应对中改变自身社会。中国也有学者同样尖锐地指出，斯塔夫里阿诺斯自己的结构就是一个欧洲中心主义的结构，他的“现代文明理论”“闪烁其辞”，事实上仍把“现代化看作一种单向的欧化或西化的过程”。

对于斯塔夫里阿诺斯等人所陷入的难以自拔的困境，中西学者同样归因于方法论。巴勒克拉夫说，那些力求立场“客观”的人，终究不能突破“西方中心”的牢笼，是因为他们身边使用的那一整箱工具全是由欧洲制造的，恐怕一时还不可能将其完全更换。中国学者也指出，这“一箱工具”就是西方史学研究的诸多核心概念，比如工业革命、现代性、资本主义以及个人自由等，西方史学家正是凭借这些基于欧洲特定经验所产生的概念，来阐释欧洲对现代世界的支配以及世界历史的发展进程。这种方法论的局限，不仅西方学者“挥之不去”，就连接受现代教育的非西方学者也难以超越。在这一点上，中西学者所见略同。

**问：**看来方法论问题确实很重要，如果方法论不改变，就难以写出真正的全球史。那么方法论又是由什么决定的呢？是否有比方法论更重要的东西呢？

**刘：**这个问题确实值得探讨。我在报告中引述了伊格尔斯和王晴佳的话，“源自启蒙运动以来所提倡的理性主义观念和科学归纳的方法，长期以来，被认为是人类认识活动的最佳、甚至是唯一的手段，而其他方法则要么是非理性的、要么是非科学的，因而遭到排斥”。那么，理性和科学为什么“挥之不去”？根子还在于西方人的一元的物质进步论，既然理性和科学推动了物质进步，那么它们自然成为评价标准。可见认识方法只是表象，实质是价值标准。有一个问题问得好：假如由东方人按照自己的文化传统书写历史，全球史还会像当下流行的那样充斥着物质主义吗？

**问：**这样看来，要建立科学的世界史、全球史，必须做到价值标准统一？

**刘：**是的。中外世界史学家都呼唤价值标准的统一。汤因比晚年曾经说过，要正确地认识全球性问题，唯有建立“世界国家”，重建人类统一的价值观。齐世荣先生也曾经说过，只有各国学者抛弃国家、民族的偏见，通力合作，经过长期的努力，才能如实地反映各个国家、民族对于人类世界做出的贡献，如实地反映它们之间的相互关系。

但是，统一价值标准谈何容易？西方学者曾经面对“谁来制定世界公民标准”“谁来勾画人类故事”的问题，发出“世界史是可能的吗？”的疑问。中国学者同样认为，生活在不同文化背景之下的史学家，很难就某个国家或民族在某个时代发挥了怎样的作用达成共识，在世界历史发展的动力是什么、世界历史发展的规律是什么等问题上也很难意见一致。只要在这些涉及价值判断的问题上各执一词，短时间内就很难写出令所有人满意的世界史。更悲观的论点则认为，“在人类社会发展的目前水平上，谈论‘共同价值标准’只能是空谈”。

**问：**既然难以建立统一的价值标准，全球史的发展还有什么前途呢？

**刘：**对于这一困局，西方后现代主义选择了“逃避”，一些中国史学家也在以类似的方式使自己“乐观”起来。有人说，既然统一的价值观不可能形成，不如索性放弃对“主导性叙述”的追求，让各个地区、各个民族分别按照自己的文化传统撰写自己的历史，至于“全球史体系”，还是留给读者自己通过比较来建构吧，正所谓“无为而无不为”。另有人说，事实上，每位新的世界历史叙述者都在自己心目中重构了世界历史；我们不能要求作为个体的世界历史叙述者超越自我中心，撰写一部他人的世界历史；既然每个叙述者都想表达自己的价值评判，而这些价值是否能成为普遍价值有赖读者接受的程度，那么“重构世界史”就是尽可能多地提供世界历史文本，使之丰富多彩，以便读者可以按照培养自身世界观的需要不断进行选择。

**问：**这种观点真是太悲观了！每个人都有自己心中的“世界史”，那全球史还是建立不起来啊！您是怎样看这个问题的呢？

**刘：**我本人认为，不管是悲观的感叹，还是乐观的建言，都不能忘记研究宏观世界史的初衷，就是探讨人类历史的统一性。这种探讨是这个学科存在的前提，是其科学性的体现；放弃这种探讨，无异于学科的自我取缔。我以为，比较现实的做法，还是要以现有话语体系为基础，即使这个体系带有浓重的西方色彩，但我们可以对其进行不断的修正和补充，以逐渐接近共识。当前，如果能够做到与时俱进，将现代文明的困境考虑进去，把“什么样的生活才是好的生活”这样的命题列入价值标准，将中国史学重视道德评价、重视文化的传统吸收进去，还是有可能写好世界史的，而这无疑将有益于和谐世界的建立。

**问：**您这一点谈得很好，我们不能因噎废食，不能因为难以建立共同价值标准就不去进行全球史的研究。我看到美国著名的全球史学者麦克尼尔在其 2010 年 3 月致首都师范大学全球史中心的信中说，“全球史是一种崇高的事业”。这句话使人很受鼓舞啊！

**刘**：是啊！确实令人鼓舞。他这句话是这样说的："作为世界史学者，你我都试图理解并描绘人类事务的方方面面，思考如何实现跨越时空永无休止的互动，因为我们在人类发展的进程中都要发挥自己的作用。"他还说："我们虽面对国家、民族间的种种摩擦，但却竭力述说人类创造的历史和人类之网，凸显人类之网的后继者身份，并希望借此减少民族国家间的纷争。从这个意义上说，全球史是一种崇高的事业。"

**问**：麦克尼尔的这句话，指出了全球史学者的神圣使命。可以说，全球史研究任重道远。最后，我想问您：与六年前的情况比较，您现在担任的行政工作、社会工作更加沉重繁杂。当年您在一天工作之后，晚上还能静下心来，精神饱满地看书写作，因为您对自己所从事的研究有兴趣，现在还是这样吗？

**刘**：兴趣仍然有，而且越深入进去兴趣越大，读书写作的心情很强烈、很迫切。但是年龄大了，精力确实大不如前，一天紧张繁忙的工作之后恐怕很难"精神饱满"，但读书仍然每天坚持，不仅是习惯，也是需要，新近出版了很多好书都想看，以前看过的书也想重新再看，再看还会有新的体会。最近新出了不少全球史的译本，都很有意思，虽然都属通史类著作，但作者的视角不同，立场不同，同样的历史事件放在不同的叙述框架下有不同的解读，很有意思。

**问**：不过在我们看来，您还是在精神饱满地当校长，精神饱满地从事各种社会兼职工作，精神饱满地做自己所喜爱的学问。通过这次访谈，使我对于全球史的兴起、全球史在中国的影响以及您自己对于全球史在中国的传播所做的工作，都有一个较为明晰的认识。我想，这对于更多的关注全球史的读者来说，也会有所帮助。谢谢！

# 叶小兵

叶小兵，1953 年生，北京人。1978 年 7 月毕业于北京师范学院（即今首都师范大学）历史系，留校任教至今，从事历史教育方面的教学与研究工作。1988 年 7 月获教育学硕士学位，1998 年 6 月被评为教授。1998—2002 年曾担任首都师大历史系主任。社会兼职：中国教育学会历史教学专业委员会学术委员会主任，北京市历史教学研究会理事长，北京市地方教材审查委员会历史科审定委员，北京教育学院客座教授，北京师大附中、15 中、顺义区教科所等单位的顾问。曾参与《中学历史教学法》《中学历史教学法概论》《中学历史教师教学基本功讲座》等著作的编写；撰写有关历史教学的文章近百篇；所编写的中学历史教科书，二十多年来一直被我国香港地区的中学采用。

## 访谈

# 与叶小兵教授谈历史教学问题

按：访谈进行于2013年。文章发表于《历史教学问题》2013年第6期。原题为《历史教学是科学也是艺术——访叶小兵教授》。

**问**：叶老师，我们很久没有在一起交流了。20世纪90年代的时候，我们因首都师大历史系史学理论和历史教学法被安排在一个教研室，称为史学理论与方法教研室，那时候交流的机会比较多。不过实际上这是两个学科，相互之间有联系但又有各自的理论与实践的领域。分开以后，两个学科都有很大的发展。史学理论和史学史学科逐渐联系在一起；历史教学法也不再仅仅是教学法了，它已经上升为历史教育学了。这样我们之间的联系就少了。近来，我读到您在《历史教学》杂志上发表的一系列听课随笔，感觉很有意思。这些随笔都是从教学第一线观察到的历史教学的现象，虽然是来自个别课堂，但所反映的问题却带有普遍意义。您由这些观察到的现象说开去，从实践上升到理论，很具有导向性。我读了很受启发。由此我也想到一些问题，想借此机会与您探讨一下。

**叶**：您是我的师辈，后来我们又在一起共事，使我学到很多东西。您是专门研究史学理论的，我是搞历史教学研究的，这两门学科虽然研究的领域不同，但有着密切的关联。例如，历史学的理论与方法，对历史教育学有着直接的影响；史著编纂体例的研究，对中学历史教科书的编写亦有重要的借鉴意义。从大的方面说，历史学不仅具有学术研究的意义，而且有着非常重要的社会功能，其中一个重要的功能就是教育、教化的功能，这也是历史学延绵不断的一个原因吧。历史学的这种教育功能，体现在广泛的社会教育、社会宣传当中，尤其通过学校的历史教学，使青少年一代能够了解人类社会发展的历程，鉴往知来，传承文明，提升人文素养。从这样的角度讲，包括史学理论在内的历史学各个领域的研究成果，都是历史教育学这一领域生存与发展的养分，而历史教育学则要研究如何将这些养分与对青少年一代的历史教育结合起来。尽管现在的历史教育学有了很大的发展，但始终离不开历史学研究所提供的支撑。

## 一、历史教育学是理论性与实践性结合的学问

**问：**我想，就从历史教学法上升到历史教育学开始吧！我在20世纪五六十年代在历史系读书的时候学的是历史教学法，是黄一欧先生给我们讲课。主要是教我们怎样备课、怎样上课。黄先生讲课非常精彩。我想，按他那样去给学生讲课，没有学生会不爱听。记得在20世纪八九十年代时，这门课也叫历史教学法。是在什么情况下，改称历史教育学的呢？

**叶：**黄一欧先生是我的业师，他和于友西先生对我的培养倾注了心血，可以说是手把手地教我带我。

我们这门学科，从名称到内容的变化有一个历史发展的轨迹。20世纪初，随着新学堂的设立和新史学的传入，当时师范学堂的历史科就有一门课叫“教授历史之次序方法”，主要是讲中学教师教授历史的过程和方法。后来，这门课程被定名为“历史教授法”。五四运动以后，“历史教授法”的名称被“历史教学法”所取代。虽然是一字之差，但意义重大，使得这门课程的定位发生了很大的变化，这就是将以往的只注重“教”转变为注重“教”与“学”的结合，更贴近学生的历史学习，以及教师对学生的学习指导。到了三四十年代，由于认识到了教学法是要与教材紧密结合的，因而这门课程又更名为“历史教材教法研究”，成为当时师范院校历史科的一门科目，讲授的内容除了包括原有的历史教学过程和教学方法等，还增加了课程标准研究、教材的选用与分析、教具的运用等。新中国成立后，由于苏联的高等师范院校历史系是用“历史教学法”命名这门课程的，所以我国的多数高师、中师院校也就用“历史教学法”这一名称了。不过，后来也有一些高师院校用“历史教材教法”的名称。

以后随着这一领域研究的深入和拓展，尤其是受教育学科的影响，到 80 年代初，由于当时的教育学下设一个二级学科叫“教学论”，所以就又设立了分科教学论，一些院校的历史系就将这门课程更名为“历史教学论”。这门课程也就更向教育理论靠近，用一些教育教学的原理来阐释历史教学的问题。再后来，“历史教学论”就由一门课程向着一门学科的方向发展，逐渐有了自己的理论框架和更大的研究范围，“历史教育学”这一学科设立的条件也就渐趋成熟了。我记得我们学校的老院长仓孝和先生在 1983 年就提出要把学科教学论发展为学科教育学，这是极有远见的。大概在 90 年代初，这门学科演变为“历史教育学”，试图由原先的一门附属学科转变为一门相对独立、有自身体系的学科。

**问：**从历史教学法到历史教育学，这里肯定不仅仅是学科名称的变化，从实际内容上看，变化主要表现在哪里呢？

**叶：**若从严格的意义上讲，历史教学法还称不上是一门学科，只是高等师范院校历史系的一门课程，主要是解决怎么教历史的问题。从内容上说，历史教学法这门课程有两个比较大的缺陷。一是课程内容在经验层面上的论述比较多，而缺乏理论的建构。即使有一些理论叙述，也是照搬历史学理论和教育学理论的一般原理，未能真正深入到历史教育自身的规律、原理、路径等方面的探讨，没有形成自身的理论体系。二是课程的内容较为狭窄，主要是论述中学历史课程的教学任务、教学过程、教学原则、教学方法等，而历史教育的本质是什么、历史课程应如何编制、历史教学内容应怎样选择与编排、学生学习历史的心理发展过程又是怎样的，等等，这些问题没有能够深入进行研究。历史教育学则要站在一个比较高的角度，对历史教育和教学进行全方位的研究，包括历史教育的理论、历史课程的理论、历史教材的理论、历史教育心理学的理论、历史教学模式的理论、历史教学评价及考试的理论与方法、历史教师发展的理论与途径，以及历史教育史的研究、历史教育比较研究、各类历史教学资源的运用研究等。总之，历史教育学较之历史教学法，在研究的理论层面和研究的范围、方法等方面都有一定的突破。举个例子说吧，过去的历史教学法是告诉历史师范生应该教什么和怎样教，但很少涉及学生是怎样学的和怎样想的。如历史教师往往注重的是让学生知道历史上发生了什么，并记住其影响、意义，但学生学完了这些到底是怎么想的、他们心目中的历史又是怎样的，教师则不大关心了。这就涉及历史教学的目标问题(教学的主体是教师还是学生？学生学历史要解决什么问题?)、学生对历史的认知问题(学生在学习历史时的心理活动是怎样的？他们心中的历史是如何生成的？怎样使他们真正理解历史?)以及学生学习历史的方法(学生学习历史除了要阅读、听讲、记诵，还需要进行观察、想象、思考、辨析、推论之类的活动)，等等，而这些正是历史教育学要研究的问题。总之，历史教育学比历史教学法在研究范围的广度和深度上拓展了许多。

**问：**2004年高等教育出版社出版的《历史教育学》，您是第一作者，这部教材与您在以前参与编写的同类教材相比有哪些创新之处呢？

**叶：**以前编写的历史教学法教材，是从历史教学论的角度出发，主要论述中学历史教学的任务是什么，历史教学的过程有哪些环节、要遵循什么样的教学原则，历史教学的组织形式有哪些，历史教学方法的种类及特点，以及历史考试的方式和命题的要求等，基本上还是阐述如何教历史的问题。刚才谈到了，历史教育学的研究范围要更规范和更深入。我和另外两位教授编写的这本《历史教育学》，是为了适应新形势下的历史课程改革，运用新的教育教学理念，对中学历史教育的一系列重要问题进行较为全面而深入的探讨。中学历史教学论只是这本教材中的一个篇章，全书还有中学历史教育目标论、中学历史课程论、中学历史教材论、中学历史学习论、中学历史课程评价论、中学历史教师论、中学历史教育研究论等篇章，大致涵盖了有关中学历史教育教学的基本领域，所以说要比以前编写的同类教材在内容上更拓宽了，也更深入了。例如，在“中学历史学习论”这一章中，运用学习理论的一般原理，结合历史学习的特点，概述了学生学习历史的心理、学习的效率、学习的策略、学习的方法，以及对学生的学法指导等问题。再如，以前教学法的教材中很少涉及教学模式的问题，我们的这本书中专门有一节是论述历史教学模式的，涉及教学模式的构成要素、当代教学模式的发展趋势、中学历史教学模式的各种类型。这本教材被列为高等教育出版社历史专业本科系列教材之一，被一些高师院校历史专业的师生采用。

**问：**看来历史教育学与过去的中学历史教学法确实有很大不同，它不是单纯的教学方法的问题。它把教育学的理论方法与历史教学的实践联系在一起，使历史教育学成为一门有理论基础、有丰富内容、有方法上的指导意义的一门学科。对这门学科的性质您是最有发言权的，能不能简单地说一说？

**叶：**如果概括地讲，历史教学法定位在历史课程的教学这一层面上，而历史教育学则是着眼于历史学科的教育、教养和教学的层面，这就是两者在性质上的不同。另外一个在学科性质上的主要区别，就是历史教学法尚属经验型的，而历史教育学则力图转化为科学型，提升其科学研究的意义，使理论与实际有更紧密的联系。历史教育学作为一个学科，是要在历史教学实际经验的基础上进行科学的构建，这样才能揭示历史教学的规律，形成自身的理论。例如，过去我们对中学历史教科书的研究，多是侧重在教科书的编写体例、内容选择、史事叙述等问题上，而且教材编写者也多是凭学问、经验来编教科书。但这样就会出现一些问题，如历史教科书中每一课的课文有多少内容、多少概念才适用于教师的教和学生的学？这个问题仅凭经验是不行的，需要有量化的分析。因为如果一篇课文中的概念过少，那么课文所含的信息量就低，学习的意义和效率就会受到影响；但如果概念过多，学生的阅读速度就会放慢，对概念所蕴含的史事在理解上就会有困难，甚至导致教师对概念进行过多的讲解，或者讲不过来就干脆让学生画书背书。这个例子就说明，我们不仅要从历史专业学科的角度上考虑问题，而且要从教与学的实证研究上进行科学论证。还以历史教科书为例，过去的历史教科书的主体内容是课文，从理论上说这是把教科书定位在教的内容上，而现在的观念认为教科书更应该是学生学习的凭借和工具，学生要能够通过对教科书的学习展开思考、提升能力、学会学习等。因此，现在的历史教科书除了课文，还设有一些学习的栏目，如课前导入、材料研读、人物扫描、问题思考、知识拓展、课后练习、单元梳理等，这些栏目可以统称为课文的辅助系统。但需要研究的是，每一课应设有多少栏目才适当，这些栏目设置的学习意义是什么，它们如何与课文内容相配合，教学实际中师生怎样采用这些栏目展开活动，等等，这些都是要有实证的研究的。

**问：**历史教育虽然不同于搞学术研究，但也要坚持实事求是的科学精神。我看您在听课随笔《现实的联系》一文所谈到的问题，就是很值得注意的问题。这似乎体现出一些历史教师还没有真正理解历史教育的性质。

**叶：**我同意您的看法。历史研究讲究实事求是，也有一定的史观为指导，在对历史进行阐释时，是要力求论从史出、史论结合、寓论于史的。对学生的历史教育也要秉持这种历史科学的精神。我在这篇文章中谈到一些中学历史教师在教学时，注意到了联系现实问题，如联系当前国际局势、现实社会、实际生活、学生思想问题等，但有的教师经常是刻意地将历史学习内容与现实生活直接挂钩，生硬联系，或者是简单说教，甚至是高喊口号。如教师讲完了英雄的事迹，就对学生说："他为了国家献出自己的生命，你们想想应该怎么向他学习？"我在一些地区听课都遇到过这种情况，出乎我的意料，不同地区、不同学校的学生在回答老师这样的问题时，竟然是一模一样的，他们的回答是："现在努力学习，将来报效祖国。"教师的用心可能很好，但想法和教法都过于简单化了，学生就以大话、空话来应付老师。这里的问题就出在是不是寓论于史上。

从历史教学的角度讲，要使学生逐步形成正确的历史意识，确实需要教师在教学中将历史与现实进行联系，引导学生从历史中看现实，从现实中看历史。教师应当认识到，这种联系的目的，是为了使学生能够更全面地理解历史，认识现实。即使是为了情感态度与价值观的培养，也是要从历史的角度上进行发掘，通过对历史的经验教训的探讨，用历史的视野来观察社会与人。从这个意义上说，历史教学中的情感态度与价值观的教育，是基于历史感的生成的。然而，认识历史的过程，运用历史的思维，汲取历史的智慧，并不是让学生机械地、简单地记住某些现成的结论，更不是让学生简单地说出几句响亮的大道理，而是要使学生学会用全面、辩证、客观、发展的历史眼光来看待人类社会的各种复杂现象，能够实事求是地分析事物。因此，历史教育联系实际，一定要寓论于史，而不要直接说教。历史学科的教学内容展现了历史的发展与演进、变化与延续，其中的知识本身已内含了一定的价值取向，所具有的思想教育因素不是外来附加的。教师应认识到，支撑道理的是史事，而不是道理本身。在处理教材和实施教学时，重要的是考虑如何体现出历史知识所具有的认识功能，通过历史的叙述来阐明有关的道理，揭示有关的联系，让学生从历史的事物中有所感悟和认识。

**问：**历史教育学与历史学之间的确是有很多共同之处的，比如说它们都要求有一种正确的历史观，要坚持严格的科学性，要尊重历史事实，用材料说话等。

这些年来，学术界也好、影视圈也好，出现了一些违背主旋律的情况，随意解释历史，甚至歪曲历史，如贬损革命、为外国侵略辩护，还有戏说历史的现象等。这种情况对中学的历史教学是否有影响？

**叶：**当然是有影响的。一方面是受学界某些学者的影响，认为唯物史观过时了，要用外国的一些所谓新史观来重新阐释历史；另一方面是有些青年历史教师在理论上和史学功底上的修养不足，道听途说，标新立异，讲课时随意发挥，甚至是脱离课程标准的要求，大讲"历史的另一面"。虽然这些不是主流现象，但也要引起我们的高度注意。

在任何国家和社会的历史教育中，都蕴含并传递着一定的历史意识，以及国家意识、民族意识、社会意识、公民意识、国际意识等，渗透着一定的道德观念、价值观念。这正是历史课程育人功能的价值体现。我们党和国家对学校教育的首要要求，是坚持德育为先，坚持正确的政治方向，把社会主义核心价值体系和中华优秀传统文化有机渗透到对学生的教育中，为学生形成正确的世界观、人生观、价值观打好基础。历史教育尤其是在这方面承担了重要的任务。通过历史教学，不仅要使学生了解历史发展的基本趋势和具体的史事，而且要引导学生正确认识历史，逐步学会对历史进行全面、客观、辩证和实事求是的评判，形成正确的观念。因此，历史教师在教学中必须旗帜鲜明地坚持正确的思想导向和价值判断，坚持以马克思主义的唯物史观为指导，在叙述历史和评价历史时要注意进行科学的、正确的思想教育和价值引领，充分发掘历史教学内容中思想及情感的教育内涵。

此外，与学术研究和社会传媒不同的是，中学的历史教育还有基础性和规范性的问题。所谓基础性，就是要向学生普及历史常识，使学生了解和认识历史发展的本质、主流，为今后的学习打下好的基础；所谓规范性，就是要遵循教育、教学的规律，按照课程标准的要求进行教学，而不可以想什么时候讲就什么时候讲、想讲什么就讲什么、想讲多少就讲多少、想怎么讲就怎么讲。例如，社会上出现的"暴露史学""翻案史学"，企图通过个别的、极端的事例来否定对历史的整体论述，甚至是抹杀我们党领导中国人民翻身求解放、进行社会主义建设和改革所取得的历史性成就，如果历史教师在教学中不加思索地鹦鹉学舌，很容易搞乱学生的认识，这是不符合历史教育的基础性和规范性要求的。所以，中学历史教学要求教师要坚持正确的思想导向和价值取向，对学生进行正面的教育。

## 二、历史教学具有高度的艺术性

**问：**我看到您在《历史教学》上发表了一系列教学随笔文章，如《重点的选定》《细节的重要》《老师的提问》《学生的提问》《史事的过渡》《图片的演示》《课件的效果》《讨论的组织》《讲授的必要》《师生的角色》《知识的延伸》《学法的指导》《单元的设计》《辩论的展开》《目标的表述》《结构的把握》《适用的教法》《现实的联系》《单元的总括》等。读了这些文章可以让人感受到教学是一项富有艺术性的过程，同样的课程标准、同样的教材，但在不同的老师讲授下效果截然不同。而没有效果的教学或教学效果相反的教学，就达不到历史教育的目的了。那么，您是怎样想到写这些随笔的呢？

**叶：**我之所以写这一系列的听课随笔，也是从教学的实践中感悟到的。过去我也写了不少历史教学的论文，力图从学术研究的角度探讨有关历史教学的问题。这样的文章在搞历史教学研究的学术圈里可能有些反响，但对中学历史教师的直接影响却不大。中学老师对于理论性强、引经据典的长篇大论往往不大感兴趣，会认为对自己的教学实践没有多少实际的指导作用，即使认真读了，但由于用不上，也就很快忘记。这就是教学研究者的问题了，你的研究可能有学术上的价值，但缺少实践上的指导意义，未能被教学的实践者所接受。这是值得教育教学研究者反思的一个问题，即如何使自己的研究不仅有理论上的创新，而且有一定的应用价值和实践意义，能对一线的教师有所启示，对教学的实际有针对性的指导作用。尤其是我们这门学科属于应用型的学科，如果脱离了实际，坐而论道，即使理论的叙述再精辟，也是缺少持久的生命力的。所以，对这门学科来说，只求空谈、不务实学是一大忌。另外，我的工作之一是每年都要指导师范生的中学教育实习，也经常到中学里去听课，或担任全国各地区举行的中学历史课堂教学比赛的评委。每次听课后，都要进行点评，分析课堂教学中的得失，提出一些改进的建议。师范生和教师们在听了这些分析、点评后，都觉得很有收获。

这也使我想到，理论的建构要先从实际出发，再对实际有切实的引领。理论要想不是“灰色”的，必须根植于和反哺“生活之树”。由此我就尝试以“教学叙事”方式，构思了听课随笔这一组文章，每一篇都是以课堂教学的一个片段作为案例，加以分析，说明一些道理。这组文章发表后，很受中学历史教师的欢迎，更使我认识到历史教育学的研究者要深植历史教学实际这一方沃土。

**问：**您所谈到的一些问题和想法我也有同感。因为近十年来，我在学校教务处的领导下，担任了文科教学督导工作，听了大量的不同学科的课，包括文、史、哲、经、教育等不同学科。课程性质、内容虽不同，但教学的规律是一样的。您所谈到的问题，在大学教学中也存在。在您看来，教学工作是不是有些共同的规律呢？

**叶：**大学和中学的教学有很多不同，如教学的目标、教学内容、教学的方式等，尤其大学生的学习与中学时要求不一样，研究性学习、自主学习要更多一些。但从教的角度说，无论是大学和中学，还是各门学科的教学，也是有一些共同的规律的。比方说您经常听各学科的课，您的心中一定有一个什么是好课的标准，如教师讲述的内容是否具体、生动、深入浅出、详略得当；教学方法是单一的还是多样的，是否运用得恰当；教师讲述的内容是否有逻辑性，有清晰的层次，有突出的重点；教师是否在教学中注重对学生学习方法的指导和引领；教师的语言是否流畅，通俗易懂，吸引人打动人；教师的情感是否充沛，有亲和力；教师的教态是否自然、大方，等等。这些都涉及教学工作的共同点。好的教师一定是非常熟悉所教内容的，备课一定是非常认真的，讲课的内容一定是丰富而具体的，一定是能够深入浅出、举一反三地进行教学的，一定是善于组织学生进行学习，是能与学生互动的，这些就是作为优秀教师所共有的素养的体现。我曾经在很多场合说过：好课看上去是讲出来，但实际上是备出来的。要想上好一节课，重要的是课前进行充分的准备。我想无论是教哪一级的学生，教师都应该认真、细致、深入地备课，这是当好教师万古不变的道理。我曾研究过我们历史学院一些老先生的上课讲稿，可以说都是非常的详尽，甚至课上的每句话都写了出来，可见是多么的认真，下了多少的功夫啊。您前面提到您听过黄一欧先生的课，上得十分精彩。据我了解，黄先生在上课之前，要花很多时间备课，甚至在讲稿上画出记号，如什么地方要展开，什么地方要加重语气等。我大学毕业刚留校时，曾和宁可先生住在同一个宿舍(当时他家里地方太小，就申请了教师单身宿舍的一个床位)，我发现宁先生在每次上课的前一天，闭门谢客，不做其他的事情，就是备课，反复熟悉讲稿，思考怎么讲。这些学富五车的老先生讲课之所以受到学生们的好评，我想其中的重要原因就是他们视教学工作为生命，兢兢业业、呕心沥血地备好课、上好课。所以，从教师的职业精神上来说，也是有共同之处的。

**问：**您的听课随笔《讲授的必要》我读了有些感触。在课堂上要不要强调教师讲授的必要性，很值得探讨。记得我们在学校听课的时候，有一位教师提出要进行教学改革。她在上第一节课时就把这一学期所要讲的内容分配给学生，学生分成小组，每周一组人来讲，这样老师就根本不讲了。这样做的结果是学生反应非常强烈，纷纷向督导老师提出意见。后来情况反映给院、校领导，这位教师曾一度被停止上课，后来她也不这样做了。这虽然是个极端的例子，但是反映出一些教师对于要不要强调讲授的必要性，确实存在认识误区。据我看来，那些被评为“优秀主讲教师”的老师，都是非常重视教师的讲课的，而且讲课效果是好的。

**叶：**没错。我甚至认为一个优秀的历史教师首先要是一个优秀的历史讲述者，是一个会讲历史故事的人，是一个能阐明历史事理的人。别的不说，学生的学习也是一种信息接收、筛选与消化的过程，教师上课的作用恰恰是要提供给学生值得接收的信息。前面说的教师认真备课，就是教师在课前对信息进行细致的整合处理，为的是上课时更好地向学生传递信息。如果上课不讲或讲不好，还要教师干什么？学生还上课干什么？教学的改革，是要改变传统的教师“一言堂”“满堂灌”的做法，提倡学生对课堂教学活动的参与，注重加强师生之间的互动，但不是要教师不讲课了。假如一个教师上课什么都不讲，那就意味着他在教学中没有提供给学生任何信息，这恰恰是教师的失职。

**问：**您的《图片的演示》《课件的效果》两篇文章反映的情况也十分重要。现在不论大学还是中学，各个学科老师都很重视教学手段的现代化，现在的课堂教学与几十年前只靠一支粉笔或一张挂图的情况已经大不相同了。这方面成绩是主要的，但的确也有您在文章中所谈到的问题。我也举个比较极端的例子。有一次我们去听课，老师上课后一句话没说，就放映电影。我们摸不着头脑就问学生，学生说上次课就放电影，没放完，这次课继续放。到下课时，电影仍没放完。老师只说大家来签到，然后就下课了。这种情况几乎每学期都能遇上。中学里可能没有吧？

**叶**：这种情况我在中学还没有见到过。中学是有严格的教学计划的，而且在实施时有一套教学管理的规定。如果要学生观看一部电影片，一般是利用课后的时间，作为课外活动。如果在课堂上放映，也必须事先加以剪辑，并且不能只是简单地播放，而是要利用它引申到教学，如提出一些问题，引导学生注意观察什么，从中获取什么样的有效信息，能概况出什么样的史事过程等；播放之后要组织学生讨论。影视资料作为教学资源的种类之一，是可以运用到课堂教学中的，但和其他类型的教学资源一样，都要经过精心的选择和加工处理，使之有助于教与学。

**问**：从您所写的一系列随笔来看，教学工作真是一项非常细致、非常复杂的工作。老师讲课既要抓住重点，又要注意细节；既要认真设计并上好每一堂课，还要做单元的设计、单元的总结；老师不仅要注意自己的讲课，制作课件，还要组织学生的讨论、辩论；老师不仅要注意自己的教学方法，还要指导学生的学习方法。因此我想，要成为一个好的历史教师，真的很难。您觉得这其中哪些方面最重要呢？

**叶**：我想这里可以用"一杯水"来说明。我们常说"教师要给学生一杯水，自己要有一桶水"。要成为一名优秀的中学历史教师，最重要的：一是要夯实自己的史学功底，不断提高自己的史学素养，这就是要有"一桶水"；二是要有先进的教学理念，育人为本，关注学生的全面发展，这就像是你有了"一桶水"，是统统泼给学生，还是根据学生的需要将自己的"一桶水"进行凝练，提炼出其中的精华，给学生最有养分的"一杯水"，这是和教师的观念直接相关的；三是要有扎实的教学基本功，讲求教学的方法，善于与学生沟通，这就像是如何将经过提炼的"一杯水"交给学生，是简单地灌输，还是细心地浸润？让学生积极地去体验品味，使这有养分的"一杯水"被学生所吸收、内化，这是要讲究教学艺术的。

**问**：我们可不可以说历史教学也是一门艺术呢？

**叶**：是这样的。历史教学可以说是科学与艺术的结合。说它是科学，是因为历史教学是历史科学的教育体现，有其自身的理论、规律、原则以及逻辑系统等，在教学的实施中必须遵循；说它是艺术，是因为教学的情况又是千变万化的，需要教师运用自己的教学机智灵活地处理各种教学问题，并不断地创新，形成具有自己个性的教学风格和特色。

## 三、对当下我国历史教育的思考

**问**：从您毕业以后，就留校从事历史教育工作。这几十年来，您除了从事这个学科的教学工作之外，还兼任过中国教育学会历史教学专业委员会的副理事长以及北京市历史教学研究会理事长，这样也对全市以至全国历史教学的整体情况有所了解。从您个人的角度来看，当前我们的历史教育存在什么问题呢？

**叶**：近十来年，我国的中学历史教育有了很大的发展变化，历史课程的目标更为明确，教师的教育理念不断更新，教学的方式和方法层出不穷，各种教学资源得到开发和利用，教学手段越来越先进，教学评价也更为客观实用。但仍然存在着很多的问题，需要进一步加以解决。我个人认为主要有以下几个方面：(1)历史课程的定位问题。一方面是历史课在很多中学里被视为小学科，尤其是在初中，中考不考历史，所以不受重视；另一方面有些学者又过于拔高中学历史课程的功能和作用，赋予历史课过多的使命，使得中学历史总难摆脱成人化的倾向。(2)各学段历史教育衔接与贯通的问题。现在是初中、高中和大学都开设历史课(大学非历史专业的学生也要上“中国近现代史纲要”这门课)，但这三个学段的历史课在设计上还缺乏统筹安排，有脱节的地方，也有重复的地方，需要进行整体的规划，以形成贯通的、有层次的历史教育体系。(3)历史教科书的问题。目前的历史教科书已有了很大的改观，但对史事的叙述还是有些简单枯燥，可读性不高。要有大的突破，还需要下力气研究。(4)历史教学模式的问题。当前一些教育行政部门的领导总爱推行某种教学模式，而不顾不同地区、学校、课程、教师和学生的具体情况，使得教学模式教条化和单一化。(5)历史考试的问题。历史考试尤其高考对教学的“指挥棒”作用仍是非常大的，应试教育在实际中还是根深蒂固的。考试的改革仍任重道远。(6)历史教师队伍的建设问题。目前我国的中学历史教师队伍是以中青年教师为主，其整体的素质还需要提高；在很多省份，初中历史教师中非历史专业出身的还占相当的比例。对历史教师的职后教育是一项长期的工作。(7)历史教育研究的问题。尽管这十几年来历史教育的研究有很多成果，但真正意义上的实验研究和实证研究还不多，即使有实验研究，实验的样本也比较小，实验的时间也不长，其成果的科学意义不足。以上这些问题的解决，不是靠朝夕之功，而是要持久地、深入地一步步迈进。

**问：**我看您讲授的课程中有一门是比较历史教育学，这门课是不是要涉及一些发达国家的历史教学情况？我看您发表的文章中有些涉及英国的历史教学，他们的历史教学有什么值得我们借鉴的东西吗？

**叶：**我讲的这门课程叫"历史教育比较研究"，是历史师范专业的一门选修课，主要介绍一些发达国家及我国港台地区的中学历史教育情况，通过比较境外历史教育的异同，从而探讨历史教育发展的规律与特点，借鉴和吸收国外的经验和做法，为我国中学历史教学的深入改革提供信息和思路。从历史上看，中国教育的现代化是建立在借鉴发达国家现代教育理论和教育系统的基础上的，包括各级学校的划分、课程的设置、课程标准的编制、教学的理论，甚至是学期的划分、班级授课制、考试命题等，多是引进了国外的做法。在历史教学方面，一些发达国家也有很多地方值得我们学习。这门课程就是想为学生打开一扇窗，开阔学生的视野，使他们了解国外历史教学的情况，进而思考我国中学历史教育改革的发展走向。

在我的研究经历中，进行历史教育的比较研究是一个方面，写了十来篇文章，主要是分析介绍英美等国中学历史教育的研究及教学改革的发展。其中，重点是对英国的历史教育研究情况进行介绍，因为英国的同行在这方面的研究是处于国际前沿的，他们的研究成果对很多欧洲国家、美国、加拿大、澳大利亚、日本等都有广泛的影响。例如，对学生历史思维的研究、对史料教学的研究、对学生进行历史探究的研究、对历史考试试题类型的研究等，英国学者都有突出的成果，非常值得我们去了解和借鉴。举个例子，以往我们的历史考试主要是考查学生对历史知识的识记，题型主要是填空、名词解释和问答题。而英国在 20 世纪

80 年代以后，主要是考查学生的历史思维能力，考试试题也多是要求考生对史料进行辨析、比较、概括及推论。我曾写过有关英国的史料教学和历史考试史料解析题型的文章。到 20 世纪 90 年代中期，我国的历史高考也引入了史料解析这种题型。

**问：**我算了一下，您从大学毕业到现在从事历史教学这个专业已经 35 年了，应该说对这个专业也是很有感情的。我想在这个时候回顾一下这个历程，您觉得从事了这个专业的工作有何得失？有什么感受？

**叶：**如您所说，三十多年来我一直是从事历史教育的研究。现在回过头来看，我觉得自己是比较幸运的。因为我大学毕业时，我们国家进入到改革开放的历史新时期，各项事业都开始了前所未有的"新长征"，我有幸在这个时候进入到历史教育这一领域。当时这一领域就像是一片"未开垦的处女地"，有很多方面都需要开拓和深耕，是可以大有所为的。而且，在我成长的路上，有很多的老师在引导我、指教我、鞭策我、提携我，使我能在专业上不断进步。说自己幸运，还有一个方面，就是这些年来我有机会参与了各项与历史教育有关的工作，如参加中学历史教学大纲和课程标准的编写与修订工作、主编中学历史教科书、在中学教历史课、主持历史教学的课题研究工作、参加历史高考命题工作、组织历史高考试卷的评阅及试卷分析工作、参加历史教师的培训工作、参加全国和北京市的历史教学学术团体的领导工作等。可以说与历史教育教学有关的各项工作、各个环节，我都有亲身的经历，收获颇丰。若说所失，当然是有很多的，主要是自己的学养不足，学识浅陋，刻苦用功不够，使在自己研究的很多方面都不甚深入，浅尝辄止，是为遗憾。

我记得我刚留校后，对从事这个专业曾心有不甘，觉得历史教学法是偏军，不受重视，难有出息。有一次在宿舍里和宁可先生聊天，我对他说："有人说搞历史教学法，是好汉子不愿干，赖汉子干不了。"宁先生听了后，沉思了一会儿，很严肃地对我说："不能这样说。应该说：搞历史教学法，是赖汉子干不了，好汉子要干好也不容易。"当时对我非常有触动。是啊，天下之事，五行八作，各有专攻，无所谓高下，但要做好，都不是容易的事，都需要"好汉子"。宁先生的这句话可以说影响了我此后的人生，在我的教学和研究之路上，我无时无刻不想着这句话，它鞭策着我不做“赖汉子”，争做“好汉子”。

**问：**这次访谈不仅让我了解了您个人在历史教学这个专业内所做的工作，也让我了解了更多的历史教育工作的情况。历史教育与历史研究、历史编纂之间关系是很密切的。历史研究和历史编纂的很多成果要靠历史教育传授给下一代人，这样才能发挥出史学的社会功能；历史教育也给史学工作本身提出很多新的要求，促进了史学的发展。几十年来，您在历史教育园地中辛勤耕耘，取得了很大的成绩，值得祝贺！同时，感谢您的这次谈话。

**叶：**我也非常谢谢您。

# 郝春文

郝春文，1955 年生，北京人。1979 年考入北京师范学院历史系，1983 获学士学位后又考入该校，为中国古代史专业硕士研究生，1986 年 7 月获历史学硕士学位。毕业后留校任教，历任助教、讲师、副教授等职，1994 年被破格晋升为教授。1999 年获历史学博士学位。现为首都师范大学历史学院教授、博士生导师，历史学院院长。兼任中国敦煌吐鲁番学会副会长、国家社会科学基金学科评审组专家、兰州大学兼职教授、教育部人文社会科学重点研究基地兰州大学敦煌学研究所学术委员会委员、敦煌研究院兼职研究员、《敦煌学国际联络委员会通讯》主编、《中国史研究》编委等职。

主要成果：著有《中古时期社邑研究》《唐后期五代宋初敦煌僧尼的社会生活》《二十世纪的敦煌学》《英藏敦煌社会历史文献释录》(1—7 卷)(合著)、《敦煌社邑文书辑校》(合著)，参编大型文献图集《英藏敦煌文献》(任 12—14 卷副主编)。另有合作撰写著作数种，发表论文和书评一百多篇。目前正在从事国家社会科学基金项目“英藏敦煌社会历史文献整理与研究”的编纂工作。

访谈

# 与郝春文教授谈他的敦煌学研究

按：访谈于2010年进行。文章发表在《首都师范大学学报》2010年第4期。原题为《我的敦煌学研究——郝春文教授访谈录》。

## 一、走上从事敦煌学研究的道路

**问**：郝老师，您好！三十年来我们都在一个单位，而且都是在宁可先生的指导下学习和工作。这些经历就不谈了。但是，由于我们从事专业不同，所以对您学术方面的经历和成果就不是很了解。我想借助这个平台，谈谈这方面的问题。我首先想问您的是，您是学习中国古代史专业的，但是为什么一开始您的学术方向就投向了敦煌学呢？

**郝**：的确，我一开始学习中国古代史，就选择了敦煌学这个方向。1983年，我正式考为宁可先生的硕士研究生。一入学，宁先生就让我和李德龙同学在通读敦煌文献的同时，协助他搜集敦煌写本社邑文书。这样就开始了与敦煌文书打交道。您问我为什么选择了敦煌学，那就要先说明一下敦煌学与历史研究的关系。

敦煌文献的研究与历史学的关系，这也是一个逐步深化的认识过程。我想，首先是由于敦煌文献为史学工作者提供了一批研究资料，而且大部分是第一手资料。这些资料与正史的资料不同，它们是没有经过史家处理的，因此更接近历史的真实。这些材料数量不少，有五万多件。当然，其中与历史学科有关的不占多数，但还是有相当数量，可以分类进行系统的研究。其中90％以上的佛教典籍，其题记及背面所抄写的内容也往往与世俗有关，随着我们认识的深入，我们对这些资料里面的史料信息的发掘，会越来越深入。以上资料可以分为几个层面：

第一个层面是记载敦煌地区的资料，不能完全反映全国的情况。时间是公元9—11世纪这样二百年的情况。这部分材料比较集中，数量也比较多，反映的面也比较广，政治、经济、军事、文化、社会、宗教等方面都有。我们对这些材料进行研究，可以进行得比较深入。第二个层面是敦煌文献中一些不仅能反映敦煌地区而且能反映全国情况的材料。比如一些法律文书，是中央颁布的文献，就不仅能反映敦煌地区也能反映中原地区的情况。再如，反映均田制的文书，对于了解全国均田制的情况也是有意义的。所以，敦煌文书实际上为研究中国古代史提供了一批资料。这样的资料的价值就更高一些。再一个层面是敦煌保存了一大批记录敦煌地区民族问题的资料，包括汉族的资料，也包括西北地区少数民族的资料。其中还有古藏语及回鹘文的资料。因为这一时期中原王朝没有能实际控制西北民族地区，所以正史中留下的资料很少，且往往不准确。所以，敦煌文献中的相关记载就更显珍贵。

敦煌文献对史学研究的另一个价值还在于它保留了一大批中国古代中外交通史的材料。敦煌地区是中国古代陆路交通的一个窗口，中原文化就是通过这个窗口往外传播的。国外的文化也通过这个窗口往里传播。敦煌保留了这些物质与文化交流的珍贵资料。比如，记载宗教的材料就异彩纷呈，不仅仅是儒家的、佛教的、道教的，还包括景教、摩尼教、祆教的记录。利用这些资料，有助于推动中西交通史的研究。

现在，我们对这几个层面的研究程度不大一样，学者们对敦煌文献中反映全国情况的材料研究得比较多、比较细，如对法律文书、均田制的文书等。但对敦煌地区的资料研究成绩还不够，需要进行整合，撰写出《敦煌中古史》这样的专著，为研究中国古代、甚至世界古代史提供一个“模型”或“标本”。

当然，我在开始学习敦煌学时并没有这样清楚的认识，认识是在学习过程中逐渐深化的。

**问：**那么，您对敦煌学的研究包括哪些方面呢？

**郝：**首先是参与了整理、刊布敦煌文献的工作。这项工作可分为两个层次。

一个层次是整理刊布图版。因为敦煌文献被发现以后，大部分被先后掠至英、法、俄、日等国，这无疑为我国学者全面了解、充分利用这批资料造成了极大困难。20世纪50年代，北京图书馆得到了大英博物馆收藏的敦煌汉文文献的缩微胶片；70年代，又购得法国国立图书馆收藏的全部敦煌文献缩微胶片。80年代，台北新文丰出版公司陆续推出了黄永武先生编辑的《敦煌宝藏》，这是依据已公布的英藏、法藏和北图藏敦煌文献缩微胶片影印而成的大型文献图集。但是，上述缩微胶片及影印图集，由于拍摄和印刷方面的原因，佛经以外的文献有很多都模糊不清，难以释读，其中部分与历史研究有关的文书更是这样，非常不便于利用和研究。

1987年，张弓和宋家钰先生受中国社会科学院历史研究所和中国敦煌吐鲁番学会敦煌古文献编辑委员会的委托，与英国国家图书馆和伦敦大学亚非学院达成了重新拍摄、合作编印英藏敦煌文献中佛经以外的汉文文献的协议。我有幸被邀参与了这项《英藏敦煌文献》的编纂工作，不仅参加了全书的讨论定稿工作，还担任其中12—14卷的副主编。这套大型文献图集采用了最先进的摄影和印刷技术，图版上的文字、图像大多清晰可辨；另一方面，在吸收以往研究成果和查阅大量文献的基础上对全书所收的文献都进行了定名工作。上述工作为学术界利用和研究这批文献提供了方便，引起了学术界和出版界的重视，获得了第二届国家图书奖古籍整理类唯一的一等奖。

《英藏敦煌文献》出版以后，上海古籍出版社推出了《上海博物馆藏敦煌吐鲁番文献》，我建议他们适当吸收一些敦煌吐鲁番文献研究者参加其他部分的编纂工作。上海古籍出版社决定邀我和荣新江教授参与部分敦煌文献的定名工作。我们曾对《俄藏敦煌文献》中部分文献的定名提出意见，大多为他们所采纳。

**问**：这就是说，整理敦煌文献，第一步是把国外和国内收藏的敦煌文献进行拍摄，出版图版，使研究者能够直接地看到这些文献本身。但是，后来您还与宁可先生进行了敦煌社邑文书的辑校，这两者有什么关系？

**郝**：在刊布了敦煌文献本身之外，就要分类整理敦煌文献录文了。因为敦煌文献绝大部分为中古时期的写本，其中保存了大量的唐宋时期的俗体字和异体字，还有不少写本使用河西方音。这就要求阅读某件文书的学者不仅要掌握该文书有关学科的专门知识，还应当对敦煌的历史、敦煌俗字及河西方音等整理敦煌文献所需的专门知识有比较深入的了解。否则，即使有条件直接查阅敦煌文献，在阅读、利用、研究过程中也会遇到重重困难。

**问**：即使是搞这段历史的人，也不一定能完全看得懂敦煌文献？

**郝**：是这样的。对一般历史研究者而言，很难在短时间内具备阅读敦煌文献所需的知识。这就需要敦煌文献研究者运用敦煌学的方法对敦煌文献进行整理，将其录校成通行的繁体字，以便一般史学工作者的利用和研究。20 世纪八九十年代以来，学术界在这方面做了大量卓有成效的工作。我和导师宁可教授也置身其中，在敦煌古文献编辑委员会的指导下，负责搜集、整理、录校敦煌写本社邑文书的工作。

**问**：这里我要插一个问题，请您解释一下什么是"社邑文书"。

**郝**：关于"社邑"的问题，宁可先生曾经为《中国大百科全书》撰写过"社邑"的条目，后来又写成《述"社邑"》一文，对自先秦到明清社邑的发展过程和各个时期的特点做过论述。他对敦煌写本中的社邑文书与文献资料进行了综合研究，指出：社邑是遍及城乡的一种私社，是朋友之间从事共同事业、进行互助和教育的组织。社邑多数是按地域组成，是部分居民自愿与自由的结合，其中也有一些打破了地域界限，按阶级、职业、性别结合。社人之间的关系是"贵贱一般"的兄弟关系，它摆脱了全体村民参加、共同活动的农村公社组织形式以及宗法血缘关系的束缚。社邑文书，也就是关于这些结社活动的文书。

**问**：要搞这个社邑文书的辑校，是不是又要把所有的敦煌文书都搜索一遍？

**郝**：那是一定的，而且不止一次。我们的第一步工作是要通读敦煌文献缩微胶片，拣出其中与社邑有关的文书。然后分类进行整理，释录初步录文。在对社邑文书有了一定认识以后，再次通读敦煌文献缩微胶片，结果又发现了一些第一次通读漏收的社邑文书。这些漏收的社邑文书可分为两种情况：一种是在第一次通读时由于疏忽而没有发现；另一种则是依据该文书与已发现的社邑文书之间的关系或据有关社邑文书的知识新比定出的社邑文书。这启示我们，在从事历史课题研究时反复研读基本史料是十分必要的，因为反复阅读不仅可以发现上一次阅读时由于疏忽未能发现的资料，还能发现第一次阅读时不能发现的资料。经过两次通读敦煌文献，我们共搜集到近五百件社邑文书。在上述工作的基础上，我们再进一步对文书录文进行反复修改，一些文书的录文修改了十几次。其中大部分录文与原件进行过核对。最后在看校样时，又将校样上的录文与该文书之图版或缩微胶片进行了核对，以消除在书稿抄写过程中出现的失误。我们这样做的目的是希望能够提供给学术界一部比较接近文书原貌的录校本。在反复修改文书录文的同时，我们还对文书的年代进行了考证，新考证出了一百多件文书的绝对年代和相对年代。经过十年的努力，我们终于完成了《敦煌社邑文书辑校》一书。这部书作为“敦煌文献录校丛刊”的一种，于1997年由江苏古籍出版社出版。该书获得了北京市第五届哲学社会科学优秀成果一等奖。

**问：**您的敦煌学研究工作首先就是资料本身的工作，是不是有了资料才能谈到进行研究？

**郝：**不仅仅是资料本身的工作，我们还进行了搜集研究敦煌文献的资料信息的工作。因为学术界对敦煌文献的研究已有数十年，特别是20世纪80年代以后，每年发表的论文和专著逐渐增多。时至今日，不仅一般学者无法对每号敦煌文献的研究情况了如指掌，即便是专门研究敦煌文献的学者，也不能凭印象说出每号敦煌文献的研究信息。另外，搜集有关敦煌文献的研究信息，又比我们在从事某项课题研究时调查有关该课题的研究情况要难得多。因为对某项课题研究信息的调查，我们可以通过查阅书目和论文索引来解决，但对某号敦煌文献研究信息的检索，光靠查阅书目和论文却不能解决。因为各号敦煌文献的研究信息，多数不能从书名和论文标题中反映出来。也就是说，要了解每一号敦煌文献的研究情况，就必须仔细阅读全部研究敦煌文献的著作和论文。

**问：**您之所以要做这件事，是不是因为如果不了解敦煌文献的研究信息，大家就可能都去研究某一号文件？

**郝：**是的。正是由于调查研究信息所存在的种种困难，曾经造成了在敦煌文献研究中重复劳动增多的现象。于是我从20世纪80年代后期开始，着手对数十年来学术界研究敦煌文献的情况进行全面系统的调查，在摸清每一号敦煌文献研究情况的基础上，编制“敦煌文献系号研究资料索引”。在北京，比我更早着手从事这项工作的，是我的好友荣新江教授。现在，国内的研究信息我搜集得比较齐全，国外的研究信息他搜集得较多。我们起初搜集这些信息主要是为了自己研究时做参考，对我来说，还有一个潜在的目的就是为将来大规模录校敦煌文献做准备。在学术界朋友的鼓励下，我和新江把我们俩调查的成果合在一起，进一步充实、扩大，正式编纂一部《敦煌文献系号研究资料索引》。可惜的是，这项工作后来停顿了下来。

这方面的另一项工作是参与编纂敦煌文献目录。众所周知，目前人们使用的有关敦煌文献的目录著作已经出版了几十年，不能反映现在的研究成果，学术界早有编纂一部新的敦煌文献目录的呼声。为满足学术界的需要，宋家钰先生曾在1986年组织我和中国社科院历史所等单位的几位朋友尝试编纂一部"敦煌文献汉文佛经以外部分文书目录"。我承担的是法藏敦煌文献部分。我曾经用一年多时间，终日坐在缩微阅读器前，把法藏部分的缩微胶片仔细研读了一遍。同时完成了约30万字的目录稿。由于种种原因，我们编纂的目录至今也没有出版，但这段编目工作的经历大大加深了我对敦煌文献的认识，积累了很多资料，对我的学术发展产生了非常重要的影响。

**问：**您和您的学生还进行了英藏敦煌社会历史文献整理与研究的工作，最终出版了《英藏敦煌社会历史文献释录》，可以谈谈这项工作的情况吗？

**郝：**这个工作是我承担的国家社会科学基金项目"英藏敦煌社会历史文献整理与研究"，(1—3卷于2001年立项，2003年10月结项；4—14卷于2004年立项，计划2010年结题)课题组主要成员有刘屹、史睿、金滢坤、赵贞等。其最终成果为专著《英藏敦煌社会历史文献释录》，已出版七卷。第1卷由科学出版社于2001年出版；第2—7卷由社会科学文献出版社在2003—2010年陆续出版。

英藏敦煌社会历史文献，指的是英国国家图书馆收藏的全部敦煌汉文佛教典籍以外的文献。英国国家图书馆是敦煌文献的主要收藏地点之一，藏有敦煌文献一万三千多件，其内容主要是佛教典籍，佛教典籍以外的文献即社会历史文献也占有相当大的比重。对人文社会科学研究者而言，敦煌文献中最有研究价值的是其中的社会历史文献，而这一部分文献的主体部分保存在大英图书馆和法国巴黎国立图书馆。

我们这个项目的主要内容是按英国国家图书馆馆藏流水号依次对每件敦煌汉

文社会历史文献进行释录，将数百年前的或一千多年前的手写文字释录成通行的繁体字，并对原件的错误加以校理，尽可能地解决所涉及文书的定性、定名、定年等问题，每件文书释文后附有校记和 90 年来学术界有关该文书的研究文献索引。每件文书一般包括文书的标题、文书的释文、说明、校记和参考文献等几个部分。全书预计共 30 卷，现在完成的 1—7 卷包括一千余件社会历史文献，共 200 多万字。

**问：**这可是一个大规模的工程，以往没有出版过这类书籍吗？

**郝：**以往出版的整理敦煌社会历史文献的书籍，都是分类释录本。这些成果虽然为学术界了解、利用敦煌文献提供了方便，但也存在着明显的局限。第一，敦煌文献的内容复杂，不少文书目前难以进行归类，所以，分类录校本不能反映敦煌文献的全貌。第二，由于多数分类录校本的作者是依据目录调查某一类文献，而现在有关敦煌文献的各种目录又极不完备，因而这些分类录校本很难收集齐全其所要搜集的文书。第三，分类录校容易忽略各类文书之间、各个专题之间的联系，不利于对敦煌文献进行综合的、宏观的研究。由于我们这个项目是按各收藏单位的馆藏流水号依次整理、录校，所以，最终能够收录全部敦煌社会历史文献，这就有效地避免了分类录校存在的种种不足。

我们的工作原则一是要全面吸收学术界整理、研究敦煌文献的成果，为此我们已花费了近十年的时间积累了数万张卡片备查。二是文书释文要反复核查，力求精益求精，对于影印图版不清楚之处和黑白图版未能显示的朱书文字，采用赴英国国家图书馆核查敦煌文献原件的办法解决。三是尽可能为读者多提供一些文书的背景情况和研究信息，以便于一般研究者使用。

**问：**这个项目不但规模大，难度也是很大的吧？

**郝：**是这样。这个项目的重点和难点是对文书文字的释录与对文书年代、名称、性质的考定。由于敦煌文献多为写本，当时的俗体字、异体字保存甚多，还有不少使用河西方音。释读这些手写文字一方面需要查阅大量的工具书，另一方面更需要长期工作经验的积累。又由于敦煌文献大多残缺不全，整理者还要对那些没有名称、年代等的文书进行考证，而考证清楚文书的性质往往是正确释读文书文字的前提。所以，对敦煌文献进行整理、释录是一项十分艰苦的创造性劳动。

这里还有一个难点，就是正确地释录敦煌文献原件上的朱书文字和朱笔校改，还有一批现有图版模糊不清极难辨认的文书。

**问**：这个问题怎么解决呢？

**郝**：我在国家留学基金委和北京市的共同资助下，曾在1999—2000年赴英国国家图书馆工作过一年。这样我可以依据原件来核查释文，不仅解决了文书上的朱书文字和朱笔校改以及现有图版模糊不清的问题，还发现了一批现有图版遗漏的社会历史文献。由于项目最终成果中刊布的大部分敦煌文献释文都与原件核对过，这就使得本项目的最终成果在对所设计的敦煌文献的定性、定名、定年和文字的释录方面都取得了较大的进展，特别是对文书原件上的朱书文字、朱笔校改及图版上模糊不清的文字的释录，取得了较大突破。

**问**：这样看来这个项目的学术价值很大了。

**郝**：从两方面来看：一方面，是它不仅为敦煌学研究者提供了经过整理的研究资料，也为社会科学的诸多学科和自然科学的一些学科的研究者利用英藏敦煌社会历史文献扫除了文字上的障碍，每件文书后所附的说明和研究信息还可直接将读者领到该文书的学术前沿。这对于充分发挥其文献作用，提高其利用价值，无疑具有十分重要的意义。另一方面，它还可为以后全面开展敦煌社会历史文献释录工作摸索经验，提供范例。所以，《英藏敦煌社会历史文献释录》1—7卷是全面整理敦煌社会历史文献的开端，我们准备在此基础上继续努力，争取早日完成《英藏敦煌社会历史文献释录》全书乃至全部敦煌社会历史文献的整理和编纂工作。从已经出版的七卷来看，这部书受到了学术界的重视和欢迎，成为学术界了解、使用敦煌文献的重要资料。

## 二、利用敦煌文书研究历史

**问**：您这真是一个非常宏伟的设想，也是一个规模巨大的出版工程。我看到您近年来不仅做了大量的敦煌文书的整理工作，在利用敦煌文书研究历史问题方面也取得了很大成绩，能说说这方面的情况吗？

**郝**：我们在整理某类敦煌文献的基础上，总要进一步结合其他材料对这类文献进行梳理、说明和研究。在这方面我主要从事了两个专题的研究：一个专题是中古时期社邑与佛教寺院的关系。在整理社邑文书的过程中，我在宁可先生的指导下，利用经过整理的社邑文书，结合传世文献中的材料，对隋唐五代至宋初社邑与佛教寺院的关系进行了尝试性的探索。以后，宁先生又命我研究魏晋南北朝时期社邑与佛教的关系，要求把魏晋南北朝时期有关社邑的资料与隋唐五代宋初的有关资料包括敦煌社邑文书全部贯通。他还把以前搜集的有关这一课题的资料全都送给我供参考。我后来才慢慢认识到，宁先生的安排是促使我把敦煌文献中的社邑文书放到中古时期这样一个大的背景下来考察。我在完成这一课题的过程中，充分利用了前人关注不多的石刻资料，即把石刻资料、传世文献和敦煌社邑文书结合起来进行研究，收到了较好的效果。我把对中古时期社邑与佛教寺院关系的专题研究，先后撰写为几十篇论文，这些成果得到了国内外学术界的承认。

另一个专题是研究敦煌僧人与社会的关系。佛教是我国古代历史上的一个十分重要的社会现象，需要从各个层面对它进行研究。但以往研究者对基层寺院中的僧人与社会的关系重视不够，而敦煌文献中又保存了较多这方面的材料。于是，我就利用这些材料考察僧人出家受戒的具体情况，考察了他们的社会生活、宗教生活的实态，包括他们的经济来源和宗教收入等问题。这个课题的研究为人们认识唐五代时期的佛教提供了一个新的视角。

**问**：我这里正有一本《唐后期五代宋初敦煌僧尼的社会生活》，这就是根据您的博士论文写成的专著吧？请您介绍一下这本书的写作缘起。

**郝**：这个问题是个很重要的问题，我们就重点谈一谈。在今天发现的敦煌文书中，保存了大量的佛教典籍和有关寺院各方面活动的文书。近几十年来，中外学者利用这些资料对敦煌的佛学和寺院经济进行了多方面的开创性的研究，并且也取得了很大的成绩。特别是 20 世纪 80 年代以来，这方面已经出现了一些带有总结性的研究成果。例如，姜伯勤教授的《唐五代敦煌寺户制度》，就对敦煌寺户的渊源、性质及其衰落演变过程做了全面、系统的考察。一些日本学者也在这方面做出了很大的成绩。但是，这些成果与敦煌文献在这方面蕴含的丰富的史料信息相比，这一领域里值得下大力气做深入、系统研究的问题还是很多的。所以，我在前辈学者的启发和感召下，希望对唐后期五代宋初的敦煌僧尼的生活方式和相关的问题做一个新的研究。

**问：**那么您所说的僧尼的生活方式是指的什么内容？

**郝：**所谓僧尼的生活方式，指的就是僧尼居住、吃饭与日常活动所在地点及所采用的形式。这个问题是一个尚未引起研究者注意的问题。因为以往人们常把寺院作为一个基本的生活单位，认为僧尼过的是全部生活在寺院之内并由寺院供食的集体生活。因此，研究寺院经济问题，也就包括了僧尼社会生活的主要部分了。我看到近年出版的一些关于中国古代寺院、僧尼生活的著作，都没有对僧尼的生活方式问题进行过讨论。

**问：**我没见到过关于古代寺院的学术著作，只是从一些影视作品中看到僧尼都是全部生活在寺院，并且由寺院供食的。难道事实不是这样吗？

**郝：**人们有这样的认识也不是全无根据。这主要是源自佛教经律中的相关记载，还有就是《百丈清规》《禅院清规》的有关规定。长期以来，人们习惯于根据经律的记载和寺院的清规来认识甚至描绘寺院与僧尼的生活。但是在文献中常常可以发现一些与这些记载和规定不符的材料。这就说明，寺院僧尼的生活方式并不是人们想象的那样。

**问：**这会不会是个别例子呢？

**郝：**我也曾经这样想过。但是敦煌文献中有大量与内律、寺院清规规定的僧尼生活相矛盾的资料，这样就使我们不能都以特例来解释。同时，也促使我对内律和寺院清规到底在多大程度上反映了当时僧尼的生活实况做进一步的思考。

我觉得中国僧尼的生活实况历来与戒律的规定出入很大。一是佛教是外来的宗教，戒律也是根据印度的情况制定的，部分条文是不符合中国实际的；二是戒律不止一种，分属不同的派别，形成于不同的时期，戒律之间本身就存在矛盾；三是戒律是一定时代的产物，随着时间的推移，必定会出现一些难以遵守的过时的条文。

**问：**您是从敦煌文书中所反映的敦煌僧尼的实际生活材料来研究他们的社会生活的，而不拘泥于清规戒律吗？

**郝：**是的。敦煌文书中保存了大批反映唐后期五代宋初敦煌僧尼各方面生活情况的文书，可以弥补传世文献的缺失。于是，我反复研读了目前所能见到的全部敦煌文献，力求穷尽其中反映僧尼社会生活的资料，并对这些资料进行系统的整理和分析，试图主要依据这些具体材料来探讨当时僧尼的社会生活实际情况，而把内律、清规、佛典的材料作为辅助性材料。

**问**：我看到在您的书中，第二章就是专门探讨敦煌僧尼的生活方式的，第一节是住在寺外的僧尼——散众，第二节是住在寺内的僧尼的生活情况。您还通过许多材料说明，即使是住在寺内的僧众，也要自己做饭，寺院并不供给饭食。是这样吗？

**郝**：是这样的，由于时间关系我们不能细谈。在这本书里，除了研究敦煌僧尼的生活情况外，我还用了很大篇幅研究敦煌僧人的税役负担、敦煌僧尼与寺院常住财产的关系、敦煌僧尼的宗教活动、敦煌僧尼的宗教收入、敦煌僧尼遗产的处理与丧事的操办等问题。

**问**：您的这本书得到了季羡林先生很高的评价，此书出版以后，曾经引起学术界很大的关注，并且获了奖，能谈谈这方面的情况吗？

**郝**：该书出版后，获得了北京市哲学社会科学优秀成果奖和郭沫若中国历史学奖。有评论者认为该书“系统地揭示了晚唐五代宋初敦煌地区僧尼社会生活的各个方面，增进了我们对整个敦煌社会的认识，也为我们更好地理解唐五代时期中国其他地区的佛教社会提供了有益的帮助”。

**问**：您在1998年出版了《唐后期五代宋初敦煌僧尼的社会生活》以后，又在2006年出版了《中古时期社邑研究》一书，能谈谈这本书的情况吗？

**郝**：我前面谈过我曾对魏晋南北朝到唐宋时期的社邑问题发表过一系列有关的论文，并且和宁可先生一起合作整理出版了《敦煌社邑文书辑校》，这样就对于中古时期佛教社会与世俗社会之间的关系，通过社邑问题做过细致的研究。2006年，《中古时期社邑研究》一书由台北新文丰出版公司出版，被列为饶宗颐先生主编的“香港敦煌吐鲁番研究中心丛刊之十一”，是因为我在2003年9—12月在香港中文大学从事过修订研究的工作。

这本书分上、下篇。上篇题为“中古时期社邑与佛教的关系”，包括两篇长文，分别探讨非专门从事佛教活动的社邑和专门从事佛教活动的社邑与佛教的关系问题。其中第一篇《从冲突到兼容——传统社邑与佛教的关系》，主要探讨魏晋南北朝时期从事春秋二社祭祀活动的社邑及唐五代时期从事春秋祭社与经济互助活动的私社也就是传统社邑与佛教之间的关系。因为魏晋南北朝时期在社日举行"血祠之祀"上双方有着尖锐的冲突，但通过寺院和僧人的努力，传统社邑逐渐"止杀存生"，并从事造像一类的佛教活动，最终成为寺院的外围组织。到了唐五代时期，传统社邑的活动多在寺院举行，并大量从事、举办佛教斋会、开窟、造像等佛教活动，而不少僧人加入私社，作为社邑成员参加社邑活动。

上篇另一重点是专门从事佛教活动的民间团体及其与佛教的关系，这一部分探讨了东晋南北朝时期南北方广泛存在的僧尼与在家佛教徒共同组成或仅由在家信徒组成的邑义(或称邑、法义、邑会、义会、会等)的组织形式和首领的身份、作用。我在这里利用敦煌文书，探讨了隋唐时期佛教社邑的组织形态、首领名称的转变过程，并讨论了这种社邑作为佛教寺院的社会基础对佛教势力的增长所起的重要作用。

**问**：那么这本书的上篇就是探讨两种不同的社邑与佛教的关系，从目录看下篇包括十篇文章，涉及的内容是不是要更广泛一些？

**郝**：下篇的题目是"敦煌写本社邑文书研究"，包括十篇文章，主要是对敦煌社邑文书某些问题的个案研究，也有学术史的回顾和对新出史料的整理校录。这里我简要地提示几篇文章的主要内容：

比如《敦煌社邑文书与中古社邑研究》一文，包括对各类敦煌社邑文书的介绍，也包括对1938—2006年中外学者有关社邑文书研究的述评；《唐后期五代宋初敦煌私社的教育与教化功能》一文，主要指出私社在儒家文化和佛教教化传播方面所起的作用；《再论敦煌私社的"义聚"》一文，阐述这种私社公共财产积累的来源、管理和用途等方面的问题；《敦煌社邑的丧葬互助》一文是与宁可先生合撰的，具体分析了社邑在社人家庭遇到丧事时所做的种种救助活动；《敦煌的渠人与渠社》一文，对渠人的组织、渠人活动方式、活动的性质做了探讨。还有两篇是关于社邑问题与学者争论的文章。最后的《〈敦煌社邑文书辑校〉补遗》，是出版《敦煌社邑文书辑校》以后新发现或者新发表的敦煌社邑文书的校录。

这本书里的文章虽然过去已经发表过，但在集成本书时各篇文章都做了程度不等的增补，有些干脆就是新的“再论”，不少篇章从内容到观点，都有相当程度的改变。之所以会有这些改变，不仅与我对相关问题的理解进一步加深有关，另一方面也和我一直不断地收集新发现和新出版的石刻史料和敦煌社邑文书有关，包括一些比较零散的碑刻和文书。这本书在 2008 年获北京市第十届哲学社会科学优秀成果一等奖。

**问：**我看到下篇里面有一篇是《再论北朝至隋唐五代宋初的女人结社》，这个女人结社是怎样的情况，您可以简单说一说吗？

**郝：**好，那我就对这个问题谈一谈。在北朝至隋唐五代间的造像题记和敦煌吐鲁番文书中，保存了一组关于女人结社的资料。1917 年至今，这批材料不断受到学术界的关注。北朝至宋初女人结社的时间分布始自公元 538 年，止于公元 991 年，时间跨度达 450 多年。空间分布则有原东魏和北齐控制的地区和敦煌吐鲁番。在这 450 多年中，我们目前所能搜集到的资料仅有上列 15 件，大约一百年才有 3 件，面对这样的资料密度，我们只能说关于女人结社的记载在四百多年间时隐时现。而敦煌地区，由于敦煌文书的发现，保存下来的材料说明女人结社在这一地区自隋代至宋初一直延绵不绝。如果考虑到敦煌文献也不可能保存敦煌地区女人结社的全部档案，而且女人结社的区域分布相对比较广泛等因素，我们似乎可以推断，当时女人结社的现象可能比目前所能见到的记载更加普遍一些。在男尊女卑的古代社会，女人结社竟然时断时续地流行了 450 多年，流行的地域遍及中原和偏远的敦煌、吐鲁番。这当然应该是一个值得注意的现象。

**问：**女人为什么要结社呢？

**郝：**近年来，已经有学者注意到这个现象。但是，我们从女人结社的文本内部是无法找到女性结社的原因的，也就只好从外部来索解了。我个人认为，以下几种因素值得考虑。其一，北朝至隋唐五代宋初女人结社现象的出现与流行应与这一时期妇女的社会地位较高有关。北朝至隋唐五代间妇女社会地位较高，在很大程度上是受了少数民族的影响。颜之推在《颜氏家训》中说：“邺下风俗，专以妇持门户”，正是在这种“妇持门户”的社会条件下，女子以独立的身份结成女性群众团体才成为可能。其二，女人社成员大多应该是在家中地位较高的女性。邓小南、孟宪实、高世瑜等学者都曾指出过这一点。其三，比丘尼僧团的存在和有关“优婆夷”经典的翻译与流行。出于禁欲的宗教需要，佛教规定男性出家人与女性出家人以性别为标志分为比丘和比丘尼两种僧团。佛教的律制规定比丘和比丘尼僧团在空间上要严格分开。男性出家人和女性出家人分开修行和生活本是宗教的需要，但长期的女性群体独处必定会增强与唤醒她们的性别意识。为了便于扩大和发展女性佛教信徒群体，佛教僧团还翻译了有关“优婆夷”的经典。有关“优婆夷”经典的翻译，对女性在家佛教信徒队伍的扩大应该是起到了促进作用。这些女性信徒，应该就是最初的女人社成员的主要来源。所以，在中国古代的佛教出家僧团中，实际实行的也是男尊女卑制度。这种宗教的性别歧视在唐代被扩展为对一切女性的歧视。唐代的比丘认为女人、比丘尼不如男子和比丘，有的寺院甚至规定不许女人入寺。由于自身“不净”，必然会使一些女性信徒感觉在男性信徒面前抬不起头来，如果是同性在一起，大家都是“不净”之身，同病相怜，不仅可以找到平等的感觉，心理上也会更舒服一些。这一心理应该是部分女性在家佛教信徒乐意与同性组成佛教团体的原因之一。

**问**：您是从社会心理的因素来说明女人结社的现象的?

**郝**：我认为对女人社出现与流行的意义，不能做过度阐释，更不能拔高。她们只不过是在佛教歧视女性信徒的文化诱导下、在比丘尼僧团的启示下组织起来的女性，她们组织起来并没有要改变女性信徒被动局面的愿望，不过是一群处于弱势(不净)的人同病相怜而已，所以，女人社在中古时代的出现与流行，在思想文化史上并没有什么特殊的意义。当然，女人社的出现与流行也并非毫无意义。参加女人社的女性毕竟是性别意识觉醒的行动者。一群中老年妇女组织起来，从事造像、写经、燃灯供佛和互助活动，对当时的女性和男性也都会产生重要影响。

## 三、让敦煌学走向社会和世界

**问**：除了整理敦煌文书和利用敦煌文书进行学术研究之外，我看到近些年您还做了大量的对敦煌学的宣传介绍工作，从大陆到港台，从国内到国外，力求让更多的人了解敦煌和敦煌学，有一本《敦煌的历史和文化》是您写的吧?

**郝**：敦煌宝藏是我们的祖先留给我们的珍贵遗产，我们有责任、有义务对它研究得更多一些、更好一些。同时，也希望国内外对这批遗产有更多的了解。所以，这些年我有意识地做过一些敦煌学的宣传和普及工作。您说的小册子是1993年我和宁可先生共同署名的，由我执笔，由新华出版社出版。同类的著作也出版过，我们这本书与其他介绍敦煌的著作有所不同。已经出版的著作着重点在介绍敦煌的文化现象，其结构一般是分为敦煌的历史、敦煌石窟艺术和敦煌文献三个部分。我们的书则是以敦煌的历史发展为主线，将敦煌石窟艺术和敦煌文献置于特定的历史条件下，分析其发生、发展的背景和条件。用敦煌的历史来说明敦煌石窟艺术和敦煌文献，又以敦煌石窟艺术和敦煌文献来印证敦煌的历史。这本书最近要由出版社重印。

**问：**敦煌学研究应该是与国外和港台学者交流比较频繁的一门学科，或者说它本身是否就是一门国际性的学科？

**郝：**由于种种原因，敦煌文献自1900年被发现以后大多散失到世界各地，这当然是巨大的损失，但也在客观上促进了国外学者对敦煌学的研究。所以，敦煌学从一开始就是一门国际性的学科。20世纪80年代中期开始，我们大陆召开学术会议就开始邀请海外学者参加，敦煌研究者也开始赴国外参加学术会议。80年代后期，台港学者也到大陆来交流，90年代以后交流就更频繁了。1983年，敦煌研究院的学者去法国参加学术会议，以后又到日本和我国的香港、台湾，国际性的学术交流越来越多。由于敦煌文献散藏在世界各地，所以，大的项目必须有国际的合作才能进行，这是敦煌学与其他学科不同的地方。我们搞中国史的某些问题，可以关起门来搞，但敦煌学是不能关起门来搞的，没有巴黎、伦敦的东西是不可能搞敦煌学研究的。所以，这门学科天然就具有国际性的特点，需要具有开放性的心态，需要具有与国际学术研究接轨的做法。

1999年9月—2000年9月，我获得国家留学基金委和北京市的共同资助，到英国国家图书馆访学一年。我在英国期间，得到了那里的学者非常热情的支持，和他们进行了非常有好的合作。后来，他们也到中国来进行交流访问。

**问：**这些年您走出去在国内外讲授敦煌学，对于敦煌学研究的传播起了很大的作用，是否可以谈一谈这方面的情况？

**郝：**这些年，我曾经到北京大学、中国人民大学、北京师范大学、兰州大学、浙江大学、内蒙古大学、中央民族大学、苏州大学、上海师范大学、西北师范大学、曲阜师范大学、北京理工大学、兰州理工大学、北京联合大学、北京第二外国语大学、南阳师范学院、中国国家图书馆等高校和学术单位去讲过敦煌学。同时，也到台湾的中正大学、中兴大学、逢甲大学、淡江大学、法光佛学研究所以及香港大学、香港中华文化促进中心等高校和科研、学术、文化机构进行学术演讲，还曾在中央电视台等影视媒体参与一些宣传敦煌和敦煌学的工作。

此外，我还以编辑部主任的身份实际主持《敦煌吐鲁番研究》的编辑工作，这是一本以发表学术论文为主的杂志，每年出版一本，受到国内外学者的重视。另外，我主编的《敦煌学国际联络委员会通讯》，以发表前一年的学术信息为主，也是每年出版一本。在我看来，编辑杂志也是宣传敦煌学的方式之一，当然，也是团结国内外敦煌学人的方式之一。

**问：**近年来，您还到美国的几所著名大学包括普林斯顿大学、哈佛大学、耶鲁大学讲敦煌学，请您谈一谈去美国讲学的情况。

**郝：**这些年，我也到过咱们的港台和国外的一些地方参加大型国际学术会议，包括美国、英国、俄国、加拿大、日本、泰国等地。除了参加学术会议外，还曾应邀到哈佛大学、耶鲁大学、普林斯顿大学、法国国立科学院汉学研究所、伦敦大学、蒙特利尔大学等国外的高校做过学术讲演或参加国际交流。

敦煌在中国，但敦煌学在世界。我们在自己努力做好研究工作的同时，也应该欢迎国外学者对这门学问进行研究，这是中国学者应该有的胸怀和气度。《诗经·小雅·鹤鸣》说："他山之石，可以攻玉。"外国人的研究，从选题、方法到具体问题的认识上都有我们可以学习的地方，我始终积极参与并推动敦煌学的国际交流。

**问：**从 20 世纪 80 年代以来，我国敦煌文献的整理和敦煌学研究方面都取得了很大的成绩。您不仅是这个过程的直接参与者，而且现在还是敦煌学会的负责人，从整个史学界的情况看，您认为中国古代史的学者利用敦煌文书进行研究的情况怎样呢？

**郝：**当然，中国古代史的学者在利用敦煌文献进行学术研究的工作上，取得了相当大的成绩，但是我想建议唐史研究者乃至中国古代史研究者能更加重视和利用敦煌吐鲁番文献中的资料。长期以来，与敦煌吐鲁番文献所蕴藏的丰富文化内涵相比，学术界对它的了解太少了。很多非常有价值的资料一直未能得到充分的研究和利用。仅以唐史的研究而言，不少学者在搜集研究资料时可以遍读与唐代有关的所有文献，但将全部敦煌吐鲁番文献列入自己阅读范围的人却不多。结果是其他方面的有关材料几乎被网罗殆尽，唯独遗漏了敦煌吐鲁番文献中的相关材料，这是有些非常优秀的学术著作美中不足的原因之一。

另一方面，在我们这一代，出现了唐史研究者与敦煌吐鲁番文献研究者分流的趋向。我们的父辈和前辈唐史研究者，多是在对唐代历史非常熟悉的基础上涉猎敦煌吐鲁番文献的。而“文革”后成长起来的一代唐史研究者，大多对敦煌吐鲁番文献了解不够；少数从事敦煌吐鲁番文献研究的学者则日益专门化，唐史的素养远不及我们的父辈和前辈。因为敦煌吐鲁番文献绝大部分是唐五代时期的史料，如果唐史研究与敦煌吐鲁番文献研究分流，从战略上看，对两方面的研究都将产生不利的影响。所以，希望唐史研究者今后能更加重视利用敦煌吐鲁番文献中的材料，最好能参与一些整理研究敦煌吐鲁番文献的工作；另一方面，也希望敦煌吐鲁番文献研究者能够为唐史研究者提供更多的经过整理、录校的敦煌吐鲁番文书，同时从事一些唐史研究，特别是用敦煌吐鲁番文献解决唐史研究中存在的问题。

**问：**您认为，21 世纪敦煌学还有哪些重要工作呢？

**郝：**如果从 1909 年算起，敦煌学已经有一百多年的历史了。一百多年来国内外学者辛勤耕耘，取得了巨大的成就。当然，目前国际敦煌学研究中也还存在不少问题，尚未解决的问题和有待开展的工作还有很多。

1. 公布原材料的任务还很繁重

公布原材料包括敦煌文献的图版和释文两各方面。在敦煌文献的图版的公布方面，英国国家图书馆 S. 6980 号以后的佛教文献的图版未曾公布。另外，在日本，一批敦煌文献藏在私人手中，国内也还有少数散藏品尚待公布。就数量而言，尚待公布的敦煌文献图版已经不多，但编辑和出版这些敦煌文献图版的难度却不小，希望能有更多的学者和出版社参与这项工作。

2. 全面录校工作亟待进行

敦煌文献的缩微胶卷和图版的公布虽然十分重要，但其使用者主要是专业研究者。一般研究者阅读敦煌文献主要靠释录本。这有两个原因。一是缩微胶卷和图版价格昂贵，发行量较小，不便于大多数读者阅读。二是敦煌文献中有许多俗体字、异体字和别字，还保留了不少河西方音，没有受过专门训练的读者，即使有条件读到敦煌文献图版，也会遇到很大的困难。所以，要想将敦煌文献推向学术界，最根本的还是将其释录成通行的繁体字。这些释录本不仅文字应该力求准确，还应有对文书年代、性质、名称等有关情况的说明，并附有有关的研究信息。用这个标准衡量，我们在分类录校方面虽然已经做了不少工作，但符合标准的还太少。所以，我们应该在保证质量的前提下加强分类录校工作。

但如上所说，分类录校工作也有其局限性。一是分类录校本不能反映敦煌文献的全貌；二是分类录校本目前收录的资料很难齐全；三是分类录校本容易使人忽略敦煌文献的整体性。这样看来，编纂、出版一套包括全部敦煌文献的录校本就是很有必要的了。目前，我正在主持的英藏敦煌社会历史文献的全面录校工作就是想弥补这方面的不足，这项工作预计大约需要 30 年才能完成。

3. 编纂各类工具书仍是一项十分重要的工作

首先，应该承认，我们目前使用的敦煌文献目录都已老化。北图所藏敦煌文献的目录出版于 1931 年(北图藏敦煌文献新目录编纂工作已完成，但尚未出版)，英藏敦煌文献的目录出版于 1957 年，俄藏敦煌文献的目录不仅不全，而且也是 60 年代出版的，法藏敦煌文献的目录自 70 年代开始出版，但至今还差一卷，即 2500—3000 号。目前仍在发挥作用的《敦煌遗书总目索引》出版于 1962 年。可见，现在我们使用的几种主要目录都已出版 30 多年了。而这期间敦煌学的研究已有极大的进展。施萍婷主撰的《敦煌遗书总目索引新编》(中华书局，2000 年)，在《敦煌遗书总目索引》的基础上吸收了很多新的研究成果。但是，目前仅靠修订《敦煌遗书总目索引》已经远远不够，应该编纂一部具有新观念、使用新体例、反映新的研究成果的《敦煌文献总目》，这将是 21 世纪的一项重要工作。其次，分类目录的编纂工作也有待加强。过去在馆藏分类目录(如北图藏、英藏、俄藏等)和分科分类目录(如道经、法华经等)方面做过一些工作，但包括全部敦煌文献的分类目录可以说用力不多。在实践和理论方面都需投入更多的人力和物力。因为只有分类目录才能纳入图书馆的检索系统。再次，要编纂新的敦煌俗字索引。以前出版的《敦煌俗字谱》和《敦煌俗字典》等工具书，为人们阅读敦煌文献提供了极大的方便，但限于当时的条件，所收俗字有限。所以，依据现有条件，编纂新的《敦煌俗字谱》或《敦煌俗字索引》不但已有可能，也很有必要。最后，是要编纂敦煌石窟研究信息索引等。与《敦煌文献系号研究信息索引》相类，按窟编制敦煌石窟研究信息索引也会给研究者提供很大方便。其他如敦煌文献人名索引、敦煌文献地名索引等都有待进行，这些工具书的编辑不仅会给研究者提供方便，在编辑过程中还能发现敦煌文献之间的联系。

4. 各领域各专题的研究有待深入

近二十年来，我们虽然在专题研究方面已经取得了很大成绩，但从整体上看，深入、具体、细致地研究某一领域、某一专题的专著或系列论文还太少。有些领域如少数民族语言、佛教文献的研究都有待加强，否则将会影响宏观和综合的研究。

5. 综合、宏观的研究有待展开

这类研究至少应包括三个方面：其一，从整体上、宏观上把握敦煌文献，开展敦煌文献与传世文献、石刻资料、石窟艺术遗存及其他考古资料的综合研究，开展敦煌文献与吐鲁番文献、黑水城文献及其他地区同期考古资料的比较研究，敦煌文献与汉晋简牍的比较研究。其二，各专题、各学科、各语种之间加强综合研究。打破学科界限，深入研究 9 世纪后半叶至 11 世纪初敦煌社会的各个方面。为人们深入、具体了解中古时期的社会提供一个模型。其三，把敦煌的资料纳入中国历史发展的长河，放到中古世界的广阔背景下进行考察。

应该重视和加强利用新的研究方法和研究手段，注意引进新的研究观念，如利用电脑、互联网等新科技的手段等都有待加强。我相信，敦煌学在 21 世纪将有一个光辉的未来。

**问：**谢谢春文老师花费这样大的时间和精力来谈敦煌学方面的问题，这些不仅涉及您自己的研究状况，也有您对整个敦煌学研究提出的自己的看法。有了近 30 年的研究基础，我想在 21 世纪里，您和您的团队一定会取得更大的成绩！

# 梁景和

梁景和，1956年生，祖籍山东蓬莱。1984年毕业于北京师范大学历史系，1987年在该系获硕士学位，1994年在湖南师范大学历史系获博士学位，1994—1996年在中国社会科学院近代史所做博士后。现为首都师范大学历史学院教授、博士生导师，首都师范大学社会科学处处长。主要从事中国近现代社会文化史、思想史的研究与教学工作。主要兼职有：全国教育专业学位教育指导委员会委员、中华炎黄文化研究会理事兼学术委员会副主任、《中国女性文化》辑刊学术委员会主任、中国社会史学会常务理事、中华口述历史研究会理事、中国社会科学院中国近代思想史研究中心理事、中国社会科学院中国近代社会史研究中心理事、首都师范大学历史学院中国近现代社会文化史研究中心主任等。

专著有《近代中国陋俗文化嬗变研究》《清末国民意识与参政意识研究》《中国近代史基本线索的论辩》《社会生活探索》（主编）、《中国陋俗批判》（编著）等。在学术期刊发表学术论文百余篇。曾主持国家社科基金项目“现代中国陋俗文化嬗变研究”。《近代中国陋俗文化嬗变研究》一书获2000年北京市哲学社会科学优秀成果二等奖。

访谈

# 就近代社会文化史研究问题与梁景和教授的一席谈

按：对梁老师的访谈进行得比较早，在2000年我和江湄、邓京力老师一起对他进行了访谈。文章发表在《首都师范大学学报》2000年第6期，原题为《我为什么要研究近代陋俗文化——访青年学者梁景和》。

## 一、走上中国近代文化史研究之路

**问：**梁老师，我们知道您是从事中国近代史研究的学者。您先后师从龚书铎先生、李侃先生、林增平先生、耿云志先生学习，这为您后来的中国近代史研究打下了坚实的基础。中国近代史热点问题很多，您为什么选择了文化史的研究方向呢？

**梁：**这要从我读研究生的时候谈起。1980年，我考上北京师范大学历史系。上大三的时候，我就有了考研究生的想法。当时改革开放已有四五年的时间，学术界开始注意研讨文化问题。1983年5月在长沙举行的全国历史学科“六五”规划会议上，一些专家学者就如何开展中国近代文化史研究进行了认真讨论，提出了一些设想和措施，其中包括招收近代文化史的研究生。1984年北京师范大学历史系龚书铎教授与中华书局总编辑李侃教授第一次招收中国近代文化史研究方向的硕士生，我被这个研究方向所吸引，就报考了龚书铎先生和李侃先生的研究生。

**问：**那么您可以说是第一批近代文化史方向的研究生了？

**梁**：应该是这样吧。1984 年暑假后，我开始跟龚老师和李老师学习中国近代文化史。他们讲授的“文化学概论”“近代文化史专题”等课程我很感兴趣，也促使我思考一些近代文化史方面的问题。特别是在硕士论文的选题上我是费了很多心思的。后来我阅读了龚书铎老师 1983 年 8 月 24 日在《光明日报》上发表的《戊戌新文化运动综略》一文，文章阐述戊戌时社会风俗的变革，使我很受启发。我想到习俗问题是一个重要的文化现象，可以从这个领域选硕士论文题目。为此，我曾围绕这一领域做了几篇习作，如《太平天国时期社会风气的改造》《〈延年会叙〉与改造社会陋俗》《〈绣像小说〉与民间迷信习俗批判》等。李侃老师曾为我的“太平天国”一文写了上千字的批改意见。通过进一步思考和积累，我确定了“二十世纪初年中国社会习俗的变化”的硕士学位论文题目，写了一篇 4 万多字的学位论文，1987 年初夏通过答辩。

做完硕士论文以后，我感到这个问题还有文章可做，就把近代习俗问题作为我的科研主攻方向。我 1987 年夏毕业后，分配到辽宁师范大学任教。1988 年秋，我专程来北京，用了一个多月的时间到北京师范大学、北京图书馆、北京大学、中国科学院图书馆查阅了大量的报刊和地方志，获得了上千份有关近代社会习俗变革的资料。那时没有科研经费，都是请同学给帮助复印，搞了满满一大纸箱，当时我非常高兴。回到辽宁师范大学我就开始研读这些材料，并随时写一些文章。1991 年秋，我到湖南师范大学攻读博士学位。通过几年的学习和思考，我确定以“陋俗文化”作为我研究的主攻方向，拟定的博士论文题目为“近代中国陋俗文化嬗变研究”，经过与导师林增平先生探讨，他非常支持我做这个题目，1994 年初夏，我完成了这篇学位论文并通过了答辩。

毕业后我到中国社会科学院近代史研究所做博士后，师从耿云志先生。近代史研究所图书资料比较丰富，在那里我又查了一些资料，特别是一些族谱资料，进一步补充了我的论文。1996 年年底我到首都师范大学工作以后，申请了校长出版基金，1998 年首都师范大学出版社把我的博士论文出版了。当时因为印数较少，很多人买不到这本书，2009 年又出版了修订本。

**问**：我们看到《近代中国陋俗文化嬗变研究》是一本十分令人感兴趣的研究近代社会文化问题的专著。而文化问题是一个众说纷纭的问题，您是否可以介绍一下在这本书里您对文化问题的基本看法？

**梁：**我的博士论文分为首论卷、婚姻卷、家庭卷、妇女卷、性伦卷、结论卷六个部分。在首论卷和结论卷中，我重点探讨了理论问题。我对古今中外的文化概念的特点进行了分析，并且提出了自己的想法。

往昔的文化概念可以概括为十大类型，即结构文化说、模式文化说、工具文化说、符号文化说、成果文化说、功能文化说、事象文化说、传播文化说、价值文化说、综合文化说。通过对文化类型的考察，可以找出国内外学者对文化概念探索的一般轨迹。我认为，要进行规范的文化研究，每个研究者在具体的文化研究领域都要对自己所使用的文化概念有一个准确的界定，否则就谈不上科学研究，其他一系列概念和研究也就无法进行。

结合我所研究的专业领域，我对文化是这样理解的。我认为：文化是人类智慧创造的、使人的身心在一定层次和维度上得到满足和发展、人际关系及人与自然关系得到方向性转换、社会形态得到实质性变革的一种功能性模式。这个文化界定反映了我对文化基本特征的看法。其一，肯定文化是人类智慧的创造物，而排除了非人类智慧的创造物。其二，文化是一种模式，具有一种静态的特征。这种模式不仅仅是显性的，实际上它有显性的物化形态和非显性的非物化形态这样两种表现形式。显性的物化形态易于理解；非显性的、非物化形态的文化模式，诸如政治学上的社会制度、哲学上的学说体系、伦理学上爱憎的评价、文学上人物的褒贬、工艺学上作品创作的构思、机械学上机器制造的设计等也是存在的，也是文化，也要把握。其三，文化模式具有功能性，这种文化功能可以产生一种动态的功效特质，这种功效主要体现于对人本身、对人际关系及人与自然关系、对社会形态的直接作用上；其中，人的身心满足包含本能与审美即灵与肉的满足，人的身心发展包含智能与体能的发展；而这种满足与发展又具备不同的层次和维度。文化对人际关系起着变换的作用，这种变换有着多路向的方向性特点，诸如和谐、冲突、融洽、对立、协调、敌视等。文化对社会形态起转化和变革的作用，使社会形态中的经济、政治及其制度的内容发生本质上的变化。

我在给文化做界定的基础上，又给文化精华和文化糟粕做了界定。人们往往用精华和糟粕来形容文化的品质，精华与糟粕构成文化学的一对基本范畴。何谓精华？何谓糟粕？我认为，所谓文化精华是指使人的体能与心智得到健康发展和陶冶，使人际关系及人与自然关系向着和谐、融洽、协调的方向转换，使社会形态朝着进步的趋向变革的功能性模式。所谓文化糟粕则正相反，是指不能使人的体能和心智得到健康发展和陶冶，不能使人际关系及人与自然关系向着和谐、融洽、协调的方向转换，不能使社会形态朝着进步的趋向变革的功能性模式。同时我还认为，文化的精华和糟粕具有如下的基本特征：文化的精华与糟粕具有相对的独立性和一定的历史性，两者又具有互相包含并互相转化的特征，具有否定之否定的特征。从某种意义上说，研究文化也可以说就是研究文化的精华与糟粕。我们不但要研究精华，也要研究糟粕，研究二者的关系问题。所以，文化的精华与糟粕，实际上仍是一个大范畴、大概念，而从事文化研究还是要从更为具体的问题入手。探讨陋俗文化就是把文化糟粕领域内的一个较为具体的方面作为研究对象的。我的博士论文旨在从近代陋俗文化这个具体的文化形态来着手探讨有关文化问题。

**问**：您的论文是专门研究近代中国陋俗文化嬗变问题的。那么对于什么叫“陋俗文化”，您可以进一步解释一下吗？

**梁**：所谓陋俗文化是指特定的时期内体现于风俗惯制上的、并为传统人伦文化所认同的文化糟粕。它包含两方面的含义：一指陋俗所反映的传统人伦文化观念中的糟粕；二指传统人伦文化观念糟粕所铸成的陋俗。两者既统一相关又有所不同。前者是内在的起支配作用的观念形态，后者是外显的被观念形态所支配的行为方式，两者是统一体中本质和现象的反映。陋俗文化作为文化糟粕，有着与糟粕文化同样的特征，诸如它本身所具有的独立性、历史性、转化与轮回的特征。此外，陋俗文化还有一个它本身所独具的文化特征，那就是陋俗文化中的本质和现象即传统人伦文化观念与陋俗本身的相互认同。陋俗文化中的本质和现象绝不能分割，两者缺一不可，否则任何单独一方均不能构成陋俗文化。所以，陋俗文化与传统人伦文化不同，传统人伦文化不必非得具备陋俗事象不可，但陋俗文化却必须具备它。陋俗文化又与陋俗不同，陋俗不必非得被传统人伦文化认同，但陋俗文化却必须被其认同。这就是陋俗文化与传统文化及陋俗之间的异同点。

**问**：您刚才解释了什么是陋俗文化的问题，原来它还具有传统人伦文化认同这样的特征。那么，对于近代中国陋俗文化的嬗变，您是如何把握的呢？

梁：中国近代陋俗文化是指在中国近代社会发挥着文化糟粕功能的、体现于习俗上的、并为传统人伦文化所认同的习俗文化。研究近代中国陋俗文化的嬗变，是因为中国陋俗文化在近代这个历史时期内不同程度地发生了变化。有了这个客观事实，才为我们研究这一问题提供了可能。那么，为什么近代中国会出现陋俗文化变化这一客观存在？或者说，近代中国陋俗文化发生嬗变的原因是什么？实际上这是由近代社会特定历史条件决定的。对这些历史条件进行考察，主要包括如下方面：落后受侮的基本国情、进化论学说的传播与吸收、开通民智的文化氛围、新的文化价值观念的形成和影响等。近代中国陋俗文化变化的实质是围绕着救国这个既定目标展开的。在一个民族、一个国家衰败之时，人们不安于现状，便会为拯救垂危的祖国而奋起。各种历史因素的相互作用，使这个社会呈现出一种大动荡。在这个大动荡时期，国家的政治、经济、思想文化必将发生不同程度的变化。那么作为一个比较具体的社会文化领域——陋俗文化，也将随着这样的时代而发生变化，这是历史的必然。近代中国陋俗文化的变化主要体现在婚姻文化、家庭文化、妇女文化及性伦文化上。

近代陋俗文化发生了空前的令人瞩目的深刻变化。如果我们把这一文化现象置于近代社会的框架内考察，就会发现其真谛所在，即国人正欲摆脱传统人伦文化的束缚，进而达到新层次上的自身觉醒和精神解放。综观人类历史进程，人的自身觉悟即精神进化或精神解放反映在三个层次上：第一，人类相对摆脱自然（神）的束缚，着重和强调人类本身的价值，确立人类的优越和中心地位，而获得人类整体的相对自由；第二，个人相对摆脱传统人伦文化的束缚，看重和强调个体价值，确立个体的人身地位，从而获得个体间的相对平等和自由；第三，个人相对摆脱自身束缚，注重个体异化，在不断否定自己的过程中，使自身的灵与肉相对分离，个体获得精神异化的相对自由。近代陋俗文化的变化实际是与第二层次的人的精神进化相关联的。生活习俗与人的价值观念是相互表里、相互依存、相互渗透、相互作用、相互促进的。价值观念很多时候是要通过人们的生活方式得以表现，价值观念的变化也必然引起生活习俗的变化。生活习俗是人们价值观念的外在表现与形式，它一方面随着价值观念的变化而变化；另一方面，它的变化反过来亦能促进和强化新价值观念的确立和巩固。陋俗文化的变革与人的精神进化也是如此，一方面，精神进化的程度往往是通过陋俗文化变革的程度作为标尺的；另一方面，陋俗文化的变化亦能加强和巩固新的人文精神，使精神进化的内容成为较稳定的意识形式。两者相辅相成，互为原因，互为结果，互为目的。可见，近代中国陋俗文化的演变并非特定时期内孤立的文化现象，实际上它既是人类精神进化过程中一个阶段性的主旨，又是再次实现人的自身觉悟和精神解放的重要途径。

**问**：您从事近代文化史的研究，特别是关于近代陋俗文化的研究，是否感到这种研究有一种特殊的意义呢？

**梁**：前面对有关理论的阐述，反映了这一课题的学术意义，我认为研究陋俗文化还具有现实意义。改革开放以后，人们的生活出现了向健康、娱乐、新颖、审美的方向的转变；但我们还要看到，与旧观念紧密相连的弊习陋俗在一些地区又已抬头。新中国成立之后几乎销声匿迹的一些陋俗又出现了。诸如封建迷信、赌博、买卖婚姻、大办婚丧事、卖淫、嫖娼、吸毒、奢侈浪费之风沉渣泛起。产生这些社会现象的缘由很多，而其中重要的原因之一是：在物质生活有了改善以后，人们还要求改善和提高精神生活，但精神生活的提高并不因物质生活的提高而自然而然地得到提高。如果没有健康、文明的精神生活，那么以往那些落后的、不健康的陋俗就很容易乘虚而入，去占领人们精神生活的领域，作为一种娱乐方式弥补一部分人精神上的空白。有人认为，习俗是“民间自我娱乐的形式”，但这种形式是有高雅粗俗之分、文明野蛮之别的。这就要求人们用文明、进步的习俗去代替野蛮、落后的习俗，这是不能等闲视之的。另外还应当注意，当仔细辨析社会丑陋习俗之后，我们会惊奇地发现，很多陋俗都与金钱有着千丝万缕的联系，卖淫、诈骗、赌博、贩毒、买卖婚姻都是为了钱。一些人往往在金钱面前失去理智、冲动而不能自已，所以必须用社会法则去规范这些陋俗。任何时代、任何人群的生活都存在着陋俗，没有任何陋俗存在的人群生活，与其说是对未来生活的追求和向往，还不如说是乌托邦式的空想和梦想。但这丝毫不是暗示社会可以放任自流，恰恰相反，是要求社会要自觉顽强地抵制陋俗。要健全法制，以法律为武器，以教育为手段，抵制陋俗的恶性蔓延。人是有智慧的，对陋俗可做因势利导的转化工作。世界万物均有辩证之性，对陋俗，我们可以辩证地认识它，也可以辩证地改造它。

## 二、新中国三十年社会文化史研究的一个切入点

**问**：梁老师，社会文化史是个大范围，要深入研究必须不断有新的切入点。除了近代陋俗文化的研究以外，您又找到了什么新的切入点呢？

**梁**：您说到的这个问题很重要，研究问题确实要不断地寻找切入点，这样才能进入问题并真正地研究问题。我想谈谈首都师范大学如何注重研究新中国三十年社会文化史的问题，或许可以帮助您了解我们的工作。

首都师范大学历史系重视新中国三十年的社会文化史研究也有一个切入点，这就是从婚姻、家庭、妇女、性伦的文化层面来对新中国三十年的社会文化进行探索。这个研究不仅是为了揭示新中国三十年社会文化的演变大势，更是为了通过对新中国政治、经济和文化等多项历史因素互动的研究，来深刻认识和理解新中国三十年的社会历史。

**问**：这个问题很有意思，您能不能具体地来分析一下？

**梁**：好，让我们从几个方面来谈吧！第一，新中国三十年婚姻文化变化的基本态势和特点在于：1950 年新中国第一部《婚姻法》颁布后，加速废除包办强迫、漠视男女情感的封建婚姻陋俗。追求自由婚恋方式逐渐成为一种趋新的价值观念，并得到更多人的理解和认同。当时的谈婚论嫁同政治立场、家庭出身相结合，同特定水准的物质追求相联系，同嫁给劳模、党员、干部、军人和城里人相应对，同“革命化”与“战斗化”相伴随，形成特定时代的独特风貌。“文革”时期政治态度和派系笼罩下的婚姻状态以及“上山下乡”插队知青的婚姻状况，更具特定时代政治观念和阶级观念的印痕。

第二，新中国三十年家庭文化变化的基本态势和特点在于：家庭文化变革以父子之间、夫妻之间及兄弟姊妹之间的平等与不平等关系为特征。传统封建家庭不平等的关系在某种程度上有些转变，带有现代意识的民主气氛逐渐进入家庭，

冲击着以往占支配地位的封建伦理的家庭文化。极“左”路线造成不同出身的家庭之间的新的张力与隔阂。“文革”时期出现了为政治左右的家庭异化现象，反映了家庭内部不同政治倾向者之间以及“红色家庭”与“黑五类家庭”之间的矛盾与冲突。

第三，新中国三十年妇女文化变化的基本态势和特点在于：妇女参政开始向政治解放的目标迈进，并在政坛上竞显风流。妇女大规模地参与经济生活和公众生活，城市妇女积极投身社会主义建设当中，农村妇女通过土地改革做了土地的主人，提高了自身的经济地位。妇女的社会教育促其摆脱文盲状态，学校教育促其提高文化素养。女性形象与性别角色形成新的特点。各种法律法规的制定为提高妇女社会地位和身心健康水平提供了保障。妇女解放的局限仍然突出，特别是职业与家务的双重负担使妇女陷入两难之中。“文革”时期女性“不爱红装爱武装”，与男性一样冲杀在“文化大革命”的战场。

第四，新中国三十年性伦文化变化的基本态势和特点在于：性伦文化缺乏凸显的变革，传统的男女授受不亲和封建贞操观未能彻底打破，缺乏积极正面的性教育，导致普遍的性无知。在把主要精力放在抵制资产阶级性爱观的同时，封建主义性爱观无形中却被更多的肯定和认同，进而导致封建主义性伦文化长期束缚人们的精神世界，成为人们心灵的枷锁，很多两性之间不能进行正常的社会交往。“文革”时期更是“谈性色变”，“性”成为人们不敢问津的禁区。

总之，这一研究的主要观点是：在特定的充满激情和渴望的年代，婚姻、家庭、妇女、性伦文化的演变与新政权的建立关系密切，党和政府的能动干预和引导以及国家政策法律的制定是新中国婚姻、家庭、妇女、性伦文化演变的决定因素；新中国婚姻、家庭、妇女、性伦文化的演变既有给人留下明显印象的进化，又有缺乏反响力的逆向转化，反映了社会文化变革的复杂性需要创造多项条件予以支撑，并昭示社会文化的变化是一个长期的动态运演流变过程；新中国婚姻、家庭、妇女、性伦文化演变的本质应是追求人的个性解放和自由平等，由于缺乏对个性解放与自由平等的深切感悟和关怀，所以改造社会文化的理性自觉显得不足，从而留下了深刻的教训。

**问：**关于这个问题的研究需要有新的研究方法吧？

**梁：**是的。这一研究在运用唯物史观和传统史学方法外，还要借鉴如下研究方法：在依靠文献资料的基础上，借鉴和运用社会学的访谈法、抽样调查法来搜集资料，以此扩充文献资料。通过纵向和横向比较来突出研究内容的特点。1840—1949年婚姻、家庭、妇女、性伦文化的研究，已有一定成果，这一研究课题通过与上述成果进行纵向比较，探索其发展演化的程度与速度；同时通过横向比较，探究其发展变化的不平衡性及其局限性，这既包括不同地域间的不平衡，也包括不同内容之间发展变化的不平衡。运用社会心理学和心态史学的研究法来分析普通民众的心态、意识和思想变迁。要注意“众从”和“从众”心理现象的客观影响，要注重普通民众对社会的认识理解以及他们独特的思考方式。本课题作为社会文化史的研究，更加关注民众社会生活与民众观念形态之间的相互关系，即注意显性的社会生活，又注意隐性的精神生活，最终是要通过社会生活的表层去揭示社会精神面貌的潜层结构的。

**问：**这一项研究看来是很有意义的。

**梁：**这一研究的理论创新及学术价值在于：通过探讨特定的历史领域，揭示新中国三十年婚姻、家庭、妇女、性伦文化的演变规律，这是社会文化史研究的一个有益尝试，并为社会文化史研究提供一项学术成果；通过研究新中国三十年婚姻、家庭、妇女、性伦文化的变革，初步探索社会文化史研究的理论与方法，为这一学科的建设提供理论方法上的某些借鉴；研究社会文化并非忽视社会的政治经济，从社会文化的视角切入并具体研究，进而宏观思考特定时代政治经济和文化之间的互动与变迁，这种总体研究易于理解和认识新中国三十年社会变革的全貌。

社会文化史还是一个新生的学术领域，它还很薄弱和幼稚，存在的问题还很多，需要精心地呵护和培育。正像有的学者所指出的那样：中国近代史研究的各个领域中，有的学科是后起的，如近代社会史、近代社会文化史，开辟未久，前景广阔。像每一个新兴领域都存在着广阔的发展空间一样，近代社会史、社会文化史学科，正在引起国内学术界的广泛注意，特别是引起中青年研究者的浓厚兴趣。但这样的学科，从整体上说还处于兴起阶段，研究者各自为政，还是一种无组织状态，也未形成公认的比较成熟的研究理论和方法。我觉得这些学者提出的看法，是很中肯的。

## 三、我对社会文化史的理解

**问：** 新时期以来的中国历史学，发生变化后的突出特征主要表现在研究方法的更新和研究领域的扩大。80 年代以后，文化史与社会史再度复兴而成为显学，显示出强劲的发展势头。80 年代末 90 年代初，社会文化史作为相对独立的学科，引起部分学者的兴趣。我们以前的谈话主要是围绕您个人在社会文化史方面的研究实践进行的，但对于理论层次上的问题很少涉及。我们这次访谈是不是可以更深入一步，谈谈关于社会文化史的理论和方法论方面的问题？

**梁：** 好，我简单谈谈自己的一点理解和看法。美国史学家林·亨特（Lynn Hunt）于 1989 年主编的《新文化史》一书中，首次举起了“新文化史”的大旗，标志着新文化史的崛起。亨特曾经指出，新文化史“探讨方向的焦点是人类的心智，把它看作是社会传统的贮藏地，是认同形成的地方，是以语言处理事实的地方。文化就驻在心智之中，而文化被定义为解释机制与价值系统的社会贮藏地。文化史研究者的任务就是往法律、文学、科学、艺术的底下挖掘，以寻找人们借以传达自己的价值和真理的密码、线索、暗示、手势、姿态。最重要的是，研究者开始明白，文化会使意义具体化，因为文化象征始终不断地在日常的社会接触中被重新塑造”。新文化史又被称作“社会文化史”，它是当代西方史学理论和历史编纂中一个最主要的史学流派。

社会文化史是研究社会生活与其内在观念形态之间相互关系的历史。一个社会的人们为什么要这样生活，是什么样的思想观念决定的？一个社会人们生活的变化引起了哪些思想观念的变化？由于新思想观念的影响使一个社会人们的生活发生了哪些变化？这一切都是社会文化史要研究的问题。

研究社会文化史涉及精英文化与大众文化的关系问题。大众本身的内涵是通过经济地位、受教育程度和法权的地位来确定的，而且随着社会的变迁，这些因素也在不断地发生变化。西方学术界认为，大众文化就是大众所创造并欣赏的一种普及文化，它是为大众服务的。而精英文化却是代表正统的、由主导一个国家或民族的那一部分精英所创造并欣赏的文化，也有人称之为“高级文化”。大众文化和精英文化虽性质各异，然而它们的不同因素又被整合成为一个复杂的文化系统，因而简单划分的确难以包容复杂的文化内涵。研究者容易忽视的是，由于时间和空间的差异，“大众”和“精英”的含义也随之游离。在19世纪末和20世纪初的中国，报纸杂志和其他大众传播工具传介是精英文化，然而在今天看来却是大众文化；意大利歌剧在如今美国和中国都是精英文化，然而在意大利却是大众文化。大众文化的创造者也不断改变其角色，并大有“下里巴人”与“阳春白雪”相互结合之势。以至于今天一些研究美国大众文化的学者认为，现代大众文化的创造者是知识分子，因此大众文化的历史便有着“必然亦是知识分子的历史”的趋向。精英文化源于大众文化，是从大众生活和文化中产生，是对大众文化和意识的提炼和总结。精英在社会文化形成过程中起着重要的作用。精英文化同时又是对大众生活和大众文化的体认、关注和指导。所以研究社会文化史既不能脱离大众文化亦不能忽视精英文化。

**问：**您说的社会文化史包括大众文化和精英文化这样不同的层次，这是可以理解的。这里社会文化与国家意识是不是两回事呢？

**梁：**研究社会文化史确实要注意社会文化与国家意志的关系问题。这种关系包括两方面的内容。其一，两者的相互影响和可容性。如新中国成立以来，国家政治生活对社会生活影响很大，使得社会生活带有明显的政治特色。这种政治特色又被相当数量的民众所认同和接受，形成了两者的互动和相容。其二，两者的对立性。如近现代社会的现代化精英把社会陋俗及国民劣根性视为社会进步的主要障碍，因此大众文化领域同时成为现代化机器的打击目标。现代化的推动者——包括精英和国家——都不同程度地提出了反封建陋俗和改造国民性的主张。两者之间的互动和张力引起了社会文化的变革。这反映了社会文化与国家意志之间的对立性。

同时，还要注重研究社会运动的社会文化意义。社会运动所揭示的文化内涵和社会形态是社会文化史关注和研究的对象。农民起义、农民战争和宗教信仰的关系，近代社会的反洋教运动，五四运动，新中国成立以后的“大跃进”运动、红卫兵运动、四五运动，新时期的学潮，等等，这些都可以从社会文化与政治的视角进行探索，从社会文化史的角度进行研究。

社会文化史研究要注重层面和角度，而层面和角度又是多维的。要考虑不同阶层的社会生活和思想观念的变化，也要考虑不同地域的不同阶层的社会生活和思想观念的变化，还要考虑不同民族在相同时期内的社会生活和思想观念的变化，并探讨这些变化的缘由所在。

社会文化史要特别注意研究已经发生变化的部分及其变化的程度。社会文化一般存在两种状态，一是恒常状态，二是变化状态。绝对的恒常状态是不存在的，恒常状态是相对的，但即便如此，恒常状态还是社会文化的底色。然而变化状态在改变着这一底色，改变的程度与变化的程度成正比。我们要注重研究社会文化的变化状态，对变化状态的研究有益于对当时社会特点的认识和理解，即有助于对某一历史时期特征的认识和理解，这正是我们历史学的根本任务，所以研究社会文化的变化状态是社会文化史的重要任务之一。

**问**：梁老师，刚才您谈了社会文化史的概念及其研究对象的问题，那么对社会文化史的理论与方法问题您有哪些思考呢？

**梁**：我对这个问题思考得不够，只能简略地谈谈。社会文化史的理论与方法主要包括三个方面：一为传统的史学理论与方法，二为借鉴其他学科的理论与方法，三为创新的理论与方法。现在重点阐述一下以田野调查法为重点的对文化人类学理论与方法的借鉴问题。

文化人类学在理论上颇具特色。西方人类学自形成以来，先后创立过多种不同的理论，影响较大的有进化理论（分为古典进化论和新进化论两种）、传播理论、历史特殊论、功能理论、文化模式论、结构理论、象征理论等。古典进化理论形成于19世纪中后期，是探求人类文化起源、发展和演化的一般规律的理论，以解释当时世界各民族社会文化发展水平差异悬殊的原因。传播理论形成于19世纪末，主要由德国、奥地利和英国学者创立。它与进化论唱反调，强调文化传播在文化发展史上的重要意义，以文化传播原理解释世界各地区、各民族文化的相似性。历史特殊论形成于19世纪末至20世纪初，由美国学者创立。认为各种文化是各个社会独特的产物，相似的文化现象实际上都有其各自发展的历史线索，各民族的文化都有其独特的历史发展过程；主张要了解人类一般文化的成长法则，首先要研究各种文化单独的演变过程；强调对每一个民族文化的历史材料进行实证研究，根据每一个民族或部落的具体资料重新构造其特有的文化历史。功能理论形成于20世纪20年代，由英国学者创立。它强调从整体上研究一个民族的社会和文化，并重视对现实存在的社会制度的实地调查研究；认为每一种文化都是一个功能的、有机的统一体，各种文化要素正像一个机体的各种器官，各有其功能，共同维持一个整体的存在。有的学者认为“功能”主要是指人的需求的满足，即人的基本需要（生物性需要）和派生需要（心理性需要）的满足；有的则认为功能是构成社会结构的各种要素相互调和，使其整体持续保持稳定和一致的状态。文化模式论或文化与人格理论形成于20世纪30年代，由美国学者创立。它主要解释各民族的性格为什么存在明显的差异，解释男女两性为什么在气质和性质等方面存在差异。结构理论或结构主义形成于20世纪50年代，由法国学者创立。该理论认为，人类学的主要任务就是通过分析纷乱繁杂的社会制度、风俗习惯等表层结构，探索存在于不同时空的深藏于人类心灵中的普遍性结构，以认识、解释全人类社会文化现象的总原则。象征理论形成于20世纪60年代，主要由英国和美国学者创立。该理论认为人类学研究的主要任务不是分析文化功能或结构，而是解决各种文化现象和行为所表达的信息或意义；主张把象征及其意义作为文化的核心进行研究，寻求象征的多层次理解。文化人类学在研究方法上也具有自己的特色。

**问**：据我所知，文化人类学者很重视田野调查的方法。

**梁**：不错，田野调查法即实地调查法，是文化人类学最有特色的方法之一，也是收集资料的基本方法。这一方法是文化人类学最明显的特征，当然也是相关学科如考古学、社会学和语言学重要的研究方法。田野工作的主要步骤：第一，田野工作的准备。首先要回答两个问题：干什么去？去何处？从事田野工作是要阐述某些理论问题或假说，这比只是为了描述更为重要。要到典型的地方或找有代表性的人。要考虑的因素有：可进入性、健康状况、政治可行性、生命安全，等等。还要备好考察的装备，包括衣食住行和全套的野营器具以及药品和补给品。第二，开始田野工作。要根据不同的背景采取不同的策略，不能一概而论。首先遇到的是长途跋涉的艰苦。没有地图，远离电、冷饮、抽水厕所、舒适的床，面临着不同文化的令人痛苦的“文化冲击”，孤独无援，深感压抑，第一个冲动就是逃离。吃饭也是大问题，能买到东西吗？能用所带的物品换食物吗？当地人是否会用“暴力”欢迎来者，也是令人忧虑的。要向当地人说明自己的身份和来此的目的，不能对提供资料者摆出屈尊俯就的样子。第三，语言学习。世界共有一千多种语言。学习当地语言，通常既无词典又无语法。通过聆听和询问来学习语言，要6个月或一年时间才能应付详尽的采访或参加群体交谈。第四，参与性观察。生活于要研究的人之中，参加他们的社会生活，观察正在发生的事情，不懂就问。第五，采访。实际的采访技巧视研究者与所需资料的种类而定。有些按严格的提纲提问，同一问题可以去问许多人，而有些则可让提供资料者随心所欲地叙说。还有一些或许从某个主题开始，然后由着对象去说，在他离题太远时，再不时将他引回到原先的主题上。第六，解释。田野工作的最后解释受研究者的人格、养育他们的亚文化、他们的政治观点、培养他们的理论学派等深刻的影响。从以上内容我们可以了解作为文化人类学的田野调查法的几个重要步骤，我们可以从中得到启发。

前辈学者和当代学者的实践经验我们也应当有所继承。阅读费孝通的《社会调查自白》，就可从中受益。费孝通在1984年7月23日至8月4日的两个星期里，在中国民主同盟中央组织的暑期“多学科学术讲座”里做了有关社会调查的讲座，后来以“社会调查自白”为书名出版。在该书的“引子”里他介绍了自己的学术历程和多学科的基础知识。在该书的“社会调查概述”中大致介绍了社会调查的四个阶段。阶段一，定题。即要确定一个调查的主题。定题并不简单。题目从哪里来，又如何去选择。就相当于我们的论文选题一样，不是一件容易的事情。阶段二，制定计划和方案。这与我们传统史学所制定的方案有所不同，需要进行探索性调查，要搜集与课题有关的资料，分析前人的研究成果，拟出调查提纲，明确调查指标，确定调查方式。阶段三，实施。相当于我们的查阅资料，采用观察与访问的方法，观察包括间接观察、直接观察和参与观察。访问是指收集被调查者口述资料的调查方法。阶段四，总结。通过整理资料、分析资料而得出结论。相当于我们撰写论文，是围绕着点与面、质与量、因与果这三个关系展开的。在该书中，费孝通重点介绍了如何进行民族调查、农村调查、家庭调查、小城镇调查、知识分子和智力资源的调查。费孝通的研究方法显然值得重视和借鉴。另外，20 世纪 30 年代陈翰笙教授对华南农村的研究、陈达教授对南洋华侨与闽粤社会的研究、陈序经教授等对疍民的研究，都是以小社区的田野调查为基础的，也是值得我们关注的。

当代中国学者也有将人类学的方法积极运用于社会史研究、把文献资料和田野调查紧密结合起来的有益尝试。比如，《新时期中国史学思潮》一书就是结合专题研究和访谈方法进行研究的一个范例。作者们认为：进行史学思潮的研究，仅仅靠坐在图书馆中搜集资料是远远不够的，只有真正深入到广大史学工作者之中，了解他们走过来的道路，倾听他们对史学研究的种种感觉、体会、意见、呼声，在他们的业绩之中，寻找他们的成功之路；在他们的困惑之中，探求解脱困境的出路。广大史学工作者自己的现身说法，才是研究当代史学思潮最宝贵的资料。作者们通过访谈，感受到了当代史学思潮跳动的脉搏，也休察到了当代史学工作者的辛勤劳作和敬业精神。作者们若能把访谈的资料整理出版，将是一部有价值的当代中国的口述史学著作。

**问**：社会文化史的史料也有它的特殊性，您能谈谈这方面的问题吗？

**梁**：好吧！上面谈到的田野调查法实际也是从事社会文化史研究搜集资料的方法之一。当然研究社会文化史还要有更为开阔的史料视野。除我们以往关注的一般史料，诸如正史、档案、报刊、方志、访谈资料外，社会文化史还要关注更为宽广的史料范围，诸如被视为野史稗乘的笔记、小说，戏曲、诗歌等。刘志琴研究员在《青史有待垦天荒》中指出，浩瀚的史书和数不尽的文物遗址，提供了取之不竭的史料，……中国人有浓厚的历史意识，看问题注重追根溯源，弄清其来龙去脉，使得人们重视历史经验的吸取，留下大量的野史、笔记。这些留存在正史以外的资料，最为丰富、生动，有待人们去整理、发掘。其实，很多前辈学者在挖掘和运用史料方面，做出了很多有意义的尝试。

著名学者梁启超、王国维、鲁迅等都非常重视对戏曲小说的研究，有的写出戏曲和小说的专史，有的则侧重于发掘戏曲小说中的史料。解放前后，郭沫若、翦伯赞、尚钺、胡绳、邓拓、吴晗、傅衣凌等马克思主义史学家，在这一方面做了不少的工作。翦伯赞在解放前写的《杨家将故事与杨业父子》《元曲新论》《桃花扇底看南朝》和解放后写的《论十八世纪上半期中国社会经济的性质——兼论〈红楼梦〉中所反映的社会经济情况》《释〈儒林外史〉中提到的科举活动和官职名称》《〈琵琶记〉的历史背景》等文是对戏曲小说的研究成就，形成了一套搜集和分析史料的治学方法：注意文学资料的使用，并把视角深入到戏曲内容之中，借以观察这些史料中包含的社会文化价值。文学史和戏曲史的领域的涉及，延伸了历史学家的触角。当然引用文学资料研究历史必须抱十分审慎的态度，要充分认识到作者的写作不是对当时社会的直接反映，而是经过了再创造的过程，因而不可避免地包含了大量"臆造"的成分。因此，当没有其他有力的资料做旁证时，在论述问题的时候必须时刻注意到自己的立足点，并充分警觉自己所使用的语言。如采用文学作品分析晚清大众文化时，必须分清所讨论的就"是"晚清大众文化，还是作者笔下所"反映"的晚清大众文化。比如利用晚清谴责小说（李宝嘉的《官场现形记》、吴趼人的《二十年目睹之怪现状》、刘鹗的《老残游记》等）来研究晚清的社会文化，要考虑小说内容是如何折射社会现实的，这种折射和直接反映是不等同的。清末小说杂志《绣像小说》《小说林》《月月小说》等也都从不同的角度反映了民众的社会生活和民众的民俗信仰生活。另外，文艺作品对民众的价值观念的转变和素质的提高产生了怎样的影响，从作品的内容去梳理探究，未尝不是可尝试的分析方法。20 世纪的女性文学以及当代文学作品也都有相当高的史料价值。我们还要注意搜集和使用民谣，如《中国近世谣谚》和《现代流行民谣》等都是重要的社会文化史史料。

诗文同样可用作史料。陈寅恪成熟运用于学术研究中的就是我国传统的文史互证方法。这种方法被现代学者所继承，并在研究中取得了很大成就。当代学者卞孝萱的《冬青书屋笔记》，揭示了传统文史互证方法在当代学术研究中的地位和意义。当代美国学者高彦颐（Dorothy Ko）的《闺阁师：十七世纪中国的妇女与文化》，主要用 17 世纪江南地区上层妇女创造的诗文来分析她们的生活状况和当时的社会风貌；曼素恩（Susan L. Mann）的《宝卷：在漫长的十八世纪的中国妇女》，将妇女写作的诗词作为立论的材料。对于西方学者来说，能够解读中国诗词已属不易，这种做法也确实使读者耳目一新并颇具说服力，但是，中国古典诗词，讲究情感表达的含蓄蕴藉与复杂委婉，女性诗人尤其如此，用来作为史料，即使特别小心，也很难保证不会出错。史料是丰富多彩的，如何阅读史料是重要的。正如有的学者所说，“这个‘读’不仅是讲对资料字面上的理解，更重要的是从什么角度对资料进行诠释和利用。一条史料不仅反映了某个历史事实本身，而且可能折射出深刻的社会和政治内涵。正是对资料怎么‘读’，常常体现了一个历史学家的理论和方法以及所持的历史观”。我们在扩大史料视野的同时，更要学会阅读、分析和理解史料。

**问：**梁老师，您曾经说过要重视研究20世纪的社会文化史，这在整个社会文化史研究中是不是更加重要呢？

**梁：**当代史学界在展望21世纪史学时，认为在21世纪的史学研究中，近现代史特别是20世纪的历史将会受到特别的重视。戴逸先生在1996年就指出：“在下一个世纪的历史研究中，近现代史将更加被重视。尽管尘埃尚未落定，盖棺犹难论定，但人们惯常要回顾刚刚走过的那段路程，迫切地希望从刚刚逝去的历史中寻找经验，获取教益，增长智慧。21世纪的历史学亦将以研究20世纪的中国社会及其事件、人物、思想、典制为重要内容。20世纪，中国贫困、屈辱，进而抗争、奋起，富有慷慨悲壮、可歌可泣、催人前进的内涵。人的苦难、人的价值、人的力量，表现得淋漓尽致。21世纪的历史学将透视、描摹、再现这个伟大的时代，给后代以强烈的震撼和深刻的教育。生活在20世纪的人们尽管亲历了种种事变，有着切肤的感受，但历史的表面尘雾把他们笼罩其中，反而看不清眼前事变的整体和意蕴。而21世纪的历史学则会将他们完整地、准确地揭示出来，像悬挂在天空中的大幅画卷，显示其磅礴的气势、雄伟的场面和丰富的意蕴。”的确，学界越来越多的人已经开始进一步关注和研究20世纪的中国历史。

20世纪是社会文化变化剧烈的时代，值得重视和研究。已经有人从社会文化史的角度来研究民国时期的历史，也有人开始关注新中国成立后的社会文化史。例如统购统销与票证的历史就非常典型。再如，50年代大办“公社”的理想状态是取消家庭，“文革”中的“五七干校”部分取消了家庭，与此同时，意识形态在全社会范围内对日常生活的渗透几乎达到无孔不入的地步，“文革”结束不久轰动一时的相声《如此照相》，就是这种情况的真实写照。

**问：**这样看来，社会文化史的研究确实有很丰富的内容，有广泛的研究课题，而且研究的对象就在我们日常生活之中。20 世纪是中国的社会生活发生剧变的一百年，值得研究的问题有很多。我想，社会文化史一定会有广阔的研究空间，也祝愿您所主持的研究团队不断取得新的研究成果！

# 中国近代社会文化史面面观

## ——评梁景和主编的《中国社会文化史的理论与实践》

按：此文写于2011年。发表于梁景和主编的《社会生活探索·以性别文化为中心》(首都师范大学出版社，2012年出版)中。

一门新的学科，其产生与发展总要经过不断的总结与反思，回顾所走过的道路，检阅一番取得的成果，思索一下学科发展所面临的问题，以便使它能够得到健康的发展。近日，梁景和教授主编的《中国社会文化史的理论与实践》①(以下简称《理论与实践》)一书，就是对中国社会文化史尤其是中国近代社会文化史20年来发展的回顾与反思。透过此书，我们便会对这门近年来相当热门的新学科、新领域，或者说史学研究，有一个新视角，有一种历历在目的感觉。这本文集，收录的文章汇集了在这个领域中辛勤探索的人们所付出的有价值的劳动和他们的为了本学科的发展所做的思考。

## 一、回首既往：对学科兴起历程的回顾

透过本书的文章、书评、纪要和综述，首先向读者展示的是本门学科的发展历程。

“中国社会文化史”这个新学科概念最初形成于20世纪80年代末。中国社会科学院近代史研究所研究员刘志琴，在1988年发表的两篇论文中首先提出文化

① 梁景和主编：《中国社会文化史的理论与实践》，社会科学文献出版社，2010年。

史与社会史结合的问题①。她认为，“以研究人为主体的社会史的最高宗旨，是研究社会文化特质的形成、变易和流向的变迁史。从这个意义上说，社会史实际上是文化的社会史，文化史则是社会的文化史。”她强调，“社会和文化问题的交错、重叠、伴生已成为常见的规律性现象……社会史和文化史从不同的方位出发，实际上是沿着同一目标双轨运行的认知活动。”②她的两篇文章，虽然没有明确提出“社会文化史”的学科概念，但是她致力于社会史和文化史相互结合的研究，以及把“社会文化特质”和“民族文化心理”作为研究重心的基本思路已经形成，因而学术界认为：刘志琴1988年发表的这两篇文章，可以说标志着“社会文化史”这一新学科概念的最初形成。

在刘志琴领导下的近代史所文化史研究室开始着手一项系列性的长期研究计划，组织编写多卷本的《近代中国社会文化变迁录》，这标志着该室把“中国近代社会文化史”作为以后长时期的主攻方向。同时，该室的学者也把“社会文化史”的学科概念带进了正在崛起的中国社会史的学术讨论会上。1990年，在成都召开的中国社会史第三届年会上，该室学者李长莉发表了《社会文化史：历史研究的新角度》一文，明确提出了“社会文化史”的学科概念，指出社会文化史“是社会史和文化史的结合形式”，是“人与人之间、人与社会之间的生活方式及其观念的历史”③。她在文章中引入文化学的方法，对“社会文化史”的研究对象、研究方法和意义，以及与文化史和社会史的区别做了集中论述，提出社会文化史“主要研究历史上人们的社会生活方式与思想观念之间的相互关系”，其重心是“对历史上某一时期社会的整体精神面貌做出描述和解释。”④

首都师范大学的梁景和教授在1991年开始学术研究时即运用了“社会文化史”的概念，而在1994年他的博士论文《近代中国陋俗文化嬗变研究》中，明确指明该论文的“社会文化史”的属性。

---

① 《复兴社会史三议》，《天津社会科学》，1988年第1期，署名“史薇”；《社会史的复兴与史学变革——兼论社会史和文化史的共生共荣》，《史学理论》，1988年第3期。

② 梁景和主编：《中国社会文化史的理论与实践》，社会科学文献出版社，2010年，第84页。

③ 梁景和主编：《中国社会文化史的理论与实践》，社会科学文献出版社，2010年，第85页。

④ 梁景和主编：《中国社会文化史的理论与实践》，社会科学文献出版社，2010年，第84页。

1992 年，由近代史所和《社会学研究》编辑部共同在北京召开了“社会文化史研讨会”，来自历史学、社会学和文化学等学科的 30 余位学者，围绕建立社会文化史学科的意义、研究对象和内容、研究方法等问题进行了讨论。这表明“社会文化史”的学科概念已经被明确提出来，并且得到了学术界的关注。

2001 年，在北京召开的“近代中国社会生活与观念变迁”学术研讨会，集中探讨了社会文化史的理论方法问题。此后，2005 年、2007 年、2009 年，分别在青岛、乌鲁木齐和贵阳召开的中国近代社会史国际学术研讨会，也涉及社会文化史的问题。2009 年 6 月和 10 月，在北京召开了两次“中国现当代社会文化学术研讨会”，这是首次以“社会文化”命名的学术会议。

社会文化史的兴起历程表明其正在以独立的姿态在史学园地中逐渐成长，成为众多史学工作者共同关注的一个话题。

## 二、何处入手：关于学科研究对象和意义的思考

《理论与实践》一书，收录了几位学者关于社会文化史学科建设方面的文章，他们的文章对于社会文化史学科的研究对象、研究方法以及社会文化史研究对于学术发展的意义等问题，都发表了自己的见解。总结这些意见，对于建立社会文化史的方法论，有着重要的意义。

马克思曾经指出：“现代历史著述方面的一切真正的进步，都是当历史学家从政治形式的外表深入到社会生活的深处时才取得的。”①许多学者从中感受到，历史学不仅不能淡化对社会生活的研究，相反要加深、加强对社会生活的研究。

刘志琴在《论社会文化史研究的崛起》《社会史的复兴与史学变革》《礼俗文化的再研究》《对民俗的历史解读》《中国人生活意识的觉醒》等文章中，论述了自己对于社会文化史的基本观点。她认为：(1)社会生活是社会现象也是文化现象。人类来到世界，首先就要吃、穿、用，这是民族赖以生存的基本方式，也是唯物史观的基本出发点。社会文化史要求把生活放在一定的社会现象和文化现象中来

① 《马克思恩格斯全集》第 12 卷，人民出版社，1962 年，第 450 页。

考察，通过生活方式的变迁认识民族文化心理和社会意识的发展历程。一部优秀的社会生活史必定是社会文化史；一部优秀的社会文化史必然要对社会生活做出具体翔实的文化和社会的阐释。(2)民众文化心理是社会变革中最难触动而又必须触动的层次。伦理价值通过精神生活和物质生活的双重作用积淀到民族文化心理的最深处，成为群体的潜在意识，对各族人民具有高强度的凝聚力。从世俗理性剖析历史上的社会文化，有助于现代人具体地认识社会生活与思想观念的双重联系，认识一般行为潜在的文化内涵，是真切地理解传统文化的复杂性和探索民族文化心理的重要途径。(3)古往今来的历史学家都力图在错综复杂的社会现象中，廓清历史的迷雾，揭示事件的真相。由于时代和当事者的局限性，社会下层民众的动向问题一直是史学研究的薄弱环节，史学研究需要从点点碎影中修复这些历史的残缺，从社会下层发掘足以反映历史变动的轨迹，以最大限度地接近历史的真相。(4)历史学本是人学。既往的历史著作，不是作为活生生的人的再现，有的只是没有七情六欲、没有个性、千篇一律的僵化的模式，这是抽象的人、干结的人，不是社会生活的人，史学工作者有责任恢复他们的真面目。

梁景和在《西方新文化史与中国社会文化史》《关于社会文化史的几个问题》《社会生活：社会文化史研究的一个重要概念》等文章中指出：社会生活是历史学科中的一个非常重要的概念。社会文化史就是研究社会生活与其内在观念形态之间相互关系的历史，社会生活作为社会文化史研究的一个视角和领域成为社会文化史研究的一个重要概念。社会生活是人们生活状态最直接的体现、最实在的反映，诸如衣食住行、婚丧嫁娶、两性伦理、休闲娱乐、流行时尚、休养生息、医疗救治、心理卫生、求职就业、福利保障、旅游观光、民俗风情、宗教信仰、迷信祭祀、日常消费、生老病死，等等。社会生活与生活方式是社会文化史研究的一对重要范畴，是研究社会文化史的两个重要切入点，抓住这两个问题，社会文化史研究就会深入开展下去。

李长莉在《社会文化史：历史研究的新角度》《社会文化史的兴起》等文章中指出：开展社会文化史研究，沟通了人们的社会生活与思想观念这两个久已隔绝的历史研究范畴，为探索人类以往时代的社会精神面貌提供了钥匙。因为社会文化史的宏观研究可以对某一历史时期社会大众的整体精神面貌进行描述和解释；社会文化史研究可以揭示某一时代的思想观念与社会生活之间的相互关系；社会文化史研究可以更全面地理解文化冲突、文化融合和文化变异的过程。

## 三、成果检阅：学科建立与发展的基础

《理论与实践》一书，对20年来社会文化史取得的成果进行了一番总结，通过文章综述及书评书序的形式反映了这方面的可喜成果。按照李长莉的归纳，以近代史领域为重心的中国社会文化史研究，从其内容和形式来看，可以归纳为三类：

第一类是专史，这些成果本身兼有社会史和文化史相交叉的性质，反映社会生活和文化观念相交织的历史现象，如风俗史、社会生活史、宗教史、教育史、婚姻家庭史、报刊或传播史等。以往这些著作，或归于社会史，或归于文化史，现在则可以归入社会文化史的范围，如严昌洪的《西俗东渐记——中国近代社会风俗的演变》《中国近代社会风俗史》、李少兵的《民国时期的西式风俗文化》、梁景和的《近代中国陋俗文化嬗变研究》、孙燕京的《晚清社会风尚研究》等。经过十多年的发展，中国风俗史的研究已经取得丰硕的成果，陈高华、徐吉军主编的《中国风俗通史》(12卷)，2001年开始出版，是一套贯通中国古代与近现代的大部头风俗通史。此外，顾卫民的《基督教与近代中国社会》，是宗教史方面的重要著作。

第二类是综合史，即对历史上某一时段、某一地区、某一群体或某一历史现象，从社会和文化的多个方面进行综合研究，以求比较全面地展现社会文化的整体风貌。由刘志琴主编，分别由李长莉、闵杰、罗检秋撰写的三卷本《近代中国社会文化变迁录(1840—1920)》，通过对史料的详细梳理，以时间为经，以社会文化为纬，对近代中国社会生活、风俗习尚、大众文化、社会思潮等进行了系统的描述，从而为研究近代中国社会文化变迁的轨迹做了铺叙。李长莉的《先觉者的悲剧——洋务知识分子研究》，从社会角色、思想观念、社会困境及文化心态等方面，对这一新式知识群体进行了全面的分析。而忻平的《从上海发现历史——现代化进程中的上海人及其社会生活(1927—1937)》，从人口结构、社会

结构、社会人格、生活方式、社会和文化生活及其价值观等方面，对1927—1937年间的上海社会做了全面的论述。其他研究地域社会文化史的著作，也是逐年增多。

第三类是跨学科研究，即将社会史和文化史相结合进行综合研究，着重探求社会生活、大众文化与思想观念之间的相互关系，如心态史、社会与思想变迁史、社会生活与观念变迁史等。乐正的《近代上海人社会心态(1860—1910)》，运用城市史与心态学相结合的方法，针对清末时期上海社会生活的变化对上海人社会心态的影响做了比较深入的研究。有的学者把社会变迁和时代精英的思想变迁结合起来进行考察，如杨念群的《儒学地域化的近代形态——三大知识群体互动的比较研究》、高翔的《近代的初曙：18世纪中国观念变迁与社会发展》等。

这类论著有些是研究以民众为主体的社会生活、大众文化与民众观念或社会思想的互动关系的，如刘志琴的《晚明城市风尚初探》、李长莉的《晚清社会风习与近代观念的演生》、左玉河的《评民初历法上的"二元社会"》等文章。而薛君度、刘志琴主编的《近代中国社会生活与观念变迁》一书则汇集了李喜所、冯尔康、罗志田、左玉河、史建云、侯杰等学者在这方面的研究成果。李长莉的《晚清上海社会的变迁——生活伦理的近代化》一书，则从社会文化史的视角，以上海为重点，揭示中国近代伦理观念变迁的社会机制及其特性。

## 四、画龙点睛：前辈专家的鼓励与期盼

一本学术著作、一门新的学科甚至一个新的史学领域，它能在多大程度上得到学术界的认可，权威学者的态度十分重要。社会文化史的一些新作所以能在学术领域里产生较大的影响，与前辈专家学者的评价关系密切。《理论与实践》一书对此也有所反映。

龚书铎指出：梁景和的《近代中国陋俗文化嬗变研究》"以人创造了文化，人又被文化所束缚，这个文化效能和人的局限作为立论的主题，紧密结合近代中国社会与文化的变迁，探讨了传统人伦文化塑造的民族心理在近代中国的演变大略"。这个研究，"力图对中国传统社会习俗的精华和糟粕做出正确的区分和深入

的探讨，因此，它不仅具有学术价值，而且具有现实意义”。① 龚书铎还指出：对于近代中国风尚的变化，尤其是通过社会风尚的变化来把握社会转型的研究是比较少见的，但孙燕京的《晚清社会风尚研究》一书，“从文化史、社会史结合的角度考察晚清社会风尚的变化，并论述了风尚变化与社会变迁的互动关系”。②

章开沅认为：乐正的《近代上海人社会心态(1860—1910)》一书，“从社会发展动力学的角度，对上海人心态变化的过程和表现作了多角度与多层面的研究与阐述，如重商、功利、消费等一系列思想观念、生活方式、社交活动、文化娱乐的变化，都有具体、细腻、深入的描绘与剖析，向读者展示一幅绚丽繁复的晚清上海人心态变化的长画卷，最终得出令人信服的结论”。章开沅还指出：“作者立志参与建立中国自己的社会心态史体系，并且从最引人入胜的晚清上海人心态变迁入手，率先做出可贵的尝试。”③

夏东元则认为，忻平的《从上海发现历史——现代化进程中的上海人及其社会生活(1927—1937)》，将社会历史的发展视为一种全息有机的运动，该书“从以往人们所忽视的人口、人格、社会结构、整合体系及消费、收入、物价、建筑、语言、风俗、衣食住行乃至物化环境、人文环境、文化生活等各个方面及其全息运动，去分析其内在的互动关系，及与时俱进、不断变迁的社会现代化进程中的具象与特征、规律，从而一定程度上具有全面性，描绘了一幅 1927—1937 年上海社会历史的绚丽多姿的画卷”。

老一辈学者对年轻一代学者在社会文化史研究的支持和鼓励，是促进社会文化史发展的重要动力。

## 五、左邻右舍：与西方社会文化史的比照

《理论与实践》一书的作者们指出：改革开放的大势，催发了文化史的复兴；改革开放的深入，迎来了社会史的兴盛。因而从总体上说，社会文化史的萌发具

---

① 梁景和主编：《中国社会文化史的理论与实践》，社会科学文献出版社，2010 年，第 187 页。
② 梁景和主编：《中国社会文化史的理论与实践》，社会科学文献出版社，2010 年，第 190 页。
③ 梁景和主编：《中国社会文化史的理论与实践》，社会科学文献出版社，2010 年，第 192 页。

有本土性特征，它是中国史学自身发展逻辑的产物，是中国文化史、社会史、社会文化史发展链条上的一环。另一方面，20 世纪 90 年代末西方新文化史渐次传入中国，并开始对中国史学界产生影响，使更多的年轻学者投身于社会文化史研究的队伍之中，也推动了中国社会文化史研究的长足发展。

对于西方新文化史的这种影响，《理论与实践》有一定的反映。主编梁景和在本书的代序——《西方新文化史与中国社会文化史》一文中，参阅了西方新文化史兴起的有关文章，对西方新文化史的性质、特征及有关代表人物做了概述，对其理论和方法进行了分析，同时也介绍了各种类型的代表作，文中对西方新文化史的代表人物——英国剑桥大学彼得·伯克教授在中国的活动也有一定的介绍。

王笛的文章《新文化史、微观史和大众文化史——西方有关成果及其对中国史研究的影响》，详细地介绍了西方史学在这个领域的最新进展，有助于促进中国学者对西方史学这一新领域的了解。王笛的文章还以自己的最新研究成果——美国斯坦福大学出版社出版的《茶馆：成都的小商业、日常文化与公共政治，1900—1950》一书为例，阐述了自己在这个课题上所做的功课和所获的体会。

马敏的书评《追寻已逝的街头记忆——评王笛著〈街头文化：成都公共空间、下层民众与地方政治，1870—1930〉》，对这位旅美中国学者的新著在视角、方法、材料运用上的特点进行了深入、细致的评述，分析了该书对中国的社会文化史可能产生的影响。作者指出，对一部历史著作的评判，最终是要看其对回归历史原生态的贡献，看其在趋近历史原生态的过程中究竟走了多远，而王笛的著作已经循此方向迈出了一大步。

李长莉的书评《从人生礼俗透视中国的文化结构——读罗梅君著〈北京的生育婚姻和丧葬：十九世纪至当代的民间文化和上层文化〉》，则评述了具备西方学术素养的德国女学者罗梅君如何以自己的学者识见，洞察北京人的人生礼俗习惯中所蕴含的中国文化的深层奥秘。

这些文章表明，中国的社会文化史研究虽然产生于中国本土，但也正在与国际史学研究的新潮流逐步接轨。

## 六、再思考：社会文化史如何向前发展？

《理论与实践》一书，对于如何推进社会文化史研究的继续发展也提出了中肯的意见。该书认为：社会文化史资料数量庞大，非常分散，缺乏整理，搜集整理资料非常重要，以避免重复劳动；从总体上说，社会文化史的研究还处于初创阶段，一些研究者缺乏运用新视角、新理论、新方法的自觉性和经验，缺乏研究范式的建树；缺乏深入专精的高水平著作，尚未形成公认的研究典范。

为推进社会文化史的研究，学者们建议：一、建立社会文化史研究的学术重镇，以促进有分量的研究成果和学术精品的产生；二、抓基本社会生活内容和独特社会生活内容的研究；三、运用多学科的视角，借鉴多学科的理论和方法；四、注重改革开放时代的社会文化史研究。①

纵览全书，该书给读者展示了如下的前景：经过20余年的发展，社会文化史的研究已经在中国的学术园地中崛起，并显示出它的生机与活力。它在中国改革开放的大环境中萌生和发展，有了本土性研究的丰富成就的基础；如今又有了西方新文化史迅速发展的外部条件的启示，有许多可资借鉴的精品传入，因此中国的社会文化史研究将会获得新的发展动力，在理论、方法、材料运用、构思模式上获得新的突破，并将取得令广大读者耳目一新的诸多新成果。

---

① 梁景和主编：《中国社会文化史的理论与实践》，社会科学文献出版社，2010年，第24—26页。

# 李华瑞

李华瑞，1958年生，生于甘肃省山丹县平坡，祖籍四川绵竹市。1978年考入甘肃师范大学（今西北师范大学）历史系，1985年获硕士学位，留校任教。1987年到河北大学师从漆侠先生读博士研究生，1990年获历史学博士学位，任河北大学历史研究所讲师、副教授、教授、博士生导师。2000年任河北大学人文学院院长。2004年起任首都师范大学历史学院教授、博士生导师、唐宋史研究中心主任。

社会兼职：曾任中国宋史研究会法定代表人、秘书长、副会长，北京大学中国古代史研究中心学术委员，主编中国宋史研究会会刊《宋史研究通讯》；现任全国哲学社会科学规划中国历史评审组专家，中国社会科学院西夏文化研究中心副主任、学术委员，中国人民大学复印报刊资料《宋辽金元史》学术顾问，宁夏大学西夏研究中心学术委员和兼职教授，河南大学中国古代史研究中心兼职教授，河北大学宋史研究中心兼职教授。

代表性论著：《宋代酒的生产和征榷》《中华酒文化》《宋夏关系史》《中国改革

通史·两宋卷》《宋史论集》《王安石变法研究史》《唐宋变革论的由来与发展》《视野、社会与人物——宋史、西夏史研究论文稿》《宋代救荒史稿》(上下册)。在《中国史研究》《历史研究》《中国社会科学(英文版)》《中国经济史研究》《史学理论研究》《文史》等国内外期刊发表学术论文近二百篇。

1996年被评为全国“百千万人才工程”第二层次候选人；1999年获河北省第三届社会科学优秀青年专家称号；2000年获河北省有突出贡献的中青年专家称号；2002年获教育部第三届高校青年教师奖；2004年享受国务院政府特殊津贴；2006年被评为北京市强教工程拔尖人才。

访谈

# 与李华瑞教授谈宋史研究

按：此次访谈进行于2014年10月，主要谈论的是李华瑞教授跟随漆侠先生读博士以及他的宋史研究的问题。

**问：** 李老师，您好！您是2004年来首都师大历史学院的，那时我已经退休，后来听过您的课，但没有机会和您多聊。今天想借此机会跟您聊聊您来首师大以前的情况和您来这里以后学术研究方面的新进展。大家都知道您是漆侠先生的高足，您今天成为宋史研究方面的大家是与漆侠先生的精心培养分不开的。可否先谈谈您读博前的情况？

**李：** 我在上大学之前，对历史谈不上有什么兴趣。因为中学时我们没有学过历史。我是1958年出生的，可以说生在新社会，长在红旗下。当我们到了上学读书的年龄，需要长知识的时候，正赶上“文革”。在我读中小学的时期，甘肃省未开设历史和地理课。我从小学时爱好打乒乓球，从初二到高二第一学期，我参加过县、市、省各级各类少年乒乓球比赛，那几年几乎没有认真读过一天书。1974年初高中毕业后，我当过两年农场临时工，插队一年，1977年年初到煤矿做矿工，直到1978年10月考入甘肃师范大学历史系学习。

**问：** 您中学没学过历史，怎么能参加高考呢？

**李：** 我考大学时用的历史、地理课本，是我二姐从四川老家寄来的。我之所以选择历史专业，理由很简单，一是在5门高考科目中历史分数最高，二是从初中开始就喜欢读小说，到上大学前读了不下百部中外小说，因而曾做过一段文学梦。在填大学志愿时，我的中学语文老师说，历史厚重、知识宽广，更有利于搞文学，而大学中文系偏重专业研究。听了老师的话我就报考了历史系。

**问**：这样到了历史系学习会不会有些困难啊？

**李**：到了历史系后，由于没有基本的历史知识背景，一下子学习由唯物史观架构的中国历史和世界历史，感觉很吃力，因而迷惘了一段时间，甚至在大学二年级第一学期时，想要转学当时新兴的人口学，并在二年级结束时写了我的第一篇学术论文《控制农业人口是当务之急》。这篇论文写好后，即被推荐参加了由兰州大学和兰州市委宣传部主办的“首届西北人口学术研讨会”。进入大学三年级学习后，为了将来的出路，准备考研究生，于是开始从头复习学过的课程，前后联系起来求得通识，似乎一下有茅塞顿开的感觉。从那时起，我对学习历史产生了兴趣。

**问**：在西北师大您从本科到硕士又留校当助教，一共有十年吧？这期间给您留下印象最深的是什么？

**李**：从读本科、硕士，到留校，金宝祥、陈守忠两位先生对我的学习有较大影响。金宝祥先生是我初入学时的系主任，我们学的中国古代史教材是由他主编的，这部教材贯穿了他以人身依附关系逐步松解作为认识中国古代史发展主线索的思想。金先生教导我们读书要读好书、读名著，这给我留下了极为深刻的印象，到现在我也这样教我的学生。大三时我选修他的“隋唐史专题”课。在他的影响下，我读了钱穆先生的《国史大纲》，首次知道在唯物史观之外，中国历史还可以有另外一种写法。但金先生是一位笃信马克思主义的历史学家，他说他曾5次通读过《资本论》，还读过两遍黑格尔的《小逻辑》。他坚信私有制是人类社会由低级的原始社会向高级的共产社会发展中间的过渡阶段，最终一定会消失。他主张研究历史应注意把握历史发展的大趋势，而不应纠缠于细琐的末节。受他的影响，我也很认真地读过一遍《资本论》第一卷。

陈守忠先生是我读硕士研究生时的业师。他身上带有浓厚的西北乡土气息，热爱故土，精于考订西北历史地理和长城遗址。他擅长把文献征引与野外实际调查相结合，得出的结论往往经得起时间的检验。至今我还感佩陈先生对甘肃山川地貌、地名地址的熟悉。上大学时我偏爱世界史，但英语很一般，所以考博士时临时改报宋史。我的硕士学位论文的题目就是陈先生帮我确定的。

**问**：您的硕士论文写的什么？是不是宋史方面的，不然怎么会被漆先生看中呢？

**李**：是的。1987年2月底，新学期刚开学，我到就职的西北师院历史系办公室签到，在《光明日报》看到河北大学漆侠先生招收博士生的广告，不知怎的我就有一种强烈的报考意愿。3月中旬我抱着很忐忑的心情给漆侠先生写了一封信，我说我读过先生的《秦汉农民战争史》《隋末农民起义》和《王安石变法》，很想跟先生学习深造。不久就收到漆侠先生的来信。他在信中表示"极为欢迎"我报考他的博士生。他说，除了外语和专业考试外，重要的是把硕士论文寄给他。

当时正是国内史学界讨论王安石及其变法非常火热的时候，漆侠先生旗帜鲜明地肯定王安石变法，那两年出题考试也多是关于如何评价王安石变法的。在考试之前我就特别服膺漆侠先生的观点，所以答题时我认为当时学界相当多的人重评王安石变法，不论是取材，还是论点似又回到了南宋初对王安石变法的否定上。对我的答题漆侠先生颇为赞赏，在面试时漆侠先生鼓励我把这个看法写成文章发表。其后我虽没有写出专门的论文，但这是促成我以后撰写《王安石变法研究史》的起因。

**问**：就这样您就成为漆侠先生的博士生了？

**李**：是的。1987年我考入河北大学，开始师从漆侠先生攻读博士学位，这是我学术生涯的一个重要转折。我曾在不同场合说过，漆先生于我有再造之恩。记得先生决定录取我后，谈及今后的论文写作，先生说先不要着急，你的硕士论文思路不错，但读书太少，涉及面也不够深广，到我这里可以好好读书，没有翻阅二百种以上的文献，不能动笔写论文。于是我以"宋代榷酒制度研究"为题，开始撰写博士学位论文。在漆先生的指导下，我翻阅了近六百种宋代文献，直接征引的书目达二百多种。由于资料的丰富，使我对宋代酒的问题的认识有了较大的提高，而漆先生以经济关系把握经济史研究的思想和实践，对我也产生了深刻的影响。有几位先生以"颇有师风"来评论我的博士学位论文，对此我感到很欣慰。

**问**：从1987年读博开始，到2001年先生去世，您跟随先生也有14年了，先生给您留下最深刻的印象是什么？

**李**：我觉得漆侠先生具有很强的学术使命感，早在他开始招收研究生之日起，就把培养学生与建构宏大的学术体系联系在一起。漆侠先生在 20 世纪 80 年代初完成近百万字的《宋代经济史》，在他人看来那已是皇皇巨著，可是漆侠先生以为那只是宋代经济史的一个纲要，需要研究的问题还很多，如果想要真正揭示宋代经济史的全貌则至少要写 300 万字，因此漆侠先生有意让学生在经济史领域做专题探索，从 1982 年到 1992 年十年间论文选题涉及马政、商业信用、矿冶业、商业资本与高利贷资本、财政管理、漕运、自耕农经济、货币流通、地域经济、专卖制度、城市管理等。经过漆侠先生多年的积累和培养，河北大学形成了独树一帜的宋史研究特色，并在国内产生巨大影响，有香港学者把这种特色称作"保定学派"。

**问**：您在 1995 年出版了两本专著，一本是《宋代酒的生产和征榷》，一本是《中华酒文化》，两本书都与酒有关，这也是您在漆侠先生指导下的学术研究的开端，您能谈谈酒这方面的问题吗？

**李**：好的，我们就谈谈酒的问题。酒自从与人类社会生活发生联系以后，作为一种文化现象，便超越了纯粹的物态意义。特别是汉武帝在历史上初榷酒酤，酒又成为重要的财政税源，关乎国计民生。自唐中叶以来到宋初，逐步形成了以专卖法为中心的税制和财政制度。其中酒类专卖在宋代专卖制度中占有非常重要的地位。为了增加财政收入，宋朝自始至终实行专利榷酒政策，鼓励多酿多卖，就如吕祖谦所说，唯恐人不饮酒。所以，宋代的酿酒业在继承前代的基础上获得了空前的发展。在这里有三点值得称道：首先，宋代制麴酿酒工艺理论有较大发展，《北山酒经》是其代表作。它全面系统地总结了自南北朝以来制麴酿酒工艺方面的新贡献。其次，宋代黄酒生产的工序和技术已与现代基本相似，并进入鼎盛时期。第三，宋代已经有了白酒。白酒俗称烧酒，关于烧酒的起始，过去一直沿用李时珍《本草纲目》的说法，烧酒始自元代。从 20 世纪 30 年代起，一些搞化学史的科学工作者向陈说提出了挑战，试图将白酒生产的源头向前追溯，大致形成了东汉说、唐代说、南宋说等几种观点，都因缺乏有力的证据，难以定论。漆先生就曾希望我在白酒起始问题上有所突破。经过研究，我个人认为，宋代已能制作蒸馏烧酒，理由有六点：(1)宋代始出现的"蒸酒"一词，见于多种文献。(2)宋代文献还有大量反映烧酒特征的其他资料，如酒能燃烧、酒度提高、水晶红白烧酒等。(3)以“露”字命名酒，较之前代有了剧增的趋势，如“膏露”“琼花露”，等等。一个“露”字十分传神地捕捉到“用器承取滴露”“炼酒取露”“其清如水盖酒露也”等蒸馏工艺特征。(4)南宋中后期人黄榦的文集中有“蒸烧”和“烧器”的专门记载，这是南宋酒坊中已有蒸馏环节的最好说明。(5)两宋时期已经比较广泛地使用蒸馏技术和蒸馏器。有了蒸馏器，制造蒸馏酒就不是什么难事了，只要把酸败之酒或发酵后的酒醪蒸馏一下就行了。(6)20 世纪 70 年代在河北省青龙县发现的金代遗址中出土的金代烧酒锅，为我们提供了强有力的间接物证。其实，中国最迟在东汉就能制作蒸馏器，20 世纪就有实物出土，只是目前尚未发现相应的文献记载，所以，烧酒始于东汉说暂且存疑，也许今后有了新的发现，烧酒的起始时间还可从宋代往前推移。综合以上所说的证据，说宋代已能制造白酒，应该是能够成立的。

**问：**从您上面说的这些理由看，宋代已经能够烧制白酒应该是没有疑问了；那么宋代施行的榷酒制度是怎么回事呢？

**李：**宋代确实是我国历史上唯一自始至终实行榷酒制度的封建王朝。在继承唐代的基础上，榷酒制度趋于细致、完备。从社会经济结构上看，酒类的生产和销售，属于一种纯消费型的商品经济。酒类生产和销售是因地制宜，可随产随销，所以，酒的产销主要集中在大中城市、县乡镇市和商品集散地。由于酒类产销与盐茶不同，宋朝对酒类产销的垄断经营与盐茶也不相同。第一，由封建官府直接控制生产和销售整个环节的官监形式，在榷酒制度中占统治地位，这与盐茶征榷制度中这类比重所占最小的情况有所不同。第二，从宋初直到南宋绍兴后期，宋政府严厉禁止大商贾直接经营酒业，这与盐商、茶商在盐茶征榷制度中是其主要经营者的情形大相径庭。第三，买扑制度是一种类似现今的承包租赁式的经济制度，它广泛存在于宋代的诸多经济行业中，但只有在买扑坊场中得到了广泛而深入的发展。这既是宋代商品经济高度发展的标志之一，也是宋朝自觉或不自觉地利用经济手段管理酒类的税收、生产和销售诸环节在其制度上的一种进步的反映。就这三点而论，在盐茶征榷制度之外，宋代榷酒制度为我们打开了一扇透视宋代社会经济结构运行和发展的重要窗口。

**问：**这样看来酒的生产和课税在宋朝的财政收入中是很重要了？

**李**：确实，丰厚的酒课收入是宋代经济的重要支柱之一。北宋初年酒课只有185万多贯，在货币总收入中不到10%，真宗天禧年间增长到近900万贯，占当时货币总收入的33.3%，其后仍然稳步增长。仁宗庆历年间高达1710多万贯，占38.9%，以后又逐年下降，至神宗熙宁十年仍有1310多万贯，占25.9%。南宋酒课也达到1000多万贯，占南宋货币总收入的20%左右。酒课作为宋朝封建专制主义统治的重要经济支柱，至为明显。

**问**：您跟随漆侠先生读博，必然要涉及王安石变法问题，因为漆先生和他的老师邓广铭先生都是研究王安石变法问题的专家。我看您在这个问题上，一方面继承了漆先生基本的学术观点，另一方面又把视野放大到整个学术界对王安石变法的研究上。2004年，您的大作《王安石变法研究史》出版了，这应该是您对这个问题长期关注的成果吧？

**李**：确实是这样。早在1987年我报考漆先生的博士生时，考题就是关于如何评价王安石变法的。当时这个问题是宋史研究中的一个热点，由于教学的缘故，我也一直很关注这场讨论的进展情况。我隐隐约约感觉到相当多的人重评王安石变法时，不论是取材，还是论点似又回到了南宋初对王安石变法的否定上。我把我的想法如实地写到卷子上，没想到，我的想法得到漆先生的肯定，在面试时先生鼓励我把这个看法写成文章发表。从那时起我就更加留意王安石变法的讨论。20世纪90年代以后，不规范的学术行为、炒冷饭式的重复研究，使得研究成果“泥沙俱下”的现象已相当严重。而我在搜集资料和读书学习的过程中，发现20世纪发表的有关王安石变法的文章多达千余篇，但有见解、有一定水准的论文不到三分之一，很多文章多是低水平的重复之作，或是泛泛而谈的应景之作。造成这种状况的原因，无疑与学术腐败和急功近利有关。此外，不重视学术史的清理也是原因之一。重视学术史的清理和回眸，既是对前人研究成果的尊重，也是学术创新的基础。所以，我写《王安石变法研究史》既是想从学术发展史的角度梳理和总结不同时期对王安石变法评议、研究的方法和观点；同时也是想为改变目前的浮躁学风，进而规范学术研究尽自己的绵薄之力。

**问**：在王安石变法的问题上，您既受到了邓先生和漆先生的影响，又要写一部客观的王安石变法的研究史，这两者不矛盾吗？

**李**：在王安石变法的评价问题上，我深受邓广铭先生和漆先生的影响，但是我在叙述时尽可能地保持一种客观、平和的态度。因为吾爱吾师，吾更爱真理。我不愿重蹈那种赞誉王安石，就把王安石说的一切有是而无非，否定王安石，就把王安石说的一切有非而无是的评价窠臼，力图把 900 年来的是非曲直原原本本地告诉读者，不刻意站在肯定或否定的一方。

**问**：您这样的态度有助于读者全面了解王安石变法。

**李**：自南宋初重修《神宗实录》，确定"是元祐而非熙丰""唯是直书安石之罪"的编撰宗旨，从而彻底否定王安石变法以降至今，历史已走过近 900 年。伴随着历史的脚步，对王安石及其变法的褒贬议论，亦是一桩几经变动而又难以了结的历史公案。近 900 年间，有关评议和研究王安石及其变法的论著可谓汗牛充栋。仅以 20 世纪为例，据不完全统计，研究、评议王安石的传记、变法史实的专书达 90 余种，论文千余篇。依据中国社会历史变迁的特点和评价主流意见的变化，可以把评议、研究王安石及其变法的近 900 年分作三个时期：南宋至晚清、20 世纪前半叶和 20 世纪后半叶。

**问**：这是一个持续不断的热点问题。

**李**：在南宋初至晚清近 800 年中，对王安石及其变法的评议可分为史家和思想家两大类。史家的评议主要散见于各种官史和私史中有关宋神宗在位时期史实的记述。自南宋至晚清历代思想家在总结北宋兴亡史时，大都较为集中地对王安石变法进行评论和批判。南宋至晚清最具代表性的批判意见有三点：(1)王安石变乱祖宗法度，"祸国殃民"，最终导致北宋亡国。这个观点始于南宋初期的《神宗实录》，后为元朝人修《宋史》所承袭，成为元明清时期的官方定论，不仅为史家所认同，而且被社会普遍接受。(2)荆公新学是王安石变法的指导思想和理论基础，自宋理宗取缔王安石配享孔庙后，荆公新学所遭受的抨击，要远甚于对新法措施的否定。这种否定既与程朱理学和荆公新学在南宋的力量消长有关，更是理学家们自南宋初期以后长期批判贬抑的结果，南宋理学家对荆公新学的批判主要集中在两个方面：一是斥荆公新学为异端邪说，"于学不正""杂糅佛道"或"学本出于形名度数"；二是把新学作为变乱祖宗法度而致北宋亡国的理论依据，予以无情打击。由于理学在元明清被定为一尊的统治思想，是当时思想的主流，荆公新学作为异端邪说遂成不易之论。(3)把王安石的诸项新法称为聚敛之术，“聚敛害民”，把王安石的理财思想视作兴利之道“剥民兴利”，是北宋熙宁、元祐时反变法派批评新法的主要观点，但自南宋至晚清仍是绝大多数史家和思想家评议王安石新法的基本观点之一。当然在“荆公受谤七百有余年”中，也有为其辩诬的，如清人蔡上翔所著《王荆公年谱考略》，但这种辩诬并不是这一时期评价王安石及其变法的主流。

**问：**看来这800年无论是史学家还是思想家都是贬斥王安石及其变法的，这种局面从什么时候开始转变的呢？

**李：**20世纪前半叶，学界开始运用近世科学的观点和方法重新评价王安石及其变法，大致与出现相对独立的宋史研究一样，亦始于20年代。进入30年代后，在国民党政府的提倡和支持下，对王安石及其变法的研究出现了一个高潮，大致持续到40年代后期。梁启超的《王荆公》是20世纪评议王安石及其新法影响最为持久的著作。从1908年初次印行后迄今约有10种版本行世。自南宋以降至元明清对王安石及其变法的评议一直以否定性意见为主流，而梁启超的《王荆公》改变了这种局面，为王安石及其变法彻底翻案。梁启超称王安石“三代下求完人，惟公庶足以当之矣”。他把青苗法和市易法看作近代“文明国家”的银行，把免役法视作“与今世各文明国收所得税之法正同”，认为其“实国史上，世界史上最有名誉之社会革命”，还认为保甲法“与今世所谓警察者正相类”。一言以蔽之，梁启超用社会主义学说类比王安石的新法措施，把王安石称为社会主义学说的先行者，胡适之先生亦持有相类的观点。其后研究者虽然已涉及王安石及其变法的方方面面，如变法的时代背景、动机、指导思想、代表的阶级、诸项新法的利弊、反变法派与变法派的斗争、变法的社会效果及意义、变法失败的原因及经验教训等，但梁启超的肯定性评价为大多数人所尊奉，成为20世纪前半叶的主流观点。

**问：**梁启超的观点影响很大啊！新中国成立后有什么新变化？

**李：**新中国成立后，马克思主义的唯物史观在史学研究领域占据主导地位，最早运用唯物史观研究王安石变法并产生较大影响的学者，当推邓广铭先生和他的门人漆侠先生。他们的研究贯穿了20世纪后50年，这在王安石变法研究史上是很少见的。

**问：**他们的书我们在上大学时都读过。你能具体谈一下新中国成立后学界对王安石及其变法的评价吗？

**李：**1950—1965年，以马克思主义为指导的史学工作者再度对王安石及其变法做出评价，虽然对王安石及其变法做出了全面的肯定，但因其观点、立场不同，在肯定王安石及其变法的性质和时代上与20世纪前半叶的肯定又不尽相同。其特点是：(1)注重强调王安石变法的思想性和阶级性，即把王安石变法置于宋代特定的封建时代的历史环境中。指出王安石变法是地主阶级的一个改革运动，王安石的新法代表着地主阶级的利益(持代表中小地主阶级利益的学者尤多)；王安石在政治哲学思想上具有朴素的唯物主义。(2)对王安石变法的效果基本持肯定态度，即王安石变法在实现富国强兵、加强宋朝封建专制统治的同时，还推动了宋代社会生产力的发展和历史的前进。(3)否定司马光及其反对派，认为以司马光为首的守旧派的政治运动阻碍了历史的前进，这是对自南宋初以来"是司马光而非王安石"的传统观点的彻底否定，也与梁启超以来的评价有所不同，梁启超对王安石变法的翻案并未否定司马光。(4)将王安石变法失败的原因一般归结为保守势力的强大、变法派内部的分裂以及宋神宗的动摇和过早的去逝。

1973—1976年10月在"四人帮"掀起的"评法批儒"闹剧中，王安石被作为法家的杰出代表，王安石变法亦因被作为两宋儒法斗争的典型事例而受到高度重视。这一时期，社会上发表的文章有150多篇。文章作者大致可分为三类：一是"四人帮"的宣传班子，专门为"四人帮"篡党夺权制造舆论，借此攻击老一辈无产阶级革命家。他们炮制的文章虽然不多，但分量甚重，如罗思鼎《从王安石变法看儒法论战的演变——读〈王荆公年谱考略〉》。二是工厂、学校和部队的理论小组和学习小组撰写的文章，这些文章都根据"四人帮"宣传班子的调子，上纲上线，在社会上只是制造声势，无学术意义可言。三是一些专家、学者经受不住强大的政治压力，违心地跟着撰写了一些著作和文章。1977—1979年学界发表了二三十篇文章批判和矫正"四人帮"对王安石及其变法的扭曲，并力图澄清一些基本史实，还历史以本来面目。进入20世纪80年代以后，王安石变法一直是宋史研究中的重点问题之一。

**问：**20世纪80年代以后，也出现了完全否定王安石变法的观点，并成为一个潮流，是这样吗?

**李：**1980 年，《中国社会科学》第 3 期发表了王曾瑜先生的《王安石变法简论》，对王安石变法的再评价随之也热烈展开，标志着 20 世纪王安石变法研究新阶段的开始。有三种总评意见，即肯定说、否定说和不完全肯定说。肯定说基本承接了五六十年代以来的肯定性意见。否定说又有两种不尽相同的意见，第一种是对五六十年代肯定观点的全盘否定：王安石不应算作中小地主阶段的政治代表，王安石变法的客观效果是加重了对农民的剥削和压迫，阻碍了商品经济的正常发展，变法期间阶级矛盾依然尖锐，一句话，王安石"富国有术，强兵无方"，应予以基本否定。另一种否定意见是以全盘否定王安石来全面肯定司马光，亦即以"尊马抑王"为其特色。如果说新中国成立以来对王安石变法的研究和评价，是对 900 多年以前司马光、赵构等人的一个基本否定，那么这次"尊马抑王"则是新中国成立以来对王安石变法研究的一个否定，而这个否定之否定，便使这一评价的论点重新回到司马光、赵构等人上，这可算是历史的一次重演。不完全肯定说，一方面充分肯定王安石变法是中国封建社会统治者的一次重要改革活动，具有明显的进步意义。变法期间生产有所发展，财政状况好转，基本上达到了富国的目的；另一方面亦指出新法在实施过程中，在政治上和经济上给劳动人民增加了新的负担。对王安石变法与商品经济发展的关系，也是既承认变法对商业活动的发展有不良影响，又肯定它还有对商品经济发展起积极影响的一面。

总的来看，决定南宋以降迄今对王安石及其变法评议的价值取向主要有三点：一是南宋以后占统治地位达 700 多年之久的程朱理学的价值标准；二是 20 世纪影响中国历史进程最大的马克思主义唯物史观；三是在不同阶段、不同时期内与时俱进的社会气候变化，亦即现实政治发展路标的指向。

**问：**您的书对于总结这个问题应该说是很有价值的。

**李：**2004 年完成的国家社科基金项目"王安石变法研究史"，从学术史的角度分述南宋时期否定王安石变法的由来和发展、元明清时期对王安石变法的评议和 20 世纪对王安石及其变法的研究；对影响南宋以来最高统治者、理学家、浙东学派、史家、四库馆臣、士人、近现代学者及其各类官私史籍和研究论著认识、评议王安石及其变法的价值取向，从政治因素、学术思想和社会结构的变化等理论层面，做了详细的剖析和诠释，较好地解释了对长期以来王安石变法众说纷纭的历史根源。

**问：**除了研究宋代的经济、宋代的政治以外，您的研究视角还扩展到两宋时期的民族关系，1998 年您就出版了《宋夏关系史》，是不是这个领域开创性的著作？

**李：**两宋时期民族关系错综复杂，辽朝和西夏与北宋鼎足而立，金朝以淮河划界与南宋对峙，最后南宋亡于蒙古的铁骑之下。此外，当时的少数民族还有大理、吐蕃、西辽等。但目前对两宋时期民族关系的研究还有待于深入，特别是10—13 世纪中国历史发展的全局来把握这一时期的民族关系，我开始研究宋夏关系时尚未见有分量的研究成果问世。陈寅恪先生在《唐代政治史述论稿》一书中，论及唐代外族盛衰的连环性，以及外患与内政的关系，对我研究宋代民族关系问题有很大启发。虽然唐宋历史发生了很大变化，但陈先生观察和研究民族关系的方法仍具有指导意义。

我所讨论的宋与西夏的关系，只是宋代民族关系中的一小部分，而且在我之前已有相当多的研究成果。我个人认为，我的研究有三点较前人有所推进：一是我首次以专著的形式，对宋夏关系做了较为系统的论述。二是在使用资料上，以往治宋夏关系的学者多使用清人的著作，如《西夏书事》《西夏纪事本末》和民国学者的《西夏纪》，但清人的著作主要取材于宋人的记载，而这些宋人的记载在今天又大多能够查阅到，因而我对宋夏关系的叙述，尽量重新梳耙宋人的原始记述，一般不把清人著作作为原始材料来使用，只把它们作为带有研究性质的著作来参考。三是对宋夏关系的描述没有停留在双方经济、军事交往的人和事件上，而是深入到双方的政治、军事体制中，深入到双方所处的历史时代和大环境中，以北宋政治运行机制为切入点去探寻宋与西夏交往的发展轨迹。

**问：**这也是您在史料选择和研究方法上的创新。

**李：**宋夏关系是一个比较复杂的问题。总体来看，以宋神宗时期划线有两个特点，此前宋夏关系围绕西夏争取独立而展开，此后宋夏关系以北宋力图吞灭西夏为主线索，但双方最终均未达到目标。西夏自李继迁至李元昊三代，经过艰苦卓绝的努力，兼并统一河西、朔方，建立起幅员两万里的西夏王朝，且在康定、庆历年间的三大战役中大败宋军，但是，最终却未能达到与北宋、辽朝平起平坐的战略目标，而是接受国主称号的封册，与宋订立了和约。而北宋从宋神宗朝起历哲宗至徽宗三朝，耗费巨大的财力、物力、人力，发动数次旨在灭亡西夏的大规模战争，把边界线向西夏境内推进数百里，但最终也未能达到吞并或彻底制伏西夏的战略目标。这是为什么？从西夏方面来讲，未达到目标大致有三个原因：其一，在综合国力上，西夏建国后，仍然弱小，无法与宋朝做对等性的抗衡。其二，西夏的社会生产水平尚不能满足国内对农耕产品日益增长的社会需求，因而在经济上对农耕大国宋朝存在着一定程度的依赖，夏宋贸易对西夏的发展具有特殊的意义。这种经济上的依赖性，决定了西夏在政治上不能完全自立。其三，从军事武力来看，虽然在战场上西夏不仅对北宋，而且对辽金都取得过骄人的作战成绩，但它取得的胜利基本上限于局部边境战争，极少深入交战国腹地，对交战国不能构成大的威胁。

**问**：20 世纪 80 年代我跟我系谢承仁先生为了研究李自成出生地的问题曾经到过陕西横山县的李继迁寨，那应该属于当时西夏的范围吧？那一带沙漠很多，比较穷困，可以想见西夏的实力。但是宋朝为什么也灭不了西夏呢？

**李**：北宋神宗以后不能吞灭西夏，大致有四个方面的原因：第一，北宋的军事体制从宋太宗晚期起，体现着以战略防御为主的思想，步兵是其主力部队，深入进攻西夏非其所长。第二，宋夏边界西北有瀚海沙漠戈壁七百里，成为以步兵为主的宋军难以逾越的天然屏障。第三，宋的军事体制中存在着有悖于军事规律的严重弊端，宋太宗为了加强对军队的控制，在军事行动中实行“将从中御”的方法，后来被他的子孙后代奉为祖宗家法。这种方法就是让领军将领按照皇帝事先准备好的作战方案指挥战斗，并不得违制。它极大地限制了领兵将领临阵时的主观能动性的发挥，宋军常以不变应万变，哪有不贻误战机的？第四，西夏与辽朝互为犄角，是北宋不能吞灭西夏的外在因素。

**问**：2010 年由您主编的《唐宋变革论的由来与发展》一书出版了，这本书对唐宋的变革问题是怎样讲的呢？

**李**：从 20 世纪初期日本学者内藤湖南提出“唐宋变革论”这一命题以来，近些年我国学者对此多有回应。唐宋变革论自提出至今虽已一百多年，但国内学者真正关注“唐宋变革论”，并引起唐宋史学界的热烈回应，实际上是进入 21 世纪以来的事情。此前虽也有学者不断论及，但终究未引起大范围的讨论，影响有限。

唐宋变革说实质上是对中国历史的一种分期。对历史进行分期，不论是日本学者依照文艺复兴时代划分西洋史为上古、中古、近代的正统分期法，还是中国学者依照斯大林五个社会形态理论进行分期，实质上都是按照近代西方的历史观来解读中国历史。日本学者的宋代近世说，是站在世界史的范围，认为中国的宋元时期与西亚、南亚、东亚及欧洲的近世化过程相同步，或者说是世界近代化链条中不可或缺的一环，而中国学者，特别是 20 世纪 50 年代以来的大陆学者的讨论，虽然也比照西欧封建社会向资本主义社会的过渡历史，但多强调中国的独特性，并显现出就中国论中国的闭关自守式的研究倾向。因而中国学者对唐宋变革的观点，在世界范围未产生多少回应和反响，但日本学者的唐宋变革论却产生了极大反响。

**问：**这么说“唐宋变革论”既有中国学者的说法，也有国外学者的说法？

**李：**目前影响较大的唐宋变革论有三种，一是日本京都学派的唐宋之际变革论；二是中国唐宋史学者的中唐至北宋中期变革论；三是美国学者近二三十年来的两宋之际变革论。这三种说法不仅在变革时间起讫的确定上有所不同，更主要的是对社会历史变化内容的把握不尽相同。日本学者内藤湖南认为变革的主要内容是：政治上，隋唐贵族制衰废，宋朝君主独裁制兴起；经济上，唐宋之际为实物经济之终结，货币经济之开始；文化上，由贵族文化转向平民文化。其后宫崎市定发展此说，添加了更多的社会经济史方面的研究，概括起来说就是由农村时代向城市时代推进的社会构造的变化和由宗教时代向学问时代演变的文化形态的变化。

中国学者认为唐中叶以来各种形式的封建国家土地所有制衰落，土地私有制在宋居于绝对的优势地位；在土地私有财产居于压倒的优势地位的同时，占有土地的各阶层也发生显著变化，从而使土地占有关系出现了新的格局。阶级关系的变化则表现在两个方面，一是农民对地主的人身依附关系有所松弛，农民与地主的身份性差别有所缩小；二是雇佣制逐步有所发展。以新的社会经济结构为政治和文化的基础，整个上层建筑包括政治、军事、教育、法律等制度，乃至哲学、宗教、文学、艺术等意识形态以及风俗习惯都出现了相应的变革。

美国学者起初也受日本学者唐宋变革观的影响，到 20 世纪 70 年代，美国的宋史学者研究的重点转向士大夫和学术文化思想，受当时西方社会学中流行的精英与分层理论的影响，他们以唐宋时代士人的变化为切入点，重新思考唐宋变革，进而否定日本学者的唐宋变革观，在他们看来传统的阐释忽略了从北宋到南宋的社会变迁，忽略了道学在社会中发生作用的历史性。从唐朝到北宋、南宋，最深刻的社会变迁就是国家的精英性格变了，从官僚性格变成地方精英的性格，特别重要的变迁在于：宋代土地所有权属于私人而不属于国家，政府变小；社会上地方士人精英兴起；南方的多元化道学兴盛，全国经济重心南移、商业发达、外贸繁荣、大城市和市场网络越来越发达；中央政府在各方面的领导性减弱。

**问：**我觉得美国学者的这种观点比较新奇，但恐怕不容易为中国学者所接受。

**李：**很显然，日、中、美三国学者从各自的角度和理论，对唐宋时代社会历史内容的变化做出了不同的解释。就讨论对象而言，中日学者有相通的地方，在第二次世界大战以后，中日学者讨论唐宋变革都不同程度地受到马克思主义历史观的影响，尽管中日学者对封建社会是领主制还是地主制的内涵理解不尽相同，但都从封建社会中地主与农民、国家与农民之间的基本社会关系，社会阶层身份和土地占有制等方面的变动展开讨论。而美国学者不承认历史发展有规律可循，所以他们的关注点与日中学者不尽相同。

如何进一步探讨这个问题涉及面很广。我觉得目前虽然回应者很多，从进入 21 世纪以来已召开六七次有关唐宋变革的国际、国内学术研讨会，国家社科基金课题也已批准了七八个有关课题，但总体上似乎还停留在唐史学者说唐史学者的唐宋变革，宋史学者说宋史学者的唐宋变革的阶段，真正打通唐宋史来讲唐宋变革的现在还很少见。我个人以为，要想使唐宋变革的讨论向前推进，至少要做三方面的工作：

第一，不论是唐史学者，还是宋史学者，都应打破唐宋断代史的界限，真正把唐宋变革作为一个整体来研究，也就是说，研究者要具备熟悉唐宋两个断代史的知识结构和修养，这样做有很大的难度，但不这样做就很难取得大的成绩。第二，在理论上应有所突破、有新的建树，前面说过唐宋变革论实质上是一种历史分期，换句话说就是用近代西方的历史观来解读中国的唐宋史，唐宋变革论的提出本身就是建立在历史理论发展基础之上的。所以在新的时代要推进唐宋变革研究，就应有相应的理论做基础，对推动唐宋变革的历史原因、唐宋变革的主要社会特征、唐宋变革的历史走向、唐宋变革对中国历史进程的社会影响等，做出符合历史实际的解释。第三，目前还没有一部全面描述唐宋变革的著作，也就是说唐宋变革到底在哪些方面有哪些表现，现在还是众说纷纭，从某一方面论说的研究成果已有很多，只是缺乏大手笔的系统总结和梳理。

**问：**我觉得您这三点讲得很有道理，既然国外学者在 20 世纪初就已经提出了这个问题，我们中国学者今天有条件做出更好的回应，但正如您所说，在理论上有所突破、有新的建树还是很困难的。您的《唐宋变革论的由来与发展》主要内容是什么？

**李：**2010 年 10 月我主编的《唐宋变革论的由来与发展》出版，首次对在 20 世纪国际汉学界产生重要影响的唐宋变革研究进行全面、系统的梳理和总结，分 12 个专题，主要就唐宋变革论的由来和唐宋变革论对中国宋史研究的影响，即唐宋变革视野下的宋代社会史、军事制度、政治制度、经济史、城市社会法律、文学艺术、学术思想和文化史变迁等方面的研究做了较为详尽的评述。

**问：**近些年，您的研究领域转到了宋代救荒史，您在 2014 年出版了上下两册的《宋代救荒史稿》，是不是可以谈一谈这部巨著是怎样写成的？

**李：**《宋代救荒史稿》上下册是 2014 年出版的，全书有 96 万字，是我多年在救荒史方面研究的综合成果，是国家社科基金重点项目结项成果。该书有两个主要特点：第一，系统全面，是目前宋代救荒问题研究最新、最系统的成果。第二，细致深入，在一些宋代救荒史的重要问题上有所突破，如对灾伤统计、劝分、抄劄制度、禳弭救荒、仓储制度等方面的认识较以往有较大的提高。

**问：**针对宋代的救荒问题您就写出了近百万字的著作，为什么在这个问题上您能有如此的建树呢？

**李：**记得跟漆先生读书时，先生常常教导我说，虽然人们对历史科学的种种问题存在明显的分歧，但是对于中外史学发展进程中真正优秀的史学著作，则具有共同的看法和认识，亦即这部史学著作以极其丰富的资料来反映它所描述的那个时代的社会内容，而它所依据和使用的资料则是真实可靠、经得住检验的。因此，作为一个优秀的历史学家，既要搜集丰富的文献资料，又要对这些资料进行考辨、鉴别，而后加以运用，由此完成一部优秀的著作。对文献资料的考辨、鉴别，也就是考据。一个优秀的历史学家，把史料的搜集与考订集于一身，所以他同时也是一个优秀的考据家。史学与考据是不可分割的。我很钦佩先生的治学之道，常以先生的教导作为座右铭，努力学习、努力实践，把文献的整理和订正作为我治史的基础。我的这部著作就是这样写成的。

**问：**新中国成立以来，特别是改革开放以来，漆侠先生对宋史的研究可以说是一面旗帜。您从 1987 年开始跟随漆先生学习，深深领悟了漆先生治学的真谛，到现在是不是可以说已经接过了这面旗帜？您曾经长期担任宋史研究会的秘书长、副会长，主编会刊《宋史研究通讯》，应该说对当前国内宋史研究的状况有个总体的看法，请您讲讲。

**李：**近百年的宋史研究可化分为三个阶段，从 20 世纪初至新中国成立前为第一阶段，新中国成立后又可以 1980 年中国宋史研究会成立分为前后两个阶段。总的来看，1980 年以前相对于中国古代其他断代史，宋史研究是比较落后的。1980 年以后，随着中国宋史研究会的成立和发展，研究队伍不断扩大，宋史研究也进入了繁荣时期。20 世纪二三十年代，因种种原因宋史研究常被学者忽视。新中国成立后，唯物史观在史学研究中占据支配地位，但在如何学习和运用上，却又走了弯路。50—70 年代，阶级与阶级斗争学说是判断历史问题的基本准绳。因而 50—70 年代的宋史研究最关注的是两宋时期的政治斗争。王小波、李顺，宋江、方腊，钟相、杨幺领导的三次大的农民起义；庆历新政、王安石变法；宋与辽、西夏、金、蒙元之间的斗争，构成了这一时期宋史研究的三大主旋律。而宋史研究在许多方面都还存在着未开垦的处女地。1980 年中国宋史研究会成立后，在邓广铭、陈乐素等前辈学者倡导实证研究风气的影响下，二十多年来实证研究已占据主导地位，热衷辨析史事，究心典章制度，蔚然成风。20 世纪 80 年代以前，宋史研究的落后主要表现为对典章制度研究的无所作为，80 年代以后，宋史研究的迅速进步，也表现在典章制度所取得的巨大成绩上。

目前宋史研究堪忧的问题是人才问题。为什么这样说呢？我们知道，新中国成立以来为宋史研究做出巨大贡献的老一辈研究者，绝大多数已谢世。目前领军的研究者多是五六十年代培养出来的，他们的研究成果不论是数量还是质量，都较好地承袭了老一辈的优良传统，甚或还有所发展。现今宋史研究的中坚力量是一批毕业于20世纪80年代初，年龄在四十至五十多岁之间的学者，他们大都是从“文革”动乱后积攒十年的人才中脱颖而出的佼佼者，有比较丰富的社会阅历，又逢80年代注重人文学科研究的淳朴社会环境，因而有志于献身学术研究。目前最令人担忧的是，自90年代市场经济有了大发展以后，历史学受到前所未有的冷遇。在大多数高校历史专业已很难招到第一、二志愿的考生，那些勉强服从调配而学习历史专业的学生，往往缺乏积极性，更难说献身史学研究。

近些年宋史研究取得了较大的成绩，不论是出版的学术论著的数量和质量，还是研究的队伍，在世界范围内都是令人瞩目的，可以说现今已彻底改变了宋史研究的落后状态。但我们在研究方向、取径乃至课题的选择方面，多受海外学界的影响，尽管国内学界对于这些内容有批评有修正，但在国际汉学界宋史研究交流的平台上，我们在主导潮流、影响研究取向方面的能力还很有限。那么，如何改变这种状况呢？我觉得加强理论方法的创新和探索，是开辟今后宋史研究新天地的重要途径。

**问**：中国社会科学出版社2012年出版的《视野、社会与人物——宋史、西夏史研究论文稿》，是不是包括了您在这个领域几十年辛勤耕耘的重要成果？

**李**：这部书稿是我到首都师大的第二部个人论文集，主要收录2006—2012年发表的论文，共分四个部分，一是关于20世纪宋史、西夏史研究的学术史，重点梳理基本理论、文献、热点问题研究中涉及的方法和视角，如对学界在讨论唐宋变革论、改革开放以来宋史研究热点、王安石变法等大问题的过程中所反映的理论倾向及不同意见的汇总和梳理，当然，其中也包括对这些问题的一些思考；二是关于宋代社会史方面的研究的论文；三是关于西夏史研究方面的论文，对于西夏史我有一种难以割舍的情结，虽然我不识西夏文，也没有将主要精力投入西夏史研究，但我关注西夏史的研究现状及进展，加之西夏史学界的师友每每有学术活动时总拉我一把，于是也就会不时地写作一些西夏史方面的论文。顺便提及，2009 年我在东吴大学历史系讲课，专门开设了“西夏的历史与文化”课程，后来据我所知这是目前在国际范围内首次面向本科生开设的较系统的西夏史课程；四是宋代人物方面的论文。另外附录包括几篇书评、序言和回忆漆侠先生的文章。

**问**：从 2004 年您来首都师大历史学院至今也有十年了，您觉得这里的学术环境对于您的学术研究有什么样的影响？

**李**：我来首都师范大学工作是在 20 世纪 90 年代中期，内子父母在北京工作，身边没有子女，一直希望我们能来北京，而宁可先生是我博士学位论文的答辩主席，加之宁先生与漆侠先生是学术同调，所以调北京工作首先就想到宁可先生。实际上，宁先生不仅在我调动工作上给予关键性的帮助，而且在学术上也给予我很多提携和奖掖。宁先生调我到首都师大工作起初是让我承接中国古代经济史研究。宁先生创建的中国古代经济史学科自 20 世纪 80 年代中后期开始形成优势，主要梯队有杨生民、蒋福亚、阎守诚等先生。与此同时，宁先生还与中国社会科学院历史研究所的林甘泉先生、中国社会科学院经济研究所中国经济史研究室的方行先生(后来主要是李根蟠先生)共同倡导推动，以在京的教学和科研单位为主，主办每年举行一次或数次的“中国经济史论坛”，在学界产生很大的影响。进入 21 世纪，随着宁先生年事渐高，加之几位主要梯队成员逐渐退休，补充新成员被提到议事日程上来。我就是在这样的背景下进入首都师范大学历史系的。进入 21 世纪以后，国内中国古代经济史研究整体呈下滑趋势，20 世纪 80 年代以来影响颇大的“中国经济史论坛”到 2006 年以后逐渐淡出人们的视野。我感到很焦虑，也很无奈，总觉得是我没有做好工作，有愧于宁先生的期望。好在 2006 年，《中华大典》总主编任继愈先生请宁先生担任《经济典》的主编，使中国古代经济史研究室又有了具体工作。宁先生让我担任《经济典》的常务副主编，具体负责组织和外联工作。宁先生在首都师大从教六十年，可谓桃李满天下，他的高足多是学界很有影响力的学者，而宁先生却选择我担任他的副手，这是先生对我的厚爱，大恩大德没齿难忘。

除了宁先生外，两届系(学院)领导宋杰和郝春文在各方面都给我很多关照，使我能够心无旁骛地专注于自己的研究。首都师范大学历史学科中的世界史和中国古代史在国内史学界有很大影响，自然眼界也较高。这里学术环境自由、宽松、开放，学风朴实，老师之间、学科之间相互砥砺。图书资料收藏也比较好，如四库系列图书的收藏在国内大概也称得上首屈一指，这为我做专业研究提供了很大的便利，因为《四库全书》所收书目以宋代最为丰富，对做宋史研究非常重要。特别是学校处在全国学术、文化中心的北京，其视野和交流远非其他地区可以比拟，这些都对我的学术研究起到了很好的促进作用。

# 郗志群

郗志群，1961 年生，北京人。1979 年从北京市第 35 中学考入北京师范学院(现首都师范大学)历史系，1983 年大学毕业后留校。师从谢承仁先生，主要从事版本目录学及杨守敬学术的教学与研究，20 世纪 90 年代开始从事北京史、城市与区域历史地理的教学和研究工作。1997 年师从宁可先生攻读博士学位，2001 年获博士学位。现任首都师范大学历史学院教授、博士生导师、文化遗产学系主任、北京史学科带头人。兼任北京古都学会副会长、北京史研究会理事、当代北京史研究会理事。曾主持“观海堂书目整理及研究”、“北京战争史研究”等国家社科基金及省部级项目 9 项，现主持北京市社科基金重点项目“明清皇家坛庙文献整理和研究”。出版《北京史百年论著资料索引》(主编)、《历史北京》《南锣鼓巷史话》《海淀历史文化研究》《建国门地区史话》(执行主编)、《中华大典・经济典・土地制度分典》(副主编)等著作，整理古籍《杨守敬集・年谱》《杨守敬集・续群书拾补》《杨守敬集・望堂金石》等。在《历史研究》《中国史研究》《文献》及日本《中国史学》等刊物上发表学术论文五十余篇。曾获得北京市高等教育教学成果二等奖和“北京市属市管高校中青年骨干教师”称号。

访谈

# 与郗志群教授谈北京史教学与科研的新拓展

按：此次访谈进行在2014年年底，主要谈了郗志群教授师从谢承仁、宁可两位先生学习的问题，还特别谈到了他对北京史学科建设所做的一系列工作。

**问**：郗老师您好！在历史学院的教师中您是属于60后的一代，现在是中年骨干力量。和晚一些来历史学院的教师相比，您是工作后在职读的博士，所以参加工作的时间比较早。从1983年毕业留校工作到现在也工作了30多年了，应该说经历还是比较丰富的。高考前您也没有插队经历，是直接从高中考进来的吗？

**郗**：我在历史学院的时间确实比较长，如果算上4年的本科学习，到今年已经35年了。在历史学院现在的教师队伍里，我是属于高考恢复后"新三届"里收尾的那批，又是20世纪60年代后打头的那批。我是1979年参加高考的，那是恢复高考以后的第三年。我在北京35中高中毕业，考大学是必走的一条道路。因为当时还有中学毕业到农村插队的政策，如果我考不上大学，按照我当时家里的条件，哥哥姐姐都在城里上班，我就必须插队去。1979年是知识青年最后一年插队，虽然那时已经不去云南、东北那些偏远的地方了，是在北京郊区插队，但是如果我考不上大学就一定得插队去，这也是促使我去考大学的一个动力。

**问**：比起那些高考前插过队的一代人来说，您的经历是否算简单？

**郗**：是的，我的经历很简单。我18岁上大学，跟现在的大学生一样，就是"三门"嘛！进小学门，出小学门进中学门，出了中学门进大学门，进了大学门以后再没出去，一直到现在。

**问**：那时候高考的门槛还是比较高的啊！

**郗**：嗯！首先是要比较喜欢读书，再一个就是能力稍微强一点。因为之前我们经历过"文革"，都没怎么好好学习，到高中阶段，为了高考才认真学习。当时考上大学的比例还是很低的。我记得我住的那条街——西城区佟麟阁路，那条街有好多和我同龄的同学，最后就我一个人考上了。可能也是我选对了路，如果我要考理科肯定考不上。后来是选择了文科，我觉得这是一个比较正确的选择。我的思维和爱好，可能还是比较偏向文科。

**问**：当时的课程主要是两门通史吧？

**郗**：两门通史肯定是主课，但也还有其他的必修课。我记得当时有"历史文选"，教"历史文选"的是齐治平先生，"齐国，治家，平天下"，这名字好，老先生的古文非常好，当时就拿着《古文观止》给我们讲课。还有其他课，像马克思主义哲学、政治经济学、科学社会主义，也是我们的必修课。

**问**：这些课程都是必修课，选修课很少？

**郗**：对！基本上都是必修课，即使是选修课，也都要求大家去选。我记得后来到大三的时候，有一些选修课，像谢承仁先生开的"中国近代思想史"，大家都去选，而且那个选课还不是一个年级一个年级地选，是三个年级一起选，那会儿我们 1977 级、1978 级、1979 级三个年级虽然上学有时间差，但 1977 级、1978 级才隔着半年，1978 级和 1979 级隔着一年，我们这三个年级的学生基本上都去选，一块儿听课。

**问**：当时主要的专业课都已经有教材了吧？

**郗**：有！像"中国通史"开始用的是范文澜先生的《中国通史》，后来用的是翦伯赞先生的《中国通史纲要》。"世界史"开始没有，特别是上古史，是一种自编的教材，没有公开发行的那种。我记得当时教我们世界上古史的徐钟秀老师，每次上课必要做一件事情，就是让我们把书上的错给改了。错字也好，史料的错误也好，论述的错误也好，他自己的那个教材改得密密麻麻的，然后挑主要的错误让我们自己在教材上改。后来"世界史"课程就开始用周一良、吴于廑先生的《世界通史》了。

**问**：您在本科学习的时候就已经和谢先生接触了？

**郗**：我跟谢先生学习了很长时间，其实最开头就是我问了他一个问题。当初他讲中国近代思想史的时候，我写了一篇《自立军的性质及其失败原因》的小论文，然后课下我就跟谢先生交流，请教他，这是我跟谢先生的第一次接触。1982年他带我去陕西考察李自成的故乡，这以后我跟了他三十多年。

**问：**是什么机会使您跟随谢先生三十多年呢？

**郗：**在我大学快毕业的时候，湖北省想搞一个古籍整理项目，要把清末民初湖北籍的著名学者杨守敬的著作整理出来，杨守敬在历史地理学、版本目录学、金石学等方面有很高的成就，他的藏书也非常有名，所以湖北就想出版杨守敬文集。因为谢先生是湖北松滋人，湖北的出版社就找到他，让他领衔负责整理工作。他因为这个事情要找助手，后来就让我留校了。从1983年开始，到1997年《杨守敬集》十三册全部出版，这十多年我就一直跟着谢先生搞《杨守敬集》。后来系里教“北京史”的李淑兰老师要退休，就让我接“北京史”的课，这样从1998年我慢慢就转移到北京史的教学与研究上。

**问：**您在参与整理《杨守敬集》的同时，还在系里开设过什么课程吗？

**郗：**我在讲授“北京史”之前，还在系里讲过“中国历史要籍介绍及选读”“中国历史地理概论”“史学文献检索与利用”3门课程。其中后两门课都是我新开设的，一门课讲中国历史地理学的发展沿革和研究成果，另一门主要是教给学生掌握目录学、检索学的知识和路径，这些内容和我参与《杨守敬集》的整理工作有直接关系。

**问：**当时谢先生没有招博士，但是您获得了博士学位，又成为博士生导师，是宁可先生给了您这个机会吧？

**郗：**是的。那是1997年的时候，有一次宁可先生主动找我，指点我读个博士，说以本科的身份留校当老师以后可能会遇到一些政策上的限制。但那会儿谢先生因为岁数大已经退休，而且他不招博士，当我有些迟疑时，宁先生说你就考我的博士吧！宁先生的这个决定现在看来对我意义重大，如果我现在依然以本科的身份当大学老师，就会遇上本科不能晋升教授等一些规定，那样的话对我人生的影响就比较大了。所以，谢承仁、宁可这两位老先生对我的人生起到了关键作用。

**问：**我也记得我系的李淑兰老师是1997年退休的，是不是从这时起您就开始北京史的教学了？

**郗**：是的，我是1998年接替李淑兰老师开始讲“北京史”的。在李老师之前讲“北京史”的是雷大受先生，在雷大受先生之前，还有一位贾逸君老先生也讲过“北京史”，李淑兰老师也曾跟他搞北京史。所以传到我这儿已经是第四代，而且一直是一脉单传。现在情况好多了，起码有四位老师讲授这门课。

**问**：首都师大作为市属高校，确实应该重视北京史的教学，把它建设成一个强势的学科。不过长期以来，北京史只是一门选修课，并不受重视。现在北京史在历史系已经成为一门有特色的学科，实力有了很大提升。是不是可以回顾一下北京史学科建设的情况？

**郗**：首师大作为北京市属院校，历史系（现称历史学院）自20世纪50年代起即开设“北京史”，是北京地区开设此课最早的高校。在贾逸君、雷大受、李淑兰三代任课教师的努力下，这门课程始终以科学性、系统性、知识性为指导思想，形成了完备的教学体系，在北京地方史教研方面具有重要地位和较大影响。

1998年，我接任这门课后，为了进一步提高该课程的教学质量，使之在北京乡土教育上发挥更大的作用，在李淑兰老师的指导下，我和宋卫忠老师合作，对原有的北京史教学体系及教学方法进行了总体改革。经过几年的努力工作，取得了较好的成效，得到校内外一致好评。“北京史”课程教学在2000年荣获校级优秀教学成果奖，2001年荣获北京市高等教育教学成果二等奖。该课程于2002年顺利通过学校本科课程教学验收，2003年被评为校级优秀课程，并列入全国高等教育优秀课件推荐使用名录，2004年被评为北京市精品课程。2006年，《北京史教学体系的优化及教学方法的改革》一文获得北京市高等教育学会第六次优秀高等教育科研三等奖。“北京史”也被列为历史学院的专业必修课，受到各专业学生的普遍重视。同时由于它具有鲜明的地方史特色，也成为首都师范大学各院系不同专业学生喜爱的课程，每年北京史公共选修课人数都在120人以上。

**问**：您谈到在“北京史”的教学体系和教学方法上进行了总体改革，具体做法是怎样的？

**郗**：新的教学体系分成导言、北京历史沿革、北京历史专题三大单元。

导言部分重点是使学生明确“北京”的概念，讲述北京史的体系结构、基本内容和特点，介绍“北京史”的研究现状，使学生了解学习“北京史”的重要性及现实意义。

北京历史沿革则主要参照通史讲授体例，按时间、朝代顺序将北京历史的演进过程交代清楚。让学生从整体上了解自远古“北京猿人”至新中国成立之前北京五十多万年的历史概况，尤其要对辽金以来北京历史的内容、特点及作用有比较系统的了解和认识。在政治、经济、文化、民族、宗教等方面进一步丰富导言讲述的北京史的体系和内容，为第三单元的专题讲授做好铺垫工作。

北京历史专题包括北京地理环境与历史发展、北京人口变迁与社会发展、北京城市经济的历史演变、京师文化与京味文化、北京历史上的民族与宗教五个北京历史发展过程中的重要方面。由于有了上一单元讲授的基础，对五个专题的讲授不再采取平铺直叙的方法，而是就其中的重点问题进行分析论述，如：对辽金以来北京地理环境变迁与北京政治地位的上升、北京城市建设发展的关系进行探讨，从而使学生感悟到人为因素是地理环境变迁的重要原因，认识到当前环境保护的紧迫性和重要性。

上述“北京史”教学体系的改革，其主体框架可归纳为“一纵五横”的模式，“一纵”即“北京历史沿革”，“五横”即五大专题。设立“一纵”的目的，在于保持原有教学体系脉络清晰的优点，有效地减少与中国通史的雷同与交叉；设立“五横”的目的在于从不同角度、不同方面讲述北京历史自身的发展进程及特点，突出“北京史”的地方特色。以上体系的设置，既优化了教学内容，强化了教学内容的基础性、系统性、实用性，又充分适应了新课时的要求。同时，新教学体系在结构上更加灵活，为教学与科研相辅相成提供了有利的空间。任课教师可结合自己的研究课题及专业特长，就某些问题进行较为深入的讲解和剖析，与学生进行讨论和交流，增强了教学内容的学术性，提高了学生学习和研究北京史的兴趣。

**问：**现在“北京史”课程已不止一门了吧？

**郗：**是的。现在“北京史”是专业必修课、文科基础课，我们几个老师轮流上。同时，我们还开了校公选课“北京历史与文化”，选课的同学很多。此外，我们还开设了“北京历史文献选读”“北京历史地理”“北京史专家论坛”，形成了一个具有上述五门课程的完整的北京历史文化及地理的课群，以满足不同专业、不同层次学生学习北京历史的需求。

**问**：我参加过您主持的“北京史专家论坛”，这门课很受学生欢迎。好像“北京史”的有关专家都来给学生做过讲座。

**郗**：“北京历史专家论坛”课程是 2006 年春季学期正式开设的，是一种由专家系列讲座构成的新型课程模式。我们邀请了北京大学、中国人民大学、中国社科院、北京社会科学院、首都博物馆等单位几十位专家来学校讲课，受到了学生的普遍好评。而且由于这些讲座全部录像，并以“北京历史专家论坛”标题挂在校园网“首师学术”栏，供全校师生浏览观看，很多讲座受到欢迎，有几百次的观看记录。可见，该课程的影响已经超出课堂，对北京历史文化的普及和宣传起到了很好的作用。

**问**：北京大学出版社出版的《北京历史文化》您也是主编之一吧？

**郗**：我参与主编的《北京历史文化》，北京大学出版社在 2004 年就出版了，2006 年该书被评为北京市高等教育精品教材。北京大学出版社 2007 年还出版了《北京历史文化》的光盘版。目前这部教材已经印刷了 20 次。另外，2009 年，我们“北京史”教学团队还申报了一个市级精品教材重点项目——“北京史教程”，这个教材已经编写完成，有望出版。

**问**：近些年您围绕“北京史”还搞了一些科研项目吧？

**郗**：对！我主持的项目有北京市“十五”社科规划项目（2001—2005 年）“北京战争史研究”、2007 年度市教委项目“北京乡土历史的教育与传播”、2008 年度北京市中青年骨干教师培养计划项目“北京军事地理研究”、2011 年度北京市社科规划项目“海淀历史文化研究”、2013 年度北京市社科规划重点项目“明清皇家坛庙文献整理和研究”等。

**问**：近些年，随着新教师的不断引进，“北京史”的教学力量也得到了很大增长，据我所知，除了您上“北京史”课以外，马保春、宋卫忠、王毓蔺等老师也上。他们加入“北京史”的教师队伍，对于“北京史”的教学、科研水平的提升大有助益吧？

**郗**：确实如此，我们四位老师组成了“北京史”的教学团队，在“北京史”研究上也是各有专攻。

马保春教授，近几年上了基础课“北京史”、专业选修课“北京历史地理”“中国历史地理”等，还上了校公选课“北京历史与文化”。在教学研究方面他还写了《野外考察在历史地理类课程教学中的地位与作用》的文章，这是他在这方面教学实践的总结。此外，他还主持了几项科研项目，如“燕国历史政治地理研究”“北京及周边地区出土古文字资料的历史地理研究”“代国历史地理简论”等。

宋卫忠副教授，除多年讲授“北京史”外，还开设专业选修课“北京近代文化史”。主要研究方向为北京近代文化史、中国近代社会史，撰写了《五四运动》《民俗北京》，并参与了《北京志·建筑志》《20世纪人物论辩研究》《北京史百年论著资料索引》的编写工作，发表论文20余篇，主持和参与国家、北京市社科项目多项。

王毓蔺副教授，自2009年以来，先后为本科生开设校公选课“北京历史与文化”和专业选修课“中国城市文化概览”等。他的研究方向为历史人文地理和城市史，在明代北京城营建方面有很深入的研究，发表了多篇有分量的论文。

**问**：据我所知，您立足“北京史”这门学科还做了许多社会工作，使这门学科的影响力远远超出校园的范围。请介绍一下这方面的情况。

**郗**：我在社会上的兼任有：北京古都学会副会长、北京史研究会理事、当代北京史研究会理事、北京满学会理事等，还被聘为首都师范大学文化研究院研究员、北京联合大学三山五园研究院研究员、北京市西城区学术顾问等。我一直认为，首都师范大学作为北京市属重点高校，服务首都、建设北京是其办学的基本定位。就“北京史”课程而言，除了完成高等教育人才培养目标外，普及北京历史文化知识，提升市民的人文素质也应该是我们这些专业教师的一份责任。

为了在民众中普及北京历史文化知识，我参与了北京市委宣传部、北京市社科联、国家图书馆、首都图书馆等单位举办的系列讲座活动，所做的《北京的历史》《北京历史文化漫谈》《话说三千年的北京城》《“人文奥运”与北京市民历史知识及素质调查》《北京“东富西贵”文化现象的解读》《南锣鼓巷的沿革及其地理特色》等讲座，受到广大听众的一致好评。这些讲座的音频和视频还挂在“首都之窗·数字图书生活”、“北京文化信息资源共享工程”、“首都图书馆·乡土课堂”等网站上免费供市民收听观看，社会效益显著。此外，2003年，我与北京广播电视大学合作，和数位专家一起录制了36讲的《北京历史文化》教学片，填补了北京广播电视大学课程中没有“北京史”教学片的空白。这部教学片从2004年起每年两次在北京科教频道播出，在电大学生及市民中影响很大，普遍反映良好；与该教学片配套的《北京历史文化》教材及录像光盘也于2004年和2007年出版。这项社会工作在普及北京历史文化知识方面取得了很显著的效果，得到了社会各界的好评及相关部门的表彰。2007—2010年我连续被市委宣传部评为“北京周末社区大讲堂优秀教授团成员奖”。

**问：**从1997年您开始上“北京史”课到今天，不过十几年的时间，但是“北京史”的学科建设发展很快。从系里的一门专业选修课，到今天发展成一个包括一系列课程在内的完备的学科。今后在课程建设方面您还有什么打算呢？

我希望再经过我们教学团队的努力，把“北京史”建设成为教学质量和效果在国内外高校中具有领先水平的精品课程，使之既能在校外扩大学校声誉，又能在校内起到示范作用，并能更好地培养具有北京历史文化修养的人才。同时通过多种途径传播北京历史与文化知识，为提高市民“人文北京”的素质做出我们的贡献。

目前本市学校开展的北京乡土教育成效不是很理想，据我们了解，尽管北京的乡土历史教育在本市中小学校已开展多年，也编有一本薄薄的教材，但由于没设置“北京史”课程，只是在讲授中国史的过程中用一两节课顺带涉及，离普及的要求应该说还有相当长的距离。2008年奥运会前，我们进行了一次“人文奥运与北京历史文化知识普及”社会调查活动(调查总人数600人)。调查中，我们也就这个问题征询了市民的看法，在回答“现在北京中小学生对北京历史了解如何”问题时，被调查者认为“好”和“较好”的分别为16人和59人，而认为“一般”和“不好”的分别有238人和172人。市民显然对中小学开展的北京乡土教育的成效不够满意。

除了在校学生的北京历史文化知识欠缺之外，市民的北京历史文化知识水平整体状况也很一般。在上述调查问卷中涉及北京历史文化知识的调查题目有12道，12道题的总体得分若以满分100分计算的话，平均得分为57.6分，显然不是很高。市民对自己的这方面评价也比较客观，如回答“您认为自己对北京历史文化知识了解如何”问题时，有 347 人选择“一般”，占 57.8%，而选择“非常了解”的仅有 33 人，只占 5.5%。

这种情况说明在学校和市民中进一步宣传、普及北京历史文化知识还是十分必要的。因此，我们建议：

1. 编写北京历史乡土教材和北京历史知识市民读本，主要讲述历史、胜迹、宫廷、民俗、艺苑、诗文、书院、掌故、宗教等有关北京历史文化的诸多方面，不但对北京历史文化有一个系统的总结，而且对这些历史文化形态进行通俗的解读。

2. 同与北京相关的教育主管部门商讨，倡议在本市中小学校设置“北京史”课程。起码要引导中小学领导重视和鼓励相关专业教师开展北京乡土历史教育的教学和改革，采取中小学生喜闻乐见的形式和手段，提高他们学习家乡历史的兴趣，培养他们爱祖国、爱家乡的理念。我们知道已有学校在这方面开展了尝试，并取得了良好的效果。

3. 与北京电视台洽谈合作，共同制作一套北京历史知识问答宣传片。

上述三项工作的开展，使北京乡土历史教学、科研、科普三者有机结合，相辅相成，通过传播北京历史与文化知识，提高市民素质，为促进北京精神文明建设做出我们的贡献。

# 晏绍祥

晏绍祥，1962 年生，安徽人。1980 年起先后求学于安徽师范大学历史系、内蒙古大学历史系、东北师范大学历史文化学院。1987—2007 年先后在华中师范大学历史系(历史文化学院)任助教、讲师、副教授、教授，2003 年起为博士生导师。2007 年调入首都师范大学历史系。现为首都师范大学历史学院教授、博士生导师；中国世界古代中世纪史研究会副会长、秘书长，2013 年起兼中国世界古代中世纪史研究会古代史专业委员会会长；2014 年受聘为《史学理论研究》编委。主要研究方向为古典世界的社会、政治与文化史。主要研究成果有《古典民主与共和传统》(上下卷)、《古典历史研究史》(上下卷)、《荷马社会研究》《古典历史研究发展史》《世界上古史》《古代希腊历史与学术史初学集》等著作，《外族的智慧：希腊化的局限》《早期希腊》《古代战争与西方战争文化》《希腊帝国主义》《罗马的遗产》等译作，并在《历史研究》《世界历史》等核心期刊发表论文数十篇。

## 访谈

# 与晏绍祥教授谈希腊史研究

按：本次访谈进行于 2014 年 10 月。我从晏老师的学术成果清单中看出他的学术成果的丰硕。

**问：**晏老师，看您的学术成果清单，毫无疑问，您是世界古代史教学与研究中非常有实力的学者。您于 2007 年调入首都师大历史系，那时我已经退休。不过后来因为担任教学督导，听过您的课，又获赠您的新著《荷马社会研究》，与您有了初步接触。但是还没有机会与您详细交谈，这次是一个机会。我想还是从头谈起，谈谈您的求学经历，您为什么选择历史学专业作为您的学习方向？

**晏：**说来平常，中学时我自认历史学得比较好，于是报考大学时志愿填报了历史专业。后来毕业读了研究生，就这么一直坚持下来了。考研时本来报考的是世界近代史，当时导师王先恒先生说他暂时难以拿到学位授予权，建议转到胡钟达先生门下，我也就稀里糊涂地同意了，从此开始学习古代希腊史。

**问：**您本科毕业于安徽师范大学，考研报考内蒙古大学，是吧？我知道胡钟达先生是内蒙古大学的，王先恒先生也是内蒙古大学的吗？您是哪一年开始跟胡先生读研的？

**晏：**没错，考研报考的正是内蒙古大学，王先生是内蒙古大学的副教授，招生方向是世界近代史。当时报考时多少带着点投机心态。一是自己认为英语学得尚可，读过两本英文书，当时内蒙古大学的考试科目中，有一门是专业英语，应当可以得到比较好的分数。二是认为内蒙古大学系边远地区，可能考生比较少，考上的概率比较高。结果与自己的期待正好相反。实际自己只读了两本书，而且因为没有老师指导，很多地方实际没有看懂。考试的结果可想而知，具体分数忘记了，但刚过 60(满分 100)。至于考生人数，后来从王先生那里得知，当年报考他的有 13 人。可惜当时其他人都未上线，剩下我一个，所以他建议我转向世界古代史。但当时自己对世界古代史实在不够了解，记得考试时有个简单的填空题，大意是雅典民主派的领袖伯里克利的对手是谁，结果我连这个简单的问题都回答不出。考试科目“世界通史”也因为古代史拖累，在王先生手下留情的状态下，才“凑足”了 60 分。

虽然不幸未能成为王先生的学生，但在内蒙古大学的三年里，聊天最多的老师就是王先生了。聊天内容从来没有限定，从希腊语和拉丁语学习，到专业上的一般问题，还有当时的社会热点与各类新闻，几乎无所不聊。记得有一天居然聊到凌晨 4 点多钟。自己后来之所以能够把研究领域上下伸缩，当年在与王先生聊天中学到的诸多知识，有意无意地发挥了作用。

**问**：在您学习历史学的过程中，胡钟达先生、王敦书先生、陈勇先生等都曾经是指引您学习的导师，他们都是我国世界史学界的大家，这对您的成长有何帮助?

**晏**：您说得很对。我前后几任导师都是学界大家，对治学有自己独特的体会。当时国内条件有限，但胡先生首先指导我们要阅读英文书，并且给我们指定了不少专业书。胡先生是个现实关怀特别强烈的人，20 世纪 80 年代正是中国变化十分剧烈之时。他不仅要求我们阅读古代希腊史方面的书刊，而且要求我们一定要留意现实的变化，阅读报纸和当时的小说等。那时因为经常停电，一旦停电，我们几个师兄弟就会前往胡先生家，天南海北地闲聊，从政治到经济到文化，从专业到生活，无所不谈。所以，胡先生教给我们的，不仅有他希腊罗马史的学问，初步引导我们走上了研究道路，更重要的是培养了我们关注社会与现实的眼光，让我们不要做故纸堆里的书虫。虽然后来不能达到先生的期望，但我经常会想起他的教导。我现在教学生的时候，也会在这方面有所要求。此外，当年我胡乱写些不成熟的东西，都会寄送给先生审阅。先生总是不厌其烦地给予指导。这对于现在的我，也不能说全无影响。

**问**：胡先生我见过，在 20 世纪 80 年代他好像是内蒙古大学的副校长了。他在学术思想上有自己独特的见解，您能简单地说说胡先生的学术经历吗？

**晏：**说来遗憾，对于先生的求学经历，我了解得非常少，只从言谈中知道他当年可能在武汉大学学习，后来曾在北京大学工作，主要研究和教授世界古代史。先生教课很有特色，许多听过他课的学生多年后说起仍津津乐道。在研究方面，先生表现出良好的史学素养。早在20世纪50年代，他已经在奴隶制和雅典民主问题上提出了自己的见解。他根据古典作家和后世学者的研究，明确指出古代作家有关古代奴隶数字的记载不可靠。需要注意的是，那些数字都是当年恩格斯在《家庭、私有制和国家的起源》中用过的。这种尊重事实的精神，在今天看来也许并不稀奇，但在那个有可能被打成右派的时代，这确实需要相当的勇气。当时他可能还担任过行政职务，对如何兼顾学术与行政工作，有自己独到的见解。1957年，先生主动报名去支援当时正在筹建中的内蒙古大学，而且为适应当时当地的工作需要，先生转向蒙古史研究，先后写出了有关呼和浩特建城年代、明朝与北元关系等重要论文，提出了至今仍卓有影响的观点。直到1980年前后，先生才重新转向世界古代史，先后就阿加与授产奴隶的性质、奴隶社会是否是人类历史必经阶段、世界历史发展的不平衡性等问题，提出了自己独特的见解，尤其是他的有关奴隶社会问题的观点，曾引起一场延续时间很长、影响非常大的讨论。

**问：**您跟王敦书先生学习是在您到东北师范大学读王先生的博士以后吧？

**晏：**王先生指导我的时间实际比较长。1985年秋季学期我们就是在王先生那里学习古希腊史和史学名著选读的。当时先生对英文材料和学术史的把握，让我们眼界大开。不少关于希腊罗马史的名著，都是从王先生那里听来的。王先生和胡先生对学术史的重视，着实影响了我后来的治学。我的第一部著作，即《古典历史研究发展史》，实际是对国内外希腊罗马史学术史的梳理。1997年，我之所以选择到东北师范大学而非南开大学跟王先生念书，不仅因为当时南开大学世界古代史尚无博士学位授予权，王先生挂靠东北师范大学招生，还因为王先生在我还是个籍籍无名的小辈时，对我主动帮助和提携，让我在学术上有了更多的进步。虽然他那时并不常在东北师范大学，但通过书信以及每年多次的直接接触，仍受益良多。有关博士论文的选题、具体的论证，王先生也多有指点。

**问：** 王先生是个非常热情爽快的人，我也和他有所接触，做过他的访谈，也参加过他举办的纪念雷海宗先生的活动。王先生追随雷先生学习的故事，是史学界的一段佳话，您也是雷先生的再传弟子了。您读完博士就到武汉大学做博士后吗？

**晏：** 诚然，王先生很以他作为雷先生弟子自豪，我们作为王先生的门徒，多次听他讨论雷先生的治学，包括古代文献的翻译与阅读。当初我们阅读《西方的没落》时，王先生就曾多次提到雷先生对某些专业术语独特的处理，后来还论及年代学问题。博士毕业后，先生对我的指导并未停止，每年的学术研讨会上、电话里，从为人到治学，先生对我们这些弟子都多有指导。尤其是先生晚年倾力整理、接连推出雷先生的著述，让师祖的观点与学术成果重新为世人所知，更给我们弟子树立了尊师的楷模。

博士毕业当年，我有幸得到当时担任武汉大学副校长的胡德坤教授的帮助，进入武汉大学博士后流动站。胡先生同样对我多有提携，特别是在我博士后进站过程中，他直接出面向武汉大学争取指标，后来又为我能留在武汉大学工作多方奔忙。可惜当时我因为各方面的考虑，回了自己原来的工作单位华中师范大学。

两年多的博士后流动站经历，对我后来的治学也颇有影响。在站期间，我的合作导师是世界近代史领域知名的陈勇教授。他是吴于廑先生的高足，主攻现代化问题。他在博士论文基础上完成的《商品经济与荷兰近代化》至今仍是该领域最为重要的参考书。博士后期间，先生在方法论上对我多有启迪。如我在《荷马社会研究》中所说，先生教给我的，不仅有现代化的学问，更有现代化的思维方式。武汉大学两年期间，在先生的指导下，除完成博士后出站报告，形成《荷马社会研究》的基本内容外，我还读了一些非希腊史的书籍，对世界历史发展的认识更加深入和全面，对自己后来的研究方法，尤其是思考和解决问题的方式的形成，极有裨益。

**问：** 在您成长的过程中，经过了很多学校，见过很多学者，他们都曾对您有所提携，能举几个例子吗？

**晏：** 事实上，除上述几位直系导师外，国内几位世界古代史前辈都对我帮助颇多。华中师范大学的涂厚善先生慷慨地以大量希腊史资料相赠，尤其是一套格罗特的《希腊史》，至今仍是我特别喜爱的著作。刘家和先生平时对我的指导和鼓励非常多。特别是 1995 年 9 月底在从长沙到武汉的火车上，刘先生同我长谈 5 个小时左右，极大地影响了我后来的为人与治学。至今想来，当时的情景仍如在眼前。刘先生博大的学问，宽广的胸怀，与人为善、奖掖后学的品德，一直是我孜孜以求而难以达到的。廖学盛先生百忙之中给我们教授古希腊语，后来我也曾就希腊史上的许多具体问题，包括“民主”一词的发端、“葛兰西”的译名等，请教过先生。先生总是有问必答，而且解答得都非常及时。至于同辈中的老师就更多了，没有他们的帮助和指导，今天的我肯定会大为不同。

**问：**我想进一步跟您聊一聊关于希腊史的问题。您是我们国内少有的治希腊史的学者，您是怎样走上了研究希腊史的道路呢？

**晏：**研究希腊史对我来说纯粹是偶然。如前所述，考研时因为导师王先恒教授的推荐，转向古代史，此后就在这个领域待下来，最初是因为要教书，有科研任务的压力，后来虽然也有职业的因素，但很大程度上是出于兴趣了。

**问：**您说在这个领域中越做越觉得有兴趣，那么您在学习和研究希腊史的过程中，最吸引您的是什么呢？

**晏：**美国学者摩尔根曾经说过，如果按照人口比例计算，希腊人对人类和世界的贡献最大。这话当然有点西方中心论的味道，但也不是全无道理。希腊人的城邦体制，在那么早的年代，居然承认了主权在民，并且据此设计出了多种多样的政治制度，来保证公民对国家管理事务的参与权。众多学者都会不约而同地谈论希腊人的局限性，确实，城邦只能在小范围内生存，面对马其顿那样的大国，不免遭遇失败；雅典的民主政治，也有着这样那样的弊端。但整个希腊的政治与文化成就，如果离开了城邦制度，不免成为空谈。而人类对政治、人与自然的关系、人如何相处和治理国家等，正是在希腊人那里，得到全面和深入的讨论。其深入的程度，以至于今天的西方人和部分中国人在讨论相关问题时，都不能不从希腊人开始谈起。对于创造出如此成就的古代希腊人，我相信任何人都会认为他们是值得深入和全面研究的。

**问：**您觉得中国的学生学习希腊史有什么意义？

**晏：**就中国学生而言，对希腊史都会有一定兴趣，主要是奔着一个基本愿望：希腊是西方文明的源头、文化的故乡，其民主政治和文化，都曾经而且现在依旧产生着重要的影响。学习和研究古代希腊历史，不仅有助于中国学生理解西方文明的来龙去脉，更有助于其认识西方文明的一些基本特征，因为近代文明的某些基因，确实可以追溯到古代。即使就今天而言，希腊历史仍然是西方文明的一个基本组成部分。而希腊文明的某些方面，对于认识整个世界历史，包括古代中国的历史，也具有明显的参照意义。至于希腊历史提供的美育与思考方面的训练，在现代或许仍有积极意义。

**问**：您在学习研究希腊史的过程中遇到的困难是什么？

**晏**：时代不同，遇到的困难也不同。20 世纪八九十年代，主要是感到相关资料非常稀少，不足以开展必要的研究。进入 21 世纪以后，情况似乎倒转了：书好像突然难以置信地增加了，读书的时间反倒是越来越少。另一个情况，自然是古典语言的限制。当年廖先生教给我们的希腊语，如今只剩下几个单词了。可是如果做更深入的原创性研究，没有古典语言的基础，受到的限制可想而知。

**问**：您的意思是说，现在很多希腊史的著作已经不怎么用古代的希腊语了，还是说我们所掌握的希腊语越来越不够了？

**晏**：当然是后者。研究古代希腊史，第一个基本要求就是能够阅读原始文献。虽然古代希腊人的成文文献大多已经有了现代文字的译本，但仍有大量文献是希腊语的，如果缺少充分的古希腊语基础，自然无法利用。要知道，古人留给我们的文献本就不够充足，使我们对历史的认识受到诸多限制。如果有限的文献因为我们的语言能力不足而不能得到很好的利用，则我们对古代希腊史的认识就更加片面了。即使是那些已经有了现代文字译本的文献，作为普通读者阅读也许足够，但对一个研究者来说，显然不够，因为翻译本身就是理解和创作过程，有些原文的意思，在翻译过程中不免走样甚至错误。我曾经在一篇文章中举出修昔底德《伯罗奔尼撒战争史》的英译本中伯里克利演说有关民主政治定义的三种不同译文作为例证，说明译者的态度和时代的变迁直接影响了对原文的翻译，说明阅读原文的重要性。

**问**：您在世界上古史方面的主要研究方向是什么？

**晏**：我自己主要关注的领域有两个：一是古典世界的民主与共和政治，这些年基本都集中在这方面。偶尔涉及社会经济史，也是为了解释古代世界的政治，《荷马社会研究》《古代希腊历史与学术史初学集》，以及近年发表的一系列论文，基本都围绕着这个中心。另一个是古典传统，即希腊罗马传统对后世的影响。2013 年出版的《古典民主与共和传统》和《古典历史研究史》都与此有关。目前我希望继续自己对古典世界民主与共和政治的研究，完成教育部课题“古典世界的民主与共和政治”和国家社科基金课题“古希腊史”。前者是希望给自己多年的研究做一个总结，后者也一直是自己的兴趣所在，也是自己第一次访学英国时，恩师胡钟达先生的愿望。当时他去信希望我能写一部《古希腊史》，而且我在剑桥大学时，曾写过一个草稿。遗憾的是 20 年过去了，当年的许多认识现在看来实在幼稚，只好全部推翻重来了。

**问：**您的很多成果我都没有读过，《荷马社会研究》是不是可以算您的代表作呢？它是怎样写成的？

**晏：**目前来看算是。那是我考虑时间最长、用力也最多的。从博士论文开始琢磨，到博士后出站才基本完成。我最初的目标是研究古代希腊的王权。当时选定这个题目，是希望剑走偏锋，我当时觉得西方人对希腊民主的强调有些过，实则大部分地区和城邦实行寡头制或者君主制，并非民主制。博士论文打算以此为题。但仅仅写完荷马时代的王与王权，字数就已经够了，所以没能继续。同时，在研究荷马社会时，发现希腊城邦的起源更值得探索。于是在合作导师陈勇以及博士后流动站诸位老师的指导下，把博士后的研究领域转向对荷马社会的整体探索，希望从荷马社会揭示希腊城邦的一般特性。随着研究目标的转向，最初的设计也不能不有所改变。在原来的王权之外，开始着重讨论城邦的起源和社会经济的变革等方面，最终的结果证明：希腊城邦萌芽于荷马时代，那时并非所谓的军事民主制时代，而是城邦初生的时代。

**问：**《荷马社会研究》一书有哪些特点？

**晏：**该书的基本特点，一是从《荷马史诗》本身出发，结合考古资料，而较少考虑军事民主制的理论。在理论和史实之间，我更多倾向于史实。二是充分利用西方学者的相关成果。毕竟自己见识有限，西方学者的观点与解释，即使不能完全为我们所接受，至少能够给我们不少启发。我对史诗的研读与对西方学者成果的吸收，构成了《荷马社会研究》的基础。此外，考虑到研究的权威与全面性，该书也涉及荷马社会的宗教、军事、妇女地位等诸多方面，但基本目的仍是为了研究荷马社会的城邦。

**问：**您利用《荷马史诗》的材料研究荷马社会，在我国学术界是否有开创意义？

**晏：**此前已经有林志纯先生和王敦书先生讨论过荷马社会的一些方面，只能说在集中于城邦起源，以及研究的综合性上，略有创新。

**问：**我看到在您的学术成果中除了那么多的专著和论文以外，还有许多译著，您为什么要翻译这些书呢？翻译书会不会影响您的学术研究呢？这些译著中最有代表性的是哪一本呢？

**晏：**我从来不认为翻译会影响自己的研究，恰恰相反，一本好的外文著作，当你把它翻译出来时，你就等于把它的思想和史料变成自己的东西了，恰恰有助于自己的科学研究和对许多问题的认识。而且这些著述，大多在西方学术界享有不错的声誉，作者也都卓有造诣，其对许多问题的认识有诸多独特之处。我希望说明的是，如果我没有翻译那些书，估计我自己的一些书也就写不出来了。因此，尽管翻译并不能作为计算和考核工作量的指标，我仍乐此不疲。除以往的译著外，最近还完成了《剑桥古代史》第 6 卷和《剑桥希腊罗马政治思想史》的翻译。两书部头都相当大，但自己从中收获也最多。

**问：**我看您的专著、译著和论文，都是在最近十几年完成的，特别是在进入 21 世纪以后，我很纳闷为什么您能在这么短的时间内做出这么多的成果呢？

**晏：**其实也不都是，其中不少工作在 20 世纪 90 年代就已经完成，只是出版有个周期而已。您说得很对，大部分确实是最近十几年的。原因也比较简单：20 世纪八九十年代时，相关书籍比较少，自己悟性有限，只好拿着古典文献猛读，希罗多德的《历史》就看了两三遍，亚里士多德的《政治学》和《雅典政制》，也读过不止一遍。现在想来，自己无意中从中得益不少。虽然当时因为缺少其他参考著作，只是记住了文献的内容。后来有了现代学者的成果，对比和补充自己原来的阅读所得，问题自然就出来了。写起来也不用那么费事，古代许多基本史实都在自己的脑子里，调动起来比较方便。另一个原因与中国近几十年的发展有关。首先是生活水平的提高，电脑日渐成为生活的必需品。这种新的机器给我们的写作提供了极大方便。如果现在我们仍是用钢笔一个字一个字地码，改动几个字就得全部重抄原文，大概也不会有这么快的速度了。其次则是国家对教育的投入，特别是在图书资料方面的投入，有了很大改善。过去如果得到一本外文书，如获至宝，如今学校和国家图书馆都大量购入外文书籍，有些头一年出版的外文书，第二年就会到馆。有时还可以自己订购外文书。最后是老师出国进修方便了不少。就我自己而言，1995—1996 年访问剑桥大学，完成了《古典历史研究发展史》；2009—2010 年访问爱丁堡大学，完成了《古典民主与共和传统》；2011 年访问哈佛大学，完成了《古典历史研究史》。应当说，正是中国的改革开放所创造的条件，让我能够把所想所学变成文字。

**问：**您在世界上古史研究方面还有哪些打算？

**晏：**我目前正承担着教育部和国家社科基金课题。一个是古典世界的民主与共和政治，等于是对前些年思考的一个总结，希望能在 2015 年完成。另一个是古希腊史，这是 1995 年我在英国做访问学者时，恩师胡钟达先生交给我的任务，至今未能完成。如今总算有所积累，希望能实现先生的心愿。

**问：**您从读书到工作，走了国内许多高校。2007 年来到这里，您觉得这里的学术环境怎样？您对我们学院上古史研究的状况如何评价？有何建议？

**晏：**现在我院上古史研究很有生气。金寿福教授到我校后，填补了埃及学方面的空白。李永斌博士的兴趣在东方化时代，重点是东方文明与希腊文明在古风时代的交流与影响。我们各有侧重，又能相互帮助，是一个非常好的团队。如果能够再补充古代西亚或者印度方面的人才，就非常理想了。

**问：**现在您是中国世界古代中世纪史研究会副会长，对我国的世界古代中世纪史的学术状况是有一定了解的，能否借此机会谈一谈您对我国这一学术领域的状况的看法？

**晏：**我只对上古史有所了解，对中世纪史了解不多，不敢置喙。就上古史而言，整体队伍的水平较 20 世纪有了很大提升，博士和硕士论文水平有了不少提高。我不太赞成所谓学术水平滑坡的说法。用我自己的硕士论文和现在多数硕士论文做比较，现在的论文，至少在文献的阅读和利用上，远比我们那个时候好很多。相关研究人员的水平，至少就对资料的利用和把握而言，也有很大的提升。只是我们的队伍仍然显得稍微小了一些，包括所有教学人员在内，可能不过数百人。古代东方史研究这些年有不少进展，但古代印度、东南亚和日本方面的研究人员仍然太少，需要在这方面有更多的补充。即使传统的希腊罗马世界和西亚、埃及学等领域，我们也仍有不少空白需要填补。此外，研究人员的质量不太平衡。古代语言的训练和学习亟须加强。但得益于中国改革开放的国策，这些发展中存在的问题，终归会慢慢得到解决。目前有不少海外留学生归国，其中包括部分古代史专业的博士。他们的基础和视野都属一流，对于中国世界古代史研究的发展，做出了重要贡献。本土培养的学生，水平也较过去有不少提高。更重要的，是社会对世界古代史的研究，提出了更多更高的要求，所以，假以时日，中国世界古代史研究的发展，可以期待。

# 杨朝晖

杨朝晖，1968 年生，北京人。1987 年考入北京师范学院历史系，1991 年毕业留系工作。1991 年获历史学硕士学位，在历史系任讲师、副教授。2005 年起，在北京大学随陈向明教授攻读博士学位。2011 年获教育经济与管理学博士学位。现为教育部首都师范大学基础教育课程研究中心研究员、首都师范大学首都基础教育发展研究院副教授、北京大学基础教育与教师教育中心研究员、中国阳光教育研究院副院长、全国历史教学专业委员会理事。专业特长有历史课程与教学论、教师专业发展、学校改进、学校评估。目前主持、参与多个教育部、北京市及各区教委委托学校改进项目，并担任多所学校的发展咨询顾问。出版专著《大学教师介入中小学实践的角色调适研究》，主编《来自一线的教育智慧——UDS 合作优质学校建设项目优秀案例集萃》《追求优质，我们在行动——基于 UDS 合作的优质学校建设之路》等多部学校自主发展丛书。其中主持和参与的“以 UDS 合作实践研究共同体促进初中学校教育质量提升的行动研究”课题，获得 2014 年国家级基础教育教学成果二等奖。

# 听杨朝晖老师的历史教师技能课的体会

按：此文写于2004年。当年4月，教务处文科督导组的几位老师一起听了历史系杨朝晖老师的历史教师技能课，对于她在教学模式上的探索给予充分肯定。课后，由我写成文章，发表在首都师范大学《高教研究》2004年第1、第2期合刊上。原题为《如何让学生顺利站上讲台——记历史系杨朝晖老师的教学技能课》。收入本书有修改。

我校的师范专业是培养各专业教师的摇篮，但同时也应该是培养创造型人才的基地。为适应知识经济的挑战和社会经济发展的需要，适应激烈的人才市场的竞争，我们的毕业生不能只是一般的专业知识传授者，而应该是知识基础扎实并具有创造性思维和能力的新型人才。但长期以来，我们的师范教育培养模式是以大量的学科知识课程＋统一的教育学理论＋少量的学科教育学理论，来塑造具有统一规格的教师。这种模式往往造成学生的个性特点和独立品格被消磨，本来就不很强的创造精神和创造能力受到压抑，也就造成了我校的毕业生在中学工作中缺乏“后劲”的局面。为了使学生在走上讲台成为一名真正的教师之前，能够初步掌握本门学科的教学技能，在形成学生创造性素质的过程中加大培养力度，有的系开设了本专业的教师技能课，取得了良好的效果。

历史系青年教师杨朝晖上的历史教学技能课在很大程度上弥补了过去由于缺乏教学技能训练所造成的缺陷，选了这门课的学生在不久后的教学实习中肯定会有不同于其他同学的表现，甚至可以说在日后的教师生涯中他们也会受益无穷。

杨朝晖老师讲授这门课的时间虽然不长，但她不是根据书本上所说的那些教学技能去讲课，也不是靠自己的教学经验去传授教学技能，而是根据科学的教育理念以及符合现代人思维方式的新教学方法，总结优秀的中学教师的教学经验和技能，去开创一门新课，探索一种新的教学方法。

她的教学方法的主要特点是破除了传统的靠书本、靠黑板、靠教师个人精彩的口头表述的教学模式，甚至也不单纯依靠今天最流行的多媒体教学手段，而是最大限度地把学生引导到教学实际中来，充分发挥学生在学习过程中的能动性，通过亲身实践和集体交流、研讨，来体验一个合格的中学教师所应具有的教学技能，体验一个创造型教师所应具有的基本素质。通过这门课程，学生所学到的教学技能已经不再是书本上的东西，也不是别人的东西，而是学生个人内在的一种教师素质。这种教学方法使学生得到了实际的收获，受到了学生们的欢迎。

杨朝晖老师在她的历史教学技能课上的主要做法是：

第一，重在转变观念，树立明确的教师观和学生观。

依照传统的教学观念，教学技能无非是些雕虫小技，达不到科学认识的高度。在许多教师看来，教师能掌握专业知识是最根本的，教师的责任是“教”，至于学生学不学是学生自己的事情。所以，课堂上往往是教师滔滔不绝地讲，学生若无其事地听，还有相当一些人在干自己的“私事”，师生之间互不干涉。这种教师技能课，如果不进行教学观念的转变，只是传授一些具体方法，就不可能调动起学生的学习积极性。教师只有明确学生在学习中的地位和作用，明确自己应该如何做才能尽到一个教师的责任，才能把这些“准教师”引导到积极的学习状态上来。

由此看来，杨朝晖老师的教师技能课改革不是单纯的教学方法的转变，而首先是一种新的教学观念的体现。她注意要求学生在学习教师技能的同时，要形成正确的价值观念、主动的学习态度、科学的研究方法和辨证思考问题的能力，引导学生形成主动参与、乐于探究、勤于动手的精神。要改变原有的学习态度，就要有明确的教师观和学生观。她在教学中首先让学生讨论的问题就是对于“教师”和“学生”内涵的理解，使每个即将走上教师岗位的学生重新认识教师的责任，也重新认识学生应有的学习态度。这种观念的转变是调动学生学习积极性的基础。她要求每个同学都认真思考这个问题，并且在同学面前大胆提出自己的看法。

通过新的教师观的讨论，学生的思想受到相当大的触动。2001 级刘丹同学深有感触地说："我发现我们的历史教学技能课并不是只教怎样给学生上历史课，而主要是教我们怎样去做一个老师，做一个合格的老师，做一个真正意义上的老师。要做一个好老师，他最重要的工作，不是提高学生的成绩，而是帮助学生成长，教会他们怎么去学习，怎么去做人。我是真心地想去做个好老师，想去好好地教我的学生们，想去好好地爱他们。"有了这样一种当一个好老师的观念和情感，就能够激励学生去认真学习教学技能。

第二，确立平等的师生关系，不搞自上而下的灌输，而是循循善诱地引导学生，让学生自觉地、主动地去学习。

传统的教学模式以教师为中心、以教材为中心，教师在有限的时间内向学生传递大量的信息，学生作为被动的接受者，学习的积极性受到束缚，学习的效果就要大打折扣。杨朝晖自己对此也深有感触。以前在上这门课时，她把那些重要的教学方法编写成系统的讲稿，以为认真宣讲这些讲稿学生就会高度重视，认真去记、去学。但是事与愿违，她越是认真地宣讲讲稿，学生不听课的就越多。

实践使她认识到，教师不是一个知识的灌输者，而是探讨知识的引路人，学生应该是学习的主人，教师与学生是一种平等的相互促进的关系，而不是自上而下的传输关系。因此她采取与学生平等交流的教学方式去探讨学习问题，这种做法真正牵动了每个学生的心弦，使他们从被动接受者变成了主动参与者。

在她的课堂上，教师不再是课堂的主宰，她甚至尽量避免站在讲台后面以教师的权威"震"住学生。她走到学生中间，亲切地与学生交流。她把自己看成与学生一样的学习者，对知识和技能的把握，不是简单的灌输和记忆的过程，而是共同探索和发现的过程。长期以来，学生似乎习惯于"被动地"接受知识，学习态度好的同学，坐在教室的前排，而有些学生则远远地躲在教室的一角，让他们积极参与教学不是一件容易的事情。要让学生能够变被动学习为主动学习，教师必须能够尊重学生、理解学生，善于聆听学生的倾诉，哪怕是十分幼稚的想法。

1999 年下半年，她在北京大学高等教育科学研究所学习了陈向明老师的"教育学中的质的研究方法"课。在这门课上，教师要求学生"倾听，倾听，再倾听"，让每一个学生在课堂上感觉轻松、感觉安全。老师不是一个人"讲课"，而是教师与学生一起"建构课堂"。杨朝晖把在这里学到的新理念、新方法运用到她的课堂中，取得了良好的效果。在课堂上，她不需要去管束学生，也没有学生“开小差”干别的事情。她既鼓励学生积极发言，也容忍他们保持暂时的沉默。同样是一个班的学生，在别的课堂上往往是“不显山，不露水”，但在这个课堂上却成了十分活跃的角色。这与杨老师为他们创造的轻松、安全、平和的学习环境有密切关系，他们在参与教学的过程不仅没有压力，而且把它看成培养自己独立意识、提高自己认识能力的好机会。她亲切地鼓励学生勇敢地站起来，勇于面对同学发表自己的意见。一学期下来，那些一贯不敢面对同学说话的同学，也成了课堂的积极分子。

2001级一位同学这样描述杨老师的课，他说：“每节课上老师与我们的互动讨论都让我觉得这门课是真正有价值的。在课上，老师引导我们不断地去发现问题，在这个过程中，我明白了作为一名历史老师的不容易，同时也坚定了我多学知识、当好一名历史教师的信念。我很喜欢这种老师与学生之间讨论问题的方式，大家所讨论的问题，都是现在教学中一些真实存在的问题，有的问题在我们上学时就已经存在了，一直没有得到很好的解决，杨老师课上把这些问题拿出来和我们一起探讨，不仅是对我们的一种考验和锻炼，也体现了杨老师作为一名教育者的本色，让我很敬佩。”

第三，创造让学生参与实践的环境，让学生在实践中找到自身存在的差距，在实践中找到自己应该努力的方向，在实践中提高自己的能力和水平。

上一门课，如果教师只是拿着自己的教案来讲，学生只是听、记、考，学生虽然也能够得到比较高的分数，但他们实际所学到的东西可能并不多。而只有在实践中学到的东西，才是学生自己的东西。在一门选修课中要能够给学生创造这样的条件，无疑要给教师添很多麻烦，但杨朝晖老师宁愿自己多找点麻烦，也要让学生能多受益。

从上第一节课开始，她就让学生利用微格教学的设备，每人讲20分钟的课，所讲的内容也是历史系学生所应掌握的最基本的内容，如什么是历史？为什么要学历史？等等。短短的20分钟的讲课，暴露了学生自身存在的很多问题。他们不了解中学生的情况，也很难给中学生讲明某个问题。通过老师的分析、指点，使他们认识了问题，端正了学习的态度。他们决心从零开始，好好学习教学技能。

在教学过程中，她为学生创造条件走出去，观摩中学教师如何上课，既看成功的课，也看一般的课，关键在于回来后的讨论，让学生自己从实践中感受到什么样的课是好课？好在哪里？应该向老师学习什么？什么样的课不是好课，如果让你去上，你应该怎样去改进？

除了这种随机听课外，她还利用已有的录像资料，让学生看优秀的中学历史教师究竟如何上课。在观摩录像的过程中，她要求每个学生记笔记，观察优秀教师的教学设计、教学方法，然后进行讨论，大家发言积极踊跃，对于中学历史教师的教学技能有了全面的了解。

看了优秀教师的教学设计，她又让学生自己进行教学设计，以便把那些教学技能学到手。为了发挥学生的集体智慧，调动起每一个人的积极性，在进行教学设计时，她让学生分组进行研究、讨论，集中大家的智慧，设计出自己认为最满意的设计方案。在这样的活动中，可以使每个人都参与其中，没有留下“死角”，没有一个人置身度外，从而使教学达到较好的效果。

新的教学方式使学生对历史教学的认识发生了变化。2001 级 2 班的陶卫忠同学说：“上历史教学技能课确实使我对历史教学这一工作的认识改变了。以前认为历史专业课学得好，那么当历史教师也就会很出色。但是，上了这门课后，我觉得确实不是那么回事。历史专业知识学得好，只是做一个历史教师的必要条件，但不是充分条件。确实需要学习教学技能，学习如何更好、更生动地去上好一堂课，如何把自己学到的东西传授给学生，而不是‘填鸭式’地推给学生，不管学生愿不愿意。”

2000 级卢玉娟同学说：“通过这门课的学习，我学会了作为一个合格教师所必备的技能。课堂上老师组织我们进行丰富多彩的小组活动，老师生动而有感情的讲解更让我记忆犹新。杨老师的课程培养了我的实践能力，为我步入教师的岗位奠定了基础。杨老师教学认真，教学气氛活跃。她能根据教学改革的形势，适应学生的心理，采取有效的教学手段与方式，让我们更加适应当今社会形势的变化，我也因此更加喜欢这门有效的实用课。”

第四，以创造型教师为榜样，研究他们的教学特点和成才途径，为培养创造型人才创造条件。

杨朝晖老师的历史教学技能课的一个明显特点是，她始终把创造型教师的品质、特征及其教学中的创新精神作为学生研究与学习的对象。她始终避免进行呆板的、教条式的说教，而是把活生生的典型树立在学生面前，让学生自己来观察、来理解究竟什么样的教师才是创造型的教师。她让学生明白，创造型的教师并不是高不可攀的，他们就和学生自己一样，和学生们有着共同的学习经历，但是一看了他们所上的课，学生就可以发现自己与这些优秀教师的差距。

在这学期，杨朝晖老师向学生介绍了本系毕业的优秀青年教师的创造型品格、特征，组织学生认真观摩了北京四中的优秀历史教师赵利剑、石国鹏的录像课，无论是他们热爱教师事业的精神品质还是他们精到入微的教学设计，都让学生们深深佩服。

杨朝晖给学生们介绍了赵利剑这位她大学时代的同班同学：他在上大学的时候，就是一个"不循规蹈矩"的人，当了教师之后，他形成了自己独特的教学风格。他认为，自己与其他教师的不同之处不是在方法上，而是在观念和认识上。首先，他不愿意受教材的束缚。教材上的事情太多，用这些死的知识束缚学生没有必要，关键在于历史认识。能够把同类知识中最典型的讲清楚，然后让学生触类旁通，举一反三就可以了。其次，他愿意讲个人观点，讲史学界的新动态。传统模式训练出来的学生，观念很单一，而历史学科的特点决定了它很少有束缚，对于培养学生客观地看问题，冷静地思考大有可为。正是由于他本人具有这样的个性特征，所以他也注意塑造有自主意识的学生。他说："你必须尊重学生，他是人不是物。教师要在学生人格的塑造上施加一定的影响，应该鼓励学生个性的发展，每个人的潜质能力不同，不能做统一要求。"

说明了赵利剑这位青年教师的人格特征，再来看他的教学设计，就可以了解他的独具匠心之处了。杨朝晖老师给学生放的是赵利剑在四中讲授的高一历史"德国的统一"一节的录像，她要求学生注意观察他的教学设计中每一个环节的特点，经常在关键之处停下来，让学生思考和讨论。一节课看下来，学生的收获是多方面的，这是传统的说教方式不可能有的效果。学生们感到赵老师讲得非常成功，自己非常佩服赵老师，自己被完全引入了教学过程。他们说，赵老师讲得有生动活泼的一面，但他又特别注意高中学生的特点，注重对学生的论证分析和思考能力的培养。他讲课中的每一环节都有问题提出，让学生进行分析，让他们掌握分析问题的方法。同学们说，这位老师的史学功底很深，对每一次战争的来龙去脉都讲得非常清楚。他善于运用各种教学资源，如巧妙地运用德国的政治地图和经济地图说明德国统一的背景；他又巧妙地利用德国皇帝加冕的图片说明德国政权所隐含的军国主义倾向。枯燥的理论说教是不可能达到这种教学效果的。这就是教师对各种教学资源的创造性运用。

杨朝晖老师运用创造型教师的典型学生启发课例，收到了明显的效果，尤其是增强了学生对于成为一名历史教师的自信心。一个学生说："看了赵老师的课，找到了教师的榜样。他让我知道怎样去学历史，怎样去教历史。听了这样的历史课，会有一种政治家的自豪感。"

最后，要培养学生创造性的思维和能力，教师自己就应该是创造型教师，他自己必须不断地从各方面汲取知识，不断充实自己，同时也要不断地对自己的教学进行反思和总结，不断探讨改进教学的新途径。杨朝晖老师知道，每一个创造型教师的成长，都要经过一个从目标到反馈的自我监控过程，因此她也在朝这个方向努力。她非常注意搜集学生对自己教学的反馈信息，这种搜集不仅仅是在教学结束以后，本学期开课后的第四周她就开始搜集学生的意见，以便了解教学效果并根据学生的意见及时调整自己的教学安排。在每一阶段的课程结束以后，她自己就要整理"课后记"，总结这一单元教学的成败得失。一学期下来，她的"课后记"就成了她进一步改进教学的宝贵资料，成为她下一次课的新的教学设计。

也许说杨朝晖老师已经形成了自己完整的教学模式还为时过早，她对这门课程的改革或许仅仅是刚刚开始。但是她的创造性教学方式已经逐渐得到学生的认同。2000 级一位学生说："这门课对我的影响是极为重大的，我与同学闲聊时经常说，其实杨老师这门课程才是师范大学最应该开的。没有这门课，相当一部分学生找不到教师这个职业的方向。"现在，杨老师已经摸到了这门课程特有的教学方向，初步形成了一种新的教学模式。相信她会沿着这条自己踏出的路更加坚定地走下去，而受益的则是那些期望把教师工作当作自己终身职业的青年学子们！

# 江　湄

江湄，1970年生，原籍江西赣州，生于甘肃临洮。1987年考入兰州大学历史系，获学士、硕士学位。1994年考入北京师范大学史学研究所，随瞿林东教授攻读博士学位，1997年毕业，获博士学位。同年，到首都师范大学历史系工作。现为首都师范大学历史学院教授、博士生导师，主要从事史学理论和中国史学史教学与研究。主要著作有：《新时期中国史学思潮》(合著)、《中国古代历史理论·下卷》(合著)、《技术与性别——晚清帝制中国的权力经纬》(合译)、《创造"传统"：梁启超、章太炎、胡适与中国学术思想典范的确立》等，发表论文四十余篇。

# 读江湄《创造“传统”——晚清民初中国学术思想史典范的确立》的感受

按：此文写于2014年。2014年11月，看到台北人间出版社于2014年3月出版的江湄新著《创造“传统”——晚清民初中国学术思想史典范的确立》后，立刻阅读一遍，并写书评一篇，以期对她在中国近代思想史上的探讨有所了解。

拿到江湄教授的著作《创造“传统”——晚清民初中国学术思想史典范的确立》①一书，未免有几分“恐惧”。平时看到这类学术思想史方面的著作或文章总是避之犹恐不及，觉得思想深奥、语言晦涩，很难看懂。但是，为了了解江湄此书的思想内涵以及她的学术追求，此书又不能不看。当我读完全书，特别是反复咀嚼她的“自序”和“导论”之后，仿佛又有了几分醒悟，正如江湄在读了梁启超、章太炎、胡适的著作后的那种感觉：确实是一次收获颇丰的学习。对于晚清民初这些学者在学术思想史方面的见解，由于个人学识所限不加评论，这里只就读过江湄著作后的感受略谈几点看法。

## 不凡的学术追求

据我所知，江湄在求学时期就是同辈青年中的佼佼者。进入兰州大学历史系，从本科读到硕士，她的聪明睿智也时常得到师友们的称赞。1994年，进入

① 此书为台北人间出版社2014年新版，以下简称《创造“传统”》。另有社科文献出版社2013年版，书名为《创造“传统”：梁启超、章太炎、胡适与中国学术思想史典范的确立》。

北京师范大学史学研究所瞿林东教授门下，成为瞿先生的第一个博士。由于是首位博士，自然会得到先生的特别关注与期待。1997 年秋，江湄来到首都师范大学历史系，给这里的史学理论和史学史专业带来了一股特别的生机和活力。她建议我、邓京力和她三人申报一个课题。那时我们都对 20 世纪 80 年代以来的史学思潮的变化非常关注，于是我们就共同申报并完成了“新时期中国史学思潮”的课题。该课题除了针对若干专题进行评述以外，还走访了一大批历史学家，请他们发表对当前学术潮流的看法。书出来以后，获得了北京史哲学社会科学优秀成果二等奖。在我们分工撰写有关学术思潮的各个专题时，江湄就显示出对思想史、文化史方面思想潮流的特别关注，阅读了大量的体现潮流倾向的文章，并且对之进行评述。当时，我们对她在学术思想领域敏锐的洞察力很是佩服。

自那以后的十来年间，我一直期待着江湄的新成果问世，因为以她的能力来看，写出一两本令同侪刮目相看的著作来是没问题的。但是，她并没有急功近利地去写她不想写的“著作”。翻开她的新书一看，第一句话就是“本书是我六七年间冥行擿埴的所得”。什么是“冥行擿埴”？它的原意是指人在夜间行走，由于看不清路，只好以杖点地，一点点地摸索行走。江湄用这个成语来说明她在研究学问时，不识门径，只能在暗中一点点地摸索。这就意味着江湄写出的著作，不是在前人已经开辟出来的大路上昂首前行，随手就能拿出的丰硕成果。

为什么江湄宁愿去“冥行擿埴”，而不愿意舒舒坦坦地走阳光大道呢？我觉得这就是她个人的学术追求了。为什么她要探索一条个人的新路呢？这首先出于她对当前“史学”这个进入中国文化、思想和精神世界的一个很好的“进路”的状况的“一种强烈的不满”。她认为有些研究“往往是从古代的史学文献中，以现代史学为标准寻找、摘取相符合的因素，然后拼接组装成了‘中国传统史学’，它好像只是现代史学的胚胎、幼苗甚至是畸形儿——这也是自中国文化现代转型以来，‘中’与‘古’在‘西’与‘今’面前的基本存在样态，名曰‘释古’或是‘会通中西’，但其实却对‘古’与‘中’构成了一种遮蔽和扭曲，甚至使之失语”①。我理解江湄之所以对这种研究有“强烈的不满”，正是由于这种研究并不需要对史学文献真正读

① 江湄：《创造“传统”·自序》，台北人间出版社，2014 年，第 32 页。

深读、懂读、彻底，只是根据现代史学的需要，寻找或摘取出某种相符合的因素，然后“组装”成“中国传统史学”。这种研究，表面上看是在“释古”，而实际上是对古代文献中的基本精神的遮蔽、扭曲，这种研究危害很大。研究者可以从文献中选取一些材料轻而易举地把某位古人塑造成“＊ ＊主义者”，同样也可以选取另外一些材料，把他塑造成“反＊ ＊主义者”，其实都是现实学术的要求，与古人并无直接关系。

还有一些学术取向江湄认为也是不足为法的。比如，中国文化史上的经典或次经典，经过层层累积的阅读和阐释，很难翻出新意，引起关注，于是这些构成“传统”之骨架的“名著”，往往在并没有被充分研读之前就被排除出研究的视野。再如，有很多思想史和学术史的学者，不是致力于提高通识和思想能力，而是遵照断代史和专门史的戒律，追求填补空白，做一些看起来实实在在的小题目，但丝毫不会造成整体图景的改写。另外，受国际学术潮流的影响，我国史学界出现将思想史和社会生活史相结合的号召，眼光从“大传统”下移到“小传统”和“一般知识、思想与信仰世界”。这种方向、方法的转变，扩大了研究领域和材料，也在相当程度上改变了原有一些有关中国文化的“成见”，成为学术创新的途径，因而吸引着年轻学人。

既然不满于思想史、学术史研究的这些“现状”，江湄所探索、追寻的学术道路是什么呢？江湄说道，她的学术追求是：“以‘史学’这一中国传统学术为途径，真正进入中国传统文化、思想和精神世界，打破古今心灵的隔阂，架起一座可以沟通古今的桥梁。”她认为自己接触到的晚清时代，是重新获得作为一种“文明”的自觉意识，在一个新的起点上重新展开中国文化的自我重建，也重建着自身历史、文明传统的连续性，并进入一个急剧全球化的时代，前所未有地、深刻地参与到现代世界之中。所以，江湄认为她所选择的学问方向，“不仅仅是一种职业或事业，更是一种将偶在的人生与更广大的生命洪流连接在一起的方式，是我为自己选择的努力求索人生意义的方式”。①

与那种各取所需地摘引古代文献的词句为构建自己的学术工程服务的路线不

① 江湄：《创造“传统”·自序》，台北人间出版社，2014 年，第 31 页。

同，江湄申明："我所追求的是，读古人之书，心知其意。入乎其内，出乎其外。摆脱现代科学史学对中国古代史学的框定和遮蔽，能用当代的眼光和语言，而如其本来地呈现其自身的形神面貌，并能提炼和把握弥漫、贯穿于整个中国文化之中的历史意识。我认为，只有使'古'与'中'成为使'今'与'西'相对化的真正的'他者'，才能使'今'与'西'产生真正的批判性的自我意识。"①

江湄所探索的这条学术道路是一条非常艰辛的道路。之所以艰辛，不仅在于没有可以仿效的先例，而且也在于工作强度和难度之大。为了研究晚清民国时期几位有代表性的学者的学术思想，她事先不抱寻找论题写成论文的目的，而是按照每位重点学人的年谱，逐年地阅读这些作者的"全集"和其他篇章，有所得、有所感、有所疑、辄记之。在他们的文字世界中穿行，就像穿行他们所经过的历史时代、他们的人生经历和思想历程，而每读完一个人的相关文字，一些问题、见解便自然地浮现出来。再经过进一步的研究和论证，形成了一些专题论述，也就是这本书的各章。这样的读书、思考、写作的过程，的确是与那种迅速构成体系，四方查找材料，短时间拿出成果的研究方式迥然不同。在现今的时代，能够不急功近利，能够扎扎实实地在系统读书上下功夫，确实是难能可贵的。这不是一个方法问题，根本上是一种高远的学术追求。

在江湄看来，一个时代的学术尤其是史学，与这个时代的整体的社会、政治、思潮之间有着内在的深刻的关系。她提出了一系列问题，需要史学工作者来回答：一个历史学者，尤其需要时刻自问：自己是在一个什么样的时代从事学术工作？这样的学术工作在时代的历史动力场中处于怎样的位置？有着怎样的意义？应该以怎样的立场和方式进行自己的工作？这一自觉意识的要求驱使她回到晚清民初这个中国文化开始现代转型的时代，了解具有典范意义的学人为什么、又是怎样通过中国学术思想史的书写重新发现和创造"传统"的，了解在他们的心灵世界中，古与今是怎样相遇、碰撞和互相激发的。

---

① 江湄：《创造"传统"·自序》，台北人间出版社，2014年，第32页。

## 何谓“创造‘传统’”?

江湄的著作主题突出，题目就是“创造‘传统’”。最初接触这个命题可能令人费解，“传统”是过去的事情啊，怎么能创造出来呢？这就涉及对“传统”如何理解了。

江湄指出：“传统，按照解释学的定义，乃是一种‘有效应的历史’，它不是固定的‘过去’，而是每一代人根据‘现在’的内在需要而创造出来的指向‘未来’的进程。”[①]她说：“‘传统’之所以叫作‘传统’，盖因为在那‘过去’之中，总可以发生出‘未来’的萌芽，关键是我们要有那种在过去的遗产中点燃希望火花的能力，也就是‘思想’的能力，也就是让现实具有想象力的能力。”[②]

江湄的博士论文是对中国古代史学批评的研究，博士毕业后仍然是把主要精力放在对中国古代史学的研究上，尤其关注的是宋代。但是，她在读书、研究、写作的过程中，感觉自己处在一个“困顿难行”的境地，面对过去的世界，总是不得其门而入。她意识到自己在看古书时，往往戴着一副有色眼镜，那就是自“新文化运动”以来积累形成的一套阐释、构架中国古代学术思想和文化的观念条框。这样，就促使她走出了“古代”的边界，来到中国文化现代转型的开端时代——晚清民初，认真考察那些“扳道夫”式的知识分子怎样在“再造文明”的意图下重新解读、阐释、解构中国思想史和文化史？他们创造了一个怎样的“传统”？又在展示中国文化怎样的前途？那至今仍然顽强规定着我们的想象力的“典范”是怎样形成的？

江湄认为，对中国文化及其“传统”的发现，是西洋文明输入中国所促成的。由于“中华帝国”受到优势的异质的西方文明的冲击和挑战而明显处于劣势，使得自居于“天朝”的文明被逼到世界的边缘。晚清的知识分子们正是在西方文化的步步侵逼下，开始自觉反思和重新建构中国的历史与文化传统，开始在一种全新视

① 江湄：《创造“传统”·自序》，台北人间出版社，2014 年，第 6 页。

② 江湄：《创造“传统”·自序》，台北人间出版社，2014 年，第 33 页。

域下重新审视自身的历史和文化，考察和规定它的特性，并以一种前所未有的标准重新估量它的价值。对于以康有为、章太炎、梁启超为代表的这一代人来说，他们仍然保有对自身文化根基和创造能力的深厚信心，以豪迈的胸怀重建自身文化传统，想象并创造其未来。

对于晚清民国以来中国学术思想的革新与变革的历程可以分为两个阶段。江湄引用钱玄同的话说："对于国故研究的新运动，当分为两期：第一期始于民国前二十八年甲申(1884年)，第二期始于民国六年丁巳(1917年)。第二期较第一期，研究方法更为精密，研究之结论更为正确。"①这里钱玄同所指的第一期，即晚清时期，把这一时期的对于国故研究的新运动称为"黎明运动"；第二期也就是新文化运动中的"整理国故"。

江湄主张平视"五四"与"晚清"。认为"晚清"与"五四"在创建中国文化传统方面各有其价值。我们对于"传统"的创造和对于未来的想象，都要超越"五四"。而"五四"之前的"晚清"一代的述学方式，还没有完全站在"西洋文明的立脚点"上，还是力求推陈出新、温故知新，力求延续固有传统并从中激发出启示性的思想资源以应对时势。她希望能够用这种"晚清"的重构传统的眼光，将我们熟悉的"五四"及"五四"后的诠释"传统"的方式相对化，以期获得一些有益的启示。当然，这种相对化并不意味着要倒退回"五四"前的"信古"的立场，从而谋求一种继承新文化运动而又能真正超越它的理解中国、想象中国的方式。

江湄引用钱玄同的文章，说明在晚清的"黎明运动"中"最为卓特"者有十二人，他们是康有为、宋衡、谭嗣同、梁启超、严复、夏曾佑、章太炎、孙诒让、蔡元培、刘光汉、王国维、崔适。他们这些人，或穷追历史社会之演变，或探索语言文字的本源，或论述前哲思想之异同，或阐演先秦道术之微言，或表彰南北剧曲之文章，或考辨上古文献之真伪，或抽绎商卜周彝之史值，或表彰节士义民之景行，或发抒经世致用之精义。江湄指出：钱玄同所论列的十二人，多成为中国文化"古今之变"中"扳道夫"式的大知识分子和思想家，是为中国现代学术和思想世界展开的路标。他们从事的学术事业有经学、史学、文学、文献学、哲学、

① 江湄：《创造"传统"》，台北人间出版社，2014年，第5页。

语言文字学、政论、译介，而他们一生的学术工作都有一个共同的重点，就是以“温故而知新”的态度去研究和诠释中国固有的学术思想，赋予之以新解新意，在西方近代文化的映照之下重新创造了自身的文化“传统”，或者说，使自身的文化传统获得了一次新生。①

晚清民初的这些大学者们是怎样创造出“传统”的呢？江湄认为，中国文明作为一种高级的文明，一代又一代的思想家和经典作品构成了深厚久远、连续不断的学术思想传统，这个“传统”像是一个历时性的学术思想共同体，积聚、形成了一些永久性、普遍性的议题，反复被提出和讨论，这种“内部对话”延续到了近代，“传统”不仅仅是供以审查的过去的遗产，更是被看作一种超越时间供以取资的思想宝库。近代学人倾听着来自过去的“思想”，并以“西学”为新的思想资源，和历史上的思想家共同探讨人性、道德、政治问题，一起索解他们所遭遇的新的人生与社会问题。在江湄看来，近代学人就是在与“传统”的对话中再造“传统”并延续传统。②

## 确立“典范”的意义

江湄著作的副标题是“晚清民初中国学术思想史典范的确立”。这里我们就要了解哪些人是“典范”？他们为什么堪称“典范”？以及确立这些“典范”的意义何在？

江湄引用钱玄同的说法，把梁启超、章太炎归入“国故研究之新运动”的第一期的代表，胡适是第二期的领袖。这三个人都赋予中国学术思想史研究以重大的现实意义，各自给出了一套整理、诠释中国学术思想传统的信仰、价值和技术系统。他们以“新知”论“旧学”，“旧学”遂转变成“新知”，在这移步换形之中，中国学术完成了从传统到现代的转变。不过在新文化运动以后，梁启超和章太炎被认为保守落后了，成为被超越的一代，不论是梁启超的“新学”还是章太炎的“国

① 参见江湄：《创造“传统”》，台北人间出版社，2014年，第6页。

② 参见江湄：《创造“传统”》，台北人间出版社，2014年，第3页。

学”，似乎都成为胡适的“整理国故”的前奏曲，只具有“先驱者”的意义了。这好像是一种“进化论”的眼光。而江湄此书试图把梁启超、章太炎、胡适的中国学术思想史研究当作可以平视的三种典范，着重考察他们书写中国学术思想史的不同的思想旨趣，考察他们怎样用“新知”重构“旧学”，以及为“旧学”赋予怎样的“新意”。她认为，这三种典范蕴含着中国学术进行“古今之变”的不同路径，意味着中国现代学术不同的“开国规模”，也展示着在“现代”语境下，沟通与传承固有学术思想传统的不同方式。

在江湄看来，康有为、梁启超作为晚清一代的思想家，仍然延续着历史的惯性，站在“天下之中”的位置上为整个世界发明普遍性的真理和理想。梁启超一直认为，中国文化虽然自成一体，但却与西方文明一样是普适性的，其中不但不乏“现代性”的基因，更蕴含着救济西方近代物质、科技文明之极弊的灵丹，指引着世界文明发展的新阶段。他认为，未来的世界文明终将是东、西方两大文明交通融会的产儿，更生后的中国文明有望引领世界文明的方向。江湄认为，梁启超的这种态度并非虚骄，而是实实在在的自信。他们这一代人，确实是最后一批能够胸怀天下、提出普世性学说的中国思想家。他们这种文化底气决定了他们思想学问的某种特质，那是后人所不能具有的。

江湄认为，晚清一代的“新学派”虽拉杂失伦，但因其非输入而创作，因其不中不西即中即西，反而具有一种后世难掩难及的创造力。如章太炎的“齐物论”指出，这个世界是一个相互差异又相互补充的整体，正因为差异的存在才能相互需要、相互承认、相互沟通。每一种个别性的存在若要成为“自我”，关键是要能使“自我”在“齐物”的世界中获得位置而被“他者”所需要。“齐物论”超越了文化多元主义/一元主义、特殊主义/普遍主义的二元对立，启发我们在全球化的今天如何合理地看待世界及其与自我的关系。从这个意义上说，晚清一代确实是真正延续了中国思想传统的最后一代。章太炎还曾举办过国学讲习会，针对肤浅贩卖西学的“新学”而大讲“国学”。他所谓的“国学”是对固有学术思想传统的“整齐收拾”，是深入的发掘，也是去陈出新的重构，是在时代契机下的创造。这样的“国学”也可以看作是打通中国传统学术之体系和西方近代科学学术之体系的一种努力。

讲到胡适在中国学术思想史上的典范价值时，江湄指出：从后来的历史发展看，对中国固有学术思想的研究，终以胡适“整理国故”所示典范为正统。她说：胡适的“典范”经过中国马克思主义史学的扬弃，至今仍然是我们看待自身传统的一副很难摘掉的眼镜。胡适强调对固有文化传统采取“评判”的态度，他的“思想史”工作，主要是以他所崇信的现代文明的价值观，对固有学术思想传统进行一番抉择去取，重新鉴别其中的“精华”和“糟粕”、“主流”和“边缘”，重新给出中国学术思想发展的一个完整的历史线索并对构成这个历史线索的重要思想家进行重构性的诠释和评价。胡适提出的“新文化”的纲领：研究问题，输入学理，整理国故，再造文明。这个纲领最能透彻地表达重新书写中国学术思想史的思想意义和现实意义，即在“输入学理”的助缘下，为“再造文明”和“整理国故”而重新创造传统。书写“中国学术思想史”，就是重构一个新的适时的文化象征系统，为中国重建文化认同的基础，为国民指示新的思想价值导向。①

谈到确立中国学术思想史的典范的意义时，江湄指出：确立中国学术思想史的典范有助于重建那种用“思想”批判性地导引历史方向的文化主体性，即是在现时代延续从未中断过的中国思想传统。

晚清民初的这些国学大师，他们对客观对象如其本来的诠释，就是对某种思想资源的重构、转化和活用，他们是一个伟大传统的“因仍”者和“恢璜”者，这个“传统”是活的、可资取用的、不断充实发展着的。江湄指出：“在中国文化转变和断裂之时，精英知识分子以重新书写中国学术思想史的方式延续着自身的精神和思想传统。”②

进入21世纪以来，中国掀起一股“传统”复兴的热潮，“中华文明伟大复兴”成为时代的号召。民间出现的“国学热”呼吁从自身文明中重获价值资源，以重建中国的生活世界。这种“国学热”标志着社会心理的重大转变，今天的中国人要求在自身文化传统中寻找家园之感，这就为“传统”的研究者提出了重要的新课题：重建评价和阐释自身历史与文化的知识框架和价值标准，以此为前提，重新“发现”和“创造”中国文明“传统”，重建自身历史的连续性，其目标是为了使当代中

① 参见江湄：《创造“传统”》，台北人间出版社，2014年，第7、21页。

② 江湄：《创造“传统”》，台北人间出版社，2014年，第9页。

国的发展从根本上具有一种“文明”的意义，能够重新安顿中国人的生活及其意义感。

江湄认为，目前后现代思潮影响着西方的人文学术界，在这种情况下，要解构自启蒙运动以来对西方历史和文化传统的系统建构，失去了对现实进行批判性导引的作用。在这样的时代，中国作为一种悠久且博大的非西方文明，正需要去建构关于中国历史和文化传统的系统叙述，再造中国文明“传统”的意象，构建一所“中国”的文化和价值殿堂，使“西方”这个曾经充满理想性和解放力量的辉煌殿堂真正相对化。因此，时代要求着中国思想史研究和文化史研究具有自觉的时代意识，具有思想的浓度和活力，解除某种固化的“现实”套在“过去”的紧箍咒，释放“过去”的潜能，开启“过去”对于“现在”的启示作用，即让过去的文本重新产生思想。她认为，要追求思想性本身，追求给出一种适时的、具有实践意义的象征性历史叙事，讲出“中国”的故事，重新创造“传统”的意象，从而在现时代延续从未中断过的中国思想传统。

重温晚清民初之际的中国学术思想史典范是为了“再造文明”。江湄指出，作为中国传统思想和文化的研究者，要特别具有一种与当代中国问题相联系的意识。当她回头重温晚清民国之际的中国学术思想史典范时，总是力图把握和呈现其中那种总括的视野思想的力度，尤其是存在的感受和关怀。因为在那个时代，中国文明与西方文明正面对碰，接着对碰产生动力，中国文明走上了至今也没有人预料和给定的现代历程。因此，在那个时代，重新书写自身文明的学术思想传统，是为了一个既远且大的目标，那就是“再造文明”。

距离胡适 1919 年在《新思潮的意义》中提出的“新文化”的纲领“研究问题，输入学理，整理国故，再造文明”就要一百年了，摆在中国学术思想史研究者面前的任务仍然是在“中华民族伟大复兴”的目标之下，重新创造“传统”，为“再造文明”、实现“中国梦”而努力。江湄的这部著作，不能不说给了我们重要的启示。

# 邓京力

邓京力，1970 年生，北京人。1990 年北京八十中毕业，保送入北京师范学院历史系，1997 年获硕士学位留校工作，任助教、讲师、副教授。1998 年，随宁可教授攻读博士学位，2001 年获博士学位。2002—2003 年间，赴美国纽约州立大学访学。现任首都师范大学历史学院教授、博士生导师。主要从事史学理论和西方史学史、现代化概论的教学与研究。主要著作有：《新时期中国史学思潮》(合著)、《中国历史人物研究论辩》(合著)、《技术与形别——晚期帝制中国的权力经纬》(合译)，发表学术论文数十篇。

# 为邓京力《历史评价的理论与实践》一书写的序

按：此文写于 2008 年。当年，邓京力将她在博士论文基础上撰成的专著《历史评价的理论与实践》书稿交我阅读并请我写序。她此书的写作情况我是了解的，因此撰写了此文，阐述了她在历史评价论方面的探索。该书于 2009 年 6 月由人民出版社出版。

看到邓京力这份《历史评价的理论与实践》书稿，不禁想起了 1997 年她的硕士学位论文，当时的题目叫作"历史评价论初探"。那是一本不太厚的硕士论文，但是却探讨了当时并不太引人注意的历史评价论的问题，就连我自己也感到比较陌生。邓京力是宁可先生史学理论专业的硕士生，我也参与了研究生的培养工作。说老实话，到 20 世纪 90 年代后期史学理论研究的热潮已经低落，史学理论和史学史的结合也没有现在这样紧，因此史学理论的课题并不好选择。但是，邓京力却选择了这样一个理论性很强、前辈学者也很少涉及的题目。她的硕士论文得到了当时参加答辩的瞿林东、蒋大椿等几位先生的高度评价。他们认为，邓京力的论文虽然是一篇硕士论文，但提出的问题具有相当高的史学理论价值，完全可以作为博士论文的问题继续进行深入探讨。邓京力果然不负各位先生的期望，在她毕业留系工作以后，在从事史学理论的教学和科研工作的同时，又继续跟随宁可先生攻读博士学位，她的论文仍然选择了历史评价问题。

邓京力选择了历史评价问题作为研究的方向，首先是受到了宁可先生研究生教学课程的启示。多年来，宁可先生一直给全系研究生开设"史学理论研讨"的课程，邓京力不仅作为研究生参与了听课，在职读博期间还为宁先生讲课做辅导。

因此，她不仅对宁可先生的课程体系比较了解，也深深受到宁先生深厚的理论功底的熏陶，先生广博的历史知识以及驾驭理论和史实两者关系的能力也对她深有影响。宁可先生对于这门课程的内容有一个基本的设想：在导言中先讲历史是什么；第一讲讲历史本体论，但这不是讲客观历史的具体内容，而是讲从历史认识论的角度看，要注意客观历史的哪些方面；第二讲是历史认识论，也就是怎样认识历史；第三讲要讲历史价值论，就是怎样评价历史，它是历史认识论的延续；第四讲是史学方法论，即从历史认识的层次、规律看认识历史的方法；第五讲是历史学的任务和史学工作者的素养。这也就是说，在他看来，完整的史学理论体系应该包括历史本体论、历史认识论、历史价值论、史学方法论等这样几方面的内容。由于他的讲课内容很丰富，在教学过程中往往讲到历史认识论，甚至历史认识论还没有讲完，时间就没有了。历史价值论的问题，是一个比较大、比较难的问题，在已经出版的史学理论著作中也较少涉及，他希望他的学生有人能够继续完成对这个问题的探讨。邓京力就担当起导师所期望做的事情，从她读硕士的时候开始，就把研究的方向选择为历史价值论。

邓京力选择历史价值论作为研究的方向，并且能够完成这方面的研究，与她在大学生期间就对理论问题感兴趣特别是对哲学有着浓厚的兴趣和颇高的素养有关系。认识论和价值论的问题都不是史学领域的问题，而是要从哲学中借鉴理论和方法，没有对哲学的兴趣就很难探讨这些问题。大学生时代的邓京力阅读了许多理论著作，有比较宽阔的认识视野和较高的论辩问题的能力。1994 年大学毕业获得了保研的机会，本来可以有很广的选择机会，但她却坚定地选择了相对冷清的史学理论专业。在上课的过程中，我深深地感受到她那种探索问题、思考问题所具有的主动精神。我当时也是第一次给研究生上课，对所讲的问题不是很有把握，但讲课中提到的问题每每能够在她那里得到很好的回应，这样也就帮助了我对一些问题的思考。每一次上课的过程都是一个热烈的研讨、交流的过程，师生之间都处于高度的兴奋状态，时间很快就过去了，下课之后都感到很有收获，很有启发。我们所关注的并不在于对某些问题的结论，而是关注那些尚未解决的问题、把握解决问题的途径以及学术领域所出现的新问题。对于一个青年学者来说，最难得的是要具有执着的探索精神、理论的思考能力和用理论来驾驭实际问题的能力。正是由于具有这些条件，她勇于去触摸在史学理论领域中尚属空白状态的问题。

邓京力能够进行历史价值论的探索，另一个重要的条件是她在把握历史评价的实践活动方面下了大力气，事实的积累为她的理论思考奠定了坚实的实证基础。在11年前，她的硕士论文问世的时候，我曾钦佩她理论思考的深度和论述问题的能力，但也同时为她在把握史学评价实践活动方面的苍白感到担忧。因为，一部不涉及史学实践活动的单纯的史学理论著作，是不可能获得史学工作者的关注的。然而对于一个擅长理论思考的青年学者来说，丰富自己的史学实践知识，以使自己的理论探索建立在充分的事实基础上也不是一件容易的事情，这需要对史学实践的历史和现实有着持续不断的关注和研究。可以说，这11年来邓京力就是在这方面大力提高自己，夯实有关史学实践的知识基础，为理论水平的提高创造更好的条件。她围绕20世纪中国史学、新中国成立以来的中国史学、改革开放30年来的中国史学所涉及的一个个史学评价方面的问题进行整理爬梳，寻根探源，进行了大量的基础研究工作。这些研究集中于一个主题，就是对于历史人物的评价问题。人物评价是20世纪以来，史学研究特别是历史评价活动的一个长盛不衰的课题，随着社会形势的不断变迁和新史料的不断发现，特别是随着人们头脑中对于历史评价标准的不断更新，历史人物的研究与评价总是处在不断的发展变化之中。在这部分的研究中，她对于历史人物的评价活动进行了类型性的研究，例如各类皇帝、农民起义领袖、“清官”、民族英雄等；也进行了许多个案的研究，如对孔子、曹操、王莽、王安石等。由于总结了20世纪，特别是新中国成立以来人物评价活动中积累出来的大量的思想、观念、方法，她的历史评价理论获得了坚实的实践研究结果的支撑。这样，她的博士论文的内容就大大地丰富了，既提出了理论范畴，又总结了实践发展，成为对历史评价论进行探索的内容丰实的力作。

邓京力的《历史评价的理论和实践》一书就是在她的博士论文的基础上反复加工、增补而成的。获得博士学位以后，她的学术领域有很大的扩展。在教学中，她的“史学概论”课既有继承又有创新；同时又开出“西方史学史”的新课，这课在本系也是一个空白；她关注20世纪50年代以后出现的各种现代化理论，开出了

“现代化概论”的新课。在学术研究方面，她关注历史认识论研究的最新进展，关注社会史研究的理论和方法方面的动向，关注西方后现代主义史学的发展倾向及其对中国史学的影响。她也关注西方当代史学的新发展，与江湄博士一起翻译了美国学者白馥兰的《技术与性别——晚期帝制中国的权力经纬》一书。她还去美国纽约州立大学布法罗分校进行了一年的进修交流，进一步加强了自己对国外史学的了解。所有这些史学实践的努力，都为她今天推出她的历史评价论的专著打下了基础。

中国学者对历史价值论的探讨目前还处于初始阶段，邓京力的专著可以说是抛向历史价值论大门的第一块砖石。她的研究结果在探索历史价值论问题上具有怎样的价值，这需要等待学术界的检验，但她毕竟在这陌生蛮荒的原野上踏出了一条小径，后来的研究者将会在这条小径上继续开拓前进。

历史价值论的研究是历史认识论研究的继续和深化。中国的历史认识论研究自 20 世纪 80 年代后期开始兴起，在兴盛一段时期以后又有所冷落，目前亟待有深入研究的新作问世以推动这项研究。李振宏先生在《史学月刊》2008 年第 7 期发表的《改革开放以来的历史认识论研究》一文指出：我国学者对历史认识论问题的研究还有待深入，至今我国还没有这方面的专著问世。如果李先生说的情况确实如此，那邓京力的专著可以说为深化我国的历史认识论研究和历史价值论研究的开拓做出了自己积极的贡献。

也许一部专著并不能解决历史价值论的所有问题，这有待众多学者的参与。但是邓京力的专著毕竟初次把历史评价论的理论与实践作为一个整体的问题进行研究，她不仅阐明了历史评价论的性质，研究了历史评价论的意义和它所应研究的范畴等问题，而且对长期以来的历史评价活动做了理论性的总结，使得史学理论研究这一个重要的又是空白的领域有了发展的生机。

历史价值论确实是值得史学理论工作者以至所有史学工作者关注的新问题。人们往往以为，史学研究的发展要靠新史料的发现或者新方法的运用，但是如果没有历史价值论的思考，即使有遍地的史料，人们也是不会去拣拾的。传统的史学研究把注意力放在重大政治事件、经济发展、军事活动、个别人物等方面，看不到普通人的日常生活对历史研究的价值，因此也绝对看不上那些社会生活史的史料。只有当人们有了新的价值观念时，才能对那些长期被摒弃于史学殿堂之外的社会生活史产生兴趣，这样也才会有社会史的兴旺发达。如果人们只重视人类的社会生活，而看不到生态环境对人类社会的影响，看不到那些有关气候、土壤、河流、生物、疾病等自然环境方面的因素对历史变迁的影响，以为这些对历史学者是无关紧要的，也就不会有今天的生态史学。许多历史问题的研究，材料已经用尽，文章已经做足，按说已经成为学术研究的“死点”，但是由于价值观念的转变，有些不曾被重视的因素又凸显出来，因此还是有文章可做。即使长期受到关注的历史活动、历史人物，还可以不断修改传统的评价，进行新的研究并做出新的评价。由此说来，研究历史评价论并使其在史学研究中发生实际影响，确实能够促进史学的新发展。

历史价值论的理论研究与历史评价的具体实践是两个既相互联系又有所区别的范畴，我们可以把两者通称为历史评价论。邓京力的专著清楚地对这两者做了区分，并在这两方面的论述上都花费了力气。历史评价的活动是伴随着史学的产生自然就有的学术活动，司马迁在著述《史记》的过程中就把自己对所述历史或历史人物的评价一并托出，历史的评价和历史的记述是结合在一起的。现代的历史评价活动至少可以追溯到 20 世纪初，邓京力对许多历史评价的个案的叙述也都是从 20 世纪上半叶开始的，往后可以延续到新中国成立以后直到改革开放的新时期。这些历史评价活动虽然也受一定的价值观的支配，但在具体的评价过程中往往是就事论事，并没有把这些评价的实践上升到历史价值论的高度。当然，史学界对某些问题的研讨已经涉及历史评价论的范畴，如邓京力的书中注意到，新中国成立以来的史学界曾经存在过关于历史人物评价标准的讨论，这个讨论所涉及的问题，应该说是属于历史评价论的问题。但仅有这些还是不够的，历史评价论涉及的范畴应该更为广泛、更为系统。

邓京力的专著就是在总结新中国成立以来前辈学者在历史评价论研究方面的点滴成果的基础上，从哲学领域中引进了价值论的理论和方法，将之与历史学研究的实践结合起来，创造性地提出了一系列历史价值论的新理念，初步构建了一个历史评价论的理论体系。她认为：历史评价的理论就是对历史的价值认识的哲学性分析；它是研究人如何评价历史以及对人们所获得的历史价值认识的成果进行反思的史学理论。它是史学理论的分支学科，从学科的性质看，它是价值哲学与历史学交叉的结果，它的任务不在于对历史事物的价值进行具体的阐发，而在于以价值论的视角，揭示历史评价活动之不同于一般评价活动的特殊性，发现历史评价在整体结构和动态发展中的本质、功能与运行机制。她通过探讨历史评价的认识功能、本质、过程与特征、历史评价标准、影响历史评价的若干因素、历史评价的检验、历史评价的科学化等问题，构建出历史评价论的一个理论体系。这样一个研究成果，不仅具有理论性和系统性，而且由于能够与史学界已有的历史评价活动相结合，因而又具有实践性和创新性。

至于把历史评价论与哪些历史评价实践的课题相结合，这没有一个限定的范围，要根据研究者的知识结构、学科素养和史学实践经历等各种因素来确定。邓京力的选择并非完全根据自己的爱好和兴趣，而是从新中国成立以来史学评价活动的具体实际情况出发的。正是由于在她选择的这些问题上，史学评价活动相对比较密集，因此也比较易于对这些评价的实践进行理论上的反思。

历史评价论研究是史学理论研究的新领域，在这个范围内需要探讨的问题很多很多，需要很多关心史学理论学科建设的学者来积极参与。邓京力作为一个青年学者，在十年磨一剑的基础上拿出了自己的创新成果；我作为该书的第一位读者，有幸领略历史评价论的诸多新理念，颇有茅塞顿开的感觉，因此不顾个人水平的浅陋，愿意为彰扬她的成果做一点事情。我们所做的这些，不过是为了唤起学术界对于历史评价论学科建设的关注和参与，因之恳切地希望得到学术界的检验和批评。

# 后　记

这本《师友治学闻见录》，反映了首都师范大学历史学院从1954年建校时的历史系到今天的历史学院六十年来的教师学术发展情况。五十多年前，是历史系哺育了我，让我得到了最初的史学启蒙。最近十几年来，我开始关注在我周围这个群体中，每一位教师是如何走上史学之路的，他们的治史历程和经验体会有什么值得总结的地方。于是，十几年来积累了一些访谈录、书评、文章，有一些也曾经在学术刊物上发表。今天，能够把这些成果结集出版，奉献给广大读者，奉献给哺育我的母校，心中感到十分欣慰。

2014年是首都师范大学建校六十周年，当时为了向校庆献礼，我把我十几年来所写的对历史学院教师的访谈录以及文章、书评、课程评论等汇集起来，编纂成册，取名"我的母校情结——历史系的教师与学术"，达到30万字。这有些出乎我的预料。更没想到的是，当我印成册子散发给校友、教师及有关领导之后，获得了大家的重视和好评，充分肯定了我工作的意义。有的同志建议历史学院给予资助把它正式出版，不仅有助于本学院的学生了解本院的历史和学术水平，而且可以激励读者学习老一辈史学工作者在学术上的探索精神。我将书稿送交郝春文院长，不久就获得了历史学院学术委员会的批准，决定将此书正式出版。

决定出版以后，觉得原书的书名、主题、结构、内容都有些问题，需要进行调整和补充。于是，我进行了结构上的调整，删除了书中重复的内容，增加了一些应该补充的内容，以"闻见录"的形式重新进行组织。所谓"闻"，主要指与本书所涉及的二十余位教师的访谈；所谓"见"，即阅读他们的书、观摩他们的课；"闻见录"，则录所闻，记所见，述所感，叙所思。通过此书，可以具体感受到历史学院从建系到今天，一代一代的学人是怎样在历史学科的道路上奋力拼搏、艰难探索的，也能够在一定程度上反映历史学院整体的学术水平。本书只介绍了我曾接触到的一部分教师的情况，还有很多教师的治学道路和学术成就也很值得总结，由于时间和个人精力所限没有来得及总结，这不能不说是一大遗憾。

尽管存在这个缺憾，本书仍然得到许多同事、朋友的大力支持和鼓励。本书所涉及的二十余位教师，他们都在百忙之中给了我大力的支持，这是我要特别感谢的。历史学院领导和学术委员会的支持对于本书的出版具有决定性意义。郝春文院长不仅积极支持本书的出版，还亲自撰写了情意深意切的序言。寇志刚副院长也对本书的出版给予多方面支持。在本书的出版过程中，还得到了历史学院郗志群、杨朝晖、阎守诚等老师的热情鼓励和支持。这里对历史学院的领导和各位老师的支持表示衷心的感谢。

首都师范大学出版社对于本书的出版高度重视，编校老师花费了许多心血，在此深表谢意。

尽管我在主观上是要为我的老师和同事们书写一曲对他们奋斗史的赞歌，同时激励更多的青年学子继承和发扬我院史学工作者敬畏学术、追求学术的精神。但是由于个人水平和学科上的局限，本书定会存在许多不足和漏洞，敬请广大读者不吝指正。

邹兆辰

2015 年 5 月 31 日于首都师大